Röpcke • Wessler
Wirtschaftsmathematik

Quantitative Methoden

hrsg. von

Prof. Dr. rer. pol. Robert Galata

Prof. Dr. rer. nat. Markus Wessler

Röpcke/Wessler, Wirtschaftsmathematik

Galata/Scheid, Deskriptive und Induktive Statistik für Studierende der BWL

Helge Röpcke

Markus Wessler

Wirtschaftsmathematik

Methoden – Beispiele – Anwendungen

Mit 84 Bildern, 113 durchgerechneten Beispielen und

94 Aufgaben mit ausführlichen Lösungen im Internet

Fachbuchverlag Leipzig

im Carl Hanser Verlag

Autoren:

Dipl.-Math. techn. Helge Röpcke
Hochschule für angewandte Wissenschaften München
Fakultät für Betriebswirtschaft
helge.roepcke@hm.edu

Prof. Dr. rer. nat. Markus Wessler
Hochschule für angewandte Wissenschaften München
Fakultät für Betriebswirtschaft
markus.wessler@hm.edu

Bibliografische Information der Deutschen Nationalbibliothek
Die Deutsche Nationalbibliothek verzeichnet diese Publikation in der Deutschen Nationalbibliografie; detaillierte bibliografische Daten sind im Internet über http://dnb.d-nb.de abrufbar.

ISBN 978-3-446-43256-7
E-Book-ISBN 978-3-446-43375-5

www.hanser-fachbuch.de
Lektorat: Christine Fritzsch
Herstellung: Katrin Wulst
Einbandrealisierung: Stephan Rönigk
Satz: Helge Röpcke, Markus Wessler, München
Druck und Bindung: Friedrich Pustet KG, Regensburg
Printed in Germany

Vorwort

Mathematik polarisiert. Das hat sie immer getan, und das tut sie auch heute noch. Vielleicht kennen Sie Aussagen wie

- Mathematik, das sind doch nur Zahlen und Tabellen,
- Mathematik habe ich in der Schule schon gehasst,
- Mathematik spricht mich nicht an,
- Mathematik brauche ich doch später nicht mehr.

Man hört diese Sätze als Mathematik-Dozent an einer betriebswirtschaftlichen Fakultät recht häufig. Zunächst einmal muss gesagt werden, dass diese Sätze allesamt große Irrtümer sind, allen voran der letzte: Der Glaube, ein Wirtschaftsstudium könne eigentlich ohne Mathematik betrieben werden, ist weit verbreitet, aber in der Tat komplett falsch.

Die oben genannten Meinungen lassen ein Bild der Mathematik erahnen, das nur zeigt, wie unverstanden sie eigentlich ist. Und es ist ein Bild, das leider kein gutes Licht auf die deutsche Bildungslandschaft wirft. Studierende kommen an die Hochschulen, ohne einen Funken moderner Mathematik zu kennen. Bei keinem anderen Schulfach endet die Vermittlung des Stoffs beim Wissensstand des 17. Jahrhunderts, so wie das bei der Mathematik der Fall ist. Dass die Mathematik ein lebendiges und anwendungsorientiertes Forschungsfeld ist, wird selten oder gar nicht vermittelt. So wird sie häufig bestenfalls als ein Formelwerk betrachtet, das für jedes Problem die passende Schablone bereitstellt. Die Anwendung einer Formel aber ist keine Mathematik. Es wird Carl Friedrich Gauß zugeschrieben, diesen Gedanken folgendermaßen auf den Punkt gebracht zu haben:

> *Der Mangel an mathematischer Bildung gibt sich durch nichts so auffallend zu erkennen wie durch maßlose Schärfe im Zahlenrechnen.*

Ein Buch über Wirtschaftsmathematik bedeutet eine Gratwanderung. Es sollen Methoden bereitgestellt werden, mit denen „praktische Problemstellungen" modelliert werden können; andererseits verlangt die Mathematik auch einen exakten Zugang. Eine wahre Verschmelzung dieser beiden Aspekte ist schwierig: Häufig sind Mathematiker, die durchaus Lösungen für wirtschaftswissenschaftliche Problemstellungen bieten wollen, zu weit von der Praxis entfernt, und die Ökonomen, die die Methoden anwenden wollen, sind ihrerseits wenig bereit, sich auf Herleitungen und Hintergründe einzulassen.

An dieser brisanten Schnittstelle ist auch dieses Buch angesiedelt, und es stellt sich die Frage, wie das angegangen werden soll. Es geht nicht um Rechnen in der Mathematik, es geht um Muster. Viele Studierende bringen von der Schule die Fähigkeit mit, Muster zu *erkennen*. Das ist ein erster, wichtiger, sinnvoller Schritt, doch wahre mathematische, oder besser: strukturelle Fähigkeiten bildet der Mensch erst dann aus, wenn er Muster zu *durchbrechen* lernt. Ein Beispiel: Fast alle Studierenden sind in der Wirtschaftsmathematik-Vorlesung im ersten Semester dazu in der Lage, ein lineares Gleichungssystem mit zwei Gleichungen in zwei Variablen zu lösen. Dafür wurden Muster erarbeitet, die jederzeit abgerufen werden können. Fast alle Studierenden aber scheitern interessanterweise daran, zu einer gegebenen Lösung ein mögliches

Gleichungssystem anzugeben. Anerlernte und anerzogene Muster des „Nach-Vorne-Denkens" zu durchbrechen, das ist eine völlig neue und verunsichernde Sichtweise auf die Dinge. Im Idealfall sollten aber solche Perspektivenwechsel in jedem Studium und eigentlich in jeder Form von (Weiter-)Bildung erlernt werden. Denn nur dadurch kann ein wirklich tiefes Verständnis für Zusammenhänge entstehen. Das vorliegende Buch möchte hierzu an einigen Stellen Impulse geben; wir laden Sie ein, diese Stellen selbst zu finden.

Wirtschaftsmathematik gehört zu den üblichen Grundvorlesungen, die die Studierenden der Wirtschaftswissenschaften durchlaufen, und in der Tat ist sowohl historisch als auch sehr aktuell die Ökonomie eng mit der Mathematik verknüpft. Mathematische Fertigkeit, insbesondere strukturelles Denken und manchmal auch Programmiererfahrung, wird verstärkt von den Arbeitgebern verlangt. In den meisten der klassischen Schwerpunkte der Betriebs- oder Volkswirtschaft kommt man ohne Mathematik nur schwer zurecht. Das Buch richtet sich daher zunächst an Studierende der Wirtschaftswissenschaften in den ersten Semestern. Besonders zugeschnitten ist es auf den üblichen Bedarf an Hochschulen für angewandte Wissenschaften, die stets einen Praxisbezug in den Mittelpunkt ihrer Ausbildung stellen. Es eignet sich aber zusätzlich als Nachschlagewerk für Studierende höherer Semester und auch zum Selbststudium. Die sieben Kapitel des Buchs umfassen die meisten der unserer Ansicht nach „klassischen" Themen einer Wirtschaftsmathematik-Vorlesung:

- Zu Beginn wird an einige der wesentlichen Grundlagen erinnert, die zu einem großen Teil aus der Schule bekannt sein sollten, so etwa an die wichtigsten Funktionstypen, mit denen man in der Regel im ökonomischen Umfeld zu tun hat.
- Danach geht es unmittelbar in die Differenzialrechnung mit ihren Anwendungen auf wirtschaftliche Fragestellungen. Der Begriff der Ableitung wird noch einmal kurz hergeleitet, weil er für das grundsätzliche Verständnis der Deutung als Änderungsrate förderlich ist. Die Erkenntnis, dass es in der Differenzialrechnung nämlich tatsächlich um *Differenzen*, also um Veränderungen geht, wird offenbar in den Schulen nicht stark genug betont.
- An die Differenzialrechnung schließt die Integralrechnung an, die sich historisch eigentlich sogar früher entwickelt hat. Wir bleiben hier bei der heute üblichen Reihenfolge und setzen für das Integrieren das Verständnis für das Differenzieren voraus. Dennoch wird nicht auf die Methodik der Ober- und Untersummen verzichtet, also auf den anschaulichen Bezug zu Flächenberechnungen. Gerade in der Volkswirtschaft werden Flächen unter Funktionsgraphen sehr häufig als ökonomische Größen gedeutet, und wir gehen hier beispielhaft etwas näher auf die Konsumenten- und Produzentenrente ein. Auch die Integrale als Hilfsmittel in der Wahrscheinlichkeitsrechnung werden kurz erwähnt.
- Im Kapitel über Lineare Algebra stehen am Beginn die linearen Gleichungssysteme, ein durchaus gebräuchliches Vorgehen, das auch gleich den Fokus auf die Anwendungen setzt. Danach erst werden formal die Matrizen eingeführt und einige Facetten ihrer enormen Bedeutung für wirtschaftliche Prozesse beleuchtet. Hier einen umfassenden Überblick zu geben, der dem Thema gerecht würde, hätte ein eigenes Buch erfordert. So wird eine Auswahl getroffen, in den Übungen aber werden ansatzweise Ideen für andere Aspekte vermittelt.
- Es schließt sich die Lineare Optimierung an, bei der Matrizen und der Gauß-Algorithmus (als Teil des Simplex-Algorithmus), also wiederum Probleme linearer Natur eine Rolle spielen. Das Verständnis für lineare Modelle, für Vereinfachung und Strukturierung, ist gerade in den Wirtschaftswissenschaften ungemein wichtig. Der Simplex-Algorithmus wird durch die graphische Lösungsmethode des Zwei-Variablen-Falls motiviert und zunächst als Maxi-

mierungsproblem gestellt. Die Minimierung wird mit der Zwei-Phasen-Methode und dem einfachen dualen Modell behandelt.

- Nachdem in der Linearen Algebra und der Linearen Optimierung Probleme in mehreren Variablen behandelt wurden, folgt die Ausdehnung auf diesen Fall nun auch für die Differenzialrechnung. Damit kommt eine große Palette neuer und realistischer Problemstellungen hinzu. In der Praxis sind nämlich die ökonomischen Funktionen in der Regel nicht nur von einer Größe abhängig. Ausführlich werden Optimierungsprobleme unter Nebenbedingungen behandelt.
- Das Buch schließt mit einem umfangreichen Kapitel über finanzmathematische Grundlagen, und zwar zu einem Grad, der aus unserer Sicht für ein Studium der Wirtschaftswissenschaften, auch ohne Finanzschwerpunkt, minimal ist. Das Prinzip der Zahlungsreihe ist hierbei zentral und soll verdeutlichen, dass letzten Endes die üblichen Felder der Finanzmathematik, also etwa Rentenrechnung, Tilgungsrechnung und Investitionsrechnung, nur verschiedene Sichtweisen auf ein einziges Modell sind.

Die einzelnen Kapitel bauen aufeinander auf und sind auch durch Querverweise miteinander verbunden. Dennoch können sie zu einem großen Teil auch für sich alleinstehend studiert werden. In den Übungen am Kapitelende soll der erlernte Stoff wie üblich vertieft, aber auch darüber hinaus gedacht werden. Hier wird an einigen Stellen ein „Musterdurchbruch" versucht. Lösungen zu den Aufgaben finden sich auf der Website des Buchs (*www.hanser-fachbuch.de/*).

Es wird weitgehend eine klare und verständliche Sprache benutzt, die an den meisten Stellen ohne Fachtermini auskommt. Vieles, was in der üblichen Literatur überladen wirken mag, wird hier reduziert und knapp dargestellt. Es wird aber großer Wert auf Anschaulichkeit gelegt, wie die zahlreichen Graphiken verdeutlichen. Ein Bild sagt immer noch mehr als tausend Worte, und manchmal tritt ein komplexer Zusammenhang erst deutlich vor Augen, wenn man ihn visualisiert. Strenge mathematische Herleitungen sind eher selten, werden aber nicht gänzlich ausgespart. Vor allem an Stellen, an denen sie für ein Grundverständnis wichtig sind, wurden sie mit aufgenommen, wie etwa bei der erwähnten Flächenberechnung im Kapitel über Integralrechnung mithilfe von Ober- und Untersummen.

Das Buch stellt in gewisser Weise die richtigen Fragen; ob diese sämtlich beantwortet werden, ist sicher Ansichtssache. Für den einen mag es zu viel, für die andere zu wenig Mathematik sein – in jedem Fall wird das Denken angeregt und soll die Freude daran geweckt werden, sich tatsächlich auch einmal mit theoretischen Inhalten zu beschäftigen. Das nämlich kommt in einem Studium der Wirtschaftswissenschaften erfahrungsgemäß zu kurz. In diesem Sinn wünschen wir allen Leserinnen und Lesern viel Freude dabei, mit diesem Buch die Mathematik für sich neu oder wieder zu entdecken.

Den Menschen, die bei der Entstehung dieses Buches mitgeholfen haben, gilt an dieser Stelle unser besonderer Dank. Allen voran sind hier die Studierenden der Fakultät für Betriebswirtschaft der Hochschule München zu nennen. In unseren Vorlesungen und Seminaren hatten wir die Gelegenheit, mit ihnen zu diskutieren und uns auszutauschen. Daraus nahmen wir wertvolle Ideen, hilfreiche Anmerkungen und anregende Fragen mit. Herrn Michael Haslinger danken wir für die Durchsicht des Manuskripts und dem Hanser Verlag für die ständige Begleitung und die gute Zusammenarbeit.

München, im September 2012

Helge Röpcke

Markus Wessler

Inhalt

1 Mathematische Grundlagen

In diesem Kapitel sind die für die Praxisanwendungen wichtigen mathematischen Prinzipien zusammengestellt. Zu einem großen Teil sollten sie aus der Schule bekannt sein.

1.1 Folgen, Summen und Reihen

1.1.1 Grundlagen

Folgen, Summen und Reihen bilden die Grundlagen der gesamten sogenannten Infinitesimalrechnung, also dem Rechnen mit „beliebig kleinen Größen". Der Begriff des Grenzwerts, damit verbunden die wesentlichen Begriffe der Konvergenz von Funktionen und auch der Differenzierbarkeit, haben alle ihren Ursprung im Folgenbegriff. Neben diesem theoretischen Wert besitzen sie aber auch eine hohe Praxisrelevanz. So begegnen uns Folgen in zahlreichen Anwendungen, wie etwa bei Wachstums- oder Zerfallsprozessen. Besonders in der Finanzmathematik werden wir darauf ausführlich zurückkommen.

Das Prinzip einer Folge besteht darin, reelle Zahlen „durchzunummerieren", sie also in eine Reihenfolge zu bringen. Diese kann, muss aber nicht, systematisch sein. Formal verstehen wir unter einer reellwertigen Folge eine Funktion

$$a : \mathbb{N}_0 \to \mathbb{R}. \tag{1.1}$$

Das bedeutet, dass jeder natürlichen Zahl n (inklusive 0) eine reelle Zahl zugeordnet wird, die wir mit $a(n)$ oder mit a_n bezeichnen. Diese Zahlen a_n nennt man dann die *Folgenglieder*. Es ist nicht notwendig, für uns aber durchaus Standard, dass diese Nummerierung bei 0 beginnt. Der Hauptgrund hierfür ist schon in der zukünftigen finanzmathematischen Anwendung zu finden. Dort nämlich ist 0 der Zeitpunkt „jetzt", von dem aus Zahlungsströme betrachtet werden.

Es können zwei Arten von Folgen unterschieden werden, die *aufzählenden* oder die *geschlossen darstellbaren*, die durch die Angabe eines sogenannten *allgemeinen Folgenglieds* a_n, manchmal auch *Bildungsgesetz der Folge* genannt, bestimmt sind. In folgender Tabelle sind einige Folgen auf zweierlei Weise dargestellt:

Aufzählung	Bildungsgesetz
$(a_n) = (0, 1, 2, 3, 4, 5, \ldots)$	$a_n = (n)$
$(b_n) = (1, 2, 3, 4, 5, 6, \ldots)$	$b_n = (n+1)$
$(K_n) = (1.000, 1.100, 1.200, 1.300, 1.400, 1.500, \ldots)$	$K_n = (1.000 + 100n)$
$(g_n) = (1, 2, 4, 8, 16, 32, \ldots)$	$g_n = (2^n)$
$(c_n) = (1, -1, 1, -1, 1, -1, 1, -1, \ldots)$	$c_n = ((-1)^n)$

Wir kommen nun zu den für uns wichtigsten zwei Arten von Folgen, den *arithmetischen* und den *geometrischen*. Solche Folgen sind nach einer sehr klaren Systematik gebildet und wesentlich für viele Anwendungen.

Arithmetische Folge

Eine Folge (a_n) heißt *arithmetisch*, falls für alle $n \in \mathbb{N}$ das rekursive Bildungsgesetz

$$a_n = a_{n-1} + d \tag{1.2}$$

gilt. Dabei ist d eine beliebige reelle Zahl, die sogenannte *Differenz* der Folge. Die Folgenglieder entstehen also nacheinander durch Addition von d.

Ist das Anfangsglied a_0 einer solchen arithmetischen Folge gegeben, so erhält man das *Bildungsgesetz*, also einen Ausdruck für das allgemeine Folgenglied, indem man die rekursive Vorschrift (1.2) mehrfach wiederholt:

$$\begin{aligned}
a_1 &= a_0 + d \\
a_2 &= a_1 + d = a_0 + d + d = a_0 + 2 \cdot d \\
a_3 &= a_2 + d = a_0 + 2 \cdot d + d = a_0 + 3 \cdot d \\
\ldots &= \ldots
\end{aligned}$$

So kann dann bei einer arithmetischen Folge das n-te Folgenglied unmittelbar aus dem ersten bestimmt werden, nämlich durch

$$a_n = a_0 + n \cdot d. \tag{1.3}$$

Was das Addieren oder Subtrahieren bei arithmetischen Folgen ist, ist das Multiplizieren oder Dividieren bei einer anderen wichtigen Klasse von Folgen, den geometrischen.

Geometrische Folge

Eine Folge (a_n) heißt *geometrisch*, falls für alle $n \in \mathbb{N}$ das rekursive Bildungsgesetz

$$a_n = a_{n-1} \cdot q \tag{1.4}$$

gilt. Für die reelle Zahl q, die auch der *Quotient* der Folge genannt wird, sollte $q \neq 0$ gelten. Die Folgenglieder entstehen hier durch Multiplikation mit q.

Analog zur arithmetischen Folge lässt sich auch bei der geometrischen Folge durch wiederholte Anwendung der rekursiven Vorschrift (1.4) ein Bildungsgesetz herleiten. Ist nämlich das Anfangsglied a_0 der Folge gegeben, dann erhalten wir

$$\begin{aligned}
a_1 &= a_0 \cdot q \\
a_2 &= a_1 \cdot q &&= a_0 \cdot q \cdot q &&= a_0 \cdot q^2 \\
a_3 &= a_2 \cdot q &&= a_0 \cdot q^2 \cdot q &&= a_0 \cdot q^3 \\
\ldots &= \ldots
\end{aligned}$$

und damit

$$a_n = a_0 \cdot q^n. \tag{1.5}$$

Arithmetische und geometrische Folgen kommen in der Praxis sehr häufig vor, so etwa bei Zinsprozessen, auf die wir im späteren Kapitel 7 über Finanzmathematik noch näher eingehen werden. Für den Moment geben wir nur zwei einfache Beispiele, die deutlich machen, dass die Folgen in diesem Bereich eine zentrale Rolle spielen:

Beispiel 1.1

Die Folge

$$(K_n) = (1.000, 1.100, 1.200, 1.300, 1.400, 1.500, \ldots) \tag{1.6}$$

ist eine arithmetische Folge mit $K_0 = 1.000$ und $d = 100$. Sie kann interpretiert werden als Folge der Kontostände bei *linearer Verzinsung* (auch: *einfacher Verzinsung*) mit einem Periodenzins $i = 10\,\%$ und dem Anfangsguthaben $K_0 = 1.000$ €. Sofern der Zinssatz konstant bleibt, kann dann mithilfe von (1.3) schnell das Guthaben beispielsweise nach 99 Perioden berechnet werden, nämlich

$$K_{99} = 1.000 + 99 \cdot 100 = 10.900 \text{ €}.$$

■

Beispiel 1.2

Bei der sogenannten *exponentiellen Verzinsung* (auch: *Verzinsung mit Zinseszins*) werden die angelaufenen Zinsen in der Folgeperiode mit verzinst. Die Kontostände entsprechen dann einer geometrischen Folge, deren Quotient durch den *Aufzinsungsfaktor q* gegeben ist. Bei einem Periodenzins von $i = 3\,\%$ gilt $q = 1{,}03$. Ein Anfangskapital von $K_0 = 1.000$ € wächst dabei nach n Jahren auf

$$K_n = K_0 \cdot 1{,}03^n \tag{1.7}$$

an. Nach drei Perioden gilt beispielsweise

$$K_3 = 1.000 \cdot 1{,}03^3 = 1.092{,}73 \text{ €}.$$

■

Es gibt auch verschiedene Abschreibungsmodelle, die mit Folgen beschrieben werden können. Die wichtigste und derzeit in der Praxis hauptsächlich angewendete Methode ist die *lineare Abschreibung*. Hierbei kann jedes Jahr ein konstanter Betrag des Anschaffungswertes abgeschrieben werden, sodass man mit den Formeln für die arithmetischen Folgen arbeiten kann. Beträgt etwa der Kaufpreis einer Maschine 249.000 € und soll diese innerhalb von fünf Jahren mit linearer Abschreibung bis auf einen Restwert von 100.000 € abgeschrieben werden, so bilden die Restwerte eine arithmetische Folge:

$$R_0 = 249.000, \qquad R_1 = 249.000 + d, \qquad \ldots, \qquad R_5 = 249.000 + 5d.$$

Soll der Wert für R_5 dann gleich 100.000 € sein, errechnet sich hieraus als Abschreibungsbetrag

$$d = -29.800\,€.$$

Eine weitere, allerdings kaum noch eingesetzte Methode der Abschreibung ist die sogenannte *geometrisch-degressive Abschreibung*. Hierbei sinkt der Wert einer Anschaffung ausgehend vom Anfangswert R_0 jedes Jahr *um einen konstanten Prozentsatz p*. Damit bilden die Restwerte R_n eine geometrische Folge mit dem Bildungsgesetz

$$R_n = R_0 \cdot (1-p)^n. \tag{1.8}$$

Es besteht, zumindest theoretisch, ein fundamentaler Unterschied zwischen geometrisch-degressiver und linearer Abschreibung. Das Bildungsgesetz (1.8) hat nämlich zur Folge, dass die Restwerte R_n niemals auf 0 sinken. Das hat aber natürlich keine Praxisrelevanz, da erstens die Restwerte aufgrund von Rundung irgendwann natürlich doch auf 0 sinken, aber andererseits diese Form der Abschreibung niemals in Reinform angewendet wurde. In der Praxis gab es stets Kombinationsmodelle aus geometrisch-degressiver und linearer Abschreibung: Zuerst wurde geometrisch abgeschrieben, was zu Beginn hohe Abschreibungsbeträge zur Folge hatte. Ab einem bestimmten Zeitpunkt wurde dann auf lineare Abschreibung umgestellt.

1.1.2 Summenformeln

Manchmal ist es wichtig, die Glieder einer gegebenen Folge aufzusummieren. Die Anwendungen hierfür sind wieder hauptsächlich in der Finanzmathematik zu finden. Durch den Prozess des Aufsummierens entsteht eine neue Folge, nämlich die *Folge der Partialsummen*:

Partialsummen und Reihe

Ist eine reelle Folge (a_n) gegeben, so nennt man

$$s_n = \sum_{k=0}^{n} a_k = a_0 + a_1 + \cdots + a_n \tag{1.9}$$

die *n-te Teilsumme* oder *n-te Partialsumme* der Folge (a_n). Die auf diese Weise neu gebildete Folge (s_n) heißt die *Reihe zur Folge* (a_n).

Konkret ergibt sich für die ersten Reihenglieder

$$\begin{aligned} s_0 &= a_0 \\ s_1 &= a_0 + a_1 \\ s_2 &= a_0 + a_1 + a_2 \\ s_3 &= a_0 + a_1 + a_2 + a_3 \\ \dots &= \dots \end{aligned}$$

Ein erstes einfaches Beispiel ist etwa die Folge der natürlichen Zahlen n selbst. Hierfür gilt

$$\begin{aligned} s_0 &= 0 \\ s_1 &= 1 \\ s_2 &= 3 \\ s_3 &= 6 \\ s_4 &= 10 \\ \dots &= \dots \end{aligned}$$

Interessant ist die Frage, ob es für die Folge der Partialsummen wiederum einen geschlossenen Ausdruck gibt, der von n abhängt. Es gibt ihn, und die Idee, die dann auch zur allgemeineren *arithmetischen Summenformel* führen wird, geht der Legende nach auf Carl Friedrich Gauß zurück, wobei diese kleine Geschichte nach neueren Erkenntnissen allerdings in der Form wohl nicht stattgefunden hat. Der damalige Lehrer des sechsjährigen Gauß soll der Klasse die Aufgabe gestellt haben, die natürlichen Zahlen bis 100 aufzusummieren. Nun kann man diese Aufgabe „mit Gewalt" angehen und tatsächlich vorn anfangen, die Zahlen zu addieren. Gauß hingegen soll auf den folgenden Trick gekommen sein: Man schreibt die zu bildende Summe zweimal untereinander, wobei man allerdings beim zweiten Mal die Reihenfolge umkehrt. Der Konsistenz wegen beginnen wir mit 0:

$$\begin{array}{ccccccccccccccc} 0 & + & 1 & + & 2 & + & 3 & + & \dots & + & 98 & + & 99 & + & 100 \\ 100 & + & 99 & + & 98 & + & \dots & + & 3 & + & 2 & + & 1 & + & 0 \end{array} \tag{1.10}$$

Dann ist sofort klar, dass es hier 101 Pärchen gibt, die jeweils in der Summe 100 ergeben. Addiert man in (1.10) diese Paare auf, so ergibt sich damit $100 \cdot 101$, und für die gesuchte Summe der ersten hundert Zahlen ist dieser Wert noch zu halbieren, denn in (1.10) steht ja jede Zahl doppelt. Aufgrund dieses Tricks soll der kleine Gauß das Problem in wenigen Sekunden gelöst haben. Es ergibt sich

$$0 + 1 + 2 + \dots + 99 + 100 = \frac{100 \cdot 101}{2} = 5050 \tag{1.11}$$

und allgemein:

Partialsummen der natürlichen Zahlen

Für die Folge der natürlichen Zahlen (n) gilt für die n-te Partialsumme:

$$\sum_{k=0}^{n} k = \frac{n(n+1)}{2}. \tag{1.12}$$

$= \frac{1}{2} \cdot n \cdot (n+1)$ Nachfolgewert   z.B. $n = 50$, $n+1 = 51$

Verallgemeinert man dieses Prinzip, so erhält man sofort die folgende arithmetische Summenformel:

Partialsummen einer arithmetischen Folge

Bei einer arithmetischen Folge (a_n) mit Differenz d gilt für die n-te Partialsumme:

$$s_n = \sum_{k=0}^{n} a_k = \frac{(a_0 + a_n) \cdot (n+1)}{2}. \tag{1.13}$$

Auch wenn die Folge der Quadratzahlen keine arithmetische ist, wollen wir sie an dieser Stelle kurz erwähnen, weil wir auf die entsprechende Summe bei einer späteren Flächeninhaltsberechnung zurückgreifen müssen.

Partialsummen der Quadratzahlenfolge

Für die Folge der Quadratzahlen (n^2) gilt für die n-te Partialsumme:

$$\sum_{k=0}^{n} k^2 = \frac{n(n+1)(2n+1)}{6}. \tag{1.14}$$

Kommen wir nun zu den Partialsummen geometrischer Folgen, denn diese gibt es selbstverständlich auch. Beim Aufsummieren können hier sogar interessante Phänomene auftreten. Addiert man die Glieder einer geometrischen Folge (a_n) mit Quotient q auf, so kann mithilfe von (1.5) ein kompakter Ausdruck gefunden werden. Für die ersten Teilsummen ergibt sich

$$\begin{aligned}
s_0 &= a_0 \\
s_1 &= a_0 + a_0 \cdot q &&= a_0 \cdot (1+q) \\
s_2 &= a_0 + a_0 \cdot q + a_0 \cdot q^2 &&= a_0 \cdot (1+q+q^2) \\
s_3 &= a_0 + a_0 \cdot q + a_0 \cdot q^2 + a_0 \cdot q^3 &&= a_0 \cdot (1+q+q^2+q^3)
\end{aligned}$$

Nun gilt aber

$$1 + q + q^2 + \ldots + q^n = \frac{q^{n+1} - 1}{q - 1},$$

sofern $q \neq 1$. Demnach ergibt sich:

Partialsummen einer geometrischen Folge

Bei einer geometrischen Folge (a_n) mit Differenz q gilt für die n-te Partialsumme:

$$s_n = a_0 \cdot \frac{q^{n+1} - 1}{q - 1} = a_0 \cdot \frac{1 - q^{n+1}}{1 - q}, \quad q \neq 1. \tag{1.15}$$

Bei arithmetischen Folgen werden die Teilsummen aufgrund der Konstanz der pro Folgenglied addierten festen Differenz d immer größer (bzw. bei negativem d immer kleiner). Bei geometrischen Reihen kann etwas anderes passieren. Für manche Quotienten q lassen sich bei einer geometrischen Reihe auch „alle“ (also unendlich viele) Folgenglieder aufsummieren, ohne dass dabei ein gewisser endlicher Wert überschritten wird. Das kann offenbar nur dann passieren, wenn der Quotient q „nicht zu groß“ ist. Ist er betragsmäßig kleiner als 1, so werden die Folgenglieder immer kleiner, und die Teilsummen nähern sich einem festen Wert. In diesem Fall spricht man von *Konvergenz der Reihe.* Konvergiert eine Reihe nicht, so sagt man, sie *divergiert.* Man kann das genau spezifizieren:

Geometrische Reihe

Eine geometrische Reihe mit Quotient q und Startglied a_0 konvergiert genau dann, wenn $|q| < 1$, und in diesem Fall gilt

$$\sum_{k=0}^{\infty} a_k = \frac{a_0}{1-q}. \qquad (1.16)$$

Das liegt daran, dass für $|q| < 1$ mit wachsendem n die Potenzen q^{n+1} in (1.15) gegen 0 gehen. Ist $|q| > 1$, dann wird der Betrag der Folgenglieder und damit auch der Betrag der Teilsummen immer größer, und es kann sich keine Konvergenz ergeben. Im Fall $q = 1$ schließlich handelt es sich bei der Folge um eine arithmetische Folge mit $d = 0$, d. h. für die *n-te Partialsumme* erhalten wir mit (1.13) $s_n = (n+1) \cdot a_0$.

Beispiel 1.3

Stellen Sie sich ein übliches Schachbrett mit 64 Feldern vor. Es gibt die Legende, dass der Erfinder des Schachspiels von seinem Herrscher in folgender Weise belohnt werden sollte: Auf das erste Feld des Bretts sollte ein Reiskorn gelegt werden, auf das zweite Feld zwei Reiskörner, auf das dritte Feld vier Reiskörner, und so fort: Stets sollte die Anzahl der Reiskörner auf einem Feld das Doppelte der Anzahl auf dem vorhergehenden Feld betragen. Hier liegt demnach die geometrische Folge (a_n) mit

$$a_n = 2^n$$

zugrunde, deren Glieder von $n = 0$ bis $n = 63$ aufzusummieren sind. (Die Nummerierung ist hier entsprechend anzupassen.) Nun kann man sich etwa fragen, wie viele Reiskörner *in der ersten Reihe* des Schachbretts liegen. Für die Anzahl ergibt sich mithilfe von (1.15)

$$s_7 = 1 \cdot \frac{2^8 - 1}{2 - 1} = 255.$$

Will man wissen, wie viele Reiskörner auf dem gesamten Brett liegen, berechnet sich dies durch

$$s_{63} = 1 \cdot \frac{2^{64} - 1}{2 - 1} = 18.446.744.073.709.551.615,$$

also etwa 18,45 Trillionen Reiskörner. Dieses schon so kaum vorstellbare Ergebnis wird umso erstaunlicher, wenn man Folgendes bedenkt: Laut den Vereinten Nationen reichen 20.000 Reiskörner aus, um einen Erwachsenen für einen Tag zu ernähren. Im Jahr 2012 leben rund 7 Milliarden Menschen auf der Erde. Nehmen wir der Einfachheit halber an, dass auch Kinder eine Erwachsenenration erhalten, dann könnte die aktuelle Weltbevölkerung mit den Reiskörnern, die sich auf dem Schachbrett befinden, gute 360 Jahre lang ernährt werden. ■

Auch in der Zinsrechnung kann man die geometrische Summenformel wiederfinden. Wird nämlich etwa ein Kapital K_0 mit Zinseszinsen bei einem Jahreszins i angelegt, so kann man sich die Frage stellen, wie viele Zinsen sich nach n Jahren angesammelt haben. Schreibt man dies für die ersten Jahre hin und drückt die entstehenden Guthaben jeweils durch K_0 und den Aufzinsungsfaktor $q = 1 + i$ aus, so erhält man:

$$\begin{aligned}
Z_1 &= K_0 \cdot i \\
Z_2 &= K_1 \cdot i = K_0 \cdot q \cdot i \\
Z_3 &= K_2 \cdot i = K_0 \cdot q^2 \cdot i \\
\dots &= \dots
\end{aligned}$$

Summiert man diese Beträge bis zum Zeitpunkt n auf, so ergibt sich für die Summe aller Zinsen

$$\begin{aligned}
\sum_{i=1}^{n} Z_i &= K_0 \cdot i + K_0 \cdot q \cdot i + K_0 \cdot q^2 \cdot i + \ldots + K_0 \cdot q^{n-1} \cdot i \\
&= K_0 \cdot i \cdot (1 + q + q^2 + \ldots + q^{n-1}) \\
&= K_0 \cdot i \cdot \frac{q^n - 1}{q - 1} \\
&= K_0 \cdot (q^n - 1) \\
&= K_n - K_0.
\end{aligned}$$

Die Zinssumme entspricht somit dem Guthaben nach n Jahren abzüglich des Startkapitals.

1.1.3 Grenzwerte von Folgen

Um den wichtigen Begriff des Grenzwerts einer Folge einführen zu können, ist die Kenntnis einiger weiterer Eigenschaften von Folgen erforderlich. Eine reellwertige Folge (a_n) heißt

1. *alternierend*, falls das Vorzeichen zweier benachbarter Folgenglieder stets verschieden ist,
2. *monoton wachsend* bzw. *streng monoton wachsend*, falls für alle $n \in \mathbb{N}$

   $$a_n \geq a_{n-1} \quad \text{bzw.} \quad a_n > a_{n-1}$$

   gilt,
3. *monoton fallend* bzw. *streng monoton fallend*, falls für alle $n \in \mathbb{N}$

   $$a_n \leq a_{n-1} \quad \text{bzw.} \quad a_n < a_{n-1}$$

   gilt,

4. *nach oben bzw. unten beschränkt,* falls es eine Konstante $C \in \mathbb{R}$ gibt, sodass für alle $n \in \mathbb{N}_0$

$$a_n \leq C \quad \text{bzw.} \quad a_n \geq C$$

gilt, und

5. *beschränkt,* falls sie nach oben und nach unten beschränkt ist.

Diese Eigenschaften von Folgen sind allesamt recht einfach verständlich und zugänglich. Der wichtigste Begriff hingegen, nämlich der des Grenzwertes einer Folge, auf dem die gesamte Analysis basiert, mag zunächst ein bisschen widerspenstig wirken. Um ihn fassen zu können, führen wir den folgenden Begriff ein.

Eigenschaften, die für fast alle Folgenglieder gelten

Es sei (a_n) eine reelle Folge. Wir sagen, dass eine beliebige Eigenschaft *für fast alle* Folgenglieder gilt, falls es eine natürliche Zahl N gibt, sodass die Eigenschaft für alle Folgenglieder ab dem N. Glied (also für alle $n \geq N$) gilt. Dabei kann dieses N beliebig groß sein; wichtig ist nur, dass wirklich für alle danach kommenden Folgenglieder die Eigenschaft gilt. Man kann auch sagen, dass die Eigenschaft *für höchstens endlich viele Folgenglieder nicht gelten darf.*

Beispiel 1.4

Bei der Folge

$$(a_n) = (2^n) = (1, 2, 4, 8, 16, 32, \ldots)$$

sind fast alle Folgenglieder größer als 20, denn nur $1, 2, 3, 4, 8$ und 16 sind kleiner als 20. Hier gilt $N = 5$. Ebenso sind natürlich fast alle Folgenglieder größer als 1000, mit einem entsprechend „späteren", also größeren Wert für N, nämlich $N = 10$. ■

Beispiel 1.5

Die Folge

$$(a_n) = ((-2)^n) = (1, -2, 4, -8, 16, -32, \ldots)$$

ist eine alternierende Folge. Für sie gilt die im vorgehenden Beispiel genannte Eigenschaft nicht, denn hier gibt es immer wieder Folgenglieder (nämlich die negativen), die kleiner als 20 sind. ■

Nun können wir den Begriff des Grenzwertes definieren.

Grenzwert einer Folge

Es sei (a_n) eine reelle Folge. Wir sagen, dass (a_n) *konvergent* ist, falls es eine Zahl $a \in \mathbb{R}$ gibt, sodass in jedem (noch so kleinen) Intervall I um a herum fast alle Folgenglieder liegen. Man schreibt in diesem Fall

$$\lim_{n\to\infty} a_n = a \tag{1.17}$$

und nennt a den *Grenzwert der Folge* (a_n). Gibt es einen Grenzwert in diesem Sinn nicht, wachsen aber die Folgenglieder nach und nach über alle Grenzen, also Richtung ∞ oder $-\infty$, so sprechen wir von dem *uneigentlichen Grenzwert* ∞ *oder* $-\infty$. Gibt es keinen Grenzwert, so heißt die Folge *divergent*. Wir benutzen dafür die suggestive Schreibweise

$$\lim_{n\to\infty} a_n = \infty.$$

Unmittelbar aus der Definition kann etwa der Grenzwert der Folge

$$(a_n) = \left(\frac{1}{n+1}\right)$$

berechnet werden. Die Berechnung einiger Folgenglieder legt die Vermutung nahe, dass 0 der Grenzwert dieser Folge ist. Betrachtet man nun Folgenglieder für großes n und ist $(-\varepsilon, \varepsilon)$ ein (kleines) Intervall um 0 (den vermuteten Grenzwert), so stellt man fest, dass für $n > \frac{1}{\varepsilon} - 1$ gilt:

$$\frac{1}{n+1} < \varepsilon.$$

Demnach liegen alle Folgenglieder mit größerem Index als $\frac{1}{\varepsilon} - 1$ (und damit eben fast alle) in dem vorgegebenen Intervall. Es gilt also

$$\lim_{n\to\infty}\left(\frac{1}{n+1}\right) = 0. \tag{1.18}$$

Dies ist bereits einer der wichtigsten Grenzwerte. Ebenso gilt

$$\lim_{n\to\infty}\left(\frac{1}{n^k}\right) = 0 \quad \text{für alle Potenzen } k \in \mathbb{N}.$$

Solche Folgen, die den Grenzwert 0 haben, nennt man auch *Nullfolgen*.

Konvergente Folgen, also Folgen mit einem Grenzwert, verhalten sich vernünftig, wenn man durch die elementaren Rechenoperationen neue Folgen aus ihnen bildet. Vernünftig, das bedeutet, dass diese Rechenoperationen „verträglich“ sind mit den entsprechenden Grenzwerten. Addiert man etwa die passenden Glieder zweier konvergenter Folgen auf, so sollte auch die entstehende Summenfolge konvergent sein, und ihr Grenzwert sollte der Summe der beiden Grenzwerte entsprechen. So passieren also keine Überraschungen. Formal kann man all dies in den sogenannten *Grenzwertsätzen für Folgen* zusammenfassen.

Grenzwertsätze für Folgen

Sind die Folgen (a_n) bzw. (b_n) konvergent mit den Grenzwerten a bzw. b, so sind die dargestellten zusammengesetzten Folgen wieder konvergent mit den entsprechenden Grenzwerten:

- $\lim\limits_{n\to\infty}(a_n + b_n) = a + b.$
- $\lim\limits_{n\to\infty}(a_n - b_n) = a - b.$
- $\lim\limits_{n\to\infty}(a_n \cdot b_n) = a \cdot b.$
- $\lim\limits_{n\to\infty}\left(\frac{a_n}{b_n}\right) = \frac{a}{b}$, falls alle $b_n \neq 0$ und $b \neq 0$.
- $\lim\limits_{n\to\infty}(a_n)^r = a^r$ für alle $r \in \mathbb{R}$.

Mit (1.18) und mithilfe der Grenzwertsätze kann man die Grenzwerte vieler konvergenter Folgen angeben:

Beispiel 1.6

Es gilt

$$\lim_{n\to\infty}\left(\frac{3n-2}{5n+12}\right) = \lim_{n\to\infty}\left(\frac{3-\frac{2}{n}}{5+\frac{12}{n}}\right) = \frac{3}{5}$$

oder

$$\lim_{n\to\infty}\left(\frac{3n-2}{5n^2+12}\right) = \lim_{n\to\infty}\left(\frac{\frac{3}{n}-\frac{2}{n^2}}{5+\frac{12}{n^2}}\right) = 0.$$

■

Dass die Reihe zur geometrischen Folge unter bestimmten Voraussetzungen konvergiert, haben wir bereits gesehen. Die Reihe zu einer arithmetischen Folge dagegen konvergiert niemals. Das liegt daran, dass die immer gleich bleibenden Abstände der Folgenglieder die Partialsummen schnell über alle Grenzen steigen lassen. Damit eine Reihe konvergiert, muss ganz offensichtlich eine *notwendige Bedingung* erfüllt sein: Die „späten" Folgenglieder müssen klein sein, damit die Summe insgesamt einen endlichen Wert nicht übersteigt. Formal muss also, damit die Reihe zu einer reellwertigen Folge (a_n) überhaupt konvergieren kann,

$$\lim_{n\to\infty} a_n = 0$$

gelten, mit anderen Worten also die zugrunde liegende Folge (a_n) eine Nullfolge sein.

Dieses wichtige Kriterium ist aber tatsächlich nur ein notwendiges, kein hinreichendes: Zwar kann man schließen, dass eine Reihe nicht konvergiert, falls die zugrunde liegende Folge keine Nullfolge ist, aber es gibt auch Nullfolgen, deren zugehörige Reihen nicht konvergieren. Das wohl berühmteste Beispiel ist die sogenannte *harmonische Folge*

$$(h_n) = \frac{1}{n} \quad (n \geq 1).$$

Die Folge der Partialsummen, und damit die Reihe, divergiert zwar unvorstellbar langsam, aber sie tut es. So gilt etwa

$$\sum_{n=1}^{100} \frac{1}{n} \approx 5{,}18$$

und

$$\sum_{n=1}^{10.000} \frac{1}{n} \approx 9{,}79.$$

Selbst wenn 10.000 Glieder der Folge addiert werden, hat man noch nicht einmal den Summenwert 10 erreicht, und es ist kaum vorstellbar, dass der Wert der Teilsummen tatsächlich immer größer wird. Aber es ist so:

$$\sum_{n=1}^{\infty} \frac{1}{n} = \infty. \tag{1.19}$$

Dabei müssen wir leider den Nachweis an dieser Stelle schuldig bleiben.

Summiert man allerdings nicht die Kehrwerte der natürlichen Zahlen, sondern die Kehrwerte der Quadratzahlen, so ergibt sich ein ebenfalls erstaunliches Ergebnis:

$$\sum_{n=1}^{\infty} \frac{1}{n^2} = \frac{\pi^2}{6} \approx 1{,}64493. \tag{1.20}$$

Beide Folgen, die Folge der Kehrwerte von n und die Folge der Kehrwerte von n^2, haben die Eigenschaft, dass ihre Folgenglieder mit wachsendem n immer kleiner werden, aber offenbar reicht diese Tatsache allein nicht aus, um die Konvergenz der Reihe zu erzwingen. Es gibt aber ein Kriterium, das dem norwegischen Mathematiker Nils Henrik Abel zugeschrieben wird: Ist (a_n) eine *alternierende Nullfolge*, so konvergiert die zugehörige Reihe $\sum_{n=0}^{\infty} a_n$. Nimmt man etwa die harmonische Folge her und addiert die Glieder alternierend auf, so erhält man

$$\sum_{k=1}^{\infty} (-1)^{k+1} \cdot \frac{1}{k} = \ln(2) \approx 0{,}69315,$$

wobei mit ln(2) der natürliche Logarithmus von 2 gemeint ist (siehe (1.38)). Ein letztes wichtiges Beispiel für eine Zahl, die als Grenzwert einer Folge eingeführt werden kann, ist die eulersche Zahl e. Ihre Benennung geht auf Leonhard Euler, einen sehr aktiven Schweizer Mathematiker des 18. Jahrhunderts zurück, der den Buchstaben e allerdings nach eigener Aussage als Symbol für das Wort „Exponent“ verwendete, und nicht für „Euler“. Die eulersche Zahl kann auf viele unterschiedliche Wege beschrieben werden, und ihre Anwendungen, gerade bei Wachstumsprozessen und damit auch wieder in der Finanzmathematik, sind groß an der Zahl. Wir definieren sie hier kurzerhand als den Grenzwert einer Folge, nämlich

$$\mathrm{e} = \lim_{n\to\infty} \left(1 + \frac{1}{n}\right)^n \approx 2{,}71828. \tag{1.21}$$

Dass diese Folge tatsächlich konvergiert, werden wir an dieser Stelle nicht zeigen. Versucht man aber einmal, in den Ausdruck große Werte für n einzusetzen, kann man sich die Konvergenz zumindest plausibel machen:

n	$\left(1+\frac{1}{n}\right)^n$
1	2,000000000
2	2,250000000
3	2,370370370
4	2,441406250
5	2,488320000
10	2,593742460
100	2,704813829
1.000	2,716923932
1.000.000	2,718280469
1.000.000.000	2,718281827

1.2 Einige wichtige Funktionen

In diesem Abschnitt werden kurz die wesentlichen Eigenschaften einiger wichtiger Funktionstypen wiederholt, die in der ökonomischen Realtität auftauchen und mit denen wir uns später ausführlich beschäftigen werden. Zu Beginn eine kurze Motivation zum Funktionsbegriff allgemein: Eine Funktion ist, technisch gesprochen, eine *eindeutige Zuordnung*, beispielsweise von reellen Zahlen. So könnte man etwa die Funktion betrachten, die einer beliebigen reellen Zahl x ihre Quadratzahl x^2 zuordnet. Die zugeordnete Zahl kann dann etwa mit y bezeichnet werden, also $y = x^2$, oder aber man nennt sie $f(x)$, also den *Funktionswert von x*. In diesem Buch werden beide Schreibweisen benutzt:

$$y = f(x) = x^2.$$

Man setzt also Zahlen x in eine Funktionsgleichung $y = f(x)$ ein, um Funktionswerte zu erhalten. Man nennt x in dem Zusammenhang auch die *Variable* der Funktion, die „unabhängige Größe", während es sich bei y um eine abhängige Größe handelt. Im Lauf dieses Buchs werden uns auch andere Funktionen begegnen, nämlich solche, die von mehr als einer Variablen abhängen. Damit sind wir in der Praxis: In den Wirtschaftswissenschaften beschäftigt man sich nämlich systematisch mit den Zusammenhängen verschiedener Größen. So hängen etwa die Kosten K von der produzierten Menge x ab, oder der Absatz x eines bestimmten Gutes hängt ab vom Preis p. Zur Beschreibung oder Modellierung dieser Abhängigkeiten eignet sich der Begriff der mathematischen Funktion hervorragend. Man erhält auf diese Weise Kostenfunktionen $K(x)$, Absatz-Preis-Funktionen $x(p)$ und viele mehr.

Die in den nachfolgenden Unterabschnitten behandelten Funktionen sollten auf jeden Fall aus der Schule bekannt sein. Trotzdem werden sie noch einmal mit ihren wichtigsten Eigenschaften wiederholt. In den späteren Abschnitten werden sie uns dann in praktischen Anwendungen als ökonomische Funktionen wieder begegnen. Alle in diesem Kapitel betrachteten Funktionen haben formal die Gestalt

$$f : D_f(\subset \mathbb{R}) \to \mathbb{R},$$

das bedeutet, dass die Zahlen, die in f eingesetzt werden dürfen, der sogenannte *Definitionsbereich* D_f *der Funktion* f, eine Teilmenge der reellen Zahlen ist, und dass auch die Werte, also y oder $f(x)$, reelle Zahlen sind. Vielfach ist f in der Tat nicht für alle reellen Zahlen definiert, sondern es gibt Einschränkungen (etwa bei Logarithmusfunktionen). In den Anwendungen werden sich später auch sachbezogene Gründe für die Einschränkung des Definitionsbereichs ergeben.

Häufig werden wir mit graphischen Veranschaulichungen arbeiten. Eine Funktion in einer Variablen kann innerhalb von zwei Dimensionen dargestellt werden, indem man die Paare (x/y), wobei y der Funktionswert von x ist, als Punkte in der Ebene interpretiert. Zeichnet man all diese Punkte ein, so entsteht der *Graph* der Funktion. Bei den Funktionen, die in der Praxis vorkommen und die wir ausschließlich betrachten werden, ergibt sich als Graph immer eine eindimensionale, einigermaßen „glatte" Kurve. Das liegt daran, dass kleine Änderungen in der Variablen x in der Regel auch nur kleine Änderungen des Funktionswertes zur Folge haben. Die Funktion macht keine unerwarteten Sprünge. Man spricht in diesem Zusammenhang auch von der *Stetigkeit* einer Funktion.

1.2.1 Lineare Funktionen

Unter einer *linearen Funktion* versteht man eine eindeutige Zuordnung der Form

$$y = f(x) = ax + b, \tag{1.22}$$

wobei a und b fest gewählte reelle Zahlen sind. Es gibt auch eine geometrische Bedeutung: Der Graph einer linearen Funktion ist eine Gerade, deren *Steigung* durch a gegeben ist und die die senkrechte Koordinatenachse im Punkt $(0/b)$ schneidet. Dazu gehört auch der Fall $a = 0$, der der konstanten Funktion $f(x) = b$ entspricht und deren Graph eine zur x-Achse parallele Gerade durch den Punkt $(0/b)$ ist. In *Bild 1.1* ist eine solche Gerade abgebildet. Es handelt sich um den Graphen zur Funktion

$$y = f(x) = 3x - 2 \tag{1.23}$$

mit der Steigung 3 und dem y-Achsenabschnitt -2. Zusätzlich ist ein *Steigungsdreieck* eingezeichnet, das verdeutlicht, wie der Wert $a = 3$ in der Funktionsgleichung mit der Geraden zusammenhängt: Bewegt man sich von einem Punkt auf der Geraden *eine Einheit nach rechts und drei Einheiten nach oben*, so erhält man einen weiteren Punkt auf der Geraden.

Da eine lineare Funktion durch zwei Parameter, nämlich a und b, festgelegt ist, benötigt man auch zwei Bedingungen, um sie eindeutig bestimmen zu können. Dies können etwa zwei Punkte sein, die auf der zugehörigen Geraden liegen.

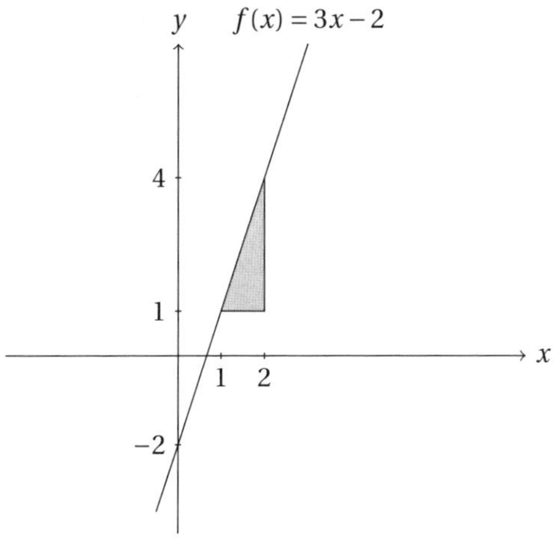

Bild 1.1 Die Gerade zur linearen Funktion $y = f(x) = 3x - 2$ mit y-Achsenabschnitt -2 und Steigungsdreieck: Ändert sich x um eine Einheit, dann ändert sich y um drei Einheiten.

Zwei-Punkte-Form einer Geradengleichung

Liegen die beiden Punkte (x_1, y_1) und (x_2, y_2) (mit $x_1 \neq x_2$) auf einer Geraden, so gilt für die Steigung a und für den y-Achsenabschnitt b:

$$a = \frac{y_1 - y_2}{x_1 - x_2} \quad \text{und} \quad b = \frac{x_1 y_2 - x_2 y_1}{x_1 - x_2}. \tag{1.24}$$

Die Bedingung $x_1 \neq x_2$ ist erforderlich, damit der Nenner in den beiden Ausdrücken (1.24) ungleich null ist. Anschaulich bedeutet dies, dass ein Steigungsdreieck wie in *Bild 1.1* angelegt werden kann. Im Fall $x_1 = x_2$ liegen die Punkte „übereinander“, so z. B. die Punkte (3/1) und (3/4). Es gibt zwar auch in diesem Fall eine Gerade durch die beiden Punkte, aber diese Gerade gehört zu keiner linearen Funktion der Form (1.22). Sie gehört sogar zu überhaupt keiner Funktion, kann aber durch die Gleichung $x = 3$ beschrieben werden. Entsprechend hat die Gerade durch die beiden Punkte (1/1) und (1/4) die Gleichung $x = 1$.

Beispiel 1.7

Bei der Geraden durch die Punkte (2/4) und (6/2) gilt nach (1.24) für Steigung und Achsenabschnitt

$$a = \frac{4-2}{2-6} = -\frac{1}{2} \quad \text{und} \quad b = \frac{2 \cdot 2 - 6 \cdot 4}{2-6} = 5.$$

Die entsprechende lineare Funktion ist demnach

$$f(x) = -\frac{1}{2}x + 5.$$

■

Es gibt zahlreiche Praxisbeispiele für lineare Funktionen, bei denen die Steigung dann meist als *Änderungsrate* gedeutet wird. Sehr oft sind etwa *Kostenfunktionen* linear. Man betrachtet einen Produktionsprozess, bei dem die Mengeneinheiten (ME) des produzierten Gutes in der Variablen x gemessen werden und dem Produzenten dabei Kosten in Höhe von $K(x)$ gemessen in Geldeinheiten (GE), entstehen. Diese Abhängigkeit der Kosten von der produzierten Menge kann etwa linear sein:

$$K(x) = ax + b \qquad (a > 0, b \geq 0). \tag{1.25}$$

Dabei entspricht die Zahl b den *Fixkosten* der Produktion, also den Kosten, die bei einer Produktion von 0 ME entstehen. Die Zahl a, geometrisch die Steigung der Geraden, kann als *Änderungsrate* interpretiert werden: Wird eine Mengeneinheit mehr produziert, so erhöht dies die Kosten um a Geldeinheiten. Eine lineare Kostenfunktion der Form (1.25) ist eindeutig festgelegt durch die Angabe von zwei Werten, wie folgendes Beispiel zeigt.

Beispiel 1.8

Bei einem Produktionsprozess gelte beispielsweise, dass die Herstellung von 10 ME Kosten in Höhe von 40 GE verursacht. Die Herstellung von 20 ME kostet hingegen 70 GE. Aus diesen beiden Angaben lässt sich die zugrunde liegende lineare Kostenfunktion ermitteln, etwa indem man die Zwei-Punkte-Form (1.24) benutzt. Es ergibt sich konkret

$$a = \frac{40-70}{10-20} = 3 \quad \text{und} \quad b = \frac{10\cdot 70 - 20\cdot 40}{10-20} = 10.$$

Die Fixkosten betragen also 10 GE und die konstante Änderungsrate 3 GE/ME. Die Kostenfunktion ist

$$K(x) = 3x + 10.$$

■

Die Anwendung der Zwei-Punkte-Form ist hier korrekt, aber vielleicht beinahe etwas zu viel des Guten. Mit gesundem Menschenverstand macht man sich schnell klar, dass der Schritt von 10 ME auf 20 ME hier Mehrkosten in Höhe von 30 GE verursacht. Da man über die Information verfügt, dass die Kostenfunktion linear ist, kann man schon hier problemlos auf eine Änderungsrate von 3 GE/ME schließen. Da die ersten 10 ME bereits 40 GE kosten, folgt, dass die Fixkosten mit 10 GE veranschlagt werden müssen.

Es gibt auch Fälle, in denen eine Kostenfunktion aus mehr als zwei Werten zu modellieren ist. Hier hat man grundsätzlich zwei Möglichkeiten: Man kann den zugrunde liegenden Funktionsterm höheren Grades exakt bestimmen oder aber eine lineare Funktion ermitteln, die eine „möglichst gute Näherung" darstellt. Dieses Verfahren der *linearen Regression* fällt dann in das Gebiet der Statistik.

Mithilfe linearer Funktionen ergeben sich auch schnell erste Fälle linearer Gleichungen. Ein bekanntes geometrisches Problem ist die Ermittlung des Schnittpunkts zweier Geraden. In *Bild 1.2* sind zwei solche Geraden abgebildet, die Graphen zu den Funktionen

$$y = f(x) = 3x - 2 \quad \text{und} \quad y = f(x) = -\frac{1}{2}x + 5.$$

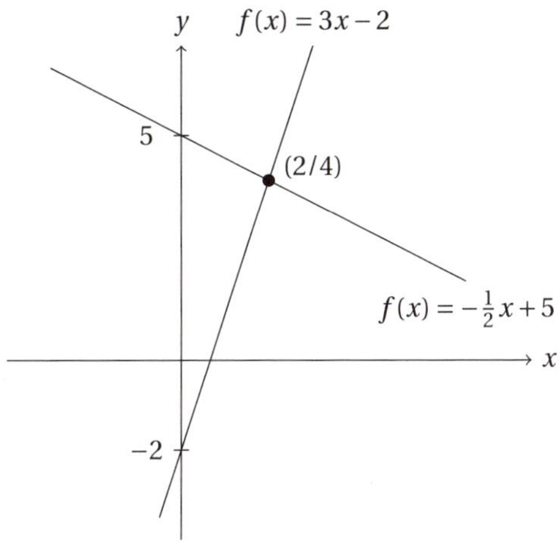

Bild 1.2 Zwei Geraden, die sich im Punkt (2/4) schneiden

Das Gleichsetzen der beiden Funktionsterme

$$3x - 2 = -\frac{1}{2}x + 5$$

ergibt eine lineare Gleichung mit der Lösung $x = 2$. Dies ist die x-Koordinate des Schnittpunktes. Der Funktionswert, also das Einsetzen von $x = 2$ in einen der beiden Funktionsterme, liefert dann die zweite Koordinate: $y = 4$. Es ergibt sich also als Schnittpunkt (2/4).

Lineare Gleichungen müssen nicht unbedingt lösbar sein, und das zeigt sich dann auch in der geometrischen Darstellung. Die beiden Geraden zu den linearen Funktionen

$$f(x) = 3x - 2 \quad \text{und} \quad f(x) = 3x - 4$$

sind parallel, schneiden sich also nicht, und entsprechend wird man beim Gleichsetzen der beiden Funktionsterme auch auf keine sinnvolle Lösung kommen.

Beispiel 1.9

Bei der Produktion von Fahrrädern setzen sich die wöchentlichen Gesamtkosten eines Betriebes zusammen aus 6.300 € Fixkosten und variablen Kosten von 800 € pro Stück. Maximal können 20 Räder produziert werden. Der erzielte Umsatz beträgt 1.500 € pro Rad. Es soll die Produktionsmenge bestimmt werden, bei der der Umsatz die Kosten deckt. Dazu modellieren wir zunächst die lineare Kostenfunktion aus den Angaben:

$$K(x) = 800x + 6.300$$

und die Umsatzfunktion

$$U(x) = 1.500x.$$

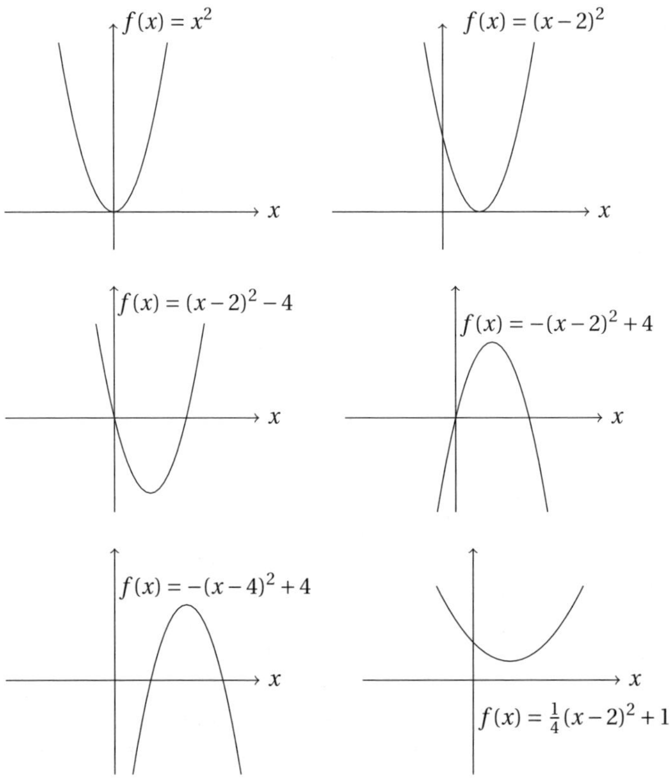

Bild 1.3 Einige Parabeln mit den zugehörigen Funktionstermen. Man sieht, wie sich Manipulationen am Term graphisch auswirken.

Gleichsetzen von $U(x)$ und $K(x)$ ergibt dann die lineare Gleichung

$$800x + 6.300 = 1.500x$$

mit der Lösung $x = 9$. Bei neun Fahrrädern werden die Kosten durch den Umsatz exakt gedeckt. ■

1.2.2 Quadratische Funktionen

Bei den wichtigen linearen Funktionen und den daraus resultierenden linearen Gleichungen kommt die Variable x nur in der ersten Potenz vor. Betrachtet man höhere Potenzen, so erhöhen sich die Komplexität und die damit verbundenen Schwierigkeiten der Funktionen. Der nächstschwierige Funktionstyp sind die *quadratischen Funktionen*. Eine solche Funktion hat einen Funktionsterm der Form

$$y = f(x) = ax^2 + bx + c$$

oder, in der sogenannten *Scheitelpunktsform*,

$$y = f(x) = a\left(x + \frac{b}{2a}\right)^2 - \frac{b^2}{4a} + c.$$

Dabei sind wieder a, b und c fest gewählte reelle Zahlen. Hierbei wird $a \neq 0$ angenommen, da die Funktion ansonsten zu einer linearen entarten würde. Definiert ist eine quadratische Funktion, wie auch schon die linearen Funktionen, überall: Ihr Definitionsbereich ist $D_f = \mathbb{R}$. Der Funktionsgraph ist eine Parabel, deren Verlauf durch die Werte a, b, c bestimmt ist. So ist die Parabel etwa nach oben bzw. unten geöffnet, wenn a positiv bzw. negativ ist. *Bild 1.3* zeigt einige Graphen quadratischer Funktionen, die die Auswirkungen von Änderungen der Parameter a, b oder c deutlich machen. Ersetzt man etwa die Variable x durch $x - 2$, so entspricht dies einer Verschiebung der Parabel um zwei Einheiten nach rechts. Änderungen in c haben Verschiebungen nach oben oder unten zur Folge. Man sieht in dem Bild auch die verschiedenen Fälle, die in Bezug auf die Nullstellen auftreten können, also diejenigen Stellen des Definitionsbereichs, an denen der Funktionswert gleich null ist. Wie man sich aus der bildlichen Darstellung ableiten kann, gibt es hierfür drei Möglichkeiten: Es kann zwei Nullstellen geben, eine oder keine. Die Nullstellen einer quadratischen Funktion können sofort mithilfe der Formel

$$x_{1/2} = \frac{-b \pm \sqrt{b^2 - 4ac}}{2a} \tag{1.26}$$

berechnet werden, die häufig die *Mitternachtsformel* genannt wird. Die Wurzel ist dafür verantwortlich, wie viele Nullstellen es gibt. Wesentlich ist der Radikand, die sogenannte *Diskriminante*

$$D = b^2 - 4ac. \tag{1.27}$$

Je nachdem ob D positiv, null oder negativ ist, hat die Funktion zwei, eine oder keine reellen Nullstellen. Während für die eindeutige Festlegung einer linearen Funktion zwei Punkte ausreichen, ist eine quadratische Funktion erst durch die Angabe dreier Punkte auf ihrem Graphen eindeutig bestimmt.

Wo tauchen solche quadratischen Funktionen in der betriebswirtschaftlichen Praxis auf? Die rechten Teile nach oben geöffneter Parabeln sind grundsätzlich auch als Kostenfunktionen denkbar. Die variablen Stückkosten sind dann offenbar nicht mehr konstant, und das Bild der Parabeln legt schon nahe, dass solche Kostenfunktionen nicht „gut" für den Produzenten zu sein scheinen. In der Tat kommen quadratische Funktionen auch sehr viel häufiger als Umsatz- oder Gewinnfunktionen vor, und zwar dann mit negativem Koeffizienten a.

Beispiel 1.10

Bei einem Produktionsprozess sei die Gewinnfunktion für den Produzenten durch

$$G(x) = -\frac{1}{10}x^2 + 8x - 120$$

gegeben. Das bedeutet, dass der Produzent bei Herstellung von x Mengeneinheiten (ME) eines Gutes einen Gewinn von $G(x)$ Geldeinheiten (GE) macht. Der Graph von $G(x)$ ist in *Bild 1.4* zu sehen. Er ist zunächst negativ, durchbricht dann die x-Achse, erreicht seinen Scheitelpunkt, nimmt wieder ab und wird schließlich wieder negativ. Wir

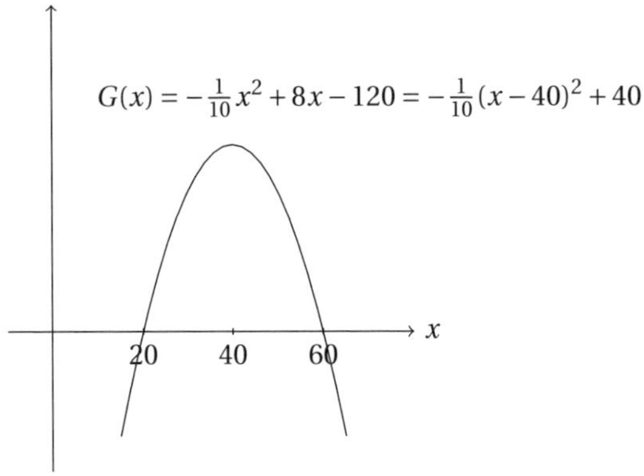

Bild 1.4 Der Graph zur Gewinnfunktion aus *Beispiel 1.10*. Die Nullstellen 20 und 60 grenzen hier den Bereich positiven Gewinns ein.

werden solche Funktionen sehr viel genauer bei der Differenzialrechnung untersuchen. Für den Moment sei nur so viel gesagt: Die beiden negativen Bereiche könnten daher rühren, dass zu Beginn die Fixkosten sehr starken Einfluss haben oder auch wegen eines möglicherweise noch zu hohen Marktpreises wenig abgesetzt wird. Später könnte der Gewinn negativ sein, weil aufgrund hoher Produktion der Preis so weit fällt, dass die Kosten den Umsatz ebenfalls übersteigen.

Die Nullstellen von $G(x)$, also die Grenzen der Produktion mit positivem Gewinn, können einfach mit der Formel (1.26) berechnet werden:

$$\begin{aligned} x_{1,2} &= \frac{-b \pm \sqrt{b^2 - 4ac}}{2a} \\ &= \frac{-8 \pm \sqrt{8^2 - 4 \cdot \left(-\frac{1}{10}\right) \cdot (-120)}}{2 \cdot \left(-\frac{1}{10}\right)} \\ &= \frac{-8 \pm \sqrt{16}}{-\frac{1}{5}} \\ &= \frac{-8 \pm 4}{-\frac{1}{5}}. \end{aligned}$$

Man erhält also $x_1 = 20$ und $x_2 = 60$. ■

1.2.3 Kubische Funktionen

Kann man die quadratischen Funktionen gerade noch zu den auch im Sinne einer Schulbildung elementaren Funktionen zählen, so verlässt man dieses Terrain sicher mit den kubischen Funktionen. Die Behandlung solcher Funktionen wird in der Schule häufig sehr verkrampft angegangen; als Stichwort sei hier die Polynomdivision genannt.

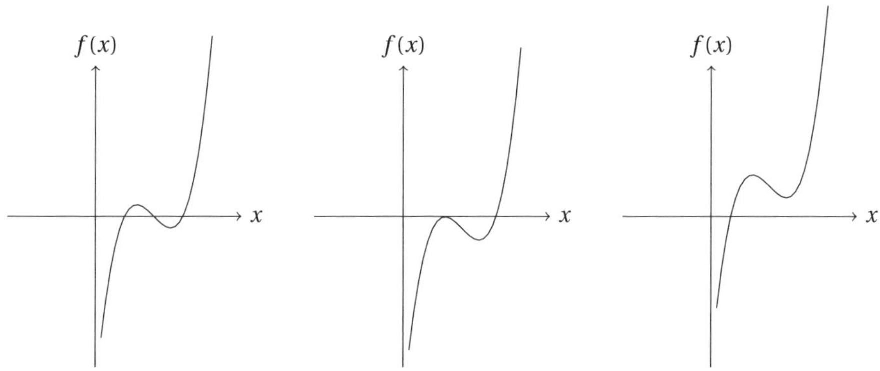

Bild 1.5 Verschiedene Graphen von Funktionen dritten Grades: drei Nullstellen, zwei Nullstellen, eine Nullstelle (v. l. n. r.).

Eine *kubische Funktion* oder auch eine *Funktion dritten Grades* ist durch einen Term der Form

$$f(x) = ax^3 + bx^2 + cx + d \tag{1.28}$$

definiert, wobei erneut a, b, c und d fest gewählte reelle Zahlen sind. Wie lineare und quadratische Funktionen sind kubische Funktionen überall definiert und somit auch über der ganzen reellen x-Achse durch einen Graphen darstellbar. Der Verlauf eines solchen Graphen ist noch ein wenig komplexer als der einer Parabel. Letztere hat einen Scheitelpunkt, bei den kubischen Funktionen gibt es bis zu zwei davon. Wiederum sind die Koeffizienten der Funktionsgleichung für den genauen Verlauf des Graphen verantwortlich. Drei mögliche Verläufe solcher kubischer Funktionen sind in *Bild 1.5* zu sehen. Wie dort ersichtlich ist, können Funktionen dritten Grades eine, zwei oder drei Nullstellen haben.

Dass eine kubische Funktion stets *mindestens eine Nullstelle* hat, also an mindestens einer Stelle die x-Achse schneidet, ist in der Tatsache begründet, dass sich mit wachsendem x die Funktionswerte in unterschiedliche Richtungen entwickeln, je nachdem ob man sich nach links oder nach rechts bewegt. Es ist der Teil ax^3 in (1.28), der für das „Fernverhalten" des Graphen verantwortlich ist: Für große x ist dies der dominante Summand im Funktionsterm. Bei positivem Wert für a geht die Funktion mit positiv wachsendem x nach ∞ und mit negativ wachsendem x nach $-\infty$. Daher muss die waagerechte Achse zwischendurch mindestens einmal geschnitten werden.

Die Berechnung der Nullstellen ist leider im Allgemeinen nicht durch eine so kompakte Formel wie die Mitternachtsformel (1.26) im quadratischen Fall möglich. In einigen Fällen ist die Berechnung mithilfe der oben schon erwähnten Polynomdivision möglich. Betrachten wir beispielsweise die Funktion

$$f(x) = x^3 - 7x^2 + 14x - 8. \tag{1.29}$$

Durch Einsetzen ergibt sich $f(1) = 0$, also kennt man bereits eine Nullstelle, nämlich $x_{N,1} = 1$. Nun kann es bis zu zwei weitere Nullstellen geben, und um diese zu bestimmen, nutzt man eine Eigenschaft der ganzrationalen Funktionen aus. Wie bei der Primfaktorzerlegung ganzer Zahlen gibt es nämlich auch eine Zerlegung von Funktionstermen in Faktoren, und zwar bei kubischen Funktionen in bis zu drei Linearfaktoren, für jede Nullstelle einen. Da nun bereits die Nullstelle $x_{N,1} = 1$ bekannt ist, weiß man, dass sich die Funktion (1.29) in der Form

$$f(x) = (x-1) \cdot g(x)$$

schreiben lässt, wobei $g(x)$ aus Gradgründen eine quadratische Funktion sein muss. Mithilfe des Verfahrens der *Polynomdivision*, das aus der Schule bekannt ist, kann man $g(x)$ bestimmen, was wir der Leserin und dem Leser überlassen. Es ergibt sich also

$$f(x) = (x-1) \cdot (x^2 - 6x + 8).$$

Mithilfe dieser Reduktion ermittelt man nun die anderen beiden Nullstellen über die Mitternachtsformel (1.26):

$$x_{N,2} = 2 \quad \text{und} \quad x_{N,3} = 4.$$

Die vollständige Zerlegung von $f(x)$ in Linearfaktoren lautet also

$$f(x) = (x-1) \cdot (x-2) \cdot (x-4).$$

Von dieser Methode wird in der Schule häufig der Anschein erweckt, als sei sie sehr essenziell. Das stimmt so nicht. Es ist zwar von fundamentaler Wichtigkeit für das Verständnis solcher Funktionen überhaupt, zu wissen, dass es so etwas wie die Polynomdivision gibt, aber ihr praktischer Nutzwert ist nahezu gleich null. Eine Nullstelle, die durch „Raten“ bestimmt werden kann, wird es bei den Funktionen, die in der Praxis vorkommen, so gut wie niemals geben. Und man kann nicht davon ausgehen, dass eine Nullstelle bekannt ist. Nullstellen können anhand anderer Funktionen bestimmt werden, etwa durch ein Näherungsverfahren wie Regula Falsi, aber mittlerweile haben die meisten handelsüblichen Taschenrechner auch solche numerischen Verfahren implementiert.

Wo kommen solche kubischen Funktionen nun in der Betriebswirtschaft vor? Funktionen, wie sie in *Bild 1.5* zu sehen sind, werden in der Tat eher selten in der ökonomischen Praxis auftauchen. Dort hatten alle drei Funktionsgraphen je einen Hoch- und einen Tiefpunkt. Es gibt jedoch eine weitere Variation der kubischen Funktionen, und zwar solche, die in gewisser Weise „gestreckt“ werden und dadurch ihre Extrempunkte verlieren. Solche Funktionen können damit überall ansteigend sein und daher etwa als Kostenfunktion vorkommen. Eine solche Funktion ist in *Bild 1.6* zu sehen.

1.2.4 Ganzrationale Funktionen

Die drei zuvor behandelten Funktionstypen, die linearen, quadratischen und kubischen Funktionen, gehören alle zu einer allgemeineren Familie von Funktionen, nämlich zu den sogenannten *ganzrationalen Funktionen* oder auch *Polynomfunktionen*. Eine allgemeine Polynomfunktion hat die Form

$$y = f(x) = a_n x^n + a_{n-1} x^{n-1} + \cdots + a_1 x + a_0, \tag{1.30}$$

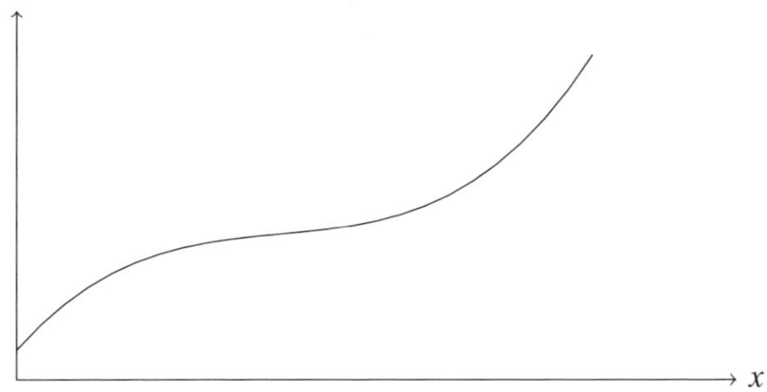

Bild 1.6 Eine streng monoton steigende Kostenfunktion dritten Grades

wobei $a_n, \ldots, a_0$ beliebige reelle Zahlen sein können und der Form halber $a_n \neq 0$ sein sollte. Der Definitionsbereich einer solchen Polynomfunktion ist $D_f = \mathbb{R}$, und ihr Funktionsgraph ist eine Parabel n-ter Ordnung. Die Zahl n nennt man den *Grad der Polynomfunktion*. Eine lineare Funktion hat maximal eine Nullstelle, eine quadratische maximal zwei und eine kubische maximal drei; das haben wir uns schon klar gemacht. Dieses Prinzip gilt nun auch allgemeiner: Eine Polynomfunktion vom Grad n hat höchstens n reelle Nullstellen.

Ansonsten bleibt über Polynomfunktionen höheren Grades wenig zu sagen. Sie kommen so gut wie gar nicht im Rahmen der ökonomischen Praxis vor, und es reicht aus, anhand der Funktionsgleichung ungefähr auf den Verlauf des zugehörigen Graphen schließen zu können. Ist n gerade, so nähert sich der Graph in beiden Richtungen entweder der positiv oder der negativ unendlichen Richtung an, so wie dies von einer Parabel bekannt ist. Die Richtung, in der der Graph „geöffnet" ist, ist durch den Koeffizienten a_n bestimmt. Ist n ungerade, so nähert sich der Graph in den beiden Richtungen der x-Achse verschiedenen unendlichen Richtungen an, so wie dies auch bei einer kubischen Funktion der Fall ist. Das hat zur Folge, dass eine solche Funktion stets mindestens eine reelle Nullstelle hat.

1.2.5 Gebrochenrationale Funktionen

Einen Schritt weiter kann man nun gehen, indem man Brüche von Polynomfunktionen betrachtet. Dadurch gelangt man zu den *gebrochenrationalen Funktionen*. Eine solche Funktion hat die Form

$$f(x) = \frac{g(x)}{h(x)},$$

wobei $g(x)$ und $h(x)$ zwei Polynomfunktionen sind. Ist der Zählergrad einer gebrochenrationalen Funktion kleiner als der Nennergrad, so spricht man von einer *echt gebrochenrationalen Funktion*.

Die einfachste gebrochenrationale Funktion ist wohl

$$f(x) = \frac{1}{x},$$

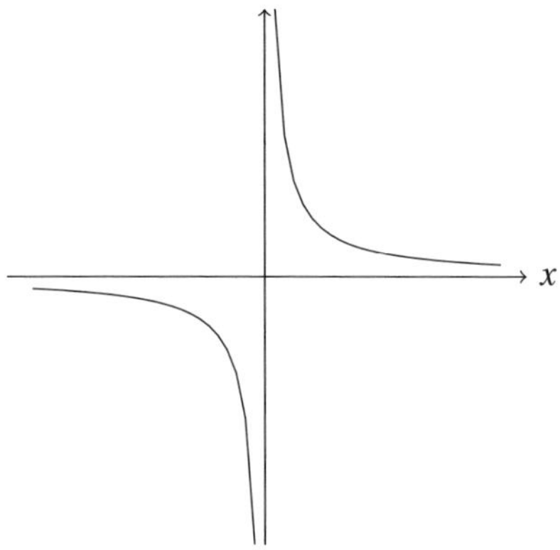

Bild 1.7 Der Graph der Kehrwertfunktion $f(x) = \frac{1}{x}$ hat bei $x = 0$ eine Definitionslücke. Läuft x gegen ∞ oder gegen $-\infty$, so nähern sich die Funktionswerte der 0 an.

die Kehrwertfunktion, deren Graph in *Bild 1.7* zu sehen ist. Allgemein handelt es sich bei den Funktionsgraphen gebrochenrationaler Funktionen um *Hyperbeln*.

Bisher hatten alle betrachteten Funktionen stets die ganze Menge der reellen Zahlen als Definitionsbereich; es konnten alle rellen Zahlen für x in den Funktionsterm eingesetzt werden. Bei gebrochenrationalen Funktionen kann es nun aus mathematischen Gründen Einschränkungen des Definitionsbereichs geben, denn bei den Nullstellen der Nennerpolynomfunktion handelt es sich um Definitionslücken. Die Kehrwertfunktion ist beispielsweise bei $x = 0$ nicht definiert. Die Funktion

$$f(x) = \frac{x^3 - 2}{x^2 - 4} \tag{1.31}$$

hat den Definitionsbereich $\mathbb{R}\setminus\{2, -2\}$, da 2 und -2 die beiden Nullstellen von $x^2 - 4$ sind. Die einzige Nullstelle des Zählers, $x_N = \sqrt[3]{2}$, ist auch die einzige Nullstelle von $f(x)$. Der Graph ist in *Bild 1.8* zu sehen. Bei den beiden Definitionslücken -2 und 2 liegen senkrechte Asymptoten vor, an die sich der Funktionsgraph immer weiter annähert. Das Fernverhalten der Funktion ist ebenfalls gut beschreibbar, wenn man sich klarmacht, dass jede gebrochenrationale Funktion auf die Form

$$f(x) = p(x) + \tilde{f}(x)$$

gebracht werden kann, wobei $p(x)$ eine Polynomfunktion und $\tilde{f}(x)$ eine echt gebrochenrationale Funktion ist. Die Polynomfunktion $p(x)$ heißt dann *Asymptotenfunktion von* $f(x)$. Die Funktion (1.31) kann in der Form

$$f(x) = x + \frac{4x - 2}{x^2 - 4}$$

geschrieben werden. Das bedeutet, dass die zugehörige Asymptotenfunktion $p(x) = x$ ist, also sich die Funktionswerte für große Werte von x in der Tat x selber annähern.

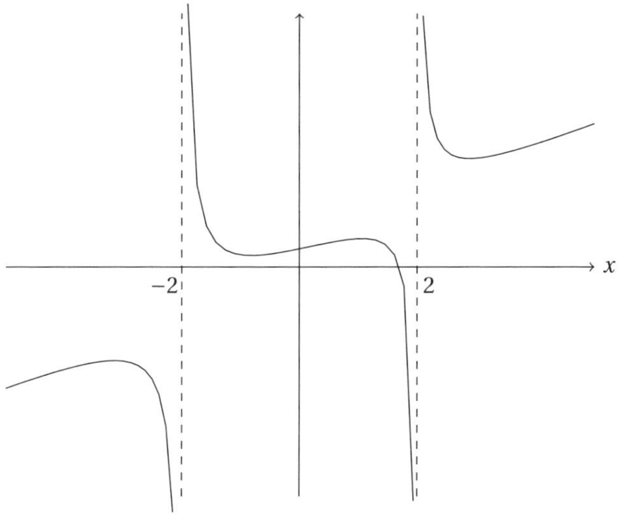

Bild 1.8 Der Graph der gebrochenrationalen Funktion $f(x) = \frac{x^3-2}{x^2-4}$ hat bei $x = -2$ und $x = 2$ jeweils eine Definitionslücke.

1.2.6 Exponentialfunktionen

Eine völlig andere Klasse von Funktionen bilden die Exponentialfunktionen und ihre Umkehrfunktionen, die Logarithmusfunktionen. So wie durch geometrische Folgen Wachstum oder Zerfall dargestellt werden können, werden auch durch Exponentialfunktionen solche Prozesse beschrieben. Während Folgen aber *diskret* sind, also nur für ganzzahlige Indizes Werte haben, sind die Exponentialfunktionen hier flexibler. Häufig ist man nämlich daran interessiert, die Indexmenge auf ein stetiges Intervall, vielleicht sogar auf alle reellen Zahlen, auszudehnen. Als Motivation beginnen wir mit einem Beispiel.

Beispiel 1.11

Eine Seerosenart breitet sich sehr schnell auf einem See aus. Zu Beginn ist $f_0 = 1\ \text{m}^2$ mit Seerosen bedeckt; diese Fläche verdoppelt sich jeden Tag: Nach einem Tag beträgt die bedeckte Fläche also $f_1 = 2\ \text{m}^2$, nach zwei Tagen $f_2 = 4\ \text{m}^2$ usw. ■

Das Seerosenwachstum in *Beispiel 1.11* kann offensichtlich durch eine Folge beschrieben werden, wenn man die diskreten ganzen Tage als Zeitvariable zugrunde legt, nämlich

$$f_n = 2^n\ \text{m}^2. \tag{1.32}$$

Dass diese Folge aber nur ganze Tage berücksichtigt, ist nicht immer ausreichend. Der Wachstumsprozess der Seerose ist nämlich nicht sprunghaft oder, mathematisch ausgedrückt, diskret. Er ist vielmehr *kontinuierlich, stetig*. Man kann sich daher die Frage stellen, welche Fläche beispielsweise nach 12 Stunden, also einem halben Tag, bedeckt ist. Wäre das Wachstum linear, so wären dies $1{,}5\ \text{m}^2$. Aber wegen der Kontinuität des Wachstums ist ein anderer Ansatz zu

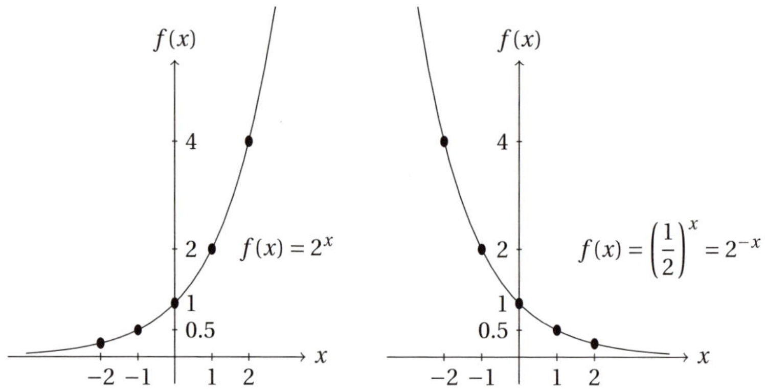

Bild 1.9 Die Exponentialfunktionen 2^x und $\left(\frac{1}{2}\right)^x$

wählen, nämlich: Angenommen, q sei der noch unbekannte Wachstumsfaktor für 12 Stunden, also einen halben Tag. Dann muss q aufgrund der Kontinuität des Wachstums die Gleichung

$$q^2 = 2$$

erfüllen. So ergibt sich als bedeckte Fläche nach einem halben Tag $\sqrt{2}$ m^2, also ungefähr $1{,}4142$ m^2. Die richtige Methode für solche Probleme besteht offenbar darin, die Folge (1.32) in einem multiplikativen Sinn auf beliebige reelle Werte auszudehnen. Konsequenterweise schreibt man dann auch x statt n, und wir haben mit

$$f(x) = 2^x \tag{1.33}$$

ein erstes Beispiel für eine Exponentialfunktion erhalten. Was ist nun der Definitionsbereich dieser Funktion? Für x können beliebige positive reelle Zahlen eingesetzt werden, wie wir uns gerade klar gemacht haben. Aber auch negative! Denn man könnte sich ja etwa fragen, wie viel Fläche *gestern* von der Seerose bedeckt war, also für den Zeitpunkt -1. Es ist dann sinnvoll zu sagen, dass es

$$2^{-1} = 0{,}5\ \text{m}^2$$

waren. Da auch der Zeitpunkt $x = 0$ sinnvoll ist, und wegen $2^0 = 1$ den Startzustand des *Beispiels 1.11* markiert, ist durch (1.33) eine auf ganz $\mathbb{R}$ definierte Funktion gegeben. Dies alles motiviert nun die folgende allgemeine Definition.

Exponentialfunktion zur Basis a

Für jede reelle Zahl $a > 0$ ist durch die Funktionsgleichung

$$y = f(x) = a^x \tag{1.34}$$

die *Exponentialfunktion zur Basis a* gegeben.

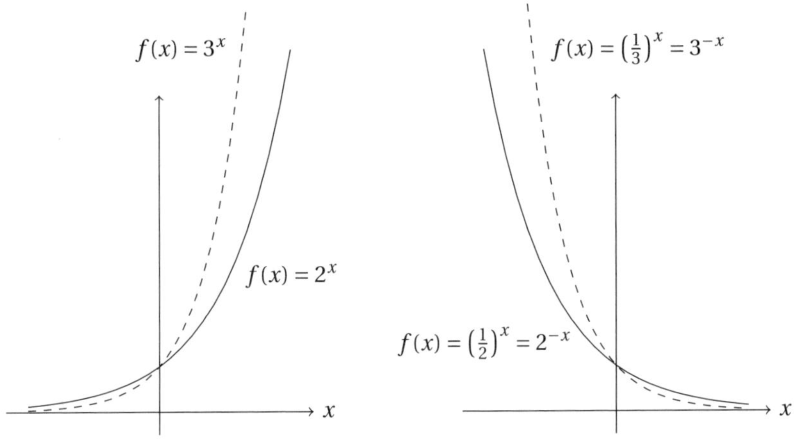

Bild 1.10 Exponentialfunktionen zu verschiedenen Basen

Der Definitionsbereich der Funktion (1.34) ist, wie wir uns gerade klar gemacht haben, die gesamte Menge der reellen Zahlen. Den typischen Verlauf einer Exponentialfunktion mit Basis $a > 1$ sieht man in *Bild 1.9* (links), wo stellvertretend für alle solche Funktionen der Graph zu (1.33) zu sehen ist. Sie verlaufen durch den Punkt (0/1), denn für alle positiven reellen Zahlen a gilt $a^0 = 1$. Außerdem wachsen sie in positiver x-Richtung sehr schnell, während sie sich in negativer x-Richtung dem Wert 0 und damit der x-Achse annähern.

Exponentialfunktionen mit Basis $a < 1$ legen ein umgekehrtes Verhalten an den Tag. In *Bild 1.9* (rechts) ist der Graph zur Funktion

$$y = f(x) = \left(\frac{1}{2}\right)^x = 2^{-x}$$

zu sehen. Auch er verläuft durch den Punkt (0/1), wächst aber in negativer x-Richtung sehr schnell und nähert sich in positiver x-Richtung dem Wert 0 an.

Wie der Funktionsgraph von der Basis a abhängt, macht *Bild 1.10* deutlich. Hier kann man sehen, dass die Graphen zu Basen, die zueinander reziprok sind (wie etwa 2 und $\frac{1}{2}$ oder 3 und $\frac{1}{3}$) zueinander symmetrisch bezüglich der y-Achse sind.

Eine weitere wesentliche Eigenschaft von Exponentialfunktionen ist die Tatsache, dass sie Addition und Multiplikation ineinander überführen. Das lernt man in der Schule in der Form eines der sogenannten *Potenzgesetze*:

$$a^{x+y} = a^x \cdot a^y.$$

In der Tat ist es eine der definierenden Eigenschaften der Exponentialfunktion $f(x) = a^x$, dass für alle reellen Zahlen x und y gilt:

$$f(x+y) = f(x) \cdot f(y). \tag{1.35}$$

Insbesondere ergibt (1.35) für $y = 1$ die Beziehung

$$f(x+1) = f(x) \cdot f(1) = f(x) \cdot a$$

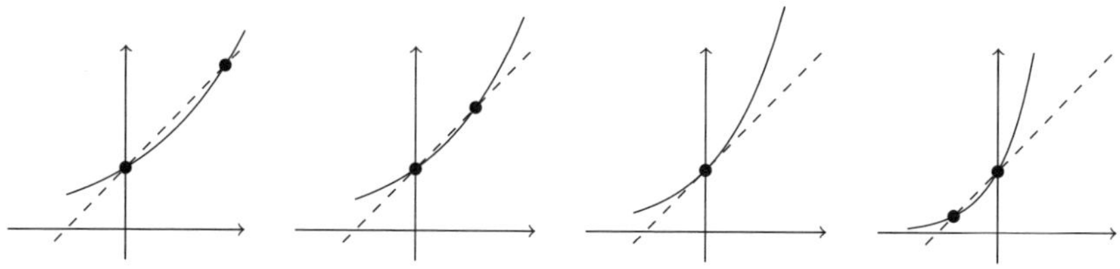

Bild 1.11 Vier Exponentialfunktionen (v. l. n. r.: $1{,}5^x$, 2^x, e^x, 4^x) im Vergleich mit der Geraden $1 + x$ (gestrichelt). Nur bei der natürlichen Exponentialfunktion e^x gibt es einen einzigen Schnittpunkt, sonst immer zwei.

für alle reellen Zahlen x. Das bedeutet, dass eine Erhöhung von x um eine Einheit eine Multiplikation des Funktionswertes mit dem Faktor a zur Folge hat. (Dies ist natürlich auch genau die Eigenschaft einer geometrischen Folge.)

Wir haben uns nun klar gemacht, dass zu jeder positiven reellen Zahl a als Basis die Exponentialfunktion betrachtet werden kann. Nun gibt es unter all diesen Exponentialfunktionen eine ganz besondere, die in der Regel auch gemeint ist, wenn schlicht von der „Exponentialfunktion" die Rede ist. Dies ist die Funktion

$$f(x) = e^x, \tag{1.36}$$

wobei mit e die eulersche Zahl gemeint ist, die uns bereits begegnet ist:

$$e = 2{,}718281828459045235360287471352 66\ldots$$

Bei e handelt es sich um eine irrationale, sogar eine transzendente Zahl, ähnlich wie bei der Kreiszahl π. Und genau wie π trotz der Irrationalität eine äußerst wichtige Bedeutung bei den Kreisberechnungen hat, ist e eine ganz besondere Zahl, wenn es um Exponentialfunktionen geht.

Eine geometrische Besonderheit, die erstaunliche Konsequenzen in der Differenzialrechnung hat, wird offensichtlich, wenn man die Funktion $f(x) = e^x$ mit einigen anderen Exponentialfunktionen vergleicht, und zwar im Hinblick auf gemeinsame Punkte mit dem Graphen der Funktion

$$g(x) = 1 + x.$$

In *Bild 1.11* ist dies dargestellt. Dort sieht man, dass jede Exponentialfunktion mit der Geraden $g(x) = 1 + x$ den Punkt (0/1) und einen weiteren Punkt gemeinsam hat – nur bei der natürlichen Exponentialfunktion e^x fallen die beiden Punkte zusammen. Mit wachsender Basis a wird nämlich der Graph einer Exponentialfunktion nach rechts hin steiler und schmiegt sich nach links hin enger an die x-Achse an, für kleinere Basen a ist dies umgekehrt, wie wir bereits gesehen haben. Daher wird es für irgendeine Basis nur einen gemeinsamen Punkt mit der Geraden geben, nämlich den Punkt (0/1). In diesem Fall ist die Gerade dann Tangente an den Graphen der entsprechenden Exponentialfunktion. Durch diese charakteristische Eigenschaft kann die Zahl e definiert werden.

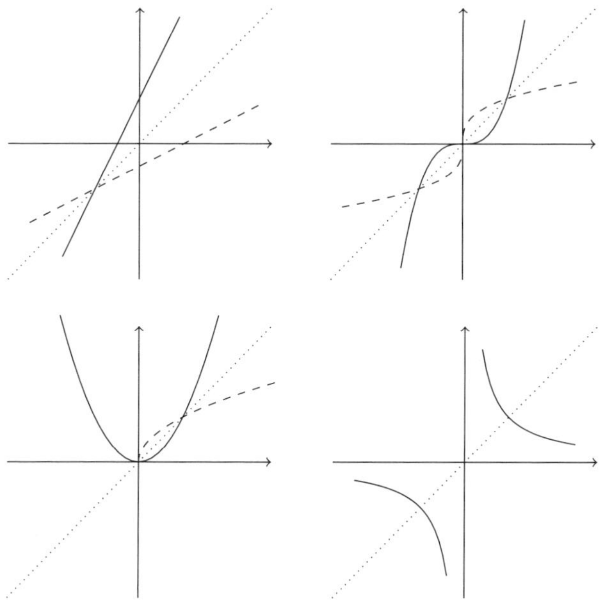

Bild 1.12 Einige Funktionen mit ihren Umkehrfunktionen. Die Funktion $f(x) = \frac{1}{x}$ ist gleich ihrer eigenen Umkehrfunktion, wie man ihrem Funktionsgraphen (rechts unten) entnehmen kann.

1.2.7 Logarithmusfunktionen

Von anderen Funktionen ist das Prinzip der *Umkehrbarkeit* bekannt. Eine Funktion ist eine eindeutige Zuordnung, das bedeutet, dass jeder Zahl x aus dem Definitionsbereich ein Funktionswert $y = f(x)$ zugeordnet wird. Nun kann man sich fragen, inwiefern diese Zuordnung sogar „eineindeutig" ist, mit anderen Worten: Wird ein Wert y auch nur genau einer Zahl x zugeordnet? Ist das der Fall, so nennt man die Funktion *umkehrbar.* Beispielweise sind lineare Funktionen auf ihrem gesamten Definitionsbereich umkehrbar. Quadratische Funktionen sind hingegen nur auf einem Teil ihres Definitionsbereichs umkehrbar, so etwa $f(x) = x^2$ für positive Werte von x durch die Wurzelfunktion. Graphisch entsteht die Umkehrfunktion durch Spiegelung an der Winkelhalbieren $y = x$. In *Bild 1.12* sind einige Funktionen mit ihren Umkehrfunktionen zu sehen.

Die Exponentialfunktion zur Basis $a > 0$, die wir soeben ausführlich kennengelernt haben, ist auf ihrem gesamten Definitionsbereich umkehrbar, sofern $a \neq 1$ gilt. Ihre Umkehrfunktion heißt die *Logarithmusfunktion zur Basis a*:

$$f(x) = \log_a(x). \tag{1.37}$$

Sie ist nur noch für alle positiven reellen Zahlen definiert und hat als Wertebereich alle reellen Zahlen. Betrachten wir etwa für $a = 2$ die Logarithmusfunktion. Es gilt beispielsweise

$$\log_2(8) = 3,$$

x	2^x
-2	$\frac{1}{4}$
-1	$\frac{1}{2}$
0	1
1	2
2	4

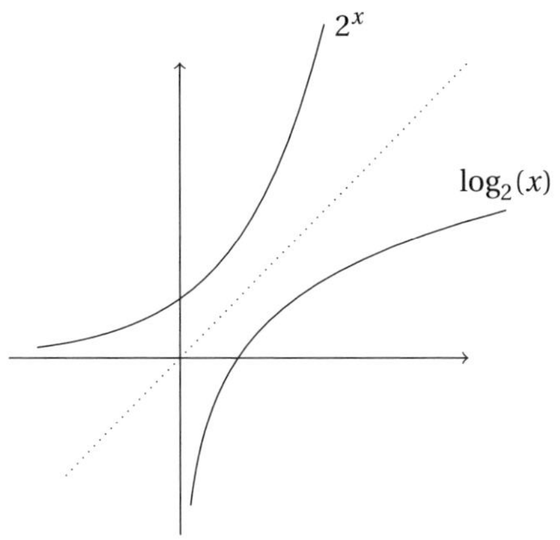

x	$\log_2(x)$
$\frac{1}{4}$	-2
$\frac{1}{2}$	-1
1	0
2	1
4	2

Bild 1.13 Wertetabellen zur Exponentialfunktion 2^x und zur Umkehrfunktion $\log_2(x)$ sowie die beiden (zur Winkelhalbierenden achsensymmetrischen) Funktionsgraphen.

denn diese Gleichung ist äquivalent zu der Gleichung $2^3 = 8$. Während man diese durch Wurzelziehen nach der Basis 2 auflöst, ist der Exponent 3 hingegen „die Zahl, mit der man 2 potenzieren muss, um 8 zu erhalten". Um dies abzukürzen, nennt man 3 den *Logarithmus von 8 zur Basis 2*, in Zeichen eben: $3 = \log_2(8)$. Ebenso berechnet man weitere Werte wie etwa

$$\log_2(4) = 2, \quad \log_2(1) = 0, \quad \text{oder} \quad \log_2(0{,}5) = -1.$$

In dem Zusammenhang soll noch kurz an die *Logarithmusgesetze* erinnert werden.

Logarithmusgesetze

Für positive reelle Zahlen a, x, y mit $a \neq 1$ und beliebige reelle Zahlen r gilt:

1. $\log_a(x \cdot y) = \log_a(x) + \log_a(y)$
2. $\log_a\left(\frac{x}{y}\right) = \log_a(x) - \log_a(y)$
3. $\log_a(x^r) = r \cdot \log_a(x)$

Analog zu den Potenzgesetzen, die Addition in Multiplikation überführen, kann mithilfe der Logarithmusgesetze die Multiplikation in Addition überführt werden: So werden multiplikative Zusammenhänge auf einfachere additive zurückgeführt. Ein Blick auf *Bild 1.13* zeigt den Zusammenhang auch graphisch: Wie schon bei den oben betrachteten Funktionen entsteht der Graph der Logarithmusfunktion durch Spiegelung des Graphen der entsprechenden Exponentialfunktion an der Winkelhalbierenden.

In *Bild 1.14* sieht man die Graphen einiger Logarithmusfunktionen zu verschiedenen Basen. Man beachte den Zusammenhang mit *Bild 1.10*. Auch die natürliche Exponentialfunktion (1.36) hat eine Logarithmusfunktion als Umkehrung, die folgerichtig *natürlicher Logarithmus* heißt. Man schreibt:

$$f(x) = \ln(x). \tag{1.38}$$

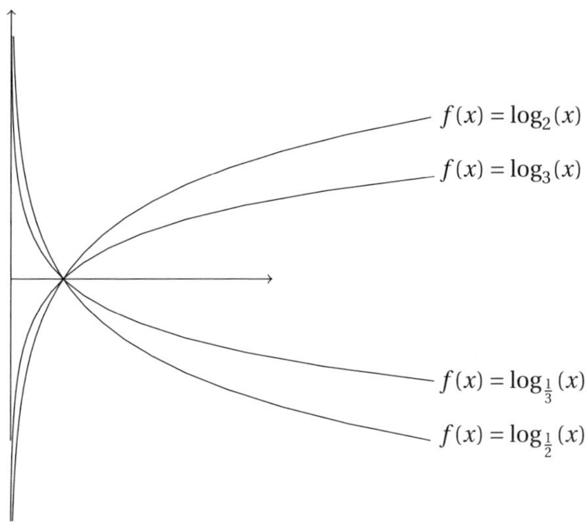

Bild 1.14 Einige Logarithmusfunktionen

Übungen zum Kapitel 1

Übung 1.1

Geben Sie jeweils das allgemeine Folgenglied mit Index n an. Beginnen Sie die Nummerierung der Folgenglieder bei Null.

1. $(-7,-3,1,5,9,\ldots)$
2. $(1,-\frac{1}{2},\frac{1}{4},-\frac{1}{8},\frac{1}{16},\ldots)$
3. $(-3,6,-9,12,-15,\ldots)$
4. $(1,3,6,10,15,21,\ldots)$

Übung 1.2

Bestimmen Sie zu allen Folgen (a_n) aus *Übung 1.1* jeweils $s_9 = \sum_{k=0}^{9} a_k$.

Übung 1.3

Auf welches Guthaben wachsen 2.000 € in zehn Jahren an, wenn mit einem Jahreszinssatz von 5 % linear bzw. exponentiell verzinst wird?

Übung 1.4

Bei der sogenannten *linearen Abschreibung* sind die Abschreibungsbeträge konstant. Welche Art von Folge bilden somit die Restwerte R_n? Geben Sie die entsprechende Folgengleichung für einen Anfangswert von $R_0 = 60.000$ und einen konstanten Abschreibungsbetrag von 10 % des Anfangswertes an.

Übung 1.5

Eine Maschine mit dem Anfangswert $W_0 = 21.000$ € wird linear abgeschrieben.

1. Bestimmen Sie d so, dass der Restwert nach sechs Jahren noch 6.600 € beträgt.
2. Nach wie viel Jahren sinkt der Restwert unter 10 % des Anfangswertes, wenn linear mit $d = 2.000$ € abgeschrieben wird?

Übung 1.6

Bei der *geometrisch-degressiven Abschreibung* sinkt der Wert einer Anschaffung mit Anfangswert W_0 am Ende jedes Jahres um einen konstanten Prozentsatz p. Nach wie viel Jahren sinkt bei $p = 15$ % der Restwert unter 20 % des Anfangswertes? Inwiefern ist die Beantwortung dieser Frage vom Anfangswert abhängig?

Übung 1.7

Berechnen Sie die Summe

$$1-2+4-8+16-32+64-\ldots+1.048.576.$$

Übung 1.8

Nach Angaben des Statistischen Bundesamtes betrug das an Entsorgungsanlagen ermittelte Abfallaufkommen im Jahr 2000 in Deutschland 406 Millionen Tonnen. Im Jahr 2001 waren es nur noch 393 Millionen Tonnen. Es wird angenommen, dass der jährliche prozentuale Rückgang auch nach 2001 weiter konstant bleibt.

1. Bestimmen Sie den prozentualen Jahresrückgang der Müllmenge, und geben Sie eine Formel für die Müllmenge M_n im Jahre n an. (Setzen Sie hierbei das Jahr 2000 der Einfachheit halber auf den Index 0.)
2. Bestimmen Sie auf dieser Grundlage die (prognostizierte) Gesamtmüllmenge der Jahre 2000 bis 2010 (inklusive).

Übung 1.9

In dieser Aufgabe soll die Formel (1.14) für die Summe der Quadratzahlen nachgewiesen werden. Dazu setzen wir

$$S(n) = \frac{n(n+1)(2n+1)}{6}.$$

1. Verifizieren Sie die Formel zunächst, indem Sie $n = 1$, $n = 2$ und $n = 3$ einsetzen.
2. Zeigen Sie nun, dass $S(n+1) = S(n) + (n+1)^2$ ist und machen Sie sich deutlich, dass Sie damit die Gültigkeit für alle Zahlen n bewiesen haben.

Übung 1.10

Weisen Sie mithilfe einer geeigneten geometrischen Reihe nach, dass $0,\overline{9} = 1$.

Übung 1.11

Untersuchen Sie, ob die nachstehenden Folgen einen Grenzwert besitzen und geben Sie diesen gegebenenfalls an.

1. $a_n = \frac{2n^2+3}{n^3}$
2. $a_n = \frac{5n^2-2n+1}{4n+200}$

Übung 1.12

Geben Sie den Funktionsterm $f(x) = ax + b$ einer linearen Funktion an, deren Graph

1. durch die Punkte $(-3/4)$ und $(2/-6)$ verläuft,
2. durch den Punkt $(4/-8)$ verläuft und die Steigung -2 hat,
3. durch den Punkt $(2/1)$ und parallel zur Geraden $x_1 + 2x_2 = 3$ verläuft.

Übung 1.13

Ein Energieversorgungsunternehmen bietet seinen Kunden zu folgenden Bedingungen Strom an: Eine Kilowattstunde kostet 0,14 € bei einer monatlichen Grundgebühr von 7,50 €.

1. Geben Sie den Funktionsterm der entsprechenden Kostenfunktion an.
2. Die Stromrechnung für einen Monat beläuft sich auf 88,42 €. Wie viel Kilowattstunden wurden in diesem Monat bezogen?
3. Ein Zweitanbieter verkauft Strom für 0,10 € pro Kilowattstunde bei einer monatlichen Grundgebühr von 10 €. Ab welcher Abnahme lohnt sich der Wechsel des Stromanbieters?

Übung 1.14

Geben Sie den Definitionsbereich der folgenden Funktionen an und berechnen Sie jeweils die Nullstellen.

1. $f(x) = x^3 + 3x^2 - 0,25x - 0,75$
2. $f(x) = x^6 - 2x^3 + 1$
3. $f(x) = 6x^{-2} - 5x^{-1} + 1$
4. $f(x) = \frac{x^2-4}{x-2}$
5. $f(x) = \sqrt{x^2 - 5x + 6}$

Übung 1.15

Die gebrochenrationale Funktion

$$f(x) = \frac{x^3 - 2}{x - 1}$$

kann wegen

$$\frac{x^3 + 2}{x - 1} = \frac{x^3 - 1 + 3}{x - 1} = \frac{x^3 - 1}{x - 1} + \frac{3}{x - 1} = x^2 + x + 1 + \frac{3}{x - 1}$$

als Summe einer ganzrationalen Funktion und einer „echt gebrochenrationalen Funktion“, bei der der Zähler einen kleineren Grad als der Nenner hat, geschrieben werden. Verfahren Sie analog mit den Funktionen

1. $f(x) = \dfrac{x^2 - 4}{x - 1}$ und
2. $f(x) = \dfrac{x^5 + 4}{x^3 - 2}$.

Übung 1.16

Bestimmen Sie die Lösungsmenge folgender Gleichungen (ggf. gerundet auf drei Dezimalstellen).

1. $e^x = 7$
2. $e^{x-2} = 5$
3. $e^{x^2} = 1$
4. $\ln(x^2 + 1) = 5$

Übung 1.17

Häufig kann die zeitliche Entwicklung der (kumulierten) Nachfrage eines neuen Produktes durch eine *logistische Funktion* beschrieben werden. Ein typisches Beispiel für eine solche Funktion ist

$$N(t) = \frac{30}{1 + 5 \cdot e^{-t}} \qquad (t \geq 0).$$

1. Bestimmen Sie die Nachfrage zu Beginn (also zum Zeitpunkt $t = 0$) und untersuchen Sie das Verhalten von $N(t)$ für $t \to \infty$.
2. Skizzieren Sie den Verlauf von $N(t)$.
3. Berechnen Sie die Zeitpunkte t_1 bzw. t_2, zu denen die Nachfrage auf die Hälfte bzw. auf drei Viertel des Sättigungswertes angestiegen ist.
4. In der Praxis werden solche Funktionen eher etwas flacher verlaufen. Überlegen Sie sich, welche Änderung des Funktionsterms dies bewirken könnte.

2 Differenzialrechnung in $\mathbb{R}$

Nachdem im vorangehenden Kapitel an einige elementare Funktionen erinnert wurde, können wir nun mit ihrer systematischen Untersuchung beginnen. Teilweise werden die hier verwendeten Begriffe rund um Funktionen in einer Variablen aus der Schule bekannt sein, und wir werden an einigen Stellen dieses Wissen voraussetzen. Da das vorliegende Buch aber eine gewisse Geschlossenheit haben sollte, wurde entschieden, einige wesentliche theoretische Aspekte mit aufzunehmen. Dies geschieht jedoch immer vor dem Hintergrund der Anwendung in der Betriebswirtschaft.

2.1 Grundlagen

2.1.1 Stetigkeit und Differenzierbarkeit

„Eine Funktion ist stetig, wenn man ihren Graphen ohne Absetzen des Stiftes durchzeichnen kann." So wird der Begriff manchmal auf eine sehr bodenständige Art und Weise erklärt, und diese Erklärung ist anschaulich und im Prinzip für unsere Zwecke vollkommen ausreichend. Kleine Änderungen des x-Wertes, so ließe sich etwas präziser sagen, sollen auch nur kleine Änderungen des Funktionswertes zur Folge haben. Unerwartete Sprünge soll es nicht geben. Alle Funktionen, die uns bisher begegnet sind, haben diese Eigenschaft, und man muss auch lange suchen, um eine betriebswirtschaftlich interessante Funktion zu finden, die nicht stetig ist – sofern der Definitionsbereich kontinuierlich ist. Eine typische nicht stetige, aber eher theoretische Funktion ist etwa die Vorzeichenfunktion, die einer positiven Zahl $+1$, einer negativen Zahl -1 und 0 sich selbst zuordnet. Der Graph zu dieser Funktion „springt" an der Stelle $x = 0$.

„Eine Funktion ist an einer Stelle differenzierbar, wenn ihr Graph an dieser Stelle eine Tangente besitzt, also hinreichend glatt ist und keine Spitzen hat." Soweit eine etwas saloppe Beschreibung des Begriffs der *Differenzierbarkeit*, die den Kern schon gut trifft. Etwas genauer soll dieser wichtige Begriff aber nun doch betrachtet werden. Funktionen sind durch ihre Gleichung schon sehr gut beschrieben, und man kann für beliebige Zahlen x aus dem Definitionsbereich den Funktionswert durch Einsetzen bestimmen. Manchmal möchte man aber noch mehr wissen, nämlich etwa, wie sich die Werte ändern, wenn x sich ändert. Dass dies bei stetigen Funktionen einigermaßen stolperfrei geschieht, ist eines, aber das Änderungsverhalten von Funktionen kann dabei sehr unterschiedlich sein. Lineare Funktionen etwa ändern sich immer und überall auf die gleiche Weise, nämlich entsprechend der Steigung ihrer Geraden, die wir auch schon als Änderungsrate interpretiert haben, etwa bei Kostenfunktionen.

Wir betrachten nun eine Funktion $f(x)$, von der wir annehmen, dass sie stetig ist. (Das wird zwar für die Definition der Differenzierbarkeit nicht benötigt, sondern folgt umgekehrt aus ihr, aber da wir zeichnerisch argumentieren wollen, machen wir diese Annahme.) Außerdem

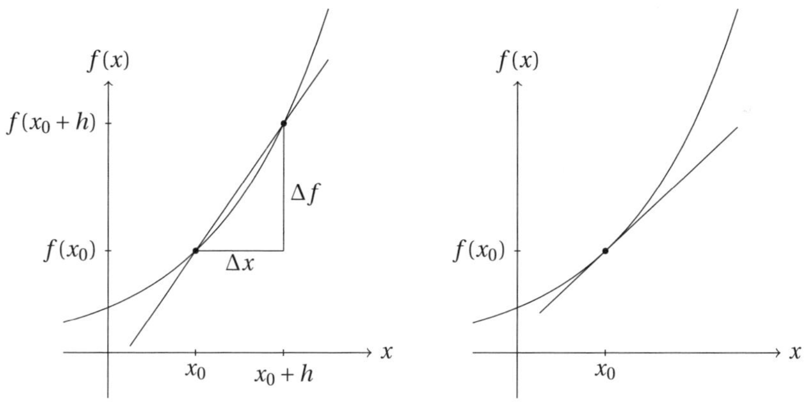

Bild 2.1 Differenzenquotient (links) und Differenzialquotient (rechts)

sei $x_0 \in D_f$ eine Stelle im Inneren des Definitionsbereichs. Dann definieren wir für eine kleine positive Zahl $h > 0$ den *Differenzenquotienten* als die *relative Änderungsrate* der Funktion f zwischen x_0 und $x_0 + h$:

$$\frac{\Delta f}{\Delta x} = \frac{f(x_0 + h) - f(x_0)}{h}. \tag{2.1}$$

Es handelt sich dabei, wie man dem linken Teil von *Bild 2.1* entnehmen kann, um die Steigung der Sekante durch die beiden Punkte $(x_0 / f(x_0))$ und $(x_0 + h / f(x_0 + h))$.

Nun kommt der Grundgedanke der Infinitesimalrechnung zum Tragen, dem „Rechnen mit kleinsten Größen". Man beobachtet, was passiert, wenn h immer kleiner wird, wenn man sich also mit dem zweiten Punkt auf den Punkt $(x_0 / f(x_0))$ zu bewegt. Es kann sein, dass die Differenzenquotienten (2.1) dann einen Grenzwert haben. Ist das der Fall, so bezeichnet man diesen als den *Differenzialquotienten* und schreibt

$$\left.\frac{\mathrm{d}f}{\mathrm{d}x}\right|_{x_0} = \lim_{\Delta x \to 0} \frac{\Delta f}{\Delta x} = \lim_{h \to 0} \frac{f(x_0 + h) - f(x_0)}{h}. \tag{2.2}$$

Die Sekanten gehen dabei, wie der rechte Teil von *Bild 2.1* zeigt, über in die Tangente an den Graphen im Punkt $(x_0 / f(x_0))$. In dem Fall, dass der Grenzwert existiert, nennt man die Funktion $f(x)$ *differenzierbar an der Stelle* x_0 und den Wert des Grenzwerts die *Ableitung von* f *an der Stelle* x_0. Alternative Schreibweise: $f'(x_0)$.

2.1.2 Ableitungsfunktion und Ableitungsregeln

Das Differenzieren ist ein lokaler Vorgang und Differenzierbarkeit eine lokale Eigenschaft. Die Menge all derjenigen Punkte, in denen eine Funktion f differenzierbar ist, bildet den Definitionsbereich $D_{f'}$ der Ableitungsfunktion. Die *Ableitungsfunktion* $f'(x)$ gibt dann in jedem Punkt die Ableitung von $f(x)$ an, die als *Änderungsrate der Funktion* oder, geometrisch, als die *Steigung der Funktion* $f(x)$ *an der Stelle* x_0 interpretiert werden kann.

Betrachten wir die lineare Funktion

$$f(x) = ax + b$$

und bilden die Ableitungsfunktion nach dem gerade beschriebenen Prozess (2.2). Es muss also der Grenzwert der Sekantensteigungen gebildet werden, was Folgendes ergibt:

$$\begin{aligned} \left.\frac{\mathrm{d}f}{\mathrm{d}x}\right|_{x_0} &= \lim_{h\to 0} \frac{f(x_0+h) - f(x_0)}{h} \\ &= \lim_{h\to 0} \frac{a(x_0+h) + b - (ax_0 + b)}{h} = \lim_{h\to 0} \frac{ah}{h} = a. \end{aligned}$$

Damit ergibt sich allgemein

$$f'(x) = a.$$

Die Ableitungsfunktion einer linearen Funktion ist also konstant und gibt in jedem Punkt die Steigung der entsprechenden Geraden an. Das ist bei ökonomischen Funktionen besonders wichtig:

Beispiel 2.1

Bei der linearen Kostenfunktion

$$K(x) = 10x + 50$$

kann $K'(x) = 10$ als Änderungsrate interpretiert werden: Wird eine Mengeneinheit mehr produziert, so verursacht dies Mehrkosten in Höhe von 10 Geldeinheiten. ■

Lineare Funktionen sind aber die einzigen mit konstanter Steigung. Betrachten wir etwa die quadratische Funktion $f(x) = x^2$, so ist schon anschaulich klar, dass die Ableitungsfunktion nicht konstant sein kann. Mithilfe von (2.2) kann die Ableitung an der Stelle x_0 folgendermaßen berechnet werden:

$$\begin{aligned} f'(x_0) &= \lim_{h\to 0} \frac{f(x_0+h) - f(x_0)}{h} &&= \lim_{h\to 0} \frac{(x_0+h)^2 - x_0^2}{h} \\ &= \lim_{h\to 0} \frac{x_0^2 + 2hx_0 + h^2 - x_0^2}{h} &&= \lim_{h\to 0} (2x_0 + h) = 2x_0. \end{aligned} \tag{2.3}$$

Da wir für die Rechnung (2.3) keinerlei Voraussetzung an die Stelle x_0 gemacht haben, ergibt sich allgemein

$$f'(x) = 2x.$$

Ähnlich, nämlich mithilfe höherer binomischer Formeln, kann man auch bei Potenzfunktionen mit größerem Exponenten vorgehen. Es gilt nämlich für eine allgemeine Potenz $n > 2$

$$(x_0+h)^n = x_0^n + n\cdot x_0^{n-1}h + \frac{n(n-1)}{2}\cdot x_0^{n-2}h^2 + \ldots + \frac{n(n-1)}{2}\cdot x_0^2 h^{n-2} + n\cdot x_0 h^{n-1} + h^n, \tag{2.4}$$

und dieser Ausdruck steht dann in der zu (2.3) analogen Rechnung auf dem Zähler. Bei dem entsprechenden Kürzungsvorgang bleibt dann im Grenzübergang $h \to 0$ nur der Summand $n \cdot x_0^{n-1}$ auf dem Zähler übrig. Somit ergibt sich

$$f(x) = x^n \Rightarrow f'(x) = n \cdot x^{n-1}.$$

Die Herleitung dieser Regel haben wir uns mithilfe von (2.4) für ganzzahlige Werte von n plausibel gemacht. Man kann sie aber sogar für beliebige reelle Exponenten r beweisen. Damit erhält man die erste wichtige Ableitungsregel.

Potenzregel der Differenzialrechnung

Alle Potenzfunktionen $f(x) = x^r$ (mit $r \in \mathbb{R}$) sind differenzierbar, und es gilt:

$$f'(x) = r \cdot x^{r-1}. \tag{2.5}$$

Beispiel 2.2

Die Funktion

$$f(x) = \sqrt{x} = x^{\frac{1}{2}}$$

kann aufgrund der Schreibweise als Potenzfunktion durch Anwendung von (2.5) folgendermaßen abgeleitet werden:

$$f'(x) = \frac{1}{2} x^{-\frac{1}{2}} = \frac{1}{2\sqrt{x}}.$$

■

Beispiel 2.3

Die Funktion

$$f(x) = \frac{1}{x} = x^{-1}$$

kann aufgrund der Schreibweise als Potenzfunktion durch Anwendung von (2.5) folgendermaßen abgeleitet werden:

$$f'(x) = -x^{-2} = -\frac{1}{x^2}.$$

■

Auch für Exponentialfunktionen gibt es eine Ableitungsregel. Es wurde bereits angedeutet, dass die Funktion $f(x) = \mathrm{e}^x$ bei der Differenzialrechnung eine zentrale Rolle spielt.

Exponentialregel der Differenzialrechnung

Alle Exponentialfunktionen $f(x) = a^x$ (mit $a > 0$) sind differenzierbar, und es gilt:

$$f'(x) = a^x \cdot \ln(a), \tag{2.6}$$

wobei $\ln(a)$ der natürliche Logarithmus von a ist.

Für den speziellen Fall $a = \mathrm{e}$ erhält man, dass die natürliche Exponentialfunktion e^x gleich ihrer eigenen Ableitung ist, denn $\ln(\mathrm{e}) = 1$. Damit entspricht die Steigung des Graphen an einer beliebigen Stelle x_0 gerade dem Funktionswert.

Nun können Funktionen auf verschiedene Weise miteinander kombiniert werden, wodurch neue Funktionen entstehen. Dafür gibt es dann die sogenannten *Ableitungsregeln*, von denen hier einige aufgeführt werden sollen:

Ableitungsregel	$f(x)$	$f'(x)$
Faktorregel	$c \cdot g(x)$	$c \cdot g'(x)$
Summenregel	$g(x) + h(x)$	$g'(x) + h'(x)$
Produktregel	$g(x) \cdot h(x)$	$g'(x) \cdot h(x) + g(x) \cdot h'(x)$
Quotientenregel	$\frac{g(x)}{h(x)}$	$\frac{g'(x) \cdot h(x) - g(x) \cdot h'(x)}{h(x)^2}$
Kettenregel	$g(h(x))$	$g'(h(x)) \cdot h'(x)$

(2.7)

Die Faktorregel und die Summenregel sind einfach zu beweisen und vor allem auch problemlos einzusehen. Sie werden ohnehin meist gleich intuitiv richtig angewendet. So kann man die Ableitungsfunktion von

$$K(x) = x^3 - 12x^2 + 180x + 200$$

ohne Schwierigkeiten angeben und benutzt die Regeln intuitiv. Es gilt

$$K(x) = 3x^2 - 24x + 180.$$

Die drei anderen Regeln, die Produkt-, die Quotienten- und die Kettenregel sind ein bisschen weniger klar einzusehen. Wir werden sie hier nicht beweisen, sondern nur ein paar Beispiele angeben, wie sie anzuwenden sind. Für die Funktion

$$f(x) = x^2 \cdot \sqrt{x}$$

gilt etwa nach der Produktregel

$$f'(x) = 2x \cdot \sqrt{x} + x^2 \cdot \frac{1}{2\sqrt{x}} = \frac{5}{2} x \cdot \sqrt{x}.$$

Hierbei könnte man natürlich auch anders vorgehen und die Funktion gleich als eine Potenzfunktion schreiben, nämlich

$$f(x) = x^2 \cdot \sqrt{x} = x^{\frac{5}{2}},$$

was für die Ableitung nach der Potenzregel Folgendes ergibt:

$$f'(x) = \frac{5}{2} x^{\frac{3}{2}} = \frac{5}{2} x \cdot \sqrt{x}.$$

Die Quotientenregel kann bei

$$f(x) = \frac{x-1}{x+1}$$

angewendet werden, und man erhält

$$f'(x) = \frac{1 \cdot (x+1) - (x-1) \cdot 1}{(x+1)^2} = \frac{2}{(x+1)^2}.$$

Ein wenig sperriger mag die Kettenregel auf den ersten Blick wirken. Hier ist auch in der Tat vielleicht ein Wort mehr zu sagen. Während Summen-, Produkt- und Quotientenregel allesamt von Rechenoperationen herkommen, die uns von den Zahlen geläufig sind, ist die *Verkettung* eine Operation, die es in der Form nur bei Funktionen gibt. Dass man eine Funktion in eine andere einsetzen kann und dadurch eine neue entsteht, ist etwas fundamental Anderes, als wir etwa von den reellen Zahlen kennen. Betrachten wir beispielsweise die Funktionen

$$g(x) = x^2 \quad \text{und} \quad h(x) = x+1, \tag{2.8}$$

so kann die eine in die andere eingesetzt werden, und dies ist auf zwei verschiedene Weisen möglich. Es gilt nämlich

$$g(h(x)) = (x+1)^2 \quad \text{und} \quad h(g(x)) = x^2+1.$$

Schwierigkeiten könnten hier vom Verständnis her entstehen, weil beide Funktionen mit der gleichen Variablen formuliert sind. Oft ist es einfacher, andere Variablen zu verwenden oder auch gar keine, um das Prinzip „Funktion" noch mehr zu verinnerlichen. In dem Fall könnte man bei den beiden Funktionen aus (2.8) einfach von der *Addition von 1* und von der *Quadratfunktion* sprechen. Dann erhält man, je nach Reihenfolge, bei Verkettung der beiden Funktionen entweder das *Quadrat der Addition von 1* oder die *Addition von 1 zum Quadrat.*

Sprachlich ist es meist so geregelt, dass man bei Verkettung zweier Funktionen von der eingesetzten auch als der „inneren Funktion" und der anderen als der „äußeren Funktion" spricht. Die Kettenregel aus (2.7) kann dann schlicht so formuliert werden, dass man zunächst die äußere Funktion ableitet, wobei hier allerdings die innere Funktion an die Stelle der Variablen tritt, und das Ganze anschließend mit der Ableitung der inneren Funktion multipliziert werden muss.

Die Funktion

$$f(x) = g(h(x)) = (x+1)^2$$

hat demnach die Ableitungsfunktion

$$f'(x) = 2(x+1) \cdot 1 = 2x+2.$$

Das gleiche Ergebnis erhält man natürlich auch, wenn man $f(x)$ zunächst einfach ausmultipliziert und dann ableitet. Hier war die innere Ableitung noch nicht besonders schwierig, aber es geht natürlich anspruchsvoller. Die Kettenregel kann auf beliebig viele Verkettungen ausgedehnt werden, und man kann immer nach dem Prinzip „von außen nach innen" vorgehen.

Beispiel 2.4

Wir betrachten die Funktion

$$f(x) = \sqrt{2^{3x-2}}.$$

Die innerste Funktion hierbei ist die lineare Funktion $3x - 2$, die in die Exponentialfunktion zur Basis 2 eingesetzt wird. Der entstehende Ausdruck wird seinerseits in die Wurzelfunktion eingesetzt. Es ergibt sich demnach für die Ableitungsfunktion

$$f'(x) = \frac{1}{2 \cdot \sqrt{2^{3x-2}}} \cdot \left(2^{3x-2} \cdot \ln(2)\right) \cdot 3 = \frac{3}{2} \ln(2) \sqrt{2^{3x-2}}.$$

■

2.1.3 Ableitungen höheren Grades

Das Prinzip des Differenzierens liefert mit der Ableitung eine neue Funktion, die auf einem Teil des Definitionsbereichs der Ausgangsfunktion definiert ist. Das kann, im Fall der elementaren Potenzfunktionen oder Exponentialfunktionen, auch wieder ganz ℝ sein. Demnach stellt sich die Frage, ob die neu entstandene Funktion $f'(x)$ erneut differenzierbar ist. Ist dies der Fall, so sagt man, $f(x)$ ist zweimal differenzierbar oder auch: $f(x)$ besitzt die Ableitung zweiten Grades. Entsprechend nennt man eine Funktion $f(x)$ *n-mal differenzierbar*, wenn die Ableitungsfunktionen

$$f', \quad f'' = (f')', \quad f''' = (f'')', \quad \ldots, \quad f^{(n)} = (f^{(n-1)})'$$

existieren. Man spricht dann von der zweiten, dritten, … , n-ten Ableitung (oder Ableitung zweiten, dritten, …, n-ten Grades) von $f(x)$. Es gibt einige alternative Schreibweisen für die n-te Ableitung, so etwa

$$f^{(n)} = \frac{\mathrm{d}^n f}{\mathrm{d}x^n}.$$

Die meisten der hier betrachteten Funktionen besitzen nicht nur die erste, sondern auch Ableitungen höheren Grades. Tatsächlich sind die Funktionen sogar meist unendlich oft differenzierbar, und der Definitionsbereich aller Ableitungsfunktionen ist stets die Menge der reellen Zahlen. So ist die Funktion

$$f(x) = x^2 - 4x + 3$$

nicht nur zweimal differenzierbar mit

$$f'(x) = 2x - 4 \quad \text{und} \quad f''(x) = 2,$$

sondern alle weiteren Ableitungen existieren ebenfalls, und es gilt

$$f^{(n)}(x) = 0 \text{ für alle } n \geq 3.$$

Beispiel 2.5

Die natürliche Exponentialfunktion

$f(x) = \mathrm{e}^x$

ist unendlich oft differenzierbar, und es gilt

$f^{(n)}(x) = \mathrm{e}^x$ für alle $n \geq 1$. ■

Beispiel 2.6

Die Exponentialfunktion

$f(x) = \mathrm{e}^{-x}$

ist unendlich oft differenzierbar, und es gilt

$f^{(n)}(x) = (-1)^n \mathrm{e}^{-x}$ für alle $n \geq 1$. ■

2.1.4 Linearisierung und Änderungsraten

Die Welt ist nicht linear, aber der Mensch denkt am liebsten linear. Auf diesen einfachen Sachverhalt kann man viele Probleme reduzieren, und das weite Feld linearer Modelle bietet viele Möglichkeiten. So wie die Ableitungsfunktion eingeführt wurde, ist bereits klar, dass differenzierbare Funktionen durch lineare Funktionen angenähert werden können. Diesen Vorgang nennt man formal *Linearisierung*, und im Fall einer Variablen, in dem wir uns noch befinden, entspricht er geometrisch dem Anlegen der Tangente.

Es sei nun also $f(x)$ eine differenzierbare Funktion mit Ableitungsfunktion $f'(x)$ und $x_0 \in D_{f'}$ eine Stelle aus dem Inneren des Definitionsbereichs von $f'(x)$. Die Differenzierbarkeit von $f(x)$ an der Stelle x_0 bedeutet dann, dass dort die Tangente an den Funktionsgraphen existiert, und ihre Gleichung ist durch

$$f_{L,x_0}(x) = f(x_0) + f'(x_0) \cdot (x - x_0) \tag{2.9}$$

gegeben. Man spricht hier von der *Linearisierung von f in der Nähe von x_0*. Ist $f(x)$ selbst bereits eine lineare Funktion, so stimmt sie natürlich überall mit ihrer Linearisierung überein: $f_L(x) = f(x)$. In diesem Fall ist (2.9) nichts anderes als die *Punkt-Steigungs-Form* der Geradengleichung.

Beispiel 2.7

Die Funktion $f(x) = x^3$ soll an der Stelle $x_0 = 1$ linearisiert werden. Wegen $f'(x) = 3x^2$ gilt nach (2.9):

$f_{L,1}(x) = f(1) + f'(1) \cdot (x - 1) = 1^3 + 3 \cdot (x - 1) = 3x - 2.$

In *Bild 2.2* sind der Graph von $f(x)$ und die Linearisierung zu sehen. ■

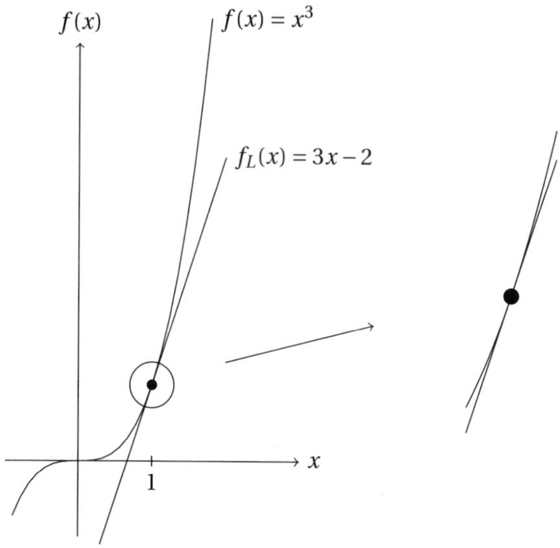

Bild 2.2 Graph der kubischen Funktion $f(x) = x^3$ mit Linearisierung bei $x_0 = 1$

Nicht nur ganzrationale Funktionen höheren Grades können durch Linearisierung vereinfacht werden, auch etwa der natürliche Logarithmus besitzt eine sehr einfache Linearisierung bei $x_0 = 1$.

Beispiel 2.8

Die natürliche Logarithmusfunktion $f(x) = \ln(x)$ soll an der Stelle $x_0 = 1$ linearisiert werden. Mit $f'(x) = \frac{1}{x}$ ergibt sich:

$$f_{L,1}(x) = f(1) + f'(1) \cdot (x-1) = \ln(1) + 1 \cdot (x-1) = x - 1.$$

Bild 2.3 zeigt die beiden Graphen. ■

Linearisiert man eine differenzierbare Funktion, so erhält man dadurch wie gesagt in einer kleinen Umgebung von x_0 eine Approximation an die ursprüngliche Funktion, es gilt also

$$f(x) \approx f_{L,x_0}(x) = f(x_0) + f'(x_0) \cdot (x - x_0). \tag{2.10}$$

Diese ungefähre Gleichheit folgt daraus, dass die Ableitung gerade als Grenzwert der Differenzenquotienten definiert ist. Setzt man nun in (2.10) den speziellen Fall $x = x_0 + 1$ ein, so erhält man

$$f'(x_0) \approx f(x_0 + 1) - f(x_0).$$

Dies bedeutet, dass $f'(x_0)$ ein Näherungswert dafür ist, um wie viel sich der Funktionswert bei dem Schritt von x_0 auf $x_0 + 1$ ungefähr verändert. Das ist eine wichtige Erkenntnis: Der Wert der Ableitungsfunktion spielt damit näherungsweise die gleiche Rolle wie die Steigung

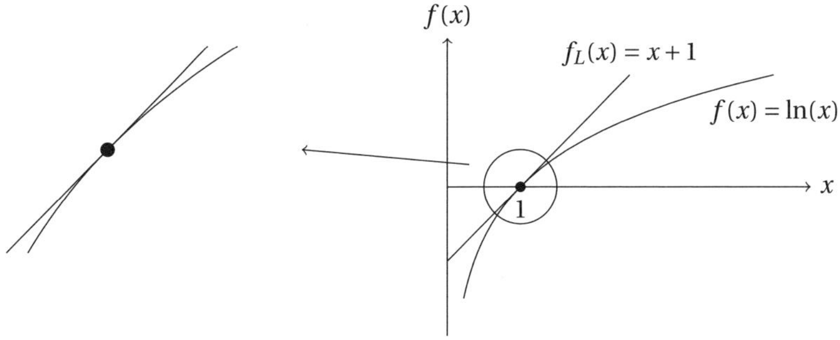

Bild 2.3 Graph der natürlichen Logarithmusfunktion $f(x) = \ln(x)$ mit Linearisierung bei $x_0 = 1$

einer Geraden im linearen Fall. Er verallgemeinert diese Bedeutung als Änderungsrate (siehe *Beispiel 2.1*) auf allgemeine differenzierbare Funktionen.

Ableitung als Näherungswert für die Änderungsrate

Bei einer differenzierbaren Funktion $f(x)$ ist der Wert der Ableitungsfunktion an einer Stelle x_0 ein Näherungswert für die Änderungsrate der Funktion. Erhöht sich x_0 um eine Einheit, so erhöht sich der Funktionswert *um ungefähr* $f'(x_0)$.

Beispiel 2.9

Für die quadratische Kostenfunktion

$$K(x) = 0,25x^2 + 10$$

gilt $K'(x) = 0,5x$ und somit beispielsweise $K'(10) = 5$ GE/ME. Dieser Wert bedeutet, dass sich die Kosten *um ungefähr 5 GE ändern*, wenn 11 ME statt 10 ME produziert werden. Die tatsächliche Änderung beträgt übrigens in diesem Fall

$$K(11) - K(10) = 5,25 \text{ GE}.$$

■

■ 2.2 Numerische Lösung von Gleichungen

Ableitungen von Funktionen können als Näherungswerte für Änderungsraten interpretiert werden, aber sie haben auch in vielen anderen Zusammenhängen wichtige Bedeutung. Interessanterweise spielen sie auch eine Rolle bei der Lösbarkeit von Gleichungen. Wenn man so will, ist das zentrale Thema der Mathematik das Lösen von Gleichungen, oder, von einem praktischeren Standpunkt aus gesehen und für Betriebswirte interessanter: die mathematische Modellierung von Praxisproblemen durch Gleichungen und die Frage, inwiefern diese lösbar sind. Nicht immer ist es nämlich möglich, die Nullstellen einer Funktion, also die Lösung einer Gleichung $f(x) = 0$ durch einen expliziten Ausdruck anzugeben, wie dies etwa für den Fall des quadratischen Polynoms mit der Mitternachtsformel möglich ist. Je nach Art und Weise der Funktion $f(x)$ kann man zur Bestimmung der Nullstellen gewisse Näherungsmethoden heranziehen, bei denen man sich der Nullstelle tatsächlich schrittweise anzunähern versucht. Es geht in diesem Abschnitt darum, ein Verständnis dafür zu entwickeln, wie solche numerischen Näherungsverfahren prinzipiell funktionieren.

2.2.1 Die Idee des Newton-Verfahrens

Jeder Taschenrechner nutzt gewisse Verfahren, um die Lösungen von Gleichungen, also die Bestimmung von Nullstellen einer Funktion, zu berechnen. Viele dieser Verfahren nehmen die Differenzialrechung zu Hilfe und wenden dabei einen gewissen zentralen Schritt mehrfach hintereinander an. Ein solches sich stets wiederholendes Verfahren nennt man *iterativ*, und es gibt eine ganze Reihe iterativer Verfahren zur Nullstellenbestimmung. An dieser Stelle werden wir zunächst das *Newton-Verfahren* etwas genauer untersuchen.

Ausgangspunkt ist also nun eine differenzierbare Funktion $f(x)$, deren Nullstellen gesucht sind, sowie ein Startwert x_0 für diese Nullstelle. Darunter versteht man eine Stelle x_0 aus dem Inneren des Definitionsbereichs der Ableitungsfunktion. Das Verfahren ist also nicht so rigide und so scharf wie die exakte Polynomdivision, bei der eine Nullstelle im Vorfeld bekannt sein muss. Aus formalen Gründen muss noch angenommen werden, dass die Ableitungsfunktion $f'(x)$ keine Nullstellen hat.

Nun wird im Punkt $(x_0/f(x_0))$ die Tangente an den Funktionsgraphen angelegt, was aufgrund der Differenzierbarkeit möglich ist. Wir *linearisieren* die Funktion also an der Stelle x_0. Der Schnittpunkt dieser Tangente, also der linearen Näherungsfunktion, mit der x-Achse kann nun exakt berechnet werden. So erhält man einen neuen Näherungswert x_1, mit dem der Schritt wiederholt wird: Linearisierung der Funktion bei x_1, Berechnung der Nullstelle der Tangente, neuer Näherungswert x_2 etc. Man erhält auf diese Weise (hoffentlich) immer bessere Näherungen für die gesuchte Nullstelle.

Bild 2.4 zeigt das Verfahren und verdeutlicht den graphischen Gedanken dahinter. Ausgehend vom Startwert x_0 wird hier linearisiert, also die Tangente gelegt, die dann die x-Achse in x_1 schneidet und damit einen neuen, besseren Näherungswert für die tatsächliche Nullstelle x_N liefert. Dieser Schritt wird wiederholt, und schon x_3 liegt so nahe bei x_N, dass man es in der Zeichnung kaum erkennen kann. Wir fassen zusammen:

Newton-Verfahren zur Nullstellenbestimmung

Soll eine Nullstelle der differenzierbaren Funktion $f(x)$ bestimmt werden, für die ein Näherungswert x_0 bekannt ist, so sind die folgenden Schritte iterativ durchzuführen, bis eine gewünschte Genauigkeit erreicht ist:

1. Linearisierung von $f(x)$ bei x_0, also Bilden der Tangentengleichung im Punkt $(x_0/f(x_0))$.
2. Der Schnittpunkt x_1 der Tangente mit der x-Achse liefert den nächsten Näherungswert.

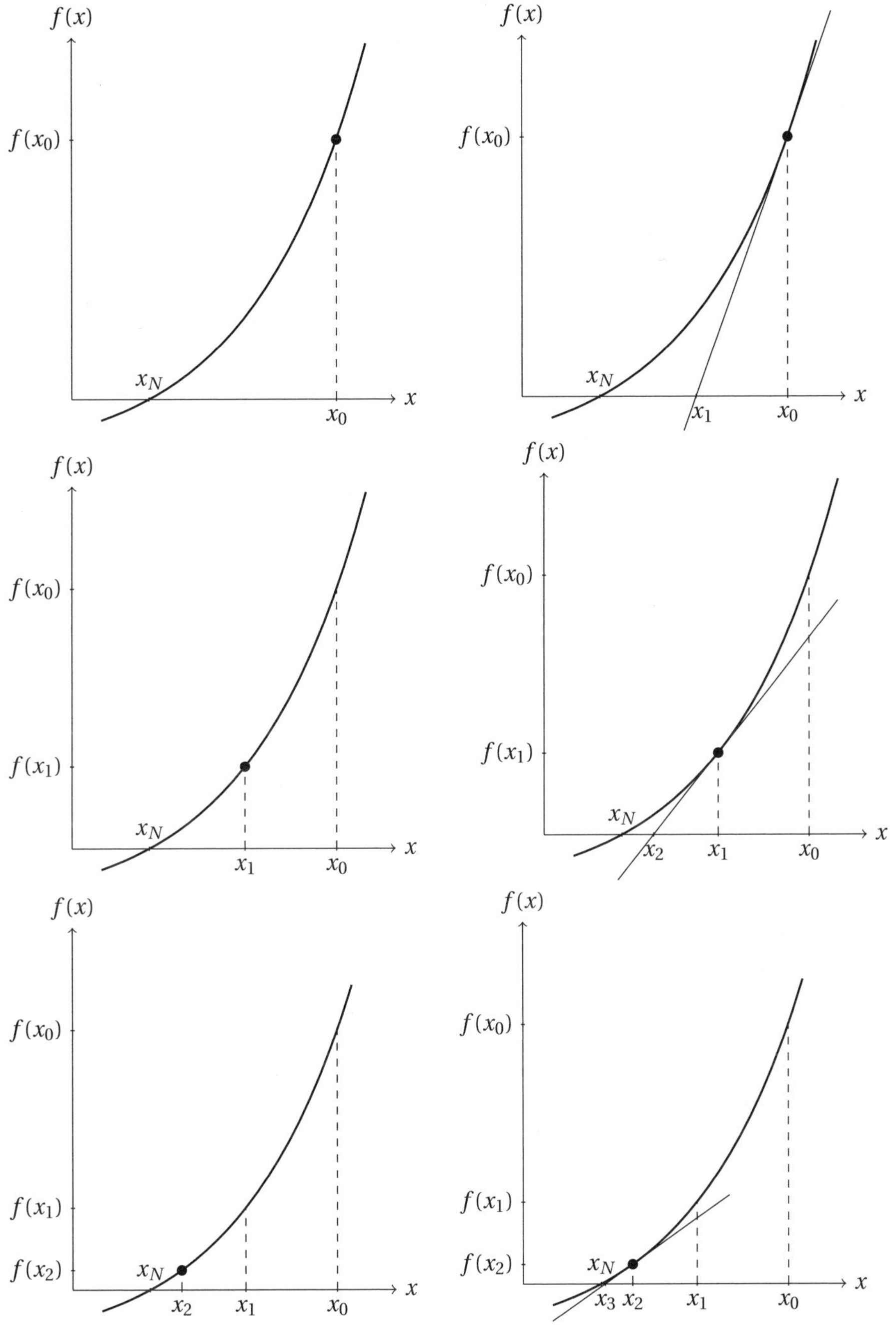

Bild 2.4 Graphische Darstellung des Newton-Verfahrens zur näherungsweisen Berechnung der Nullstelle $f(x) = 0$. Ausgehend vom Startwert x_0 wird durch dreimaliges Linearisieren bereits ein Wert x_3 erreicht, der sehr nahe an der tatsächlichen Nullstelle x_N liegt.

2.2.2 Formalisierung des Iterationsschritts

Wie kann diese graphische Idee nun rechnerisch-systematisch umgesetzt werden, ohne jedes Mal die Tangente konstruieren zu müssen? Um eine Berechnungsvorschrift, eine *Iterationsvorschrift*, für das Newton-Verfahren zu erhalten, betrachten wir *Bild 2.5*, das noch einmal den ersten Schritt aus *Bild 2.4* aufgreift. Die Steigung der Tangente im Punkt $(x_0, f(x_0))$ ist gleich $f'(x_0)$, und diese Steigung kann über die beiden Seiten des grau eingefärbten Steigungsdreiecks folgendermaßen ausgedrückt werden:

$$f'(x_0) = \frac{f(x_0)}{x_0 - x_1}.$$

Lösen wir diese Gleichung nach x_1 auf, dann ergibt sich:

$$x_1 = x_0 - \frac{f(x_0)}{f'(x_0)}. \qquad (2.11)$$

Für den nachfolgenden Schritt des Verfahrens kann man analog berechnen:

$$x_2 = x_1 - \frac{f(x_1)}{f'(x_1)}.$$

Verfährt man so weiter, erhält man die *Iterationsvorschrift für das Newton-Verfahren*:

$$x_{k+1} = x_k - \frac{f(x_k)}{f'(x_k)}, \quad k \in \mathbb{N}_0. \qquad (2.12)$$

Die Gleichung (2.12) gibt eine rekursive Beziehung dafür an, wie ein neuer Näherungswert aus einem bekannten konstruiert werden kann. Hier wird auch deutlich, dass für alle $k \in \mathbb{N}_0$ die Bedingung

$$f'(x_k) \neq 0$$

erfüllt sein muss. Der neue Wert x_{k+1} sollte dabei ein besserer Wert als x_k sein, also näher an der tatsächlichen Nullstelle liegen. Wir machen uns das Verfahren nun konkret an einer Beispielfunktion klar:

Beispiel 2.10

Wir betrachten die Funktion

$$f(x) = 1{,}3^x - 2, \qquad (2.13)$$

eine nach unten verschobene Exponentialfunktion. Aus den allgemeinen Eigenschaften einer Exponentialfunktion folgt, dass sich $1{,}3^x$ nach links hin an 0 annähert, was zur Folge hat, dass die Funktion (2.13) sich dem Wert -2 annähert und damit auf jeden Fall eine Nullstelle haben muss. Man kann auch konkret beispielsweise $f(2) = -0{,}31$ und $f(4) = 0{,}8561$ berechnen und aus der Stetigkeit der Funktion $f(x)$ schließen, dass die Nullstelle zwischen diesen beiden x-Werten liegen muss. Sie soll nun näherungsweise mithilfe des Newton-Verfahrens ermittelt werden. Mit einem Taschenrechner kann man die Lösung bereits angeben; auf sieben Nachkommastellen gerundet ergibt sich

$$x_N \approx 2{,}6419268.$$

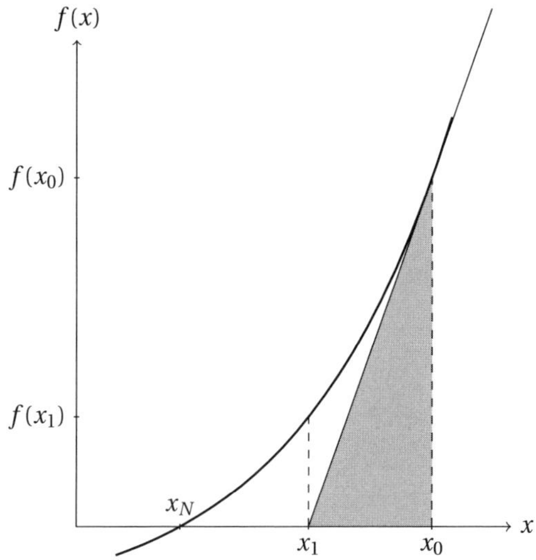

Bild 2.5 Die grau markierte Fläche entspricht dem Steigungsdreieck im ersten Iterationsschritt des Newton-Verfahrens.

Für die erste Ableitung von (2.13) gilt:

$f'(x) = \ln(1,3) \cdot 1,3^x \approx 0,2623643 \cdot 1.3^x.$

Als Startwert wird $x_0 = 4$ verwendet, und es werden die ersten drei Iterationsschritte durchgeführt:

k	x_k	$f(x_k)$	$f'(x_k)$	$x_{k+1} = x_k - \frac{f(x_k)}{f'(x_k)}$
0	4	0,8561	0,7493386	2,8575258
1	2,8575258	0,1163918	0,5552656	2,6479112
2	2,6479112	0,0031426	0,525553	2,6419315
3	2,6419315	0,0000025	0,5247292	2,6419268

(2.14)

■

Es ist in dem Beispiel sehr schön zu sehen und durchaus erstaunlich, wie schnell das Verfahren konvergiert. Bereits nach drei Iterationsschritten haben wir unsere gesuchte Nullstelle bis auf sieben Nachkommastellen genau berechnet. Eine Voraussetzung für die schnelle Konvergenz ist, dass der Startwert bereits hinreichend nah an der gesuchten Nullstelle liegt. Außerdem darf die erste Ableitung wie bereits erwähnt innerhalb des Iterationsintervalls nicht Null werden, eine Bedingung die man dem Newton-Verfahren sofort ansieht.

Zu einem korrekt durchgeführten Iterationsverfahren gehört auch eine Fehlerabschätzung. Für das Newton-Verfahren lässt sich im Fall der Konvergenz die sogenannte *quadratische Kon-*

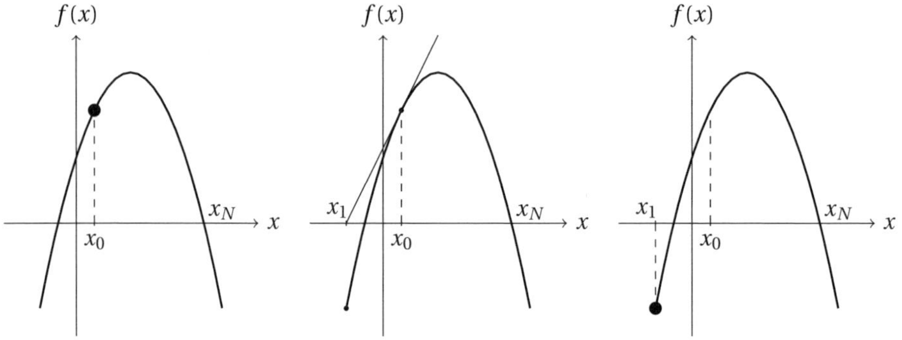

Bild 2.6 Gesucht ist die positive Nullstelle x_N. Das Verfahren wird sich jedoch der negativen Nullstelle annähern, weil der Startwert ungeschickt gewählt ist.

vergenz nachweisen. Dabei versteht man unter *quadratischer Konvergenz* eine jeweilige Verdopplung der gültigen Dezimalstellen bei jedem weiteren Iterationsschritt. Werfen wir hierzu noch einmal einen Blick auf die letzte Spalte des Rechentableaus (2.14), dann sehen wir, dass das Ergebnis für $k = 1$ auf zwei Dezimalstellen hinter dem Komma genau ist und im nächsten Schritt bereits auf vier Stellen.

2.2.3 Mögliche Probleme beim Newton-Verfahren

Es gibt bei dem schönen Konzept des Newton-Verfahrens leider einen kleinen Wermutstropfen: Es muss nicht unbedingt konvergieren. Eine notwendige Bedingung für die Konvergenz ist, dass die Iteration „hinreichend nahe" bei der Nullstelle beginnt. Das ist ein sehr schwammiger Ausdruck. Was bedeutet das? Einerseits können andere Nullstellen der Funktion bei der Berechnung ins Gehege kommen. Man erhält dann vielleicht eine Nullstelle, aber nicht die gewünschte. In *Bild 2.6* ist der Prozess dargestellt für eine Funktion, deren positive Nullstelle berechnet werden sollte, bei der das Newton-Verfahren aber dann die negative Nullstelle liefert.

Bild 2.7 zeigt ein anderes Phänomen, das bei der Anwendung des Newton-Verfahrens passieren kann: Hier wird der erste Schritt ordnungsgemäß durchgeführt und liefert einen Wert x_1, der jedoch nach der Linearisierung im zweiten Schritt nicht verbessert wird und näher an die Nullstelle heranrückt. Stattdessen gilt für den zweiten Wert $x_2 = x_0$. Das Verfahren wird also wieder auf den Startwert zurückgeworfen und resultiert damit in einer Endlosschleife, da ja $x_2 = x_0$ als nächsten Wert $x_3 = x_1$ liefert.

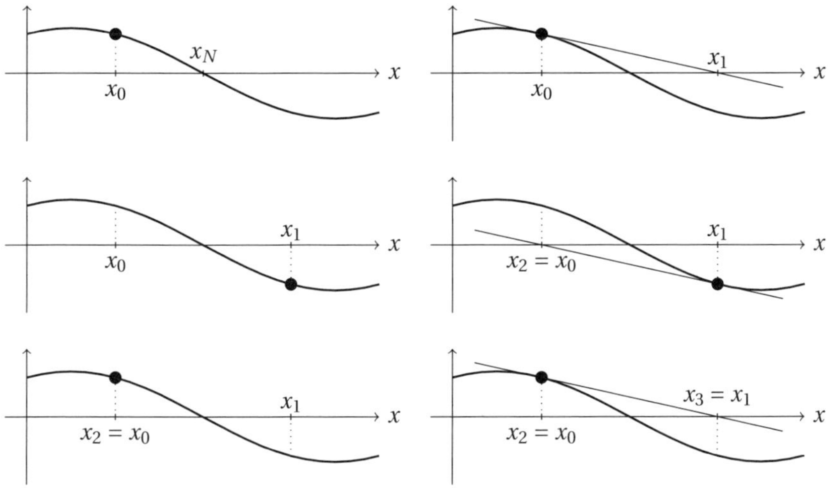

Bild 2.7 Problematische Funktion für das Newton-Verfahren, das Verfahren landet in einer Endlosschleife ohne zu konvergieren.

2.3 Monotonie und Krümmung

Mithilfe der Ableitungen ersten und höheren Grades kann eine hinreichend oft differenzierbare Funktion beliebig genau beschrieben werden. Die zwei wichtigsten Aspekte, die bereits viel Information liefern, sind in diesem Zusammenhang das *Monotonieverhalten* und das *Krümmungsverhalten*. Beides ist tatsächlich im ökonomischen Umfeld von großer Bedeutung. Von den meisten Funktionen, die in der Praxis auftreten, interessiert uns nämlich nicht nur die Berechnung der Werte, sondern wir sind interessiert daran, ob die Funktion wächst oder fällt (also am Steigungsverhalten) und wie sie das tut (also am Krümmungsverhalten).

2.3.1 Monotonieverhalten

Von einer Geraden, die etwa durch die lineare Funktion

$$f(x) = ax + b$$

gegeben ist, ist bekannt, dass sie steigt, wenn $a > 0$ und fällt, wenn $a < 0$ ist. Dieses Vorzeichen der ersten Ableitung ist auch bei allgemeineren Funktionen für das Steigungsverhalten oder Monotonieverhalten verantwortlich. So sind differenzierbare Funktionen, deren erste Ableitung auf einem kompletten Intervall positiv bzw. negativ ist, *streng monoton steigend* bzw. *streng monoton fallend*. Für die etwas schwächeren Begriffe *monoton steigend* bzw. *monoton fallend* ist ein phasenweiser waagerechter Verlauf zugelassen. Zusammenfassend gelten die folgenden Regeln, deren Beweis nicht schwierig ist, sondern unmittelbar aus der Definition

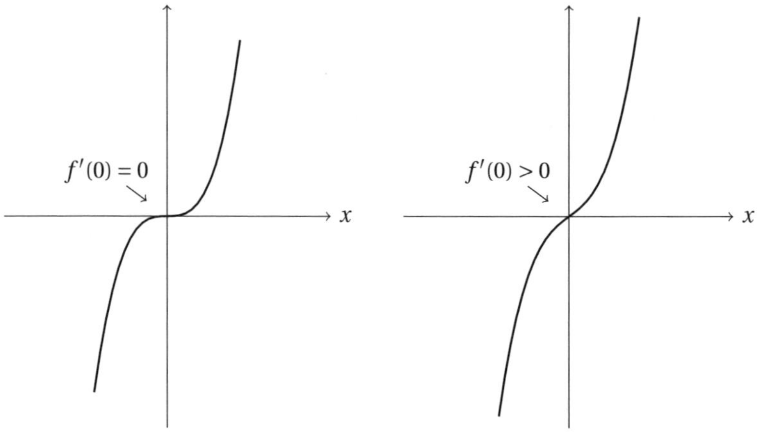

Bild 2.8 Die Funktionen $f(x) = x^3$ und $f(x) = x^3 + x$ sind beide auf ihrem gesamten Definitionsbereich streng monoton steigend, aber nur für $f(x) = x^3 + x$ gilt auch überall $f'(x) > 0$.

der Differenzierbarkeit folgt, wenn man den Zusammenhang von Steigung und Ableitung bei Geraden voraussetzt.

Monotonieverhalten differenzierbarer Funktionen

Die Funktion f sei auf dem Intervall $I \subset D_f$ differenzierbar. Dann gilt:

1. $f'(x) \geq 0$ für alle $x \in I \Leftrightarrow f$ monoton steigend auf I
2. $f'(x) \leq 0$ für alle $x \in I \Leftrightarrow f$ monoton fallend auf I
3. $f'(x) = 0$ für alle $x \in I \Leftrightarrow f$ konstant auf I
4. $f'(x) > 0$ für alle $x \in I \Rightarrow f$ streng monoton steigend auf I
5. $f'(x) < 0$ für alle $x \in I \Rightarrow f$ streng monoton fallend auf I

Vielleicht wundern Sie sich darüber, dass bei den letzten beiden Aussagen nur ein Implikationspfeil in die eine Richtung geht. Der Grund hierfür ist, dass eine Funktion, die *nirgendwo waagerecht* verläuft, dennoch *waagerechte Tangenten* haben kann. Man kann also *nicht* aus strenger Monotonie auf striktes Vorzeichen der ersten Ableitung schließen. So ist beispielsweise die Funktion

$$f(x) = x^3$$

auf ihrem gesamten Definitionsbereich ℝ streng monoton steigend, denn für alle reellen Zahlen gilt, dass ihre dritten Potenzen mit den Zahlen wachsen. Dennoch gilt $f'(0) = 0$, sodass die strenge Monotonie hier also nicht $f'(x) > 0$ impliziert. *Bild 2.8* zeigt den Graphen von $f(x) = x^3$ im Vergleich mit dem Graphen von $f(x) = x^3 + x$. Für letzteren gilt tatsächlich auf dem gesamten Definitionsbereich $f'(x) = 3x^2 + 1 > 0$.

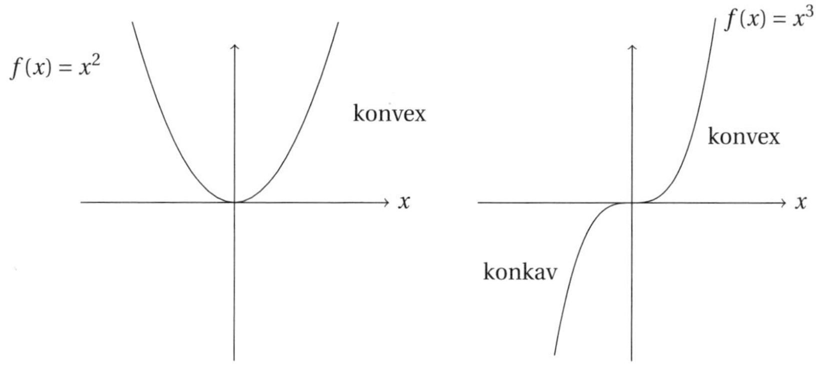

Bild 2.9 Die Normalparabel ist überall konvex (links). Der Graph der kubischen Funktion hat zwei Krümmungsintervalle (rechts).

Nun kann man bei differenzierbaren Funktionen die *Monotonieintervalle* bestimmen, indem man die erste Ableitung auf Vorzeichenwechsel untersucht. Die Funktion

$$f(x) = 0,5x^2 - 2x$$

mit der Ableitung $f'(x) = x - 2$ ist auf dem gesamten Intervall $(2;\infty)$ streng monoton steigend und auf $(-\infty;2]$ streng monoton fallend. Während lineare Funktionen nur ein Monotonieintervall haben, wächst die potenzielle Anzahl mit dem Grad der Funktion: Quadratische Funktionen haben zwei, kubische Funktionen können drei haben.

2.3.2 Krümmungsverhalten

So wie sich die Steigung am Vorzeichen der ersten Ableitung ablesen lässt, so lässt sich das Krümmungsverhalten am Vorzeichen der zweiten Ableitung ablesen. Gilt nämlich etwa auf einem bestimmten Intervall des Definitionsbereichs einer zweimal differenzierbaren Funktion

$$f''(x) > 0,$$

so bedeutet dies anschaulich, dass die „Steigung der Steigungen" positiv ist. Mit anderen Worten: Die Steigungen wachsen mit wachsendem x. Bewegt man sich also mit x nach rechts, so muss der Funktionsgraph linksgekrümmt sein. Dabei kann die Funktion selbst entweder steigen oder fallen; die zweite Ableitung kann in jedem Fall ein positives Vorzeichen haben. Analog bedeutet

$$f''(x) < 0$$

einen Rückgang der Steigung, also ein abnehmendes Steigungsverhalten. Graphisch entspricht dies einer Rechtskrümmung. Zusammenfassend gelten die folgenden Regeln:

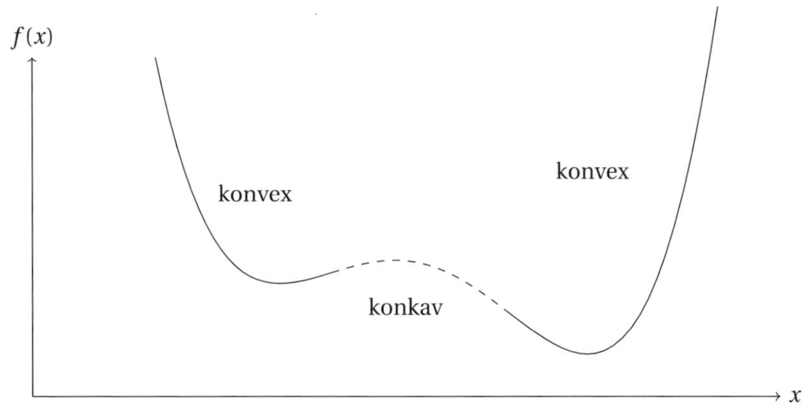

Bild 2.10 Ein Funktionsgraph mit drei Krümmungsintervallen

Krümmungsverhalten differenzierbarer Funktionen

Die Funktion f sei auf dem Intervall $I \subset D_f$ zweimal differenzierbar. Dann gilt:

1. $f''(x) > 0$ für alle $x \in I \Rightarrow f$ linksgekrümmt (konvex) auf I
2. $f''(x) < 0$ für alle $x \in I \Rightarrow f$ rechtsgekrümmt (konkav) auf I

Die Nullstellen der zweiten Ableitung, also die Stellen mit Krümmung 0, sind die Stellen, an denen der Funktionsgraph näherungsweise linear, also wie eine Gerade verläuft. Die Paradebeispiele sind in *Bild 2.9* zu sehen: Die Normalparabel mit ihrer positiven zweiten Ableitung $f''(x) = 2$ ist überall linksgekrümmt, während die kubische Funktion im Ursprung das Krümmungsverhalten von rechts nach links wechselt. Für $f(x) = x^3$ nämlich ist die zweite Ableitung $f''(x) = 6x$ auf $\mathbb{R}^+$ positiv, der Funktionsgraph also dort konvex, und auf $\mathbb{R}^-$ negativ, der Funktionsgraph also dort konkav. Es gibt hier zwei *Krümmungsintervalle.* Wegen $f''(0) = 0$ verläuft der Funktionsgraph im Ursprung näherungsweise wie eine Gerade. *Bild 2.10* zeigt noch einen weiteren Funktionsgraphen mit drei Krümmungsintervallen.

Man beachte, dass das Vorzeichen der zweiten Ableitung lediglich der Orientierung der Krümmung dient, dass aber der Wert $f''(x_0)$ an einer speziellen Stelle kein hinreichend feines quantitatives Maß für die Krümmung selbst ist. Die Krümmung eines Funktionsgraphen wird vielmehr über den (eindeutig bestimmten) Kreis definiert, der sich im Punkt $(x_0/f(x_0))$ an den Funktionsgraphen „optimal anschmiegt". Hat dieser Kreis den Radius r, dann ist die *Krümmung* κ *des Funktionsgraphen im Punkt* $(x_0/f(x_0))$ durch

$$\kappa = \begin{cases} \frac{1}{r} & \text{(falls } f \text{ linksgekrümmt ist)} \\ -\frac{1}{r} & \text{(falls } f \text{ rechtsgekrümmt ist)} \end{cases}$$

definiert. Dies ist eine klassische Definition, die aber bei differenzierbaren Funktionen mithilfe der Ableitungen sehr einfach umgesetzt werden kann:

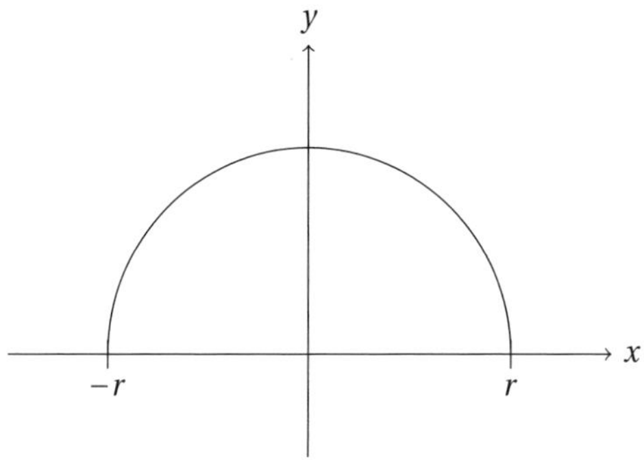

Bild 2.11 Die Halbkreisfunktion mit der Gleichung $y = \sqrt{r^2 - x^2}$

Krümmung eines Funktionsgraphen

Ist $f(x)$ eine zweimal differenzierbare Funktion und $x_0 \in D_f$ ein Punkt im Inneren des Definitionsbereichs der Ableitungsfunktionen, so beträgt die *Krümmung* des Funktionsgraphen im Punkt $(x_0 / f(x_0))$:

$$\kappa(f, x_0) = \frac{f''(x_0)}{(1 + f'(x_0)^2)^{3/2}}.$$

Um die Verträglichkeit der klassischen Definition mit der Berechnung der Krümmung durch Ableitungen zu rechtfertigen, betrachten wir den Halbkreis mit Radius r um den Ursprung über der x-Achse. Die Halbkreisfunktion ist durch

$$y = \sqrt{r^2 - x^2}$$

gegeben und nur zwischen $-r$ und r definiert. Ihr Graph ist in *Bild 2.11* zu sehen. Wir benutzen im Folgenden die Schreibweise $\frac{\mathrm{d}y}{\mathrm{d}x}$ für die erste und $\frac{\mathrm{d}^2 y}{\mathrm{d}x^2}$ für die zweite Ableitung, was sich als sehr vorteilhaft erweisen wird. Man erhält

$$\frac{\mathrm{d}y}{\mathrm{d}x} = -\frac{2x}{2\sqrt{r^2 - x^2}} = -\frac{x}{y},$$

und mit der Quotientenregel ergibt sich

$$\frac{\mathrm{d}^2 y}{\mathrm{d}x^2} = -\frac{1 \cdot y - x \cdot \frac{-x}{y}}{y^2} = -\frac{y^2 + x^2}{y^3} = -\frac{r^2}{y^3}.$$

Für die Krümmung erhalten wir in jedem Punkt also:

$$\kappa = \frac{-\frac{r^2}{y^3}}{\left(1 + \frac{x^2}{y^2}\right)^{3/2}} = \frac{-\frac{r^2}{y^3}}{\left(\frac{r^2}{y^2}\right)^{3/2}} = -\frac{1}{r}.$$

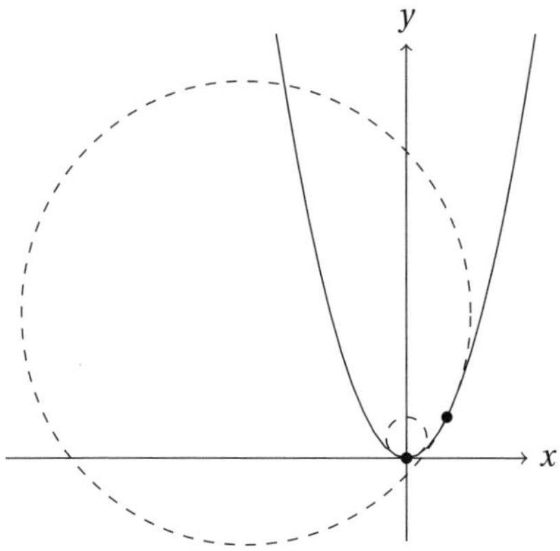

Bild 2.12 Die Normalparabel $y = x^2$ und die beiden Kreise, die sich im Ursprung bzw. im Punkt $(1/1)$ optimal „anschmiegen". Die Größenverhältnisse verdeutlichen, wie schnell die Parabel „gerade" wird.

Damit ist also die Krümmung des Halbkreises (und auch des Kreises) tatsächlich überall gleich $-\frac{1}{r}$. Mit der hier gewählten Schreibweise war es sehr einfach, die Ableitungen wieder selbst mithilfe der Funktionen auszudrücken. Das erfordert ein wenig Übung, und die interessierten Leserinnen und Leser sind aufgefordert, sich diese Rechnung plausibel zu machen.

Beispiel 2.11

Für die Krümmung der Normalparabel $f(x) = x^2$ im Ursprung gilt:

$$\kappa(0) = \frac{f''(0)}{(1 + f'(0)^2)^{3/2}} = 2.$$

Das bedeutet, dass sich ein Kreis mit Radius $r = 0,5$ im Ursprung optimal an die Normalparabel anschmiegt. Dagegen gilt

$$\kappa(1) = \frac{f''(1)}{(1 + f'(1)^2)^{3/2}} \approx 0,179,$$

was bedeutet, dass der optimale Kreis im Punkt $(1/1)$ den Radius $1/0,179$, also etwa $5,59$ hat. Beide Kreise sind in *Bild 2.12* zu sehen. Hier wird deutlich, wie schnell der Graph der Normalparabel „gerade" wird. ■

2.3.3 Ökonomische Bedeutung von Monotonie und Krümmung

Gerade bei den ökonomischen Funktionen, die wir bald ausführlich und anhand vieler Beispiele behandeln werden, spielen Orientierung und Stärke des Wachstums naturgegeben eine große Rolle. Betrachten wir einmal mehr Kostenfunktionen $K(x)$. Es ist klar, dass solche Funktionen streng monoton wachsend sind, denn mit steigender Produktion x werden auch die

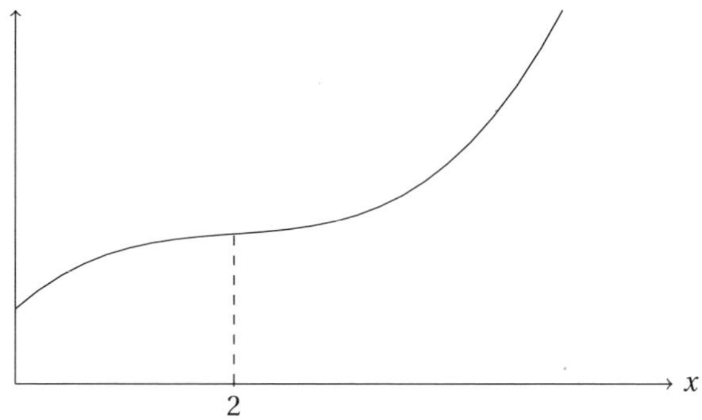

Bild 2.13 Der Graph der Kostenfunktion $K(x) = x^3 - 6x^2 + 13x + 10$.

Kosten K steigen, die für den Produzenten anfallen. Strenge Monotonie, Positivität der ersten Ableitung, all das ist einleuchtend, reicht aber nicht unbedingt an Information aus. Das Steigungsverhalten kann genauer untersucht werden. Die Art und Weise, wie eine Kostenfunktion wächst, ist von großer Bedeutung. Verläuft der zugehörige Funktionsgraph etwa linksgekrümmt, was einer positiven zweiten Ableitung entspricht, so steigen die Änderungsraten der Kosten mit der produzierten Menge. Das bedeutet, dass das Wachstum überproportional zunimmt, was für den Produzenten natürlich grundsätzlich schlecht ist. Man spricht hier übrigens auch von *progressivem Wachstum*, voranschreitendem Wachstum also. Im Gegensatz dazu nennt man eine streng monoton steigende Funktion mit negativer zweiter Ableitung *degressiv wachsend*. Eine Kostenfunktion, die degressiv wächst, bei der also die Änderungsraten kleiner werden, ist für den Produzenten natürlich vorteilhafter. Die Kostenfunktion

$$K(x) = 0,25x^2 + 10$$

wächst beispielsweise für $x \geq 0$ progressiv und wäre damit eher ungünstig. Es gibt aber andere Kostenfunktionen, wie folgendes Beispiel zeigt.

Beispiel 2.12

Der Graph der Kostenfunktion

$$K(x) = x^3 - 6x^2 + 13x + 10$$

ist in *Bild 2.13* zu sehen. Dort wird einerseits deutlich, dass die Funktion streng monoton steigt, andererseits auch, dass sie ihr Krümmungsverhalten ändert. Sie ist zunächst rechts-, dann linksgekrümmt. Mit der zweiten Ableitung

$$K''(x) = 6x - 12$$

kann der Punkt des Wechsels bestimmt werden: Ist $x < 2$, so ist $K''(x) < 0$, sodass hier degressives Wachstum vorliegt. Für $x > 2$ ergibt sich progressives Wachstum. Im vorliegenden Fall ist es also eher günstig, nur bis $x = 2$ zu produzieren. ■

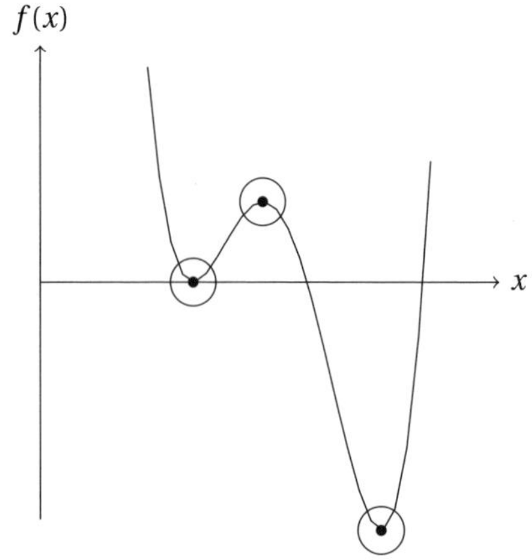

Bild 2.14 Ein Funktionsgraph mit lokalen Extrema

2.4 Optimierung von Funktionen

Nun kommen wir zum zentralen Punkt des Kapitels über Differenzialrechnung, der Optimierung von Funktionen in einer Variablen. Auch historisch war einer der wesentlichen Gründe für die Entwicklung der Differenzialrechnung der Wunsch nach Methoden, mit denen Funktionen auf ihre Maxima oder Minima untersucht werden können. Denn hat man einmal die Ableitungsfunktion definiert, so geht der Rest beinahe von selbst. Das Optimieren von differenzierbaren Funktionen ist im Gegensatz zu vielen anderen Optimierungsproblemen sehr einfach.

2.4.1 Lokale Extrema

Es sei im Folgenden $f(x)$ eine beliebige reellwertige Funktion, die zunächst noch gar nicht unbedingt differenzierbar sein muss. Falls es eine Stelle x_0 im Definitionsbereich von f gibt, sodass

$$f(x_0) \leq f(x) \text{ bzw. } f(x_0) \geq f(x) \text{ für alle } x \text{ in einer Umgebung von } x_0 \tag{2.15}$$

gilt, so sagt man, dass $f(x)$ an der Stelle x_0 ein *lokales Minimum* bzw. ein *lokales Maximum* besitzt. Das Minimum bzw. Maximum selbst ist dann durch den Funktionswert $f(x_0)$ gegeben. In beiden Fällen spricht man auch von einem *lokalen Extremum.* Falls in (2.15) sogar $<$ statt $\leq$ bzw. $>$ statt $\geq$ gilt, so spricht man auch von einem *strikten lokalen Minimum* bzw. *strikten lokalen Maximum.* Die Stelle x_0 bezeichnet man als *lokale Minimal- bzw. Maximalstelle.* Manchmal spricht man auch von einem *lokalen Tief- bzw. Hochpunkt,* wenn beide Koordinaten des Punktes angegeben werden.

Gilt die Ungleichung in (2.15) sogar für alle x aus dem gesamten Definitionsbereich D_f, dann spricht man von einem *globalen Extremum (Minimum, Maximum). Bild 2.14* zeigt einen Funktionsgraphen mit drei lokalen Extrema, zwei Minima und einem Maximum. Bei dem lokalen

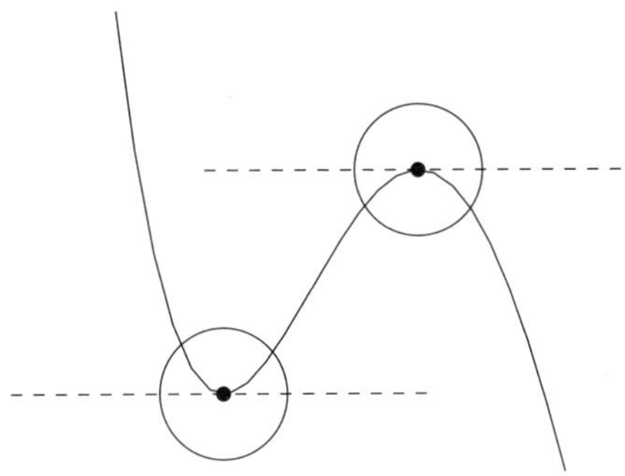

Bild 2.15 Ausschnitt aus *Bild 2.14*: Waagerechte Tangenten als notwendige Bedingung

Maximum ist sofort klar, dass es kein globales ist, da es Punkte auf dem Funktionsgraphen gibt, die höher liegen. Wenn eines der beiden lokalen Minima auch ein globales ist, dann kann es sich dabei höchstens um das weiter rechts liegende handeln, da dies tiefer als das andere liegt. Aus dem Ausschnitt der Funktion ist jedoch nicht klar ersichtlich, ob es weiter links oder weiter rechts (im nicht sichtbaren Teil) noch tiefer liegende Punkte gibt.

Diese Definition lokaler Extrema setzt zunächst keine Differenzierbarkeit der Funktion voraus, aber wir werden natürlich überwiegend differenzierbare Funktionen betrachten, bei denen dann die lokalen Extrema einfach berechnet werden können.

Lineare Funktionen haben keine lokalen Extrema, es sei denn, sie sind konstant, haben also die Steigung 0. In diesem ausgearteten Fall wird überall das gleiche Minimum (und auch Maximum) angenommen. Weniger exotisch ist folgendes Beispiel.

Beispiel 2.13

Die quadratische Funktion

$$f(x) = x^2$$

besitzt an der Stelle $x_0 = 0$ ein striktes lokales Minimum, nämlich $f(0) = 0$. Der Grund dafür ist, dass in der Nähe von 0 alle Werte positiv sind. ■

Beispiel 2.14

Die kubische Funktion

$$f(x) = x^3$$

besitzt kein lokales Extremum, denn aufgrund ihrer strengen Monotonie gilt für jede Stelle x_0, dass links von x_0 die Werte kleiner und rechts von x_0 die Werte größer als $f(x_0)$ sind. ■

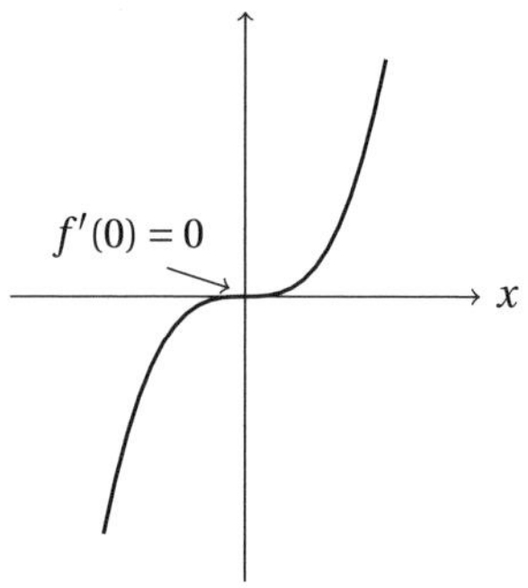

Bild 2.16 Die Funktion $f(x) = x^3$ hat zwar bei $x_0 = 0$ eine stationäre Stelle mit waagerechter Tangente, aber kein lokales Extremum.

2.4.2 Berechnung lokaler Extrema mit Differenzialrechnung

Nicht immer ist die Argumentation so einfach wie in den *Beispielen 2.13* und *2.14*. Es gibt aber mit der Differenzialrechnung eine einfache und effiziente Methode, um bei Funktionen die lokalen Extrema zu ermitteln. Zunächst einmal gibt es eine Bedingung, die ganz offensichtlich erfüllt sein muss, damit überhaupt ein Extremum vorliegen kann. Wie *Bild 2.15* zeigt, muss bei einer für ein lokales Extremum infrage kommenden Stelle x_0 notwendigerweise eine waagerechte Tangente vorliegen, also $f'(x_0) = 0$ gelten. Andernfalls ist kein lokales Extremum möglich. Man spricht hier auch von einer *notwendigen Bedingung*, die erfüllt sein muss. Eine solche Stelle x_0 nennt man dann eine *stationäre Stelle* und den zugehörigen Punkt einen *stationären Punkt.*

Nun reicht diese Bedingung aber leider nicht aus, denn es sind Stellen mit waagerechten Tangenten denkbar, an denen kein lokales Extremum vorliegt. *Bild 2.16* zeigt einmal mehr den Funktionsgraphen von $f(x) = x^3$, der bei $x_0 = 0$ zwar eine stationäre Stelle mit waagerechter Tangente, aber kein lokales Extremum hat. Hier fällt aber auf, dass an der Stelle ein Krümmungswechsel vorliegt: von rechts nach links. So etwas dürfte, wie man sich schnell klar macht, bei einem lokalen Extremum nicht der Fall sein. Die Krümmung müsste beim Durchgang durch das Extremum ihr Vorzeichen behalten: Bei einem lokalen Minimum hätte man eine Linkskrümmung, also negative zweite Ableitung, und bei einem lokalen Maximum eine Rechtskrümmung, also positive zweite Ableitung.

Damit sind wir nun in der Lage, ein notwendiges und ein hinreichendes Kriterium für die Existenz eines lokalen Extremums zu formulieren.

Bedingungen für ein lokales Extremum

Die Funktion $f(x)$ sei auf dem Intervall $I \subset D_f$ zweimal differenzierbar. Dann gilt für eine Stelle $x_0 \in I$:

1. *Notwendige Bedingung für ein Extremum:* Hat f an der Stelle x_0 ein lokales Maximum oder ein lokales Minimum, dann muss $f'(x_0) = 0$ gelten, also x_0 eine stationäre Stelle sein.

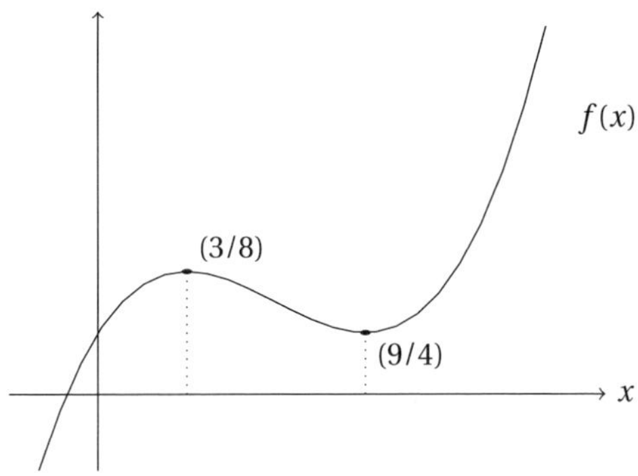

Bild 2.17 Die Funktion $f(x)$ aus *Beispiel 2.15* hat einen lokalen Hochpunkt bei $(3/8)$ und einen lokalen Tiefpunkt bei $(9/4)$.

2. *Hinreichende Bedingung für ein Extremum:* Gilt $f'(x_0) = 0$ und $f''(x_0) < 0$ (bzw. $f''(x_0) > 0$), dann hat f an der Stelle x_0 ein lokales Maximum (bzw. Minimum).

Es gibt also ein systematisches Vorgehen zur Bestimmung aller lokalen Extrema einer Funktion $f(x)$: Zuerst bestimmt man die stationären Stellen, also die Nullstellen von $f'(x)$ und erhält so die möglichen lokalen Extremstellen. Mithilfe der zweiten Ableitung kann dann überprüft werden, ob es sich tatsächlich um Extremstellen handelt.

Beispiel 2.15

Gesucht sind die lokalen Extrema der Funktion

$$f(x) = \frac{1}{27}x^3 - \frac{2}{3}x^2 + 3x + 4.$$

Wir berechnen zunächst die ersten beiden Ableitungen von $f(x)$ und erhalten

$$f'(x) = \frac{1}{9}x^2 - \frac{4}{3}x + 3$$

und

$$f''(x) = \frac{2}{9}x - \frac{4}{3}.$$

Als Nullstellen der ersten Ableitung erhalten wir hier $x_1 = 3$ und $x_2 = 9$. An diesen Stellen können also lokale Extrema vorliegen. Mit der zweiten Ableitung wird nun überprüft, und es ergibt sich

$$f''(3) = -\frac{2}{3} \quad \text{und} \quad f''(9) = \frac{2}{3}.$$

Damit ergeben sich zwei lokale Extrema: ein lokaler Hochpunkt bei $(3/8)$ (denn $f(3) = 8$) und ein lokaler Tiefpunkt bei $(9/4)$ (denn $f(9) = 4$), wie in *Bild 2.17* zu sehen ist. ■

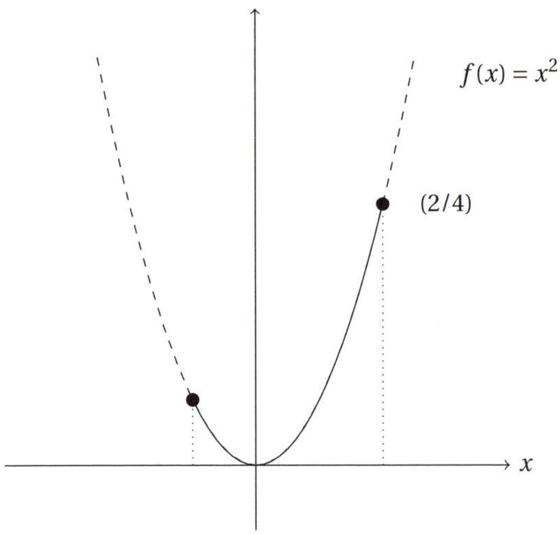

Bild 2.18 Nach Einschränkung des Definitionsbereichs auf das Intervall $[-1,2]$ hat die Funktion $f(x) = x^2$ ein Maximum bei 2 mit dem Wert 4.

2.4.3 Globale Extrema

Dass man einen Überblick über die lokalen Extrema erhält, reicht häufig nicht aus. Gerade bei den ökonomischen Funktionen, deren Definitionsbereich naturgegeben eingeschränkt ist, können Extrema am Rand des Definitionsbereichs liegen, die man mit der lokalen Methode nicht erwischt. Nun ist dieser Rand sehr übersichtlich und besteht in der Regel, wenn man ein Intervall betrachtet, nur aus zwei Punkten. Die Funktion

$$f(x) = x^2$$

hat weder ein lokales noch ein globales Maximum, doch schränkt man den Definitionsbereich etwa auf das Intervall $[-1,2]$ ein, wie das in *Bild 2.18* der Fall ist, liegt an der Randstelle $x_0 = 2$ das globale Maximum vor.

Wird in *Beispiel 2.15* der Definitionsbereich auf das Intervall $[1,15]$ eingeschränkt, so sind auch hier noch die Randstellen zu überprüfen. Es ergibt sich

$$f(1) = 6\frac{10}{27} \quad \text{und} \quad f(15) = 24.$$

Daher ist (9/4) das globale Minimum und (15/24) das globale Maximum. Zu sehen ist diese Situation in *Bild 2.19*.

2.4.4 Wendepunkte

In den Abschnitt über die Optimierung gehören auch noch die Wendepunkte. Bei ihnen handelt es sich zwar nicht um optimale Punkte im Hinblick auf ihren Funktionswert, aber doch

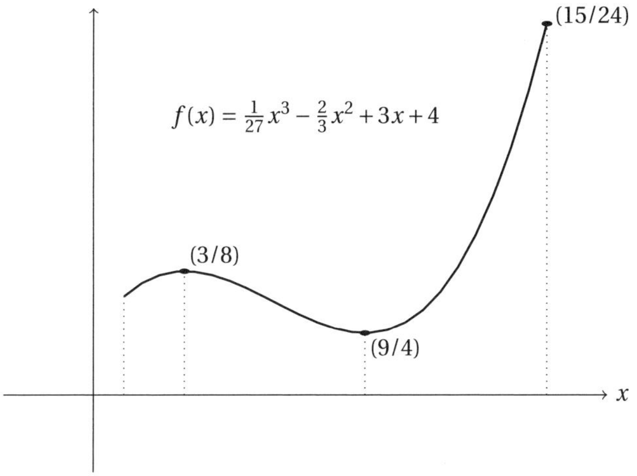

Bild 2.19 Die Funktion $f(x)$ aus *Beispiel 2.15* wird jetzt nur noch über dem Intervall $[1, 15]$ betrachtet. Der lokale Tiefpunkt $(9/4)$ ist nun auch globaler Tiefpunkt, weil es über dem Intervall keinen tieferen Punkt gibt. Der lokale Hochpunkt $(3/8)$ ist kein globaler, sondern das globale Maximum wird am rechten Rand im Punkt $(15/24)$ angenommen.

um Punkte, die in anderer Hinsicht optimal sind. Es war bereits vom Krümmungsverhalten die Rede, das mit der zweiten Ableitung, sofern sie existiert, genau untersucht werden kann. Punkte mit maximalem oder minimalem Funktionswert, die über die notwendige Bedingung der stationären Stellen identifiziert wurden, sind nur dann tatsächlich lokale Extrema, wenn die Krümmung des Graphen dort *keinen Vorzeichenwechsel* hat. Stellen, bei denen ein solcher Vorzeichenwechsel vorliegt, nennt man *Wendestellen* der Funktion und die zugehörigen Punkte *Wendepunkte*. Man spricht auch konkreter von einer Wendestelle mit Rechts-Links-Krümmungswechsel bzw. Links-Rechts-Krümmungswechsel.

In welcher Hinsicht sind Wendepunkte optimal? In einem Wendepunkt ist lokal die *Steigung des Funktionsgraphen minimal oder maximal*. Daher können bei einer differenzierbaren Funktion $f(x)$ die Wendepunkte als die *lokalen Extrema von $f'(x)$* berechnet werden, was bei hinreichend oft differenzierbaren Funktionen wieder besonders leicht geht.

Bedingungen für einen Wendepunkt

Die Funktion f sei auf dem Intervall $I \subset D_f$ dreimal differenzierbar. Dann gilt für eine Stelle $x_0 \in I$:

1. *Notwendige Bedingung für einen Wendepunkt:* Liegt bei x_0 eine Wendestelle von f vor, dann muss $f''(x_0) = 0$ gelten, also der Funktionsgraph in der Nähe von x_0 wie eine Gerade verlaufen.
2. *Hinreichende Bedingung für ein Extremum:* Gilt $f''(x_0) = 0$ und $f'''(x_0) < 0$ (bzw. $f'''(x_0) > 0$), dann liegt bei x_0 eine Wendestelle von f mit Links-Rechts-Krümmungswechsel (bzw. Rechts-Links-Krümmungswechsel) vor.

Sucht man etwa die Wendepunkte der Funktion

$$f(x) = \frac{1}{27}x^3 - \frac{2}{3}x^2 + 3x + 4$$

aus *Beispiel 2.15*, so berechnet man die Nullstelle der zweiten Ableitung. Es ergibt sich $x_W = 6$, und die dritte Ableitung $f'''(x) = \frac{2}{9}$ ist ohnehin überall positiv. Damit handelt es sich um eine Wendestelle mit Rechts-Links-Krümmungswechsel. Als Wendepunkt erhalten wir $W(6/6)$, denn $f(6) = 6$. Der Wendepunkt liegt damit genau auf halbem Wege zwischen den beiden lokalen Extrema. Diese Eigenschaft ist bei ganzrationalen Funktionen dritten Grades immer gegeben.

Beispiel 2.16

Gesucht sind Extrema und Wendestellen der Funktion

$$f(x) = x^3 - 12x^2 + 60x.$$

Die erste Ableitung $f'(x) = 3x^2 - 24x + 60$ hat keine Nullstellen, was bedeutet, dass $f(x)$ keine lokalen Extrema hat. Der Graph von $f'(x)$ ist eine nach oben geöffnete Parabel ohne Nullstellen, also gilt überall $f'(x) > 0$. Daher ist $f(x)$ überall streng monoton wachsend, und es gibt auch keine globalen Extrema, sofern der Definitionsbereich nicht eingeschränkt wird. Wäre das der Fall, so würde aufgrund der strengen Monotonie am linken Rand das Minimum und am rechten Rand das Maximum angenommen.

Als Nullstelle der zweiten Ableitung erhalten wir $x_W = 4$, und Einsetzen in die dritte Ableitung liefert einen positiven Wert. Damit handelt es sich um eine Wendestelle mit Rechts-Links-Krümmungswechsel. Der zugehörige Wendepunkt hat die Koordinaten $(4/112)$. Man kann das Wachstum von $f(x)$ auch folgendermaßen beschreiben: degressiv bis $x_W = 4$, danach progressiv. ■

2.5 Anwendung der Differenzialrechnung auf ökonomische Funktionen

An manchen Stellen klangen bereits einige wichtige ökonomische Funktionen an, und nun endlich werden wir uns ihnen voll zuwenden und die volle Kraft der Differenzialrechnung ausnutzen.

Generell betrachten wir in diesem Abschnitt einen Produktionsprozess, bei dem ein homogenes Gut hergestellt wird, dessen Mengeneinheiten (ME) durch die Variable x gemessen werden.

2.5.1 Kostenfunktionen

Bei einem Produktionsprozess entstehen für den Unternehmer Kosten. Die *Gesamtkostenfunktion* oder kurz *Kostenfunktion*, die angibt, welche Kosten K, gemessen in Geldeinheiten (GE), bei einer Produktion von x Mengeneinheiten (ME) anfallen, bezeichnen wir stets mit $K(x)$. Die bei einer Nullproduktion dennoch anfallenden Kosten $K(0)$ nennt man die *Fixkosten*, und die Differenz $K_v(x) = K(x) - K_f(x)$, also die wirklich von x abhängigen Kosten, heißen die *variablen Kosten.* Als *Stückkostenfunktion* oder *Durchschnittskostenfunktion* bezeichnet man die Funktion

$$k(x) = \frac{K(x)}{x},$$

und entsprechend nennt man

$$k_v(x) = \frac{K_v(x)}{x}$$

die *variable Stückkostenfunktion* oder *variable Durchschnittskostenfunktion.* Schließlich nennt man die Ableitung $K'(x)$ die *Grenzkostenfunktion.*

Solche Kostenfunktionen, so unterschiedlich sie auch im Typ sein mögen, sollten alle die folgenden vernünftigen Eigenschaften erfüllen.

Eigenschaften von Kostenfunktionen

1. $K(x)$ ist nicht für negative Zahlen definiert, also gilt für den Definitionsbereich $D_K \subset \mathbb{R}^{\geq 0}$.
2. Die Fixkosten sind nicht negativ, also $K(0) \geq 0$.
3. $K(x)$ ist überall auf D_K streng monoton steigend, hat also insbesondere keine lokalen Extrema.

Die einfachste Klasse von Kostenfunktionen sind sicher die *linearen Kostenfunktionen.*

Beispiel 2.17

Für eine lineare Kostenfunktion $K(x) = ax + b$ gilt:

$$\begin{array}{lrcl} \text{Fixkosten:} & K(0) & = & b \\ \text{Variable Kosten:} & K_v(x) & = & ax \\ \text{Stückkosten:} & k(x) & = & a + \frac{b}{x} \\ \text{Variable Stückkosten:} & k_v(x) & = & a \\ \text{Grenzkosten:} & K'(x) & = & a \end{array} \tag{2.16}$$

■

Solche einfachen linearen Kostenfunktionen sind uns bereits an einigen Stellen begegnet, so etwa in *Beispiel 1.8.* Sie sind das einfachste Modell für eine Kostenfunktion und tatsächlich auch sehr häufig realistisch. *Beispiel 2.17* greift noch einmal auf, was wir uns an den entsprechenden Stellen schon klar gemacht haben: Die beiden Parameter a und b einer linearen Kostenfunktion können als variable Stückkosten bzw. als Fixkosten interpretiert werden. Darüber

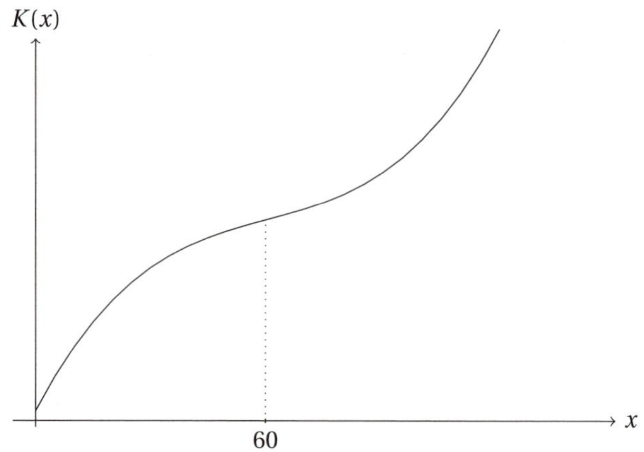

Bild 2.20 Der Graph der ertragsgesetzlichen Kostenfunktion $K(x) = \frac{1}{60}x^3 - 3x^2 + 200x + 100$ mit Schwelle des Ertragsgesetzes bei $x_S = 60$. Das Kostenwachstum ist bis hierhin degressiv, danach progressiv.

hinaus sehen wir, dass die Stückkosten für sehr große Werte von x natürlich auch gegen a konvergieren, denn der Teil b/x, also der Anteil der Fixkosten pro produzierter Mengeneinheit, wird mit wachsendem x immer kleiner.

Es gibt andere Typen von Kostenfunktionen. Ein sehr wichtiger soll hier noch herausgegriffen werden, und zwar die *ertragsgesetzliche Kostenfunktion*. Eine solche Funktion besitzt zusätzlich zu den oben genannten Eigenschaften einen Wendepunkt S mit Rechts-Links-Krümmungswechsel. Die x-Koordinate x_S dieses Wendepunktes wird *Schwelle des Ertragsgesetzes* genannt. Die Schwelle des Ertragsgesetzes markiert damit die Produktionsmenge, bei der degressives in progressives Kostenwachstum umschlägt. Solche ertragsgesetzlichen Kostenfunktionen werden praktisch immer durch eine ganzrationale Funktion dritten Grades

$$K(x) = ax^3 + bx^2 + cx + d \tag{2.17}$$

realisiert.

Beispiel 2.18

Die Kostenfunktion

$$K(x) = \frac{1}{60}x^3 - 3x^2 + 200x + 100$$

ist ertragsgesetzlich. Ihr Funktionsgraph ist in *Bild 2.20* zu sehen. Die Schwelle des Ertragsgesetzes, also die Wendestelle, berechnet sich als die Nullstelle der zweiten Ableitung von $K(x)$. Es ergibt sich $x_S = 60$ mit zugehörigen Kosten in Höhe von 4.900 Geldeinheiten. ■

Die Tatsache, dass eine ertragsgesetzliche Kostenfunktion einen Wendepunkt mit Rechts-Links-Krümmungswechsel besitzt, ist letztendlich das „Ertragsgesetz" bei Kostenfunktionen und kann in der folgenden Form formuliert werden.

Ertragsgesetz für Kostenfunktionen

Bei einer ertragsgesetzlichen Kostenfunktion sind die Grenzkosten an der Schwelle des Ertragsgesetzes minimal.

Bei einem Wendepunkt mit Rechts-Links-Krümmungswechsel nämlich wird die Steigung des Funktionsgraphen immer kleiner, wenn man sich auf x_S zu bewegt. Dort ist sie dann minimal und wird anschließend wieder größer.

Bei einer ganzrationalen Funktion dritten Grades kann man übrigens mithilfe der Koeffizienten sehr schnell prüfen, ob sie ertragsgesetzlich ist. Geht man nämlich von der allgemeinen Form (2.17) aus, so darf die Ableitung

$$K'(x) = 3ax^2 - 2bx + c \tag{2.18}$$

keine Nullstellen haben. Denn schließlich soll durch $K(x)$ eine Kostenfunktion realisiert werden, und als solche darf sie keine lokalen Extrema haben, sondern muss streng monoton steigen. Würde man also versuchen, die Nullstellen von (2.18) mithilfe der Mitternachtsformel (1.26) zu berechnen, so müsste die dort vorkommende Diskriminante negativ sein, also

$$(2b)^2 - 4 \cdot (3a) \cdot c < 0. \tag{2.19}$$

Man erhält damit ein einfaches Kriterium für die Koeffizienten in (2.17).

Koeffizientenkriterium für ertragsgesetzliche Kostenfunktionen

Eine ganzrationale Kostenfunktion dritten Grades

$$K(x) = ax^3 + bx^2 + cx + d$$

ist genau dann ertragsgesetzlich, wenn für die Koeffizienten folgende fünf Eigenschaften gelten:

- $a > 0$
- $b < 0$
- $c > 0$
- $d \geq 0$
- $b^2 < 3ac$

Die ersten vier Bedingungen folgen dabei aus den Tatsachen, dass $K(x)$ eine Wendestelle mit Rechts-Links-Krümmungswechsel besitzt und die Fixkosten nicht negativ sein dürfen. Die letzte Ungleichung folgt aus (2.19).

2.5.2 Absatz, Preis, Umsatz und Gewinn

Es wird im Folgenden angenommen, dass alle produzierten Mengeneinheiten auch abgesetzt werden können. Bezeichnet man dann mit p den *Preis pro Mengeneinheit*, für den der Produzent das Gut am Markt absetzen kann, so besteht zwischen x und p im Allgemeinen ein wichtiger Zusammenhang: Je mehr Mengeneinheiten x produziert und abgesetzt werden, umso kleiner wird der Preis p pro Mengeneinheit. Durch die *Preis-Absatz-Funktion* $p(x)$, die den

Preis pro Mengeneinheit bei einer produzierten Menge x angibt, wird dieser Zusammenhang funktional dargestellt. Typische Preis-Absatz-Funktionen sind entweder konstant (es wird also unabhängig von der insgesamt produzierten Menge immer der gleiche Preis verlangt) oder linear fallend. Die *Absatz-Preis-Funktion* $x(p)$ ist die Umkehrfunktion von $p(x)$.

Die *Umsatzfunktion*

$$U(x) = x \cdot p(x) \tag{2.20}$$

gibt den Umsatz des Produzenten bei einer abgesetzten Menge von x ME eines Gutes an. Man kann natürlich ebenso gut den Umsatz durch die Variable p ausdrücken, also

$$U(p) = p \cdot x(p). \tag{2.21}$$

Häufig wird die Umsatzfunktion auch *Erlösfunktion* genannt und entsprechend mit $E(x)$ bzw. $E(p)$ abgekürzt. Schließlich muss noch die *Gewinnfunktion* erwähnt werden, die sich als Differenz aus Umsatz und anfallenden Kosten ergibt:

$$G(x) = U(x) - K(x) \quad \text{oder} \quad G(p) = U(p) - K(p). \tag{2.22}$$

Beispiel 2.19

Bei einem Produktionsprozess sei die lineare Kostenfunktion $K(x) = 10x + 450$ gegeben, und es sei bekannt, dass die produzierte Ware zu einem konstanten Marktpreis von 100 GE/ME abgesetzt werden kann. Aus diesen Informationen ergeben sich die Umsatzfunktion $U(x) = 100x$ und die Gewinnfunktion

$$G(x) = U(x) - K(x) = 100x - (10x + 450) = 90x - 450.$$

Die Gewinnfunktion ist linear, streng monoton steigend, und die einzige Nullstelle ist $x = 5$. Gilt für die produzierte Menge also $x > 5$, so ergibt sich ein positiver Gewinn, der mit wachsendem x weiter steigt. ■

In diesem einfachen Beispiel ist auch die Gewinnfunktion linear, und der Gewinn wächst demnach mit jeder weiteren produzierten Mengeneinheit, und zwar konstant um 90 Geldeinheiten. Diese 90 Geldeinheiten entsprechen $G'(x)$ und werden auch als *Grenzgewinn* bezeichnet. Asymptotisch, also ohne Berücksichtigung der Fixkosten, ist der Prozess ohnehin klar: Variable Stückkosten von 10 GE/ME stehen hier einem Stückumsatz von 100 GE/ME gegenüber. Dass sich dieses Geschäft lohnt, überrascht nicht. Einzig, ab wann sich das Geschäft lohnt, also wann der Umsatz die Kosten übersteigt, ist die Frage, und in den Fixkosten ist begründet, dass dies nicht gleich von Beginn an passiert, sondern erst ab einer gewissen produzierten Menge. Diese Menge übrigens nennt man auch den *Break-Even-Point* oder die *Gewinnschwelle*. Ganz anders sieht das in folgendem Beispiel aus.

Beispiel 2.20

Es sei erneut die lineare Kostenfunktion

$$K(x) = 10x + 450$$

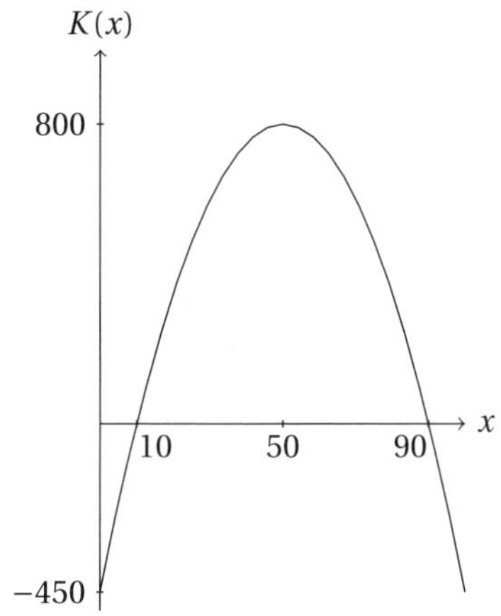

Bild 2.21 Der Graph der quadratischen Gewinnfunktion $G(x) = -0,5x^2 + 50x - 450$ aus *Beispiel 2.20*

gegeben, aber diesmal die nicht-konstante Preis-Absatz-Funktion

$$p(x) = 60 - 0,5x.$$

Es ergeben sich die Umsatzfunktion

$$U(x) = (60 - 0,5x)x = 60x - 0,5x^2$$

und die Gewinnfunktion

$$G(x) = U(x) - K(x) = 60x - 0,5x^2 - (10x + 450) = -0,5x^2 + 50x - 450.$$

Die Gewinnfunktion ist hier nun nicht mehr linear und auch nicht mehr streng monoton steigend. Es ist eine quadratische Funktion, deren Funktionsgraph, eine nach unten geöffnete Parabel, in *Bild 2.21* zu sehen ist. Der Break-Even-Point liegt hier bei $x = 10$ ME, und danach steigt der Gewinn an – allerdings nur bis zur Menge $x = 50$ ME. Hier erreicht er sein Maximum, wie man aus Nullsetzen von

$$G'(x) = -x + 50$$

sehr einfach sehen kann. Der Gewinn sinkt dann ab und wird für $x = 90$ ME wieder null, für größere Produktionsmengen sogar negativ. Für den zugehörigen Gewinn ergibt sich

$$G(50) = -0,5 \cdot 50^2 + 50 \cdot 50 - 450 = 800 \text{ GE}.$$

■

Beispiel 2.19 und *Beispiel 2.20* unterscheiden sich offenbar aufgrund der Struktur der Preis-Absatz-Funktion. Ist diese nämlich nicht konstant, sondern linear fallend wie in *Beispiel 2.20*, so hat das zur Folge, dass der Gewinn irgendwann wegen mangelnden Umsatzes bei gleichbleibenden variablen Stückkosten negativ wird. Wir führen in diesem Zusammenhang noch

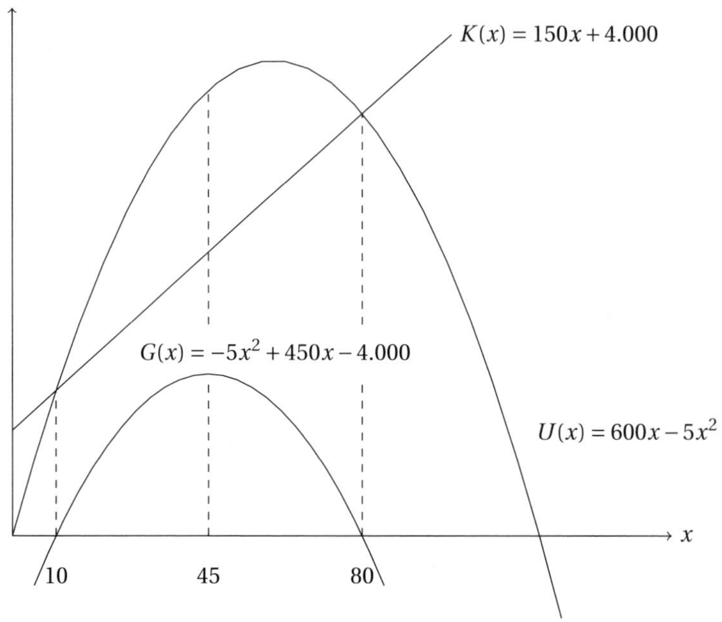

Bild 2.22 Kostenfunktion, Umsatzfunktion und Gewinnfunktion aus *Beispiel 2.21*. Die Nullstellen der Gewinnfunktion entsprechen den Schnittstellen von Kosten und Umsatz: Gewinnschwelle (Break-Even-Point) bei 10 ME und Gewinngrenze bei 80 ME. Im Gewinnmaximum liegt der Umsatz maximal hoch über den Kosten.

einige übliche Begriffe ein. Die Gewinnfunktion aus *Beispiel 2.20* ist in mancher Hinsicht typisch. Sie ist zunächst negativ, weil noch nicht so viel umgesetzt wird und auch die Fixkosten noch einen recht hohen Anteil verschlingen. Dann steigt der Gewinn aber mit zunehmender Produktion und wird irgendwann positiv. Dieser „Durchbruchspunkt" des Graphen durch die x-Achse, der Break-Even-Point, ist bei $x = 10$ ME erreicht. Die Gewinnfunktion steigt danach weiter, bis das *Gewinnmaximum* erreicht ist. Im Beispiel ist dies bei einer Produktion von $x = 50$ ME der Fall, und das Gewinnmaximum beträgt dort 800 GE. Bei weiterer Steigerung der Produktion sinkt der Gewinn nun wieder, und die Gewinnfunktion erreicht ein zweites Mal die x-Achse. Wir sind an der *Gewinngrenze* angekommen. Das Intervall $[10, 90]$, also den Bereich mit positiven Gewinn, nennt man auch die *Gewinnzone.*

Beispiel 2.21

Ein Unternehmen produziert als Monopolist ein neues Gerät für Freizeitsport. Als Monopolist muss das Unternehmen keine Konkurrenz befürchten und kann den Preis ohne Berücksichtigung eventueller Konkurrenten festsetzen. Es wurde festgestellt, dass sich der monatliche Absatz durch

$$x(p) = 120 - 0{,}2p$$

beschreiben lässt, was umgekehrt die Preis-Absatz-Funktion

$$p(x) = 600 - 5x$$

zur Folge hat. Die Kosten werden linear durch die Funktion

$$K(x) = 150x + 4.000$$

modelliert. Aus diesen Informationen können nun die Umsatzfunktion und die Gewinnfunktion ermittelt werden. Es ergeben sich

$$U(x) = (600 - 5x) \cdot x = 600x - 5x^2$$

und

$$G(x) = 600x - 5x^2 - (150x + 4.000) = -5x^2 + 450x - 4.000.$$

Sowohl $U(x)$ als auch $G(x)$ sind quadratische Funktionen, deren Graphen nach unten geöffnete Parabeln sind. Die Umsatzfunktion hat ihr lokales Maximum bei $x_U = 60$ ME, und die Gewinnfunktion hat ihr lokales Maximum bei $x_G = 45$ ME. Die gesamte Situation ist in *Bild 2.22* dargestellt. Dort kann man auch den maximalen Umsatz und den maximalen Gewinn ablesen, die sich durch Einsetzen von x_U bzw. x_G in die jeweiligen Funktionen ergeben. ■

Man sieht im *Bild 2.22* deutlich, dass im Maximum der Gewinnfunktion die Kostenfunktion und die Umsatzfunktion in vertikaler Richtung am weitesten voneinander entfernt sind. Bei weiterer Steigerung der Produktion sinkt der Gewinn wieder, da sich Kosten und Umsatz wieder annähern. Die Gewinngrenze ist dann bei 80 ME erreicht.

2.5.3 Betriebsoptimum und Betriebsminimum

Im Zusammenhang mit Preisen und Kostenfunktionen müssen noch zwei wichtige Begriffe eingeführt werden. Unter dem *Betriebsoptimum* versteht man das globale Minimum der Stückkostenfunktion $k(x)$. Das *Betriebsminimum* dagegen ist das globale Minimum der variablen Stückkostenfunktion $k_v(x)$. Im Betriebsoptimum wird also mit minimalen Gesamtstückkosten produziert. Der Marktpreis darf daher *langfristig* bis zum Wert des Betriebsoptimums fallen, ohne dass die Deckung der Kosten in Gefahr ist. So wird also vom Betriebsoptimum häufig auch von der *langfristigen Preisuntergrenze* gesprochen. Kurzfristig nimmt man manchmal die Nichtdeckung der Fixkosten in Kauf, sodass das Betriebsminimum die *kurzfristige Preisuntergrenze* markiert, bei der nur die variablen Kosten gedeckt sind.

Wie sieht das Betriebsoptimum in konkreten Fällen aus? Betrachtet man eine lineare Kostenfunktion, etwa $K(x) = 150x + 4.000$, so resultiert hieraus die Stückkostenfunktion

$$k(x) = 150 + \frac{4.000}{x},$$

die, wie *Bild 2.23* zeigt, streng monoton fallend ist und sich dem Wert 150, also den variablen Stückkosten annähert. Damit wird das Betriebsoptimum nicht als lokales Minimum im Inneren des Definitionsbereichs D_k angenommen, sondern es existiert als globales Minimum bei Einschränkung der Produktion am rechten Rand.

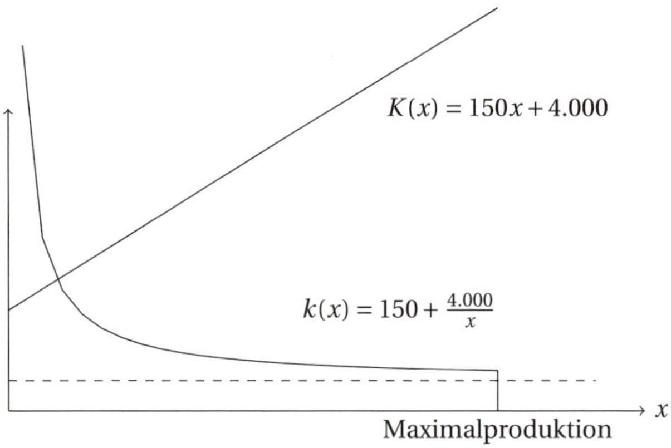

Bild 2.23 Bei einer linearen Kostenfunktion nähern sich die Stückkosten den variablen Stückkosten an, und das Betriebsoptimum wird am rechten Rand, also bei Maximalproduktion angenommen.

Bei ertragsgesetzlichen Kostenfunktionen dritten Grades kann das anders aussehen, wie folgendes Beispiel zeigt.

Beispiel 2.22

Bei einem Produktionsprozess wird mit der ertragsgesetzlichen Kostenfunktion

$$K(x) = 0,25x^3 - 2x^2 + 6x + 12,5$$

kalkuliert. Daraus ergibt sich die Stückkostenfunktion

$$k(x) = 0,25x^2 - 2x + 6 + \frac{12,5}{x},$$

die für eine Produktion von $x = 5$ ME ihr Minimum mit $k(5) = 4,75$ GE/ME annimmt. Dieser Wert darf als Marktpreis langfristig nicht unterschritten werden. Im linken Teil von *Bild 2.24* sieht man sehr deutlich, wie in diesem Fall die Umsatzfunktion aussähe: Sie würde an keiner Stelle die Kosten überschreiten! Geht man mit dem Preis über das Betriebsoptimum, so ergibt sich eine Gewinnzone.

Um das Betriebsminimum zu bestimmen, muss die variable Stückkostenfunktion

$$k_v(x) = 0,25x^2 - 2x + 6$$

betrachtet werden. Sie nimmt für eine Produktion von $x = 4$ ME ihr Minimum mit $k_v(4) = 2$ GE/ME an. Dieser Wert kann entsprechend als kurzfristige Preisuntergrenze gedeutet werden. ■

2.5.4 Angebot und Nachfrage

Bisher haben wir den Produktionsprozess eines Unternehmens mit allen Stationen von Produktion, Kosten, Preis, Umsatz, Gewinn betrachtet. Werfen wir nun den Blick auf einen Markt,

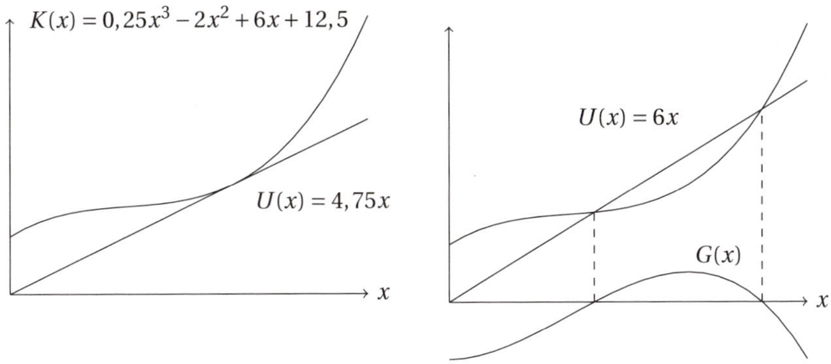

Bild 2.24 Wird in *Beispiel 2.22* das Betriebsoptimum 4,75 GE/ME als Marktpreis gewählt, so liegt der Umsatz nie über den Kosten (links). Erhöht man ihn, gibt es eine Gewinnzone.

auf dem verschiedene Unternehmer ihre Produkte absetzen wollen. Man kann dann in Abhängigkeit vom Marktpreis p zwei Funktionen betrachten, nämlich die *Angebotsfunktion* $x_A(p)$ und die *Nachfragefunktion* $x_N(p)$. Angebotsfunktionen sind mit steigendem p tendenziell ebenfalls steigend, während Nachfragefunktionen tendenziell fallend sind. Treffen sich Angebot und Nachfrage, so spricht man vom *Marktgleichgewicht.*

Beispiel 2.23

Auf einem Markt seien die Angebotsfunktion

$$x_A(p) = 3p + 200$$

und die Nachfragefunktion

$$x_N(p) = -2p + 400$$

gegeben. Beide Funktionen sind in *Bild 2.25* zu sehen. Nun ist der Markt im Gleichgewicht, wenn Angebot und Nachfrage übereinstimmen, also werden die beiden Funktionen gleichgesetzt,

$$3p + 200 = -2p + 400$$

was einen Marktpreis von $p = 40$ GE/ME und ein damit verbundenes Angebot von 320 ME ergibt, welches exakt der Nachfrage bei diesem Preis entspricht. Man spricht dann auch vom *Gleichgewichtspreis* bzw. vom *Gleichgewichtsangebot*. ■

Beispiel 2.24

Auf einem Markt sind die Angebotsfunktion $x_A(p)$ und die Nachfragefunktion $x_N(p)$ beide linear. Der Graph von $x_A(p)$ verläuft durch die beiden Punkte (38/30) und (58/90), und der Graph von $x_N(p)$durch die beiden Punkte (10/100) und (30/50). Mithilfe der

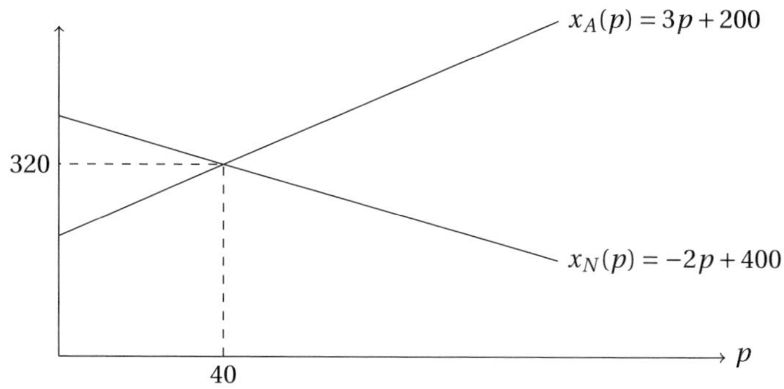

Bild 2.25 Angebotsfunktion und Nachfragefunktion aus *Beispiel 2.23* mit Gleichgewichtspunkt (40/320)

Zwei-Punkte-Form (1.24) ergeben sich die beiden Funktionsterme. Für die Angebotsfunktion etwa beträgt die Steigung

$$\frac{30-90}{38-58} = 3,$$

und als Achsenabschnitt ergibt sich

$$\frac{38 \cdot 90 - 30 \cdot 58}{38-58} = -84.$$

Damit erhält man

$$x_A(p) = 3p - 84.$$

Analog kann

$$x_N(p) = -2,5p + 125$$

berechnet werden. Der Gleichgewichtspunkt ergibt sich wieder durch Gleichsetzen der beiden Funktionsterme:

$$3p - 84 = -2,5p + 125.$$

Damit steht fest, dass bei einem Marktpreis von $p = 38$ GE/ME ebenso viele ME des Produktes angeboten wie nachgefragt werden, nämlich $x_A(38) = x_N(38) = 30$ ME. ■

An dieser Stelle soll noch bemerkt werden, dass es keine einheitliche Regelung dafür gibt, in welcher vertikalen Lage Angebotsfunktionen $x_A(p)$ verlaufen sollten. Streng genommen sind weder ein negativer noch ein positiver senkrechter Achsenabschnitt von $x_A(p)$ sinnvoll, denn für $p = 0$ wird weder eine negative Menge angeboten noch eine positive Menge als „Geschenk" auf den Markt gebracht. Einzig zweckmäßig wären daher Angebotsfunktionen, die durch den Ursprung verlaufen, was jedoch die Möglichkeiten zu sehr einschränkt. Da hier ohnehin der Standpunkt vertreten wird, dass der *realistische Preisbereich* für eine solche Funktion ohnehin erst größere p-Werte umfasst, ist es in der Tat gleichgültig, ob die Konstante in $x_A(p)$ positiv oder negativ ist.

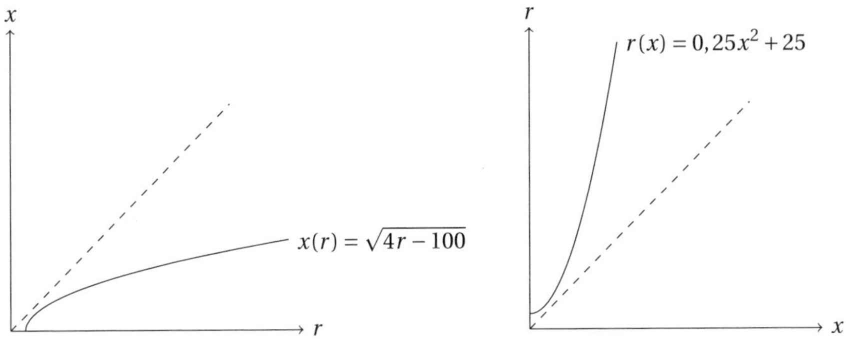

Bild 2.26 Produktionsfunktion (2.23) und Faktoreinsatzfunktion (2.24)

2.5.5 Produktionsfunktionen

Es gibt noch zahlreiche weitere ökonomische Funktionen, von denen hier einige wenige noch vorgestellt werden sollen. Dem Produktionsprozess eines Unternehmens voran geht die *Produktionsfunktion* $x(r)$, die in Abhängigkeit von einem gewissen Input r die Produktionsmenge, den „Output" x angibt. Auch hier ist aus der Natur der Dinge klar, dass eine solche Produktionsfunktion streng monoton steigend ist: Je mehr zur Verarbeitung bereit steht, um so mehr kann auch verarbeitet werden. Man kann sich wieder die Frage stellen, welche Art von Wachstum hier „günstig" für den Unternehmer ist. Lineares Wachstum wird häufig vorkommen, weil es sehr oft einen proportionalen Zusammenhang zwischen Input und Output gibt. Aber es ist auch denkbar, dass die Produktionsmenge unter- oder überproportional vom Input abhängt, dass also $x(r)$ degressiv oder progressiv wächst. Auch wechselndes Verhalten ist möglich. Die Produktionsfunktion

$$x(r) = \sqrt{4r - 100} \qquad (r \geq 25) \tag{2.23}$$

etwa verläuft überall degressiv, wie *Bild 2.26* zeigt.

Die Umkehrfunktion einer Produktionsfunktion heißt *Faktoreinsatzfunktion* $r(x)$. Sie gibt entsprechend an, wie viele Inputeinheiten erforderlich sind, um eine gewünschte Menge x des Produkts herzustellen. Die Funktion (2.23) hat beispielsweise auf dem Intervall $[25, \infty)$ die Umkehrfunktion

$$r(x) = 0{,}25x^2 + 25, \tag{2.24}$$

deren Graph ebenfalls in *Bild 2.26* zu sehen ist. Es ist klar, dass $x(r)$ und $r(x)$ gerade entgegengesetztes Wachstumsverhalten haben. Kennt man den Preis pro Inputeinheit r, so kann man aus (2.24) die Kostenfunktion $K(x)$ (oder zumindest den Teil der Kosten, der vom Input r herrührt) herleiten. Kostet eine Einheit von r den Produzenten beispielsweise 10 Geldeinheiten, so folgt aus (2.24) die Kostenfunktion

$$K(x) = 2{,}5x^2 + 250,$$

die natürlich dann ebenfalls progressiv wächst.

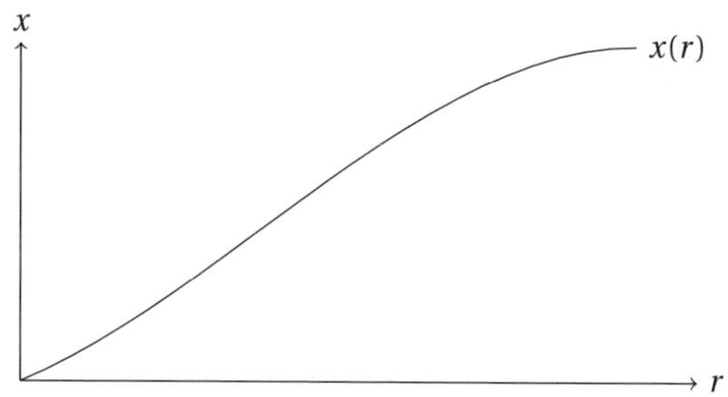

Bild 2.27 Die Produktionsfunktion $x(r) = -0,1r^3 + 6r^2 + 1,5r$ aus *Beispiel 2.25*

Produktionsfunktionen, die dagegen zumindest auf einem Teil ihres Definitionsbereichs progressiv wachsen und damit dort degressiv wachsende Faktoreinsatz- und damit Kostenfunktionen mit sich bringen, können wieder durch ganzrationale Funktionen dritten Grades realisiert werden, wie folgendes Beispiel zeigt.

Beispiel 2.25

Die Produktion eines Gutes verlaufe nach der Produktionsfunktion

$$x(r) = -0,1r^3 + 6r^2 + 1,5r. \tag{2.25}$$

Bild 2.27 zeigt den Funktionsgraphen von $x(r)$ auf dem Intervall $[0,50]$. Die zweite Ableitung von (2.25),

$$x''(r) = -0,6r + 12,$$

hat bei $x_W = 20$ eine Nullstelle. Dort liegt ein Wendepunkt mit Links-Rechts-Krümmungswechsel vor, denn die dritte Ableitung ist negativ. Die Produktionsfunktion wächst also progressiv bis zu einem Input von 20 Einheiten und geht danach in degressives Wachstum über. Die Funktion (2.25) modelliert nur auf dem Intervall $[0,50]$ sinnvoll eine Produktionsfunktion, da sie für $r > 50$ wieder fallen würde. ■

2.5.6 Elastizität

Der Wert der Ableitung kann bekannterweise als Änderungsrate interpretiert werden. Grenzkosten von 5 GE/ME bedeuten beispielsweise, dass die Erhöhung der Produktion um 1 ME die Kosten um etwa 5 GE erhöhen wird. Die *Elastizität* ist nun eine weitere Änderungsrate, und zwar eine relative, die das Änderungsverhalten von Funktionen *unabhängig von den Maßeinheiten* beschreibt. Damit können vernünftige Vergleiche von ganzen Funktionsklassen gemacht werden. Elastizitäten dienen als Entscheidungshilfen bei Verbrauchssteuern, Höchst- und Mindestpreisen und beeinflussen etwa auch die Preispolitik von Monopolisten. Man geht von einer differenzierbaren Funktion $f(x)$ aus und nennt die Funktion

$$\varepsilon_f(x) = \frac{f'(x)}{f(x)} \cdot x = \frac{\frac{\mathrm{d}f}{\mathrm{d}x}}{\frac{f(x)}{x}} \tag{2.26}$$

die *Punkt-Elastizität* (oder einfach die *Elastizität*) von $f(x)$ bezüglich x. Aus der Definition ist unmittelbar klar, dass die Elastizität keine Einheit hat, sondern ein reiner Zahlenwert ist. Die Interpretation ist folgendermaßen:

Elastizität einer Funktion

Der Wert der Elastizität einer Funktion $f(x)$ an der Stelle x_0 gibt an, um wie viel Prozent sich der Funktionswert ungefähr ändert, wenn sich x_0 um ein Prozent ändert.

Wie sieht die Elastizität bei konkreten Funktionen aus? Bei einer linearen Funktion der Form

$$f(x) = ax \qquad (a \neq 0)$$

ergibt sich

$$\varepsilon_f(x) = \frac{a}{ax} \cdot x = 1.$$

Das bedeutet, dass hier eine ausgeglichene Elastizität vorliegt: Bei einprozentiger Änderung des x-Wertes resultiert auch eine einprozentige Änderung des Funktionswertes. Asymptotisch gilt das auch für lineare Funktionen der Form

$$f(x) = ax + b,$$

denn für den Grenzwert gilt

$$\lim_{x\to\infty} \varepsilon_f(x) = \lim_{x\to\infty} \frac{ax}{ax+b} = 1.$$

Insofern unterscheiden sich die linearen Funktionen zwar bezüglich der absoluten Änderungsraten (ihrer Steigungen), nicht aber bezüglich der relativen Änderungsraten (ihrer Elastizitäten). Völlig analog ergibt sich für quadratische Funktionen

$$f(x) = ax^2 + bx + c$$

die asymptotische Elastizität

$$\lim_{x\to\infty} \varepsilon_f(x) = \lim_{x\to\infty} \frac{2ax^2 + b}{ax^2 + bx + c} = 2.$$

Allgemein zeigt man auf diese Weise, dass eine ganzrationale Funktion n-ten Grades die asymptotische Elastitzität n hat. Ganz anders verhalten sich Exponentialfunktionen; so hat etwa

$$f(x) = \mathrm{e}^x$$

die Elastizität

$$\varepsilon_f(x) = \frac{\mathrm{e}^x}{\mathrm{e}^x} \cdot x = x.$$

Beispiel 2.26

Ein Student überlegt sich, dass er nach Abzug aller für seinen Lebensunterhalt notwendigen Ausgaben 20 % des verbleibenden Budgets für Bier ausgeben will. Er kalkuliert, dass er zum Leben 600 € benötigt. Die Funktion

$$B(E) = 0,2 \cdot (E - 600)$$

modelliert dann die Biernachfrage in Abhängigkeit vom Einkommen E. Für die Elastizität der Biernachfrage bezüglich des Einkommens ergibt sich

$$\varepsilon_B(E) = \frac{B'(E)}{B(E)} \cdot E = \frac{0,2}{0,2 \cdot (E - 600)} \cdot E = \frac{E}{E - 600}.$$

Konkret gilt für ein Einkommen von 800 € die Elastizität

$$\varepsilon_B(800) = \frac{800}{800 - 600} = 4.$$

Die Bedeutung dieses Wertes ist folgende: Steigt das Einkommen ausgehend von $E =$ 800 € um 1 %, so steigt der Bierkonsum um ungefähr 4 %. Auch die tatsächliche prozentuale Steigerung der Biernachfrage beträgt hier übrigens

$$\frac{B(808) - B(800)}{B(800)} = \frac{41,6 - 40}{40} = 4\ \%,$$

da es sich bei der Funktion der Biernachfrage um eine lineare Funktion handelt. Für diesen Funktionstyp stimmen bekanntlich Sekanten- und Tangentensteigung überein. Die Elastizitätsfunktion der Biernachfrage ist aber nicht konstant, denn für ein Einkommen von 1000 € gilt etwa

$$\varepsilon_B(1000) = \frac{1000}{1000 - 600} = 2,5.$$

■

Für die verschiedenen Elastizitätsbereiche sind die folgenden Bezeichnungen üblich:

Wert der Elastizität	Bezeichnung
$\lvert\varepsilon_f(x)\rvert = 0$	f ist *vollkommen unelastisch bez.* x (keine Reaktion von f auf Änderungen in x)
$0 < \lvert\varepsilon_f(x)\rvert < 1$	f ist *unelastisch bez.* x (prozentuale Änderung von f ist geringer als prozentuale Änderung von x)
$\lvert\varepsilon_f(x)\rvert = 1$	f ist *proportional elastisch (auch isoelastisch oder ausgeglichen elastisch) bez.* x (prozentuale Änderungen der Variablen sind proportional)
$\lvert\varepsilon_f(x)\rvert > 1$	f ist *elastisch bez.* x (prozentuale Änderung von f ist größer als prozentuale Änderung von x)
$\lvert\varepsilon_f(x)\rvert \to \infty$	f ist *vollkommen elastisch bez.* x (sehr starke Reaktion von f auf Änderungen in x)

(2.27)

Die Nachfrage x_N nach einem Gut hängt bekannterweise vom Preis p ab, zu dem dieses Gut angeboten wird. Die Nachfragefunktion $x_N(p)$ ist in der Regel monoton fallend, und die Elastizität solcher Funktionen hängt von der Art der Güter ab. Bei sehr wichtigen Gütern (wie bei

Grundnahrungsmitteln oder Medikamenten) ist die Nachfrage eher preisunelastisch. Für Güter, die nicht notwendig erforderlich sind oder substituiert werden können, ist die Nachfrage eher elastisch. Konkret berechnet sich die Preiselastizität der Nachfrage durch

$$\varepsilon_{x_N}(p) = \frac{x'_N(p) \cdot p}{x_N(p)}.$$

Auch die Preiselastizität hat dann negative Werte, da die nachgefragte Menge mit steigendem Preis zurückgeht.

Beispiel 2.27

Für die Nachfragefunktion

$$x_N(p) = \frac{1000}{p}, \quad p \in [10; 100]$$

mit zugehöriger Grenznachfrage

$$x'_N(p) = \frac{-1000}{p^2}$$

ergibt sich als Preiselastizität der Nachfrage:

$$\varepsilon_{x_N}(p) = \frac{x'_N(p) \cdot p}{x_N} = \frac{\frac{-1000}{p^2} \cdot p}{\frac{1000}{p}} = \frac{\frac{-1000}{p}}{\frac{1000}{p}} = -1.$$

Das bedeutet wieder, dass die Nachfrage nach dem Gut um 1 % zurückgeht, wenn der Preis um 1 % ansteigt. Die nachgefragte Menge verhält sich damit in Bezug auf den Preis proportional elastisch. ■

Übungen zum Kapitel 2

Übung 2.1

Bestimmen Sie jeweils die Linearisierung zu folgenden Kostenfunktionen in der Nähe der angegebenen Stellen:

1. $K(x) = 20x + 50$ $(x_0 = 10)$
2. $K(x) = 0{,}25x^2 + 10x$ $(x_0 = 5)$
3. $K(x) = 0{,}25x^3 - 2x^2 + 6x + 12{,}5$ $(x_0 = 10)$

Übung 2.2

Ein Unternehmer, der auch Hobbymathematiker ist, weiß, dass er gemäß der eher komplizierten Kostenfunktion

$$K(x) = 30\frac{\sqrt{x^2 + x + 1}}{\sqrt{x + 3}}$$

produziert. Bei einer Präsentation möchte er sein betriebswirtschaftlich orientiertes Publikum nicht überfordern und aus diesem Grund die Kostenfunktion etwas vereinfacht darstellen. Hierfür benutzt er das Modell der *Linearisierung*. Wie sieht die entsprechende lineare Funktion aus, wenn er Produktionszahlen in der Größenordnung von 100 ME darstellen will? (Runden Sie dabei die Koeffizienten auf drei Dezimalstellen.)

Übung 2.3

Ein Unternehmen operiert mit der Kostenfunktion $K(x) = 0{,}5x^3 + 26{,}5x$. Alle hergestellten Mengeneinheiten werden auch abgesetzt. Der Verkaufspreis betrage pro Mengeneinheit $p = 100$ GE. Für welche Produktionsmenge wird der Gewinn maximal?

Übung 2.4

Weisen Sie nach, dass es sich bei $K(x) = 0{,}5x^3 - 5x^2 + 20x + 200$ um eine ertragsgesetzliche Kostenfunktion handelt. Berechnen Sie auch die Schwelle des Ertragsgesetzes.

Übung 2.5

Weisen Sie nach, dass bei einer linearen Kostenfunktion das Betriebsoptimum bei maximaler Produktion angenommen wird.

Übung 2.6

Welcher Typ von Funktion ist allgemein die Gewinnfunktion einer Unternehmung, falls die Kostenfunktion und die Preis-Absatz-Funktion linear sind? Geben Sie allgemein für die Funktionen

$$K(x) = ax + b \quad \text{und} \quad p(x) = c - dx$$

die gewinnmaximale Menge und das Gewinnmaximum an. Beachten Sie eventuelle Einschränkungen an die Parameter a, b, c und d.

Übung 2.7

Gegeben sei die Preis-Absatz-Funktion

$$p(x) = \begin{cases} 180 - 2x & (0 \leq x \leq 60) \\ 78 - 0,3x & (x > 60) \end{cases}$$

sowie die lineare Kostenfunktion $K(x) = 15x + 3.000$. Bestimmen Sie die sinnvolle obere Grenze für x (also die maximale Produktion) sowie das Umsatzmaximum und das Gewinnmaximum.

Übung 2.8

Eine Firma produziert Mountainbikes. Im letzten Jahr wurden 70 Bikes zu einem Preis von je 1.275 € verkauft. Eine Marktanalyse prognostiziert, dass bei einer Preiserhöhung um 75 € der Absatz auf 65 Stück zurückgeht. Wir nehmen an, dass die Preis-Absatz-Funktion linear ist. Die Gesamtkostenfunktion ist durch $K(x) = 550x + 1.200$ gegeben.

1. Modellieren Sie die Preis-Absatz-Funktion und die daraus resultierende maximal sinnvolle Produktionszahl.
2. Berechnen Sie mithilfe dieser Preis-Absatz-Funktion, bei welcher Preis-Mengen-Kombination das Gewinnmaximum erzielt wird. (Beachten Sie dabei, dass x nur ganzzahlige Werte annehmen kann!) Geben Sie auch den maximalen Gewinn an.

Übung 2.9

Ein Monopolist produziere gemäß der Kostenfunktion

$$K(x) = x^3 - 12x^2 + 60x + 98.$$

Die Preis-Absatz-Funktion sei $p(x) = 120 - 10x$.

1. Auf jede abgesetzte ME wird eine Mengensteuer in Höhe von $s = 24$ GE/ME erhoben. Geben Sie die resultierende Gesamtkostenfunktion an.
2. Ermitteln Sie die gewinnmaximale Menge, den Gesamtgewinn sowie die abzuführende Steuer.
3. Welche Mengensteuerhöhe s müsste der Staat festlegen, damit er im Gewinnmaximum des Produzenten maximale Steuereinnahmen erzielt?
4. Statt einer Mengensteuer soll nun eine Gewinnsteuer in Höhe von 40 % des Gewinns erhoben werden. Ermitteln Sie auch für diesen Fall die gewinnmaximale Menge, den Gesamtgewinn sowie die abzuführende Steuer.

Übung 2.10

Gegeben sei die Absatz-Preis-Funktion $x(p) = 240 - 3p$ mit $(0 \leq p \leq 80)$.

1. Bestimmen Sie die Elastizität der gegebenen Absatz-Preis-Funktion $\varepsilon_x(p)$.
2. Berechnen Sie $\varepsilon_x(20)$ und deuten Sie den erhaltenen Wert ökonomisch.
3. Geben Sie die verschiedenen Elastizitätsbereiche der Elastizitätsfunktion von x bezüglich p an.

Übung 2.11

Die Produktionskapazität eines Unternehmens, das im Jahre 2005 ($t = 0$) gegründet wurde, kann durch die Funktion

$$P(t) = \frac{38.500}{700 + (t - 20)^2}$$

beschrieben werden. Mit welcher Anfangskapazität startete des Unternehmen im Jahre 2005 und in welchem Jahr wird oder wurde die maximale Produktionskapazität erreicht?

Übung 2.12

Die Elastizitätsfunktion einer Funktion $f(x)$ sei gegeben durch

$$\varepsilon_f(x) = \frac{2x^2}{x^2 - 100}.$$

Es sei $x_0 = 20$. Um wie viel Prozent ändert sich der Wert von $f(x_0)$ ungefähr, falls sich der Wert von x_0 um 3 Prozent ändert?

Übung 2.13

In der Stadt Alexandria wurde seit 1976 in zehnjährigen Abständen eine Volkszählung durchgeführt, deren ungefähre Ergebnisse Sie folgender Tabelle entnehmen können:

Jahr	Bevölkerung (in Millionen)
1976	2,3
1986	2,9
1996	3,3
2006	4,1

1. Bestimmen Sie auf Grundlage der Tabelle eine ganzrationale Funktion $B(t)$ dritten Grades, die die Bevölkerungsentwicklung in Alexandria beschreibt. (Setzen Sie der Einfachheit halber das Jahr 1976 auf $t = 0$.)
2. Berechnen Sie mithilfe von $B(t)$ die geschätzte Bevölkerungszahl für 2016.
3. Bestimmen Sie mithilfe der Ableitung von $B(t)$ den ungefähren Bevölkerungszuwachs im Jahre 1997.
4. Begründen Sie, warum $B(t)$ langfristig kein gutes Modell ist und finden Sie Alternativen.

3 Integralrechnung in $\mathbb{R}$

Die Integralrechnung wird häufig als die „Umkehrung der Differenzialrechnung" bezeichnet, und dies stimmt in folgender Hinsicht: Eine zentrale Frage der Integralrechnung ist es, zu einer gegebenen Funktion $f(x)$ eine differenzierbare Funktion $F(x)$ zu finden, für deren Ableitung $F'(x) = f(x)$ gilt. Der Prozess des Ableitens wird hier also umgekehrt. Das führt zum Begriff der *Stammfunktion*, und so wird der Zusammenhang zur Differenzialrechnung hergestellt. Integrale hängen auch eng mit Flächenfunktionen zusammen, und historisch stand nicht der formale Begriff der Stammfunktion am Anfang der Integralrechnung, sondern der Wunsch, Flächen unter Funktionsgraphen zu berechnen.

3.1 Unbestimmtes und bestimmtes Integral

3.1.1 Stammfunktionen

In der Differenzialrechnung geht es um die Ermittlung der Ableitung $f'(x)$ einer vorgegebenen Funktion $f(x)$. Die umgekehrte Frage lautet: Wie findet man die Originalfunktion, falls die Ableitungsfunktion gegeben ist? Ausgangspunkt ist also eine beliebige Funktion $f(x)$. Eine differenzierbare Funktion $F(x)$ heißt *Stammfunktion von* f, falls

$$F'(x) = f(x) \tag{3.1}$$

gilt. Will man beispielsweise zu

$$f(x) = 2x$$

eine Stammfunktion angeben, so bietet sich

$$F(x) = x^2$$

an, was man durch Ableiten verifizieren kann. Da aber offensichtlich

$$\tilde{F}(x) = x^2 + 3$$

ebenfalls die Eigenschaft (3.1) erfüllt (wie viele andere Funktionen auch) wird schnell klar, dass es unendlich viele Stammfunktionen gibt, wenn man nur erst eine gefunden hat. All diese Stammfunktionen unterscheiden sich jeweils nur um eine Konstante:

Unendlich viele Stammfunktionen

Ist $F(x)$ eine Stammfunktion von $f(x)$, dann sind alle Funktionen der Form

$$F(x)+C \qquad (C\in\mathbb{R})$$

ebenfalls Stammfunktionen von $f(x)$.

Man kann nun systematisch einige Stammfunktionen angeben. Betrachtet man etwa die Potenzregel(2.5) der Differenzialrechnung und kehrt diese um, so ergibt sich:

Potenzregel der Integralrechnung

Die Potenzfunktion $f(x)=x^r$ (mit $r\in\mathbb{R}$) hat als Stammfunktion alle Funktionen der Form

$$F(x)=\frac{1}{r+1}\cdot x^{r+1}+C \qquad (C\in\mathbb{R}). \tag{3.2}$$

Dabei muss $r\neq -1$ sein.

Der Fall $r=-1$ ist eine Ausnahme. Die entsprechende Funktion

$$f(x)=\frac{1}{x}$$

hat die Stammfunktionen

$$F(x)=\ln(|x|)+C \qquad (C\in\mathbb{R}).$$

3.1.2 Der Integralbegriff

Was eine Stammfunktion ist, haben wir uns klar gemacht, und dass es unendlich viele gibt, sofern man eine findet, ist schlüssig. Es ist also sinnvoll, von der *Menge aller Stammfunktionen einer Funktion* $f(x)$ zu sprechen. Diese Gesamtheit nennt man das *unbestimmte Integral von* $f(x)$ und schreibt dafür

$$\int f(x)\,\mathrm{d}x. \tag{3.3}$$

Die Schreibweise dx hat historische Gründe, auf die wir im folgenden Abschnitt kurz eingehen werden. Wir nennen eine Funktion $f(x)$ *integrierbar*, falls sie eine Stammfunktion besitzt. Das ist ein sehr enger Begriff der Integrierbarkeit, für unsere Zwecke aber völlig ausreichend. Kennen wir nun eine Stammfunktion $F(x)$ von $f(x)$, so schreiben wir kurz:

$$\int f(x)\,\mathrm{d}x=F(x)+C \quad (C\in\mathbb{R}). \tag{3.4}$$

Die folgende Tabelle bietet eine Übersicht über einige elementare Stammfunktionen:

$f(x)$	$\int f(x)\,\mathrm{d}x$	Einschränkungen an Variablen und Parameter
a	$ax+C$	$a \in \mathbb{R}$
x^a	$\frac{1}{a+1}\cdot x^{a+1}+C$	$a \in \mathbb{R}\setminus\{-1\}$
$\frac{1}{x}=x^{-1}$	$\ln(\lvert x\rvert)+C$	$x \in \mathbb{R}\setminus\{0\}$
e^x	e^x+C	$x \in \mathbb{R}$
a^x	$\frac{a^x}{\ln a}+C$	$x \in \mathbb{R}, a \in \mathbb{R}^+$
$\ln\lvert x\rvert$	$x\ln\lvert x\rvert - x + C$	$x \in \mathbb{R}\setminus\{0\}$
$\log_a x$	$\frac{x\ln\lvert x\rvert - x}{\ln a}+C$	$a \in \mathbb{R}^+\setminus\{1\}, x \in \mathbb{R}\setminus\{0\}$

Mit diesen Stammfunktionen und mit den Linearitätseigenschaften

$$\int (f(x)+g(x))\,\mathrm{d}x = \int f(x)\,\mathrm{d}x + \int g(x)\,\mathrm{d}x \tag{3.5}$$

und

$$\int a\cdot f(x)\,\mathrm{d}x = a\cdot \int f(x)\,\mathrm{d}x \tag{3.6}$$

können bereits zahlreiche unbestimmte Integrale angegeben werden. Die Regeln (3.5) und (3.6) bedeuten, dass „summandenweise" integriert und dass Konstanten aus dem Integral herausgezogen werden können. Für kompliziertere Funktionen (Produkte oder verkettete Funktionen) gibt es die Methoden der partiellen Integration oder der Substitution, auf die wir in den folgenden Abschnitten eingehen werden.

Neben dem unbestimmten Integral (als Menge aller möglichen Stammfunktionen) spielt in den konkreten Anwendungen das *bestimmte Integral* eine große Rolle. Ist $f(x)$ eine integrierbare Funktion und $F(x)$ eine Stammfunktion von $f(x)$, so heißt für zwei beliebige Werte $a, b \in D_f$ mit $a < b$ der Ausdruck

$$\int_a^b f(x)\,\mathrm{d}x = [F(x)]_a^b = F(b) - F(a) \tag{3.7}$$

das *bestimmte Integral von f zwischen den Grenzen a und b*. Man kann sich klarmachen, dass diese Definition des bestimmten Integrals *von der Wahl der Stammfunktion unabhängig* ist, denn eventuelle Konstanten fallen durch die Differenzbildung weg.

Während das unbestimmte Integral als Menge unendlich vieler Funktionen ein schwierig konkret fassbarer Begriff ist, handelt es sich bei dem bestimmten Integral einfach um einen Zahlenwert, der übrigens positiv, negativ oder auch gleich null sein kann:

Beispiel 3.1

Für die Funktion $f(x) = x^3$ gilt

$$\int_0^1 x^3\,dx = \left[\frac{1}{4}x^4\right]_0^1 = \frac{1}{4} - 0 = \frac{1}{4},$$

$$\int_{-1}^0 x^3\,dx = \left[\frac{1}{4}x^4\right]_{-1}^0 = 0 - \frac{1}{4} = -\frac{1}{4},$$

$$\int_{-1}^1 x^3\,dx = \left[\frac{1}{4}x^4\right]_{-1}^1 = \frac{1}{4} - \frac{1}{4} = 0.$$

■

Beispiel 3.2

Für die Funktion $f(x) = x^2$ gilt

$$\int_0^1 x^2\,dx = \left[\frac{1}{3}x^3\right]_0^1 = \frac{1}{3} - 0 = \frac{1}{3},$$

$$\int_{-1}^0 x^2\,dx = \left[\frac{1}{3}x^3\right]_{-1}^0 = 0 - \left(-\frac{1}{3}\right) = \frac{1}{3},$$

$$\int_{-1}^1 x^2\,dx = \left[\frac{1}{3}x^3\right]_{-1}^1 = \frac{1}{3} - \left(-\frac{1}{3}\right) = \frac{2}{3}.$$

■

Die Werte der in den Beispielen 3.1 und 3.2 berechneten bestimmten Integrale können alle auch geometrisch gedeutet werden. Darauf werden wir im Abschnitt über die Flächenberechnung zu sprechen kommen. Es handelt sich aber bei den beiden Beispielen um spezielle Fälle der folgenden allgemein gültigen Aussagen:

Symmetrie und Integration

Ist $f(x)$ eine zum Ursprung punktsymmetrische Funktion, so gilt

$$\int_{-a}^{a} f(x)\,dx = 0. \tag{3.8}$$

Ist $f(x)$ eine zur senkrechten Achse symmetrische Funktion, so gilt

$$\int_{-a}^{a} f(x)\,dx = 2\cdot\int_0^a f(x)\,dx. \tag{3.9}$$

3.1.3 Partielle Integration

In diesem und im folgenden Abschnitt sollen zwei Integrationsverfahren vorgestellt werden, die über die elementaren Methoden hinausgehen. Benötigt werden sie immer dann, wenn der Integrand nicht nur aus einfachen linearen Zusammensetzungen elementarer Funktionen besteht, sondern es sich um ein Produkt oder um eine Verkettung von Funktionen handelt. Wir beschreiben zunächst die *partielle Integration*, die der Produktregel der Differenzialrechnung entspricht.

Partielle Integration

Es seien $f(x)$ und $g(x)$ zwei differenzierbare Funktionen mit dem gleichen Definitionsbereich D, und es seien $a, b \in D$. Ist F auf D eine Stammfunktion zu $f'(x) \cdot g(x)$, dann ist $f(x) \cdot g(x) - F(x)$ auf D eine Stammfunktion zu $f(x) \cdot g'(x)$. Für die bestimmten Integrale gilt dann:

$$\int_a^b f(x)g'(x)\,\mathrm{d}x = [f(x)g(x)]_a^b - \int_a^b f'(x)g(x)\,\mathrm{d}x. \tag{3.10}$$

Die partielle Integration ist tatsächlich nichts anderes als die Umkehrung der Produktregel der Differenzialrechnung. Sie ist also anzuwenden, falls es sich bei dem Integranden um ein Produkt zweier Funktionen handelt. Hierbei ist zu berücksichtigen, dass eine der beiden Funktionen als Ableitung aufzufassen ist. Das sollte natürlich diejenige sein, von der eine Stammfunktion bekannt ist. Da das Integral dann mithilfe eines anderen Integrals berechnet wird, sollte dieses zweite Integral nicht schwieriger sein als das Ausgangsintegral.

Beispiel 3.3

Zu berechnen ist

$$\int_0^1 x\mathrm{e}^x\,\mathrm{d}x.$$

Setzt man in (3.10)

$$f(x) = x \quad \text{und} \quad g'(x) = \mathrm{e}^x,$$

so ist diese Wahl vernünftig, denn einerseits ist mit $g(x) = \mathrm{e}^x$ eine einfach zu bildende Stammfunktion zu $g'(x)$ gefunden, und andererseits wird $f(x)$ beim Ableiten „einfacher", denn $f'(x) = 1$. Mithilfe von (3.10) ergibt sich dann

$$\int_0^1 x\mathrm{e}^x\,\mathrm{d}x = [x\mathrm{e}^x]_0^1 - \int_0^1 1 \cdot \mathrm{e}^x\,\mathrm{d}x = \mathrm{e} - (\mathrm{e} - 1) = 1.$$

■

Man beachte, dass hier die Wahl $g'(x) = x$ und $f(x) = \mathrm{e}^x$ nicht zum Ziel geführt hätte: Mit $g(x) = \frac{1}{2}x^2$ wäre dann nämlich eine quadratische Funktion im Integranden aufgetaucht, und das Integral wäre schwieriger geworden, als es vorher war.

3.1.4 Substitution

Die Substitution ist ebenfalls eine Umformulierung einer Differenziationsregel, nämlich der Kettenregel. Die Substitution erfordert allerdings häufig ein wenig Fingerspitzengefühl: Welchen Teil der zu integrierenden Funktion soll man als „innere Funktion" $g(x)$ auffassen?

Substitutionsregel der Integration

Es seien $f(x)$ und $g(x)$ zwei differenzierbare Funktionen mit dem gleichen Definitionsbereich D, und es seien $a, b \in D$. Ist $F(x)$ auf D eine Stammfunktion zu $f(x)$, so ist $F(g(x))$ auf D eine Stammfunktion zu $f(g(x)) \cdot g'(x)$. Für die bestimmten Integrale gilt:

$$\int_a^b f(g(x)) \cdot g'(x)\,\mathrm{d}x = \int_{g(a)}^{g(b)} f(x)\,\mathrm{d}x. \tag{3.11}$$

Die Substitutionsregel als Umkehrung der Kettenregel ist anzuwenden, falls es sich bei dem Integranden um eine Verkettung zweier Funktionen handelt. Hierbei können Schwierigkeiten auftreten, und einmal mehr bewahrheitet sich die alte Weisheit, dass „Differenzieren ein Handwerk, aber Integrieren eine Kunst" ist.

Beispiel 3.4

Zu berechnen ist

$$\int_0^1 2 \cdot (2x-3)^2\,\mathrm{d}x.$$

Hier liegt das Integral gleich in der Form vor, wie sie in (3.11) beschrieben ist: Der Integrand besteht aus einer Verkettung von Funktionen, nämlich $f(x) = x^2$ und $g(x) = 2x - 3$, und als weiterer Faktor steht noch die Ableitung $g'(x) = 2$ daneben. Es ergibt sich damit sofort:

$$\int_0^1 2 \cdot (2x-3)^2\,\mathrm{d}x = \int_{g(0)}^{g(1)} x^2\,\mathrm{d}x = \int_{-3}^{-1} x^2\,\mathrm{d}x = \left[\frac{1}{3}x^3\right]_{-3}^{-1} = 8\frac{2}{3}.$$

■

Falls die innere Ableitung nicht als „Geschenk" mit dabei steht, muss sie ergänzt werden. So gilt etwa

$$\int (2x-3)^2\,\mathrm{d}x = \frac{1}{2} \cdot \int 2 \cdot (2x-3)^2\,\mathrm{d}x = \frac{1}{2} \cdot \frac{1}{3}(2x-3)^3.$$

Dabei kann der Faktor 2 als innere Ableitung aufgefasst werden und wird durch den Faktor $\frac{1}{2}$ ausgeglichen, damit sich das Integral nicht verändert.

Im folgenden Beispiel wird wieder einmal auf die Schreibweise $\frac{\mathrm{d}f}{\mathrm{d}x}$ zurückgegriffen, die in diesem Zusammenhang sehr hilfreich sein kann.

Beispiel 3.5

Zu berechnen sei

$$\int x \cdot \sqrt{x^2+1}\,\mathrm{d}x.$$

Mit $g(x) = x^2 + 1$ erhält man

$$\frac{\mathrm{d}g}{\mathrm{d}x} = 2x \quad \text{oder} \quad \mathrm{d}x = \frac{\mathrm{d}g}{2x}.$$

Das Integral schreibt sich daher in der Form:

$$\int x \cdot \sqrt{x^2+1}\,\mathrm{d}x = \int x \cdot \sqrt{g} \cdot \frac{\mathrm{d}g}{2x} = \frac{1}{2}\int \sqrt{g}\,\mathrm{d}g.$$

Dieses Integral ist aber einfach zu lösen, denn von der Wurzelfunktion kennen wir eine einfache Stammfunktion. Somit erhalten wir

$$\int x \cdot \sqrt{x^2+1}\,\mathrm{d}x = \frac{1}{2} \cdot \frac{2}{3} g^{\frac{3}{2}} = \frac{1}{3}(x^2+1)^{\frac{3}{2}},$$

denn am Ende müssen wir natürlich wieder resubstituieren. ■

■ 3.2 Flächenberechnung

Eine konkrete Anwendung des zunächst recht abstrakt eingeführten Integralbegriffs ist die Flächenberechnung. Wie eingangs erwähnt war nämlich der Wunsch, Flächen unter Funktionsgraphen zu berechnen, im Prinzip der Auslöser für die Integralrechnung.

3.2.1 Der Zugang über Summen

Bei Flächen, die teilweise von Kurven begrenzt und somit nicht mit den „klassischen" Flächenformeln berechnet werden können, kann man auf Summen zurückgreifen. Wie man so Näherungswerte für den Flächeninhalt erhalten kann, soll am Beispiel der Funktion

$$f(x) = x^2$$

deutlich gemacht werden. Der Graph von $f(x)$, die sogenannte *Normalparabel*, schließt zwischen $x = 0$ und $x = 1$ mit der x-Achse ein Flächenstück A ein. Die Grundidee zur Berechnung von A ist eine Zerlegung des Intervalls $[0,1]$ in Teilintervalle, und zwar in einem ersten Schritt in zwei Teilintervalle, $[0,\frac{1}{2}]$ und $[\frac{1}{2},1]$. Der gesuchte Inhalt wird offenbar *unterschätzt*, wenn man das Rechteck über $[\frac{1}{2},1]$ mit Höhe $f(\frac{1}{2}) = \frac{1}{4}$ betrachtet. *Überschätzt* hingegen wird die

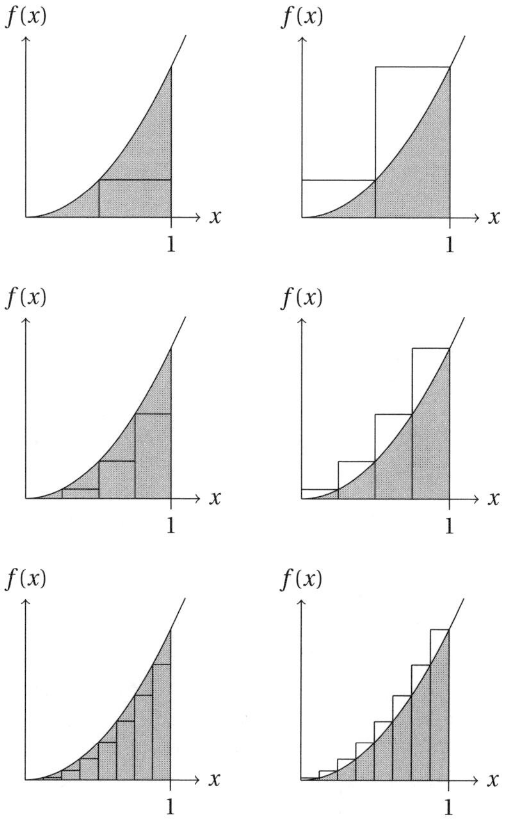

Bild 3.1 Unter- und Obersummen für $n = 2$, $n = 4$ und $n = 8$

Fläche, wenn man die beiden Rechtecke über $[0, \frac{1}{2}]$ bzw. $[\frac{1}{2}, 1]$ mit den Höhen $f(\frac{1}{2}) = \frac{1}{4}$ bzw. $f(1) = 1$ betrachtet:

$$\frac{1}{2} \cdot \frac{1}{4} \leq A \leq \frac{1}{2} \cdot \frac{1}{4} + \frac{1}{2} \cdot 1,$$

also

$$\frac{1}{8} \leq A \leq \frac{5}{8}.$$

Das sind zugegebenermaßen zwei eher schlechte Näherungswerte. Erhöht man die Zahl der Zwischenintervalle aber, so ändert sich dies sehr schnell: Bei vier Teilintervallen der Länge $\frac{1}{4}$ ergibt sich für die Abschätzung von oben bereits:

$$\frac{1}{4} \cdot \frac{1}{16} + \frac{1}{4} \cdot \frac{1}{4} + \frac{1}{4} \cdot \frac{9}{16} \leq A \leq \frac{1}{4} \cdot \frac{1}{16} + \frac{1}{4} \cdot \frac{1}{4} + \frac{1}{4} \cdot \frac{9}{16} + \frac{1}{4} \cdot 1,$$

also

$$\frac{14}{64} \le A \le \frac{30}{64}.$$

Der gesuchte Inhalt lässt sich damit bereits bei nur vier Intervallen zwischen $0{,}21875$ und $0{,}46875$ eingrenzen. Bei acht Intervallen erhöht sich die Genauigkeit weiter:

$$0{,}2734 \le A \le 0{,}3984.$$

Bild 3.1 verdeutlicht diesen Näherungsprozess. Dieses Vorgehen führt im allgemeinen Fall auf eine formale Definition sogenannter *Ober- und Untersummen.* Ist $[a,b]$ ein Intervall im Definitionsbereich einer (der Einfachheit halber) stetigen, positiven und monoton steigenden Funktion $f(x)$ und n eine beliebige natürliche Zahl, so definiert man

$$s_n = \frac{b-a}{n} \cdot \sum_{k=1}^{n} f\left(a + (k-1) \cdot \frac{b-a}{n}\right)$$

als die *n-te Untersumme* und

$$S_n = \frac{b-a}{n} \cdot \sum_{k=1}^{n} f\left(a + k \cdot \frac{b-a}{n}\right)$$

als die *n-te Obersumme.* Bei den Untersummen wird also jeweils der linke und bei den Obersummen der rechte Funktionswert des jeweiligen Intervalls verwendet, was bei einer streng monoton steigenden Funktion zu einer Unter- bzw. einer Überschätzung des Flächeninhalts führt. (Bei nicht streng monoton steigenden Funktionen muss die Argumentation geringfügig angepasst werden. Wir verzichten aber hier darauf; es soll nur die Idee vermittelt werden.) Wegen

$$S_n - s_n = \frac{f(b) - f(a)}{n},$$

konvergiert die Differenz für $n \to \infty$ gegen 0. Damit gilt:

Untersummen und Obersummen

In der oben geschilderten Situation gilt für den Inhalt A der Fläche, die der Graph von f zwischen $x = a$ und $x = b$ mit der x-Achse einschließt:

$$s_n \le A \le S_n.$$

Da außerdem

$$\lim_{n\to\infty} (S_n - s_n) = 0$$

gilt, muss sowohl die Folge der Untersummen als auch die Folge der Obersummen gegen A konvergieren:

$$\lim_{n\to\infty} S_n = \lim_{n\to\infty} s_n = A. \tag{3.12}$$

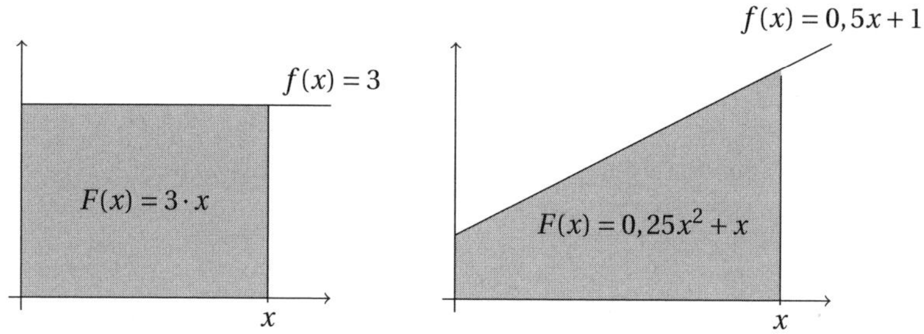

Bild 3.2 Hier kann man die Flächenfunktion $F(x)$ jeweils schnell angeben: durch die Rechtecksformel (Breite mal Höhe, links) bzw. durch die Trapezformel (Summe der beiden parallelen Seiten mal Höhe durch zwei, rechts).

Verfahren wir nun in unserem Beispiel so weiter und erhöhen stets die Zahl der Zwischenintervalle, so erhalten wir für den gesuchten Flächeninhalt nach (3.12):

$$A = \lim_{n\to\infty} S_n = \lim_{n\to\infty} \frac{1}{n^3} \cdot \sum_{k=1}^{n} k^2 = \lim_{n\to\infty} \frac{1}{n^3} \cdot \frac{n(n+1)(2n+1)}{6} = \frac{1}{3}. \tag{3.13}$$

Hierbei wurde die Summenformel (1.14) für die Quadratzahlen verwendet.

3.2.2 Flächenfunktionen

Dass nun die Fläche unter Funktionsgraphen, deren Berechnung wie eben gesehen mit einer gewissen Anstrengung möglich ist, in der Tat mit den Ableitungen zusammenhängen, wird deutlich, wenn man sogenannte *Flächenfunktionen* betrachtet. Dazu sei wieder $f(x)$ eine (der Einfachheit halber) positive und stetige Funktion. Für alle $x \geq 0$ bezeichne dann $F(x)$ den Inhalt der Fläche, die der Funktionsgraph von $f(x)$ zwischen 0 und x mit der x-Achse einschließt. Zwei sehr einfache Beispiele solcher Flächenfunktionen sind in *Bild 3.2* dargestellt. Die Flächen, die hier betrachtet werden, sind ein Rechteck bzw. ein Trapez. Mit den elementaren Flächenformeln können die Flächenfunktionen angeben werden.

Für die konstante Funktion $f(x) = 3$ ergibt sich $F(x) = 3x$, und für die lineare Funktion $f(x) = 0,5x + 1$ erhalten wir $F(x) = 0,25x^2 + x$. In beiden Fällen ergibt sich als Flächenfunktion also eine differenzierbare Funktion, und es gilt $F'(x) = f(x)$: Die Flächenfunktion ist also eine Stammfunktion von $f(x)$. Schon liegt der Verdacht nahe, dass dies immer der Fall ist. Betrachtet man *Bild 3.3*, so wird deutlich, dass das Flächenstück $F(x+h)-F(x)$ durch die beiden Rechtecke der Breite h und der Höhe $f(x)$ bzw. $f(x+h)$ unterschätzt bzw. überschätzt wird. Es gilt also die Beziehung

$$f(x) \cdot h \leq F(x+h) - F(x) \leq f(x+h) \cdot h,$$

also mit anderen Worten

$$f(x) \leq \frac{F(x+h) - F(x)}{h} \leq f(x+h). \tag{3.14}$$

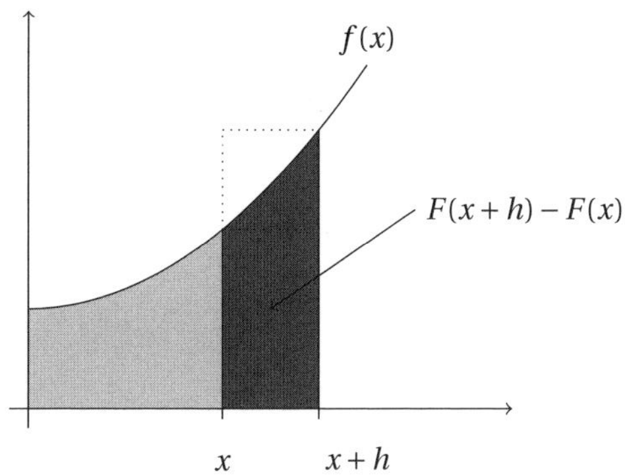

Bild 3.3 Das (dunkler markierte) Flächenstück $F(x+h)-F(x)$ wird durch die beiden Rechtecke der Breite h und der Höhe $f(x)$ bzw. $f(x+h)$ unter- bzw. überschätzt.

Wie bei der Idee mit den Summen geht man auch hier zu einem Grenzwert über, lässt nämlich h gegen 0 gehen. Der rechte Ausdruck in der Ungleichungskette (3.14) nähert sich dann $f(x)$ an. Es wird somit der mittlere Ausdruck, also

$$\frac{F(x+h)-F(x)}{h},$$

zwischen zwei Ausdrücken „eingeschlossen", die beide mit kleiner werdendem h gegen $f(x)$ konvergieren. Damit muss aber auch der mittlere Ausdruck konvergieren. Aber das bedeutet gerade, dass die Flächenfunktion $F(x)$ differenzierbar ist. Es ergibt sich im Grenzübergang aus (3.14):

$$f(x) \le F'(x) \le f(x), \qquad (3.15)$$

und damit

$$F'(x) = f(x). \qquad (3.16)$$

Das Flächenstück zwischen den Grenzen x und $x+h$ wurde soeben über die Differenz der Flächenfunktionswerte ausgedrückt. Will man allgemein Flächen zwischen beliebigen Grenzen a und b berechnen, so hat man die Differenz der Flächenfunktionswerte (oder, wie wir nun wissen, der Stammfunktionswerte) $F(b)-F(a)$ zu bilden, und diese Differenz ist natürlich *unabhängig von der Wahl der Stammfunktion.* Das ist aber genau das bestimmte Integral.

Interessanterweise lässt sich die gerade eben gemachte Überlegung auf jede beliebige stetige Funktion übertragen, die oberhalb der x-Achse verläuft. Verläuft sie unterhalb der x-Achse, so sind die Funktionswerte negativ, und wir müssen dies mit einem Minuszeichen (oder den Betragsstrichen) ausgleichen. Auch für noch allgemeinere Funktionen kann mithilfe des bestimmten Integrals vorgegangen werden, was an dieser Stelle nicht alles im Einzelnen nachgewiesen wird. Zusammenfassend halten wir fest:

Flächenberechnung mithilfe bestimmter Integrale

Unter den oben gemachten Voraussetzungen kann das Flächenstück A, das der Graph von $f(x)$ und die x-Achse zwischen a und b miteinander einschließen, mithilfe des bestimmten Integrals folgendermaßen berechnet werden:

Falls $f(x)$ auf dem gesamten Intervall $[a,b]$ positiv bzw. negativ ist, gilt

$$A = \int_a^b f(x)\,\mathrm{d}x \quad \text{bzw.} \quad A = -\int_a^b f(x)\,\mathrm{d}x. \tag{3.17}$$

Die beiden Fälle können auch zusammengefasst werden: Schneidet der Graph von f zwischen a und b die x-Achse nicht, so gilt

$$A = \left| \int_a^b f(x)\,\mathrm{d}x \right|.$$

Schneidet der Graph von $f(x)$ zwischen a und b die x-Achse, so teilt sich die zu berechnende Fläche in mehrere Stücke auf, die einzeln auf die oben angegebene Weise berechnet werden können. Die Summe der Teilflächen ergibt die Gesamtfläche. Integriert man ohne Berücksichtigung der Nullstellen von a bis b durch, so ergibt sich eine Art „Flächenbilanz".

3.2.3 Konkrete Flächenberechnungen

In diesem Abschnitt sollen die Inhalte einiger konkreter Flächen mithilfe bestimmter Integrale berechnet werden. Beginnen wir mit einem Beispiel, das wir mithilfe von Ober- und Untersummen bereits untersucht haben: den Inhalt A des Flächenstücks, das die Normalparabel und die x-Achse zwischen 0 und 1 miteinander einschließen (vgl. *Bild 3.1*). Es gilt

$$\int_0^1 x^2\,\mathrm{d}x = \left[\frac{1}{3}x^3\right]_0^1 = \frac{1}{3}.$$

Da die Parabel auf dem Intervall $[0,1]$ komplett oberhalb der x-Achse verläuft, entspricht das Integral auch dem Flächeninhalt, also

$$A = \frac{1}{3}\ \text{FE}.$$

Das ist genau das Ergebnis, das wir im vorangehenden Abschnitt mithilfe der Ober- und Untersummen erhalten haben (vgl. (3.13)).

Es folgen einige weitere Beispiele zur Berechnung konkreter Flächen mithilfe von (3.17).

Beispiel 3.6

Gesucht ist der Inhalt A des Flächenstücks, das der Graph der Funktion $f(x) = x^3$ und die x-Achse zwischen -2 und -1 miteinander einschließen (vgl. *Bild 3.4*). Da der Funktionsgraph auf dem Intervall $[-2,-1]$ komplett unterhalb der x-Achse verläuft, ist das

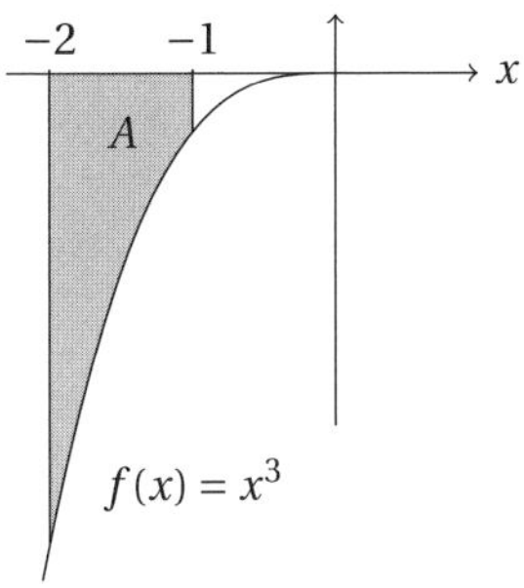

Bild 3.4 Das Flächenstück, das in *Beispiel 3.6* berechnet wird, hat den Inhalt $3,75$. Das entsprechende Integral hat den Wert $-3,75$, weil die Fläche komplett unter der x-Achse verläuft.

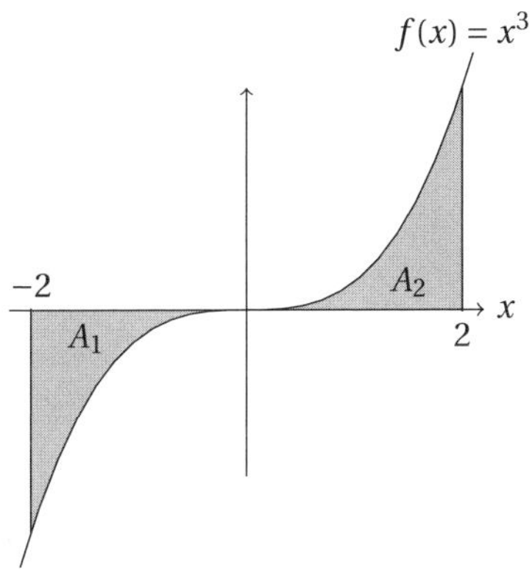

Bild 3.5 In *Beispiel 3.7* ergibt „Durchintegrieren" den Wert 0 für das Integral. Die beiden gleich großen Flächen A_1 und A_2 sind getrennt zu berechnen, wobei hier Symmetrie ausgenutzt werden kann.

Integral negativ:

$$\int_{-2}^{-1} x^3\,\mathrm{d}x = \left[\frac{1}{4}x^4\right]_{-2}^{-1} = -3,75.$$

Die Fläche beträgt demnach $A = 3,75$ FE. ■

Beispiel 3.7

Gesucht ist der Inhalt A des Flächenstücks, das der Graph der Funktion $f(x) = x^3$ und die x-Achse zwischen -2 und 2 miteinander einschließen (vgl. *Bild 3.5*). Für das Integral ergibt sich zunächst

$$\int_{-2}^{2} x^3\,\mathrm{d}x = \left[\frac{1}{4}x^4\right]_{-2}^{2} = \frac{1}{4}\cdot 2^4 - \frac{1}{4}\cdot(-2)^4 = 0.$$

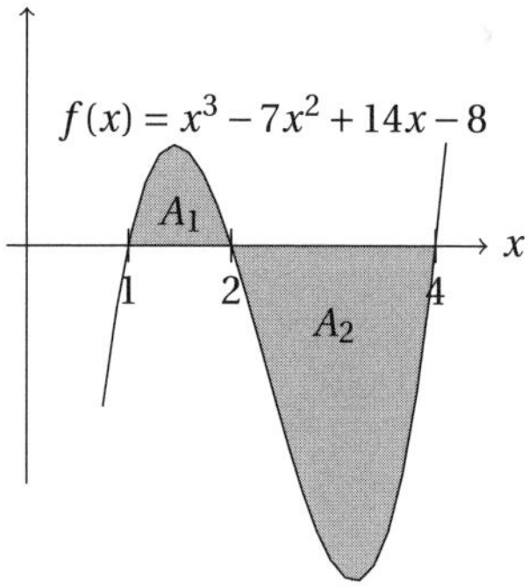

Bild 3.6 *Beispiel 3.8*: Zwei verschieden große Flächen, von denen die eine (A_2) größer als die andere (A_1) ist. Da A_2 unter der x-Achse liegt, ergibt sich für das *Integral* zwischen den Grenzen 1 und 4 ein negativer Wert als Bilanz.

Dies deuten wir als *Flächenbilanz*: Die Fläche A zerfällt in zwei *gleich große* Teilstücke A_1 und A_2. Will man den Gesamtflächeninhalt berechnen, so kann man hier die Symmetrie nutzen:

$$A = 2 \cdot \int_0^2 x^3 \, dx = 2 \cdot \left[\frac{1}{4}x^4\right]_0^2 = 2 \cdot \frac{1}{4} \cdot 2^4 = 8\,\text{FE}.$$

■

Beispiel 3.8

Gesucht ist der Inhalt A des Flächenstücks, das der Graph der Funktion

$$f(x) = x^3 - 7x^2 + 14x - 8$$

und die x-Achse miteinander einschließen (vgl. *Bild 3.6*). Um den genauen Verlauf des Graphen festzustellen, berechnet man die Nullstellen: $x_1 = 1, x_2 = 2, x_3 = 4$. Damit zerfällt auch hier die Gesamtfläche wieder in zwei Teilflächen, die diesmal allerdings verschieden groß sind. Den Flächeninhalt erhalten wir durch Einzelberechnung und Addition:

$$A = \left|\int_1^2 f(x)\,dx\right| + \left|\int_2^4 f(x)\,dx\right|$$

$$= \frac{5}{12}\,\text{FE} + \frac{8}{3}\,\text{FE} = \frac{37}{12}\,\text{FE}.$$

■

Mithilfe des bestimmten Integrals kann auch die Fläche berechnet werden, die von zwei Funktionsgraphen eingeschlossen wird. Hierfür bildet man einfach die Differenz der beiden Funktionen.

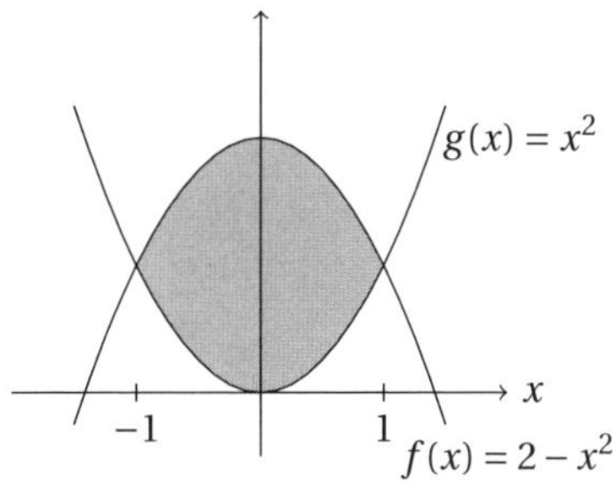

Bild 3.7 Die beiden Funktionsgraphen zu $f(x) = 2 - x^2$ und $g(x) = x^2$ schließen ein Flächenstück mit dem Inhalt $\frac{8}{3}$ FE ein.

Berechnung der Fläche zwischen zwei Funktionsgraphen

Sind $f(x)$ und $g(x)$ zwei Funktionen mit dem gemeinsamen Definitionsbereich D und $[a, b]$ ein Intervall in D, in dem keine Schnittstellen der Funktionsgraphen von f und g liegen, so gilt für den Flächeninhalt A des Flächenstücks, das die beiden Graphen zwischen a und b miteinander einschließen:

$$A = \left| \int_a^b (f(x) - g(x))\,\mathrm{d}x \right|.$$

Liegen in dem fraglichen Intervall Schnittstellen der beiden Graphen, so muss auch hier stückweise vorgegangen werden. Aufgrund des Betrags im Integranden spielt die Reihenfolge von f und g keine Rolle.

Ist etwa der Inhalt A des Flächenstücks, das die Graphen der Funktionen

$$f(x) = 2 - x^2 \quad \text{und} \quad g(x) = x^2$$

miteinander einschließen (vgl. *Bild 3.7*). Die beiden Schnittstellen der Funktionsgraphen sind $x = -1$ und $x = 1$; dazwischen liegen keine weiteren. Wir beachten noch die Symmetrie und berechnen:

$$A = 2 \cdot \left| \int_0^1 (2 - 2x^2)\,\mathrm{d}x \right| = 2 \cdot \left| \left[2x - \frac{2}{3}x^3 \right]_0^1 \right| = \frac{8}{3}\,\text{FE}.$$

3.3 Ökonomische Anwendungen der Integralrechnung

Nachdem wir uns nun klar gemacht haben, wie Integrale berechnet und als Flächen gedeutet werden, kommen wir zu einigen wirtschaftswissenschaftlichen Anwendungen.

3.3.1 Individuelle und kumulierte Konsumentenrente

Es gibt zahlreiche Möglichkeiten, die Konsumentenrente einzuführen. Wir tun dies hier über einen sehr elementaren Zugang. Die individuelle Konsumentenrente eines Verbrauchers kann sehr allgemein als ein Vorteil definiert werden, den der Verbraucher aus der Diskrepanz zwischen seiner Zahlungsbereitschaft und dem, was er tatsächlich zu zahlen hat, ziehen kann. Nehmen wir an, ein Konsument K_1 hat eine Vorliebe für ein spezielles Produkt, das er auch dann konsumieren würde, wenn es teurer wäre, als es aktuell ist. Man kann sich die Fage stellen, wie man den Vorteil aus dieser Situation messen kann: Wie viel ist es K_1 „wert", dass das Produkt zu einem geringeren Preis erhältlich ist?

Angenommen, das Produkt werde zu einem Preis von 5 GE/ME angeboten, und der Konsument K_1 wäre auch bereit, 6 GE/ME zu zahlen. In diesem Fall beträgt die Konsumentenrente für K_1 also 1 GE/ME. Für einen Konsumenten K_2, der sogar einen Preis von 7 GE/ME tolerieren würde, betrüge die Konsumentenrente entsprechend 2 GE/ME. Nun können diese Konsumentenrenten als Flächen dargestellt werden, die in *Bild 3.8* zu sehen sind. Dabei entspricht die Darstellung in der Mitte dem beschriebenen Konsumenten K_1, falls er 2 ME kauft, und die Darstellung rechts entspricht dem Konsumenten K_2 beim Kauf einer ME.

Interessant wird es nun, wenn mehrere Konsumenten auftreten. Die Konsumentenrenten addieren sich dann, und man spricht hier von *kumulierten Konsumentenrenten.* Zunächst einmal muss es hier keinerlei Begrenzung geben, wenn sehr viele Konsumenten das Produkt erwerben und den individuellen Zahlungsbereitschaften keine Grenzen gesetzt sind. Im Hinblick auf den folgenden Abschnitt erwähnen wir aber hier bereits, dass der tatsächliche Preis wie auch die Anzahl der insgesamt verkauften Einheiten eines Produkts von Angebot und Nachfrage auf einem Markt herrühren können. In *Bild 3.9* ist beispielsweise eine linear fallende Absatz-Preis-Funktion (eines Unternehmers oder eines Marktes) dargestellt, die die Begrenzung der Konsumentenrente verdeutlicht.

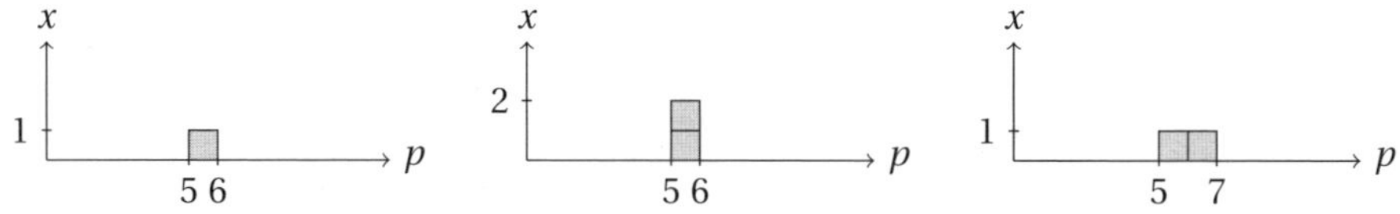

Bild 3.8 Die individuelle Konsumentenrente kann als Fläche dargestellt werden: Bei einer Zahlungsbereitschaft von 6 GE/ME und einem tatsächlichen Preis von 5 GE/ME beträgt die Konsumentenrente 1 GE beim Kauf einer ME (links). Eine Konsumentenrente von 2 GE kann sich dann durch den Kauf von 2 ME bei einer Zahlungsbereitschaft von 6 GE/ME (Mitte) oder auch durch einen Kauf einer ME bei einer Zahlungsbereitschaft von 7 GE/ME (rechts) ergeben.

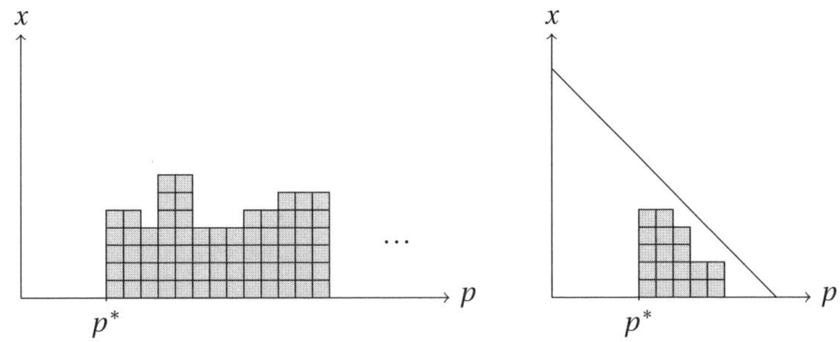

Bild 3.9 Kumulierte Konsumentenrenten bei einem tatsächlichen Preis p^*: Die insgesamt von den Konsumenten eingesparte Konsumentenrente kann theoretisch unendlich sein (links), ist jedoch in der Praxis meistens, etwa durch eine Nachfragefunktion, begrenzt (rechts).

3.3.2 Konsumentenrente und Produzentenrente am Markt

Das Prinzip der individuellen Konsumentenrente soll nun auf die Situation am Markt ausgedehnt werden, die alle Konsumenten erfasst. Dazu betrachten wir erneut auf einem Markt das Zusammenspiel von *Angebotsfunktion* und *Nachfragefunktion*, und zwar zunächst für den einfachen Fall, bei dem die Zusammenhänge linear sind. Es seien also die Angebots-Preis-Funktion durch

$$x_A(p) = 4p - 12$$

und die Nachfrage-Preis-Funktion durch

$$x_N(p) = 30 - 2p$$

gegeben. Beide Funktionen sind in *Bild 3.10* dargestellt. Die beiden Funktionsgraphen treffen sich im Gleichgewichtspunkt (7/16), der bekannterweise die folgende Bedeutung hat: Bei einem Marktpreis von 7 GE/ME ist die angebotene und die nachgefragte Menge gleich groß, nämlich 16 ME.

Nehmen wir nun an, der Markt befinde sich in diesem Gleichgewicht. Wie zuvor überlegt man sich, dass dann auch diejenigen Konsumenten bedient werden, die bereit gewesen wären, *einen höheren Preis als 7 GE/ME zu zahlen.* Die Situation, dass sich der Marktpreis nun bei 7 GE/ME eingependelt hat, wird von diesen Konsumenten besonders vorteilhaft wahrgenommen. Jeder Einzelne von ihnen hat dann eine individuelle Konsumentenrente eingespart, wie wir uns im vorangehenden Abschnitt klargemacht haben. Es soll nun die kumulierte Konsumentenrente berechnet werden, der Betrag also, den alle Konsumenten gemeinsam eingespart haben. Dabei gehen wir aber nun von den ganzen Einheiten (und damit den „Kästchen" in den *Bildern 3.8* und *3.9*) zu einem stetigen Maß für p und x über. Dann geht die Summe der kleinen Kästchen über in die Fläche unter dem Graphen der Nachfragefunktion $x_N(p) = 30 - 2p$, und zwar zwischen den Grenzen 7 und 15. Diese Fläche ist in *Bild 3.10* dunkel markiert.

Die kumulierte Konsumentenrente berechnet sich also hier folgendermaßen:

$$KR = \int_7^{15} (30 - 2p)\,\mathrm{d}p = 64 \text{ GE.}$$

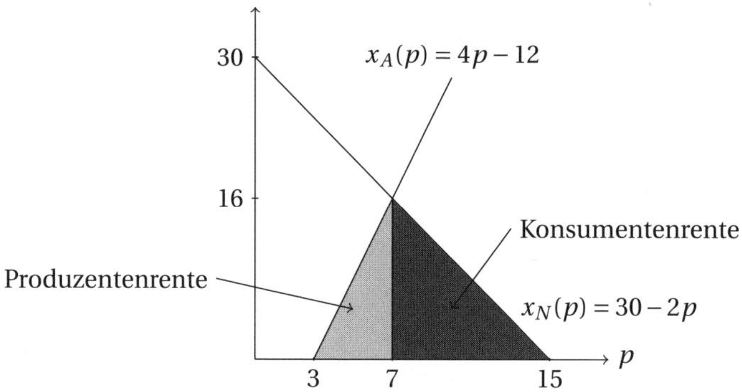

Bild 3.10 Lineare Angebots-Preis-Funktion und Nachfrage-Preis-Funktion auf einem Markt mit Gleichgewichtspunkt (7/16). Die markierten Flächen werden als Konsumenten- und Produzentenrente interpretiert.

Ändern wir nun ein wenig den Standpunkt: Wenn es Konsumenten gibt, denen die Gleichgewichtssituation einen Vorteil verschafft, dann gibt es auch Produzenten, auf die das zutrifft. Es sind dies diejenigen Anbieter, die bereit gewesen wären, *einen niedrigeren Preis als 7 GE/ME zu verlangen.* Auch diese Anbieter schätzen die vorliegende Situation vorteilhaft ein. Den Geldbetrag, den diese Anbieter insgesamt zusätzlich erhalten, nennt man die *Produzentenrente.* Auch diese kann graphisch gedeutet werden; sie entspricht dem Inhalt der Fläche unter dem Graphen der Angebotsfunktion $x_A(p) = 4p - 12$, und zwar zwischen den Grenzen 3 und 7: die hell markierte Fläche in *Bild 3.10.* Konkret ergibt sich für die Produzentenrente:

$$PR = \int_3^7 (4p - 12)\,\mathrm{d}p = 32 \text{ GE}.$$

Halten wir also fest:

Konsumentenrente und Produzentenrente am Markt

Sind auf einem Markt die Angebots-Preis-Funktion $x_A(p)$ und die Nachfrage-Preis-Funktion $x_N(p)$ sowie Gleichgewichtspreis p_G und die Preisunter- bzw. -obergrenze p_u bzw. p_o gegeben, dann berechnen sich die Konsumentenrente und die Produzentenrente folgendermaßen:

$$KR = \int_{p_G}^{p_o} x_N(p)\,\mathrm{d}p \tag{3.18}$$

und

$$PR = \int_{p_u}^{p_G} x_A(p)\,\mathrm{d}p. \tag{3.19}$$

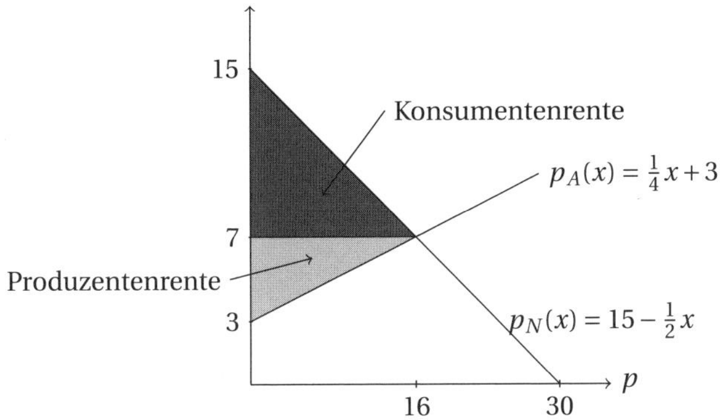

Bild 3.11 Die gleiche Situation wie in *Bild 3.10*, nur mit vertauschten Rollen von p und x

In manchen Büchern werden Konsumenten- und Produzentenrente übrigens über die Umkehrfunktionen eingeführt, also über den Preis in Abhängigkeit von Angebot und Nachfrage. Für unser gerade behandeltes Beispiel lauten die entsprechenden Funktionen

$$p_A(x) = \frac{1}{4}x + 3 \quad \text{bzw.} \quad p_N(x) = 15 - \frac{1}{2}x.$$

Bild 3.11 zeigt die Flächen, die dann entsprechend die Konsumentenrente und die Produzentenrente repräsentieren.

Nicht immer sind die Zusammenhänge zwischen Nachfrage bzw. Angebot und Preis linear, wie folgendes Beispiel zeigt.

Beispiel 3.9

Auf einem Markt seien die Angebots-Preis-Funktion durch

$$x_A(p) = \sqrt{50p - 800}$$

und die Nachfrage-Preis-Funktion durch

$$x_N(p) = 200 - 20\sqrt{p + 16}$$

gegeben. *Bild 3.12* zeigt die Graphen dieser beiden Funktionen. Den Gleichgewichtspunkt (48/40) erhalten wir wieder durch Gleichsetzen der Funktionsterme, und für die Renten sind wiederum die entsprechenden Integrale zu lösen. Es ergeben sich

$$KR = \int_{48}^{84} x_N(p)\,\mathrm{d}p = 693{,}33 \text{ GE} \quad \text{und} \quad PR = \int_{16}^{48} x_A(p)\,\mathrm{d}p = 853{,}33 \text{ GE}.$$

■

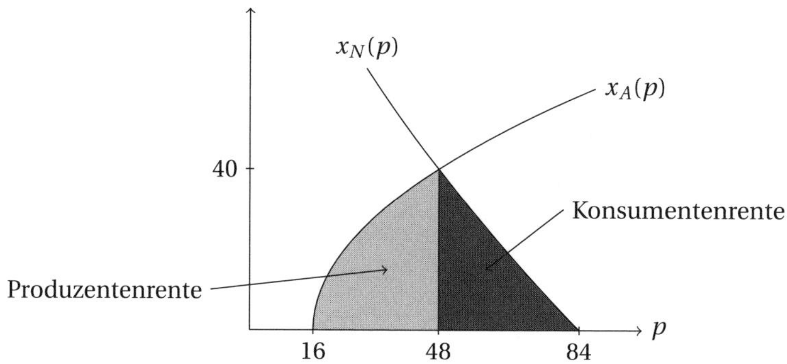

Bild 3.12 Eine zu *Bild 3.10* analoge Situation für den nichtlinearen Fall

3.4 Uneigentliche Integrale

Auch unbegrenzte Flächen können einen begrenzten Flächeninhalt haben. Dieses auf den ersten Blick eher merkwürdig anmutende Phänomen hat erstaunlich viele praktische Anwendungen, vor allem in der Statistik. Durch solche Integrale werden beispielsweise stetige Wahrscheinlichkeitsverteilungen überhaupt erst möglich. Nicht mehr ganz so fremd mag die Tatsache dieser „unendlichen Endlichkeit" wirken, wenn man sich an die Konvergenz mancher Reihen, etwa der geometrischen, erinnert. Hier werden unendlich viele Summanden zu einem endlichen Wert aufsummiert (vgl. (1.16)).

3.4.1 Unbegrenzte Flächen

In *Bild 3.13* ist ein Teil des Graphen der Funktion

$$f(x) = \frac{1}{x^2}$$

dargestellt. Die markierte Fläche ist nach rechts hin unbegrenzt, denn der Funktionsgraph nähert sich der waagerechten Achse beliebig nahe an, erreicht oder schneidet sie aber niemals. Man kann nun etwa mithilfe eines bestimmten Integrals den Inhalt des ersten markierten Teilstücks A_1 berechnen und erhält

$$A_1 = \int_1^2 \frac{1}{x^2}\,\mathrm{d}x = \left[-\frac{1}{x}\right]_1^2 = \frac{1}{2}.$$

Nimmt man das Stück A_2 mit hinzu, ergibt sich

$$A_1 + A_2 = \int_1^3 \frac{1}{x^2}\,\mathrm{d}x = \left[-\frac{1}{x}\right]_1^3 = \frac{2}{3},$$

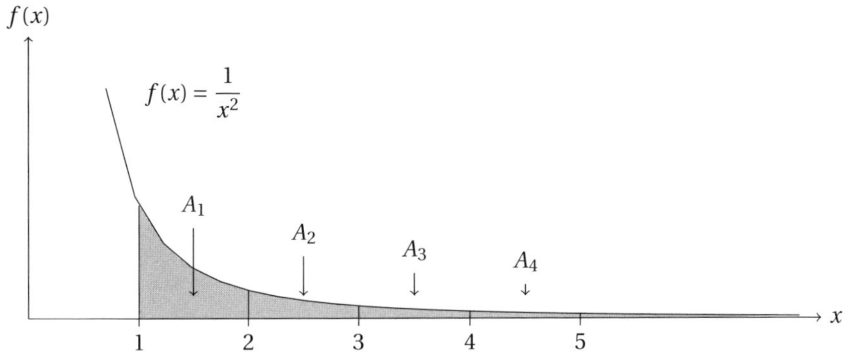

Bild 3.13 Berechnung der (unbegrenzten) Fläche unter dem Funktionsgraphen zu $f(x) = \frac{1}{x^2}$: Die Teilflächen werden immer kleiner und bleiben in der Summe tatsächlich unter einem festen Wert – wovon man sich auch mithilfe eines Taschenrechners überzeugen kann.

und verfährt man so weiter, erhält man

$$A_1 + \ldots + A_n = \int\limits_1^{n+1} \frac{1}{x^2}\,\mathrm{d}x = \left[-\frac{1}{x}\right]_1^{n+1} = \frac{n}{n+1}.$$

Lässt man nun $n \to \infty$ gehen, so bekommt man ein erstaunliches Ergebnis. Für die gesamte Fläche A, die wir als Reihe über die Folge A_n deuten können, ergibt sich nämlich

$$A = \lim_{n\to\infty}(A_1 + \ldots + A_n) = \lim_{n\to\infty}\frac{n}{n+1} = \lim_{n\to\infty}\frac{1}{1+\frac{1}{n}} = 1.$$

Damit konvergiert der Inhalt der unbegrenzten Fläche A also gegen den Wert 1. Die unbegrenzte Fläche hat einen endlichen Wert.

Mithilfe von Grenzwerten kann man also solche Flächen eventuell in den Griff bekommen. Diese Erkenntnis legt die folgende Definition sogenannter *uneigentlicher Integrale* nahe.

Uneigentliche Integrale

Es sei f eine auf ganz $\mathbb{R}$ integrierbare Funktion. Unter *uneigentlichen Integralen* verstehen wir Integrale, bei denen eine oder beide Integrationsgrenzen Richtung unendlich verschonen werden. Man berechnet sie folgendermaßen:

$$\int_a^{\infty} f(x)\,\mathrm{d}x = \lim_{b\to\infty}\int_a^b f(x)\,\mathrm{d}x, \tag{3.20}$$

$$\int_{-\infty}^{b} f(x)\,\mathrm{d}x = \lim_{a\to-\infty}\int_a^b f(x)\,\mathrm{d}x, \tag{3.21}$$

$$\int_{-\infty}^{\infty} f(x)\,\mathrm{d}x = \lim_{b\to\infty}\int_{-\infty}^b f(x)\,\mathrm{d}x = \lim_{a\to-\infty}\int_a^{\infty} f(x)\,\mathrm{d}x,$$

jeweils vorausgesetzt, diese Grenzwerte existieren.

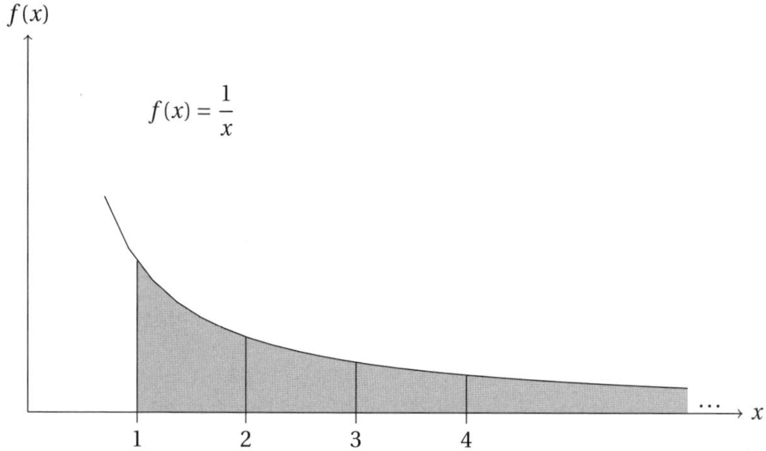

Bild 3.14 Die unbegrenzte Fläche unter dem Funktionsgraphen zu $f(x) = \frac{1}{x}$ sieht auf den ersten Blick ähnlich aus wie die Fläche in *Bild 3.13*. Hier jedoch hat diese Fläche keinen endlichen Wert, sondern ist in der Tat unendlich groß.

Man kann sich jedoch nicht darauf verlassen, dass dieses Phänomen bei vergleichbaren Funktionen immer auftritt, wie folgendes Beispiel zeigt.

Beispiel 3.10

Es soll untersucht werden, ob die von $x = 1$ an nach rechts unbegrenzte Fläche A unter dem Graphen von $f(x) = \frac{1}{x}$ möglicherweise auch einen endlichen Wert hat (vgl. *Bild 3.14*). Da die Funktion in dem betreffenden Bereich positiv ist, versuchen wir, die Fläche mit einem uneigentlichen Integral der Form (3.20) zu berechnen:

$$A = \int_1^{\infty} \frac{1}{x}\,\mathrm{d}x = \lim_{b\to\infty} \int_1^{b} \frac{1}{x}\,\mathrm{d}x = \lim_{b\to\infty} [\ln(x)]_1^b = \lim_{b\to\infty} \ln(b) = \infty$$

Die Logarithmusfunktion geht mit wachsendem Argument gegen unendlich. Damit existiert hier das uneigentliche Integral nicht, und die Fläche A hat keinen endlichen Inhalt. ■

Dieses Ergebnis mag uns nun erstaunen. So ähnlich sich die beiden Funktionsgraphen in *Bild 3.13* und *Bild 3.14* auch qualitativ sind – sie unterscheiden sich in der Hinsicht fundamental, dass nämlich die eine Fläche einen Wert von einer Flächeneinheit hat, während die andere unendlich groß ist. Diese Diskrepanz wird ein wenig einsehbarer, wenn man sich an die Tatsache erinnert, dass die harmonische Reihe divergiert (vgl. (1.19)), also

$$\sum_{n=1}^{\infty} \frac{1}{n} = \infty,$$

während die Reihe über die Kehrwerte der Quadratzahlen konvergiert (vgl. (1.20)):

$$\sum_{n=1}^{\infty} \frac{1}{n^2} = \frac{\pi^2}{6}.$$

Das Flächenphänomen ist nichts anderes als eine stetige Version dieses Reihenphänomens.

Noch eine andere Art von Reihe konvergiert, und zwar die geometrische für den Fall $|q| < 1$. Folgendes Beispiel zeigt, dass es auch hierfür eine stetige Entsprechung gibt.

Beispiel 3.11

Für $a > 1$ gilt

$$\int_0^\infty a^{-x}\,\mathrm{d}x = \lim_{b\to\infty}\int_0^b a^{-x}\,\mathrm{d}x = \lim_{b\to\infty}\left[-\frac{a^{-x}}{\ln(a)}\right]_0^b = \frac{1}{\ln(a)}.$$

Damit hat die Fläche unter dem Graphen der Funktion

$$f(x) = a^{-x} = \frac{1}{a^x}$$

im ersten Quadranten einen endlichen Wert. ■

Als Spezialfall von *Beispiel 3.11* ergibt sich

$$\int_0^\infty \mathrm{e}^{-x}\,\mathrm{d}x = 1. \tag{3.22}$$

Der Funktionsgraph der Kehrwertfunktion der natürlichen Exponentialfunktion schließt also im ersten Quadranten mit der x-Achse eine Fläche mit dem Inhalt 1 ein, eine Tatsache, auf die wir im nächsten Abschnitt bei Wahrscheinlichkeiten wieder treffen werden.

3.4.2 Deutung als Wahrscheinlichkeiten

Eine wichtige Anwendung solcher unbegrenzter Flächen gibt es in der Statistik, und zwar bei der Beschreibung von Wahrscheinlichkeiten durch Integrale. Bei dem hinlänglich bekannten einfachen Zufallsexperiment des einfachen Würfelwurfs, bei dem die Zufallsvariable W die gewürfelte Augenzahl angibt, gibt es nur sechs mögliche Ausgänge mit derselben Wahrscheinlichkeit (sofern es sich um einen fairen Würfel handelt), nämlich $p = \frac{1}{6}$. Einem *Ereignis* wie etwa „höchstens eine Drei" lässt sich über die Summe

$$P(W \geq 3) = P(W = 1) + P(W = 2) + P(W = 3) = \frac{1}{6} + \frac{1}{6} + \frac{1}{6} = \frac{1}{2}$$

ebenfalls eine Wahrscheinlichkeit zuordnen.

Solche übersichtlichen Additionen von Wahrscheinlichkeiten lassen sich auch graphisch darstellen. Der einfache Würfelwurf ist etwa in *Bild 3.15* dargestellt. Hier haben alle Rechtecke den gleichen Flächeninhalt, nämlich $\frac{1}{6}$. Flächen können also als Wahrscheinlichkeiten gedeutet werden. Man muss dabei zwar den kleinen Kunstgriff hinnehmen, dass sich die Wahrscheinlichkeit, eine Drei zu würfeln, in dem gefärbten Rechteck widerspiegelt, dass also $P(W = 3)$ eigentlich als $P(2 < W \leq 3)$ gedeutet wird, aber diese Künstlichkeit ist im Hinblick auf die spätere Deutung mit Integralen durchaus sinnvoll. Die Funktion $\varphi_1(x)$, die in *Bild 3.15* dargestellt ist, nennt man in diesem Zusammenhang die *Dichtefunktion* des Zufallsexperiments „Einfacher Würfelwurf".

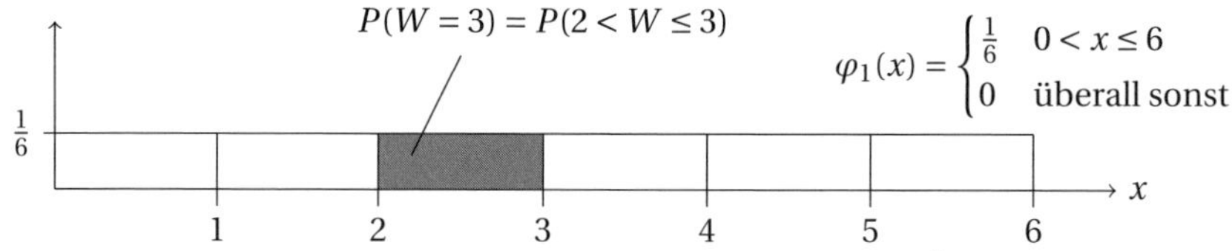

Bild 3.15 Deutung von Wahrscheinlichkeiten als Flächen beim einfachen Würfelwurf: Das Ereignis $W = 3$ wird etwa als $2 < W \leq 3$ gedeutet.

Wird der Würfel mehrfach geworfen und als Zufallsvariable die Augensumme genommen, so erhöht sich die Anzahl der möglichen Ausgänge, und man erhält weitere, etwas komplexere Dichtefunktionen. In *Bild 3.16* ist beispielsweise die Dichtefunktion $\varphi_2(x)$ zum Zufallsexperiment „Zweifacher Würfelwurf" zu sehen. Die Dichtefunktionen $\varphi_1(x)$ und $\varphi_2(x)$ haben folgende Eigenschaften gemeinsam:

- Sie sind überall größer oder gleich null.
- Sie schließen insgesamt mit der x-Achse eine Fläche mit dem Inhalt 1 ein.

In der Tat kann jede Funktion, die diese beiden Eigenschaften besitzt, als Dichtefunktion einer Wahrscheinlichkeitsverteilung aufgefasst werden. Im endlichen Fall ist dabei auch der *Träger der Dichtefunktion*, also der Bereich, über dem die Funktion wirklich positiv ist, immer endlich. Die diskret verteilten einzelnen Ausgänge des Experiments müssen dann stets als Intervall umgedeutet werden. Beim Übergang zu unendlich vielen Einzelergebnissen wird es dann interessant; hier erweist sich die Betrachtung von Intervallen geradezu als notwendig. Den einzelnen Ausgängen kann dann nämlich gar keine von null verschiedene Wahrscheinlichkeit mehr zugeordnet werden, sondern es ist sinnvoll, von der Wahrscheinlichkeit zu reden, dass der Wert einer Zufallsvariable *in ein bestimmtes Intervall fällt.* So gelangt man zu den sogenannten *stetigen Verteilungen,* bei denen auch unendliche Träger zugelassen sind. Als Dichtefunktionen eignen sich dann Funktionen, die eine unbegrenzte, aber endliche Fläche mit der waagerechten Achse einschließen – und wir sind bei uneigentlichen Integralen angekommen.

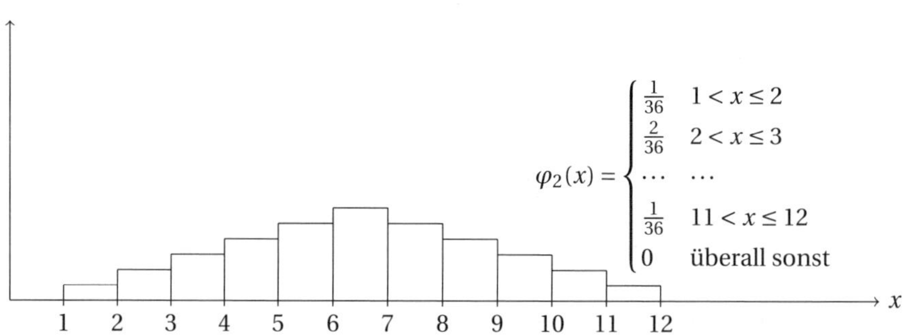

Bild 3.16 Deutung von Wahrscheinlichkeiten als Flächen beim zweifachen Würfelwurf.

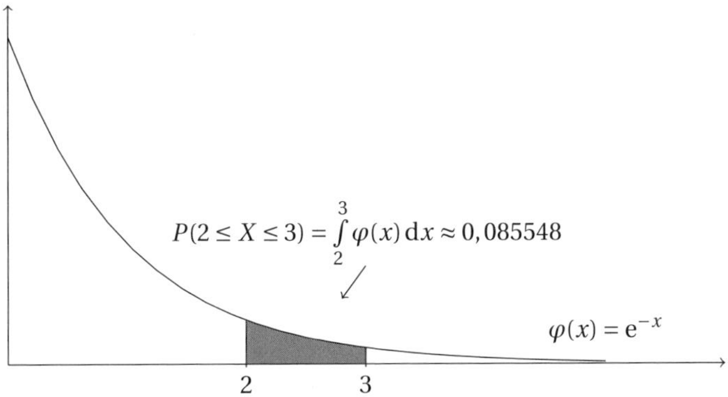

Bild 3.17 Die Dichtefunktion $\varphi(x) = \mathrm{e}^{-x}$ mit dem unendlichem Träger $\mathbb{R}^{\geq 0}$. Der Inhalt der gesamten eingeschlossenen (nach rechts hin unbegrenzten) Fläche ist gleich 1. Der Inhalt der gefärbten Fläche kann als die Wahrscheinlichkeit interpretiert werden, dass die hier repräsentierte Zufallsvariable X einen Wert zwischen 2 und 3 annimmt. Für die Berechnung wird auf das Integral zurückgegriffen.

In *Bild 3.17* ist beispielsweise der Verlauf der Funktion

$$\varphi(x) = \mathrm{e}^{-x} \tag{3.23}$$

im ersten Quadranten dargestellt. Nach (3.22) wird hierfür zwischen Funktionsgraph und x-Achse eine unbegrenzte Fläche mit dem Inhalt 1 eingeschlossen. Damit eignet sich $\varphi(x)$ als Dichtefunktion einer Wahrscheinlichkeitsverteilung. Man nennt die zugehörige Verteilung die *Exponentialverteilung*. In *Bild 3.17* ist die Fläche markiert, die der Wahrscheinlichkeit entspricht, dass der Wert einer exponentialverteilten Zufallsvariablen in das Intervall $[2,3]$ fällt.

3.4.3 Die Exponentialverteilung bei Warteprozessen

Dichtefunktionen von Wahrscheinlichkeitsverteilungen müssen auf ihrem gesamten Definitionsbereich größer oder gleich null sein, und sie müssen mit der x-Achse eine Fläche mit dem Inhalt 1 einschließen. Eine Funktion, die diesen Anforderungen genügt, haben wir mit Gleichung (3.23) schon kennengelernt. Führt man einen Parameter $\lambda > 0$ ein, so gewinnt man mit

$$\varphi(x) = \lambda \cdot \mathrm{e}^{-\lambda x} \qquad (x \geq 0),$$

auf einen Schlag unendlich viele neue hinzu, denn auch hierfür gilt

$$\int_0^\infty \lambda \mathrm{e}^{-\lambda x} \mathrm{d}x = \lim_{b\to\infty} [-\mathrm{e}^{-\lambda x}]_0^b = \lim_{b\to\infty} (-\mathrm{e}^{-\lambda b} + 1) = 1.$$

Erneut können also hier Flächen als Wahrscheinlichkeit interpretiert werden, und der Parameter λ bietet einen gewissen Spielraum. Für den konkreten Fall $\lambda = 0{,}1$ etwa könnte die Zufallsvariable T, die durch die Dichtefunktion

$$\varphi(x) = 0{,}1 \cdot \mathrm{e}^{-0{,}1x} \qquad (x \geq 0),$$

repräsentiert ist, die Wartezeit messen, bis der nächste Kunde ein Geschäft betritt. Dafür, dass dies in den nächsten 10 Minuten geschieht, dass also T zwischen 0 und 10 liegt, ergibt sich

$$P(0 \leq T \leq 10) = \int_0^{10} 0{,}1\mathrm{e}^{-0{,}1x}\mathrm{d}x = [-\mathrm{e}^{-0{,}1x}]_0^{10} = -\mathrm{e}^{-1} + 1 = 0{,}63212...$$

Damit tritt dieses Ereignis also mit einer Wahrscheinlichkeit von etwa 63,21 % in den nächsten zehn Minuten ein.

Übungen zum Kapitel 3

Übung 3.1

Geben Sie zu folgenden Funktionen jeweils eine Stammfunktion an.

1. $f(x) = x^4 - x^2$
2. $f(x) = \sqrt{x}$
3. $f(x) = \frac{1}{2}x^3 - 10x$
4. $f(x) = \sqrt{2x+1}$

Übung 3.2

Bestimmen Sie die Nullstellen von $f(x) = \sqrt{x} - x$. Berechnen Sie anschließend den Inhalt der markierten Fläche.

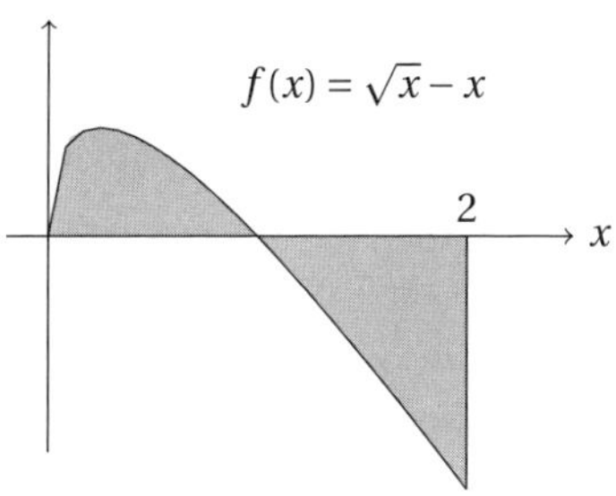

Übung 3.3

Bestimmen Sie die Schnittstellen der Funktionen $f(x) = 4 - x^2$ und $g(x) = x^2$. Bestimmen Sie dann den Inhalt A des Flächenstücks, das die beiden Graphen miteinander einschließen.

Übung 3.4

Es seien folgende Angebots-Preis-Funktion und Nachfrage-Preis-Funktion gegeben:

$$x_A(p) = 2\sqrt{p-5} \qquad \text{und} \qquad x_N(p) = \frac{1}{3}(60 - p).$$

1. Berechnen Sie den Gleichgewichtspunkt G.
2. Skizzieren Sie die Funktionsgraphen von $x_A(p)$ und $x_N(p)$ sowie den Gleichgewichtspunkt. Markieren Sie außerdem die Fläche, die als Produzentenrente interpretiert werden kann.
3. Geben Sie das bestimmte Integral an, mit dem im vorliegenden Fall die Produzentenrente bestimmt werden kann, und berechnen Sie den Wert des Integrals auf drei Dezimalstellen gerundet.

Übung 3.5

Betrachten Sie die Funktion

$$f(x) = \int_0^x t^2 \, \mathrm{d}t.$$

1. Berechnen Sie $f(0)$, $f(1)$ und $f(5)$ und geben Sie $f'(x)$ an.
2. Schreiben Sie die Funktion $g(x) = x^2 - 1$ als Integralfunktion in der Form

   $$g(x) = \int_a^x G(t) \, \mathrm{d}t$$

   für eine geeignete Funktion $G(t)$ und eine geeignete untere Grenze a.

Übung 3.6

Bei einem Produktionsprozess seien folgende Preis-Angebots-Funktion und Preis-Nachfrage-Funktion gegeben:

$$p_A(x) = 2x + 17 \qquad \text{und} \qquad p_N(x) = 41 - 2x.$$

Berechnen Sie den Gleichgewichtspunkt sowie (mit einer Skizze oder auf andere Weise) die Konsumentenrente und die Produzentenrente.

Übung 3.7

Bestimmen Sie das uneigentliche Integral

$$\int_1^\infty x^{-3} \, \mathrm{d}x.$$

Übung 3.8

Die Marktanalyse für ein Produkt ergibt, dass die Nachfrage nach diesem Produkt von 1 ME auf 5 GE steigt, wenn der Stückpreis von 21 GE/ME auf 13 GE/ME fällt. Bei einem Stückpreis von 6 GE/ME wird nur eine und bei einem Stückpreis von 22 GE werden fünf Einheiten des Produkts angeboten.

1. Die Preis-Absatz-Funktion und die Preis-Nachfrage-Funktion sind beide von der Form

   $$p(x) = ax^2 + b.$$

   p(1)=21 p(5)=13 für NF
   p(1)=6 p(5)=22 für AF

   Bestimmen Sie die Funktionsterme beider Funktionen.
2. Bestimmen Sie die Gleichgewichtsmenge und den Gleichgewichtspreis.
3. Ermitteln Sie die Konsumentenrente und die Produzentenrente.
4. Bestimmen Sie die Nachfrageelastizität $\varepsilon_{p_N}(x)$ des Preises.

Übung 3.9

Gegeben seien die beiden Funktionen

$$f(x) = 2^x \qquad \text{und} \qquad g(x) = \frac{3}{2}x + 1.$$

1. Weisen Sie durch Einsetzen von $x_1 = 0$ und $x_2 = 2$ nach, dass dies zwei Schnittstellen sind, und machen Sie sich anhand einer Skizze klar, dass dies auch die beiden einzigen Schnittstellen sind.
2. Berechnen Sie den Inhalt der Fläche, die die beiden Graphen miteinander einschließen.

Übung 3.10

Mithilfe von Integralen können auch Volumina von Körpern berechnet werden, die bei Rotation um die x-Achse entstehen. Rotiert der Graph einer integrierbaren Funktion $f(x)$ zwischen den Grenzen a und b um die x-Achse, so entsteht dabei ein Körper mit dem Volumen

$$V = \pi \cdot \int_a^b f(x)^2 \,\mathrm{d}x.$$

1. Machen Sie sich die Volumenformel plausibel, indem Sie (beispielsweise für den einfachsten Fall einer überall positiven Funktion $f(x)$) den Rotationskörper in kleine Scheiben zerlegen.
2. Berechnen Sie das Volumen des Körpers, der entsteht, wenn der Graph von $f(x) = r$ zwischen $x = 0$ und $x = h$ um die x-Achse rotiert. Um welchen Körper handelt es sich?
3. Berechnen Sie das Volumen des Körpers, der entsteht, wenn der Graph von

   $$f(x) = \frac{r}{h}x$$

   zwischen $x = 0$ und $x = h$ um die x-Achse rotiert. Um welchen Körper handelt es sich?

4 Lineare Algebra

Die Lineare Algebra ist ein wichtiges Teilgebiet der Mathematik, das in seinen modernen Formulierungen etwa 150 Jahre alt ist, dessen Grundideen aber weitaus älter sind. Im Mittelpunkt der linearen Algebra stehen Fragestellungen, die lineare Gleichungen und ihre Lösbarkeit und Lösungsräume betreffen. Wesentlich ist auch die Betrachtung linearer Gleichungssysteme, die in diesem Kapitel ausführlich behandelt werden soll. Ein wichtiges Hilfsmittel für die Behandlung solcher Systeme sind *Matrizen*.

4.1 Lineare Gleichungssysteme

In diesem Abschnitt werden die Grundlagen linearer Gleichungssysteme zusammengestellt, die im Folgenden häufig mit LGS abgekürzt werden. Wir werden sehen, dass die Lösungsmengen linearer Gleichungen, ob in einer oder in mehreren Variablen, einer grundsätzlichen Systematik folgen. In der Regel werden solche LGS mit dem Gauß-Algorithmus gelöst. Ebenso wichtig wie das Lösen eines abstrakten LGS ist aber auch das Modellieren von Problemen, also die mathematische Formulierung einer in Textform gegebenen Fragestellung.

4.1.1 Der Fall einer Variablen

Lineare Gleichungen in einer Variablen sind die einfachsten Gleichungstypen, und sie sind uns auch schon begegnet, etwa beim Umgang mit linearen Kostenfunktionen. In *Beispiel 1.9* war etwa die Gleichung

$$800x + 6.300 = 1.500x$$

zu lösen, die auf die Form

$$700x = 6.300$$

gebracht werden kann. Dies ist der Prototyp einer linearen Gleichung in einer Variablen, und wie sie gelöst wird, ist offensichtlich: mittels Division durch 700. Allgemein hat eine lineare Gleichung in einer Variablen die Form

$$ax = b, \tag{4.1}$$

wobei a und b beliebige reelle Zahlen sind. Gelöst wird die Gleichung mittels Division durch a – sofern dies möglich ist. Bei der *formalen* Lösung, der allgemeinen Lösung einer Gleichung vom Typ (4.1) sind nämlich drei Fälle zu unterscheiden, die uns später auch bei den Gleichungssystemen wieder begegnen werden.

Die drei Fälle der Lösbarkeit von Gleichung (4.1)

1. **Eindeutige Lösbarkeit:** Falls $a \neq 0$, so kann (4.1) durch Division eindeutig nach x aufgelöst werden, und als Lösungsmenge erhält man
$$\mathbb{L} = \left\{ \frac{b}{a} \right\} = \{a^{-1} \cdot b\}.$$
2. **Unlösbarkeit:** Falls $a = 0$ und $b \neq 0$, so gilt
$$\mathbb{L} = \emptyset.$$
3. **Mehrdeutige Lösbarkeit:** Falls $a = b = 0$, so ist die Gleichung $0 \cdot x = 0$ immer richtig, egal, was für x eingesetzt wird: Es ergibt sich also
$$\mathbb{L} = \mathbb{R}.$$

Damit sind lineare Gleichungen in einer Variablen im Prinzip abgehandelt. Ausschließlich diese drei Fälle treten auch bei linearen Gleichungssystemen auf: Die Lösungsmengen bestehen aus einem einzigen, aus keinem oder aus unendlich vielen Elementen.

4.1.2 Der Fall mehrerer Variablen

Die Gleichung (4.1) kann ohne Weiteres auf mehrere Variablen ausgedehnt werden und erhält dann die Form

$$a_1 x_1 + a_2 x_2 + \cdots + a_n x_n = b, \tag{4.2}$$

wobei $a_1, a_2, \ldots, a_n$ und b beliebige reelle Zahlen sind. Will man eine solche Gleichung lösen, also die Werte ermitteln, die man für $x_1, \ldots, x_n$ einsetzen kann, um eine wahre Aussage zu erhalten, stellt man einen fundamentalen Unterschied zur Gleichung (4.1) fest. Durch die erhöhte Zahl an Variablen gewinnt man an „Freiheitsgraden".

Nehmen wir etwa den Fall $n = 2$. Hier hat die Gleichung (4.2) die Form

$$a_1 x_1 + a_2 x_2 = b \tag{4.3}$$

oder auch

$$a_1 x + a_2 y = b,$$

denn die Benennung der Variablen ist völlig unerheblich. An vielen Stellen dieses Buchs werden wir die durchnummerierte Fassung wählen $(x_1, x_2, x_3, \ldots)$, aber bei wenigen Variablen auch andere Versionen $(x, y$ oder $x, y, z)$. Ein Beispiel für eine Gleichung vom Typ (4.3) ist

$$3x_1 - x_2 = 2. \tag{4.4}$$

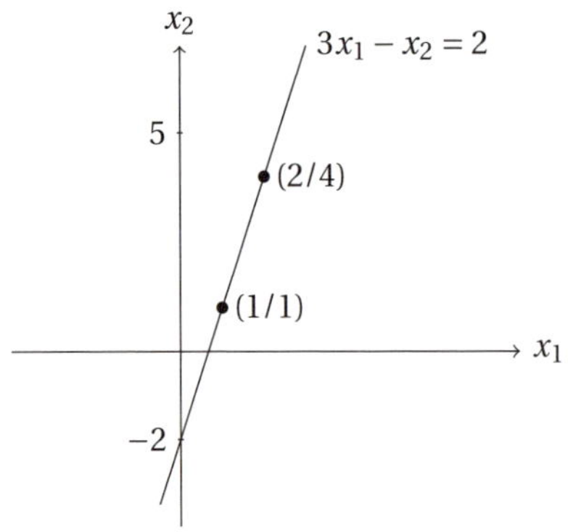

Bild 4.1 Eine lineare Gleichung in zwei Variablen hat unendlich viele Lösungen, nämlich alle Punkte auf der zugehörigen Geraden.

Durch Probieren erhält man einige Lösungen, nämlich $x_1 = x_2 = 1$ oder $x_1 = 2$ und $x_2 = 4$ sowie $x_1 = -1$ und $x_2 = -5$. Man erkennt schnell, dass sich die Liste unendlich fortsetzen lässt. Die Lösungen können in sogenannten *Spaltenvektoren* zusammengefasst werden:

$$x = \begin{pmatrix} 1 \\ 1 \end{pmatrix} \quad \text{oder} \quad x = \begin{pmatrix} 2 \\ 2 \end{pmatrix} \quad \text{oder} \quad x = \begin{pmatrix} -1 \\ -5 \end{pmatrix} \quad \text{oder} \quad \ldots$$

Lösungen linearer Gleichungen in mehr als einer Variablen werden häufig als Spaltenvektoren geschrieben, die mit $\boldsymbol{x}$ bezeichnet werden. Hier ist aber auf Kollisionen zu achten, die mit den Variablenbenennungen entstehen können. Benutzt man nämlich statt x_1, x_2 die Variablen x, y, so ist die Bezeichnung x für die Lösungsvektoren ungeschickt. In dem Fall kann man auf Frakturbuchstaben ($\mathfrak{x}$) oder Pfeile ($\overrightarrow{x}$) zurückgreifen.

Die lineare Gleichung (4.4) hat also unendlich viele Lösungen, von denen jede einzelne einem Punkt auf einer bestimmten Geraden entspricht. Die Gerade ist in *Bild 4.1* zu sehen, zusammen mit den entsprechenden Punkten. Es kann daher die lineare Gleichung (4.4) als Gleichung einer Geraden aufgefasst werden. Eine solche Geradendarstellung nennt man die *Koordinatenform einer Geradengleichung in der Ebene.*

Im ersten Kapitel haben wir auch die Graphen linearer Funktionen als Geraden realisiert. Löst man (4.3) nach x_2 auf, so erhält man in der Tat einen Funktionsterm der Form (1.22), nämlich

$$x_2 = f(x_1) = 3x_1 - 2.$$

Mit $n = 3$ soll noch ein weiterer Fall betrachtet werden. Die Gleichung (4.2) geht dann in die Form

$$a_1x_1 + a_2x_2 + a_3x_3 = b$$

über, beispielsweise

$$4x_1 + 6x_2 - x_3 = 0.$$

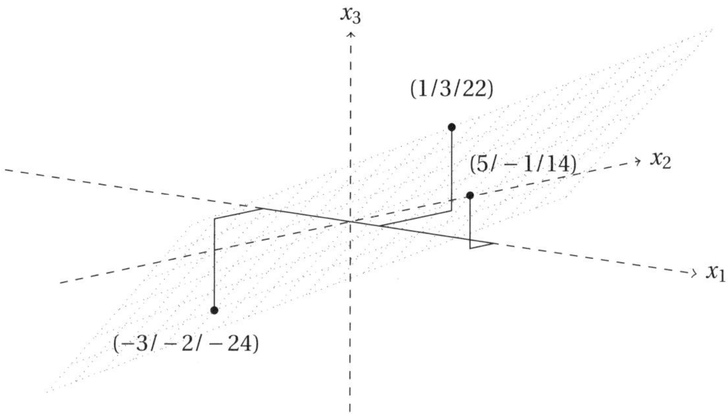

Bild 4.2 Die Ebene mit der Koordinatenform $4x_1 + 6x_2 - x_3 = 0$

Eine solche Gleichung kann nun entsprechend als *Koordinatenform einer Ebenengleichung im Raum* aufgefasst werden und hat demnach ebenfalls unendlich viele Lösungen, die diesmal durch Spaltenvektoren der Länge 3 dargestellt werden können und Punkten mit drei Koordinaten im Raum entsprechen. Einige Punkte, die die Gleichung erfüllen, sind $x_1 = 1$, $x_2 = 3$ und $x_3 = 22$ sowie $x_1 = 5$, $x_2 = -1$ und $x_3 = 14$ oder auch $x_1 = -3$, $x_2 = -2$ und $x_3 = -24$. Auch diese Lösungen können in Vektoren zusammengefasst werden:

$$\boldsymbol{x} = \begin{pmatrix} 1 \\ 3 \\ 22 \end{pmatrix} \quad \text{oder} \quad \boldsymbol{x} = \begin{pmatrix} 5 \\ -1 \\ 14 \end{pmatrix} \quad \text{oder} \quad \boldsymbol{x} = \begin{pmatrix} -3 \\ -2 \\ -24 \end{pmatrix} \quad \text{oder} \ldots$$

Bild 4.2 zeigt einen Ausschnitt aus der unendlich ausgedehnten Ebene mit den drei oben genannten Punkten.

4.1.3 Systeme linearer Gleichungen in mehreren Variablen

Interessanter wird es, wenn mehrere lineare Gleichungen der Form (4.2) simultan betrachtet werden und es um gemeinsame Lösungen geht. Ein solches System linearer Gleichungen für den einfachen Fall zweier Gleichungen in zwei Variablen sieht allgemein so aus:

$$a_{11}x_1 + a_{12}x_2 = b_1$$
$$a_{21}x_1 + a_{22}x_2 = b_2$$

Wahrscheinlich sind Ihnen schon viele Möglichkeiten bekannt, ein solches LGS zu lösen. All diese Möglichkeiten, ob man nun von *Additionsverfahren, Subtraktionsverfahren* oder *Einsetzungsverfahren* spricht, sind Varianten des einen übergeordneten Verfahrens, des *Gauß-Algorithmus*. Dass dieses Verfahren funktioniert, verdankt sich der Tatsache, dass bei Gleichungen gewisse Äquivalenzumformungen erlaubt sind, die die Lösungsmenge nicht verändern:

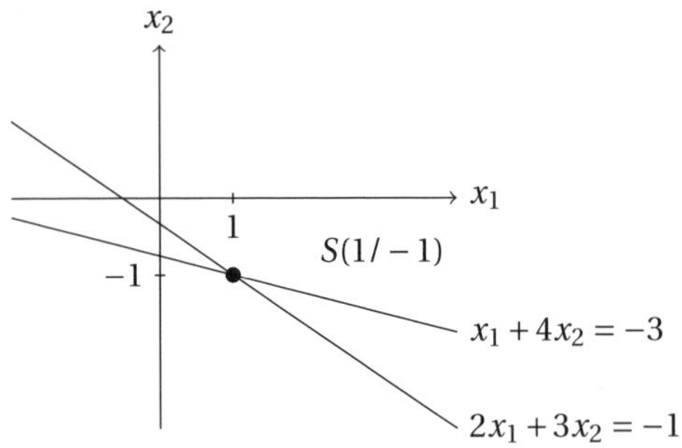

Bild 4.3 Geometrische Deutung des LGS (4.5): Die Komponenten des Lösungsvektors $\boldsymbol{x}$ entsprechen den Koordinaten des Schnittpunktes $(1/-1)$.

Erlaubte Zeilenumformungen bei linearen Gleichungssystemen

- Vertauschen zweier Zeilen
- Multiplikation einer Zeile mit einer Konstanten ungleich Null
- Addition des Vielfachen einer Zeile zu einer zweiten Zeile

Was allerdings *auf keinen Fall* gemacht werden darf, ist die Multiplikation der Einträge zweier Zeilen miteinander. Die Vertauschung zweier Spalten ist zwar grundsätzlich erlaubt, sollte aber ebenfalls vermieden werden, da dies eine Umnummerierung der Variablen notwendig macht.

Beispiel 4.1

Zu lösen ist das LGS

$$\begin{array}{rcrcrl} x_1 & + & 4x_2 & = & -3 & \quad I \\ 2x_1 & + & 3x_2 & = & -1 & \quad II \end{array} \tag{4.5}$$

Man kann nun beispielsweise die Variable x_1 „loswerden", indem man die erste Gleichung mit 2 multipliziert und anschließend von der zweiten subtrahiert. Das ist eine der erlaubten Zeilenumformungen, und man erhält:

$$\begin{array}{rcrcrl} x_1 & + & 4x_2 & = & -3 & \quad I \\ & & -5x_2 & = & 5 & \quad II - 2 \cdot I \end{array}$$

Aus der zweiten Zeile folgt nun sofort $x_2 = -1$, und durch Einsetzen in Gleichung I erhält man $x_1 = 1$. Der Lösungsvektor des LGS ist also

$$\boldsymbol{x} = \begin{pmatrix} 1 \\ -1 \end{pmatrix}.$$

■

Dieses *Eliminieren von Variablen* aus Gleichungen ist die einfache Grundidee des Gauß-Algorithmus und wird dort weiter systematisiert werden. Die Lösung des LGS im *Beispiel 4.1*

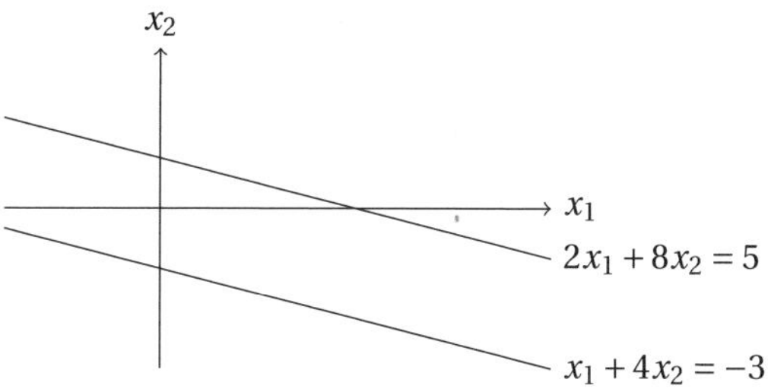

Bild 4.4 Geometrische Deutung des LGS (4.6): Die beiden Gleichungen entsprechen parallelen Geraden, und das System hat keine Lösung.

kann auch geometrisch gedeutet werden. Die beiden linearen Gleichungen entsprechen ja bekannterweise zwei Geraden in der Ebene. Die Lösung kann als der Schnittpunkt $S = (1/-1)$ dieser beiden Geraden interpretiert werden, was *Bild 4.3* verdeutlicht. Eine Variante von *Beispiel 4.1* zeigt, dass auch Unlösbarkeit bei Gleichungssystemen auftreten kann:

Beispiel 4.2

Gesucht sind die Schnittpunkte der beiden durch die Koordinatenformen

$$x_1 + 4x_2 = -3 \quad \text{und} \quad 2x_1 + 8x_2 = -1$$

gegebenen Geraden in der Ebene. Das entsprechende LGS

$$\begin{array}{rcrcrl} x_1 & + & 4x_2 & = & -3 & \quad I \\ 2x_1 & + & 8x_2 & = & -1 & \quad II \end{array} \tag{4.6}$$

wird wie in *Beispiel 4.1* manipuliert, also durch Multiplikation der ersten Gleichung mit 2 und anschließender Subtraktion von der zweiten Zeile:

$$\begin{array}{rcrcrl} x_1 & + & 4x_2 & = & -3 & \quad I \\ & & 0 & = & 5 & \quad II - 2 \cdot I \end{array}$$

Hier ergibt sich ein seltsamer Effekt: Das Eliminieren von x_1 hat das gleichzeitige Verschwinden von x_2 zur Folge. Damit erhalten wir in der zweiten Zeile eine widersprüchliche Aussage, und die Lösungsmenge ist leer:

$$\mathbb{L} = \emptyset.$$

Veranschaulicht ist die Situation in *Bild 4.4*: Die Geraden, die den beiden linearen Gleichungen entsprechen, verlaufen parallel und haben demnach keinen Schnittpunkt. ■

Analog entspricht etwa das Lösen eines Systems dreier Gleichungen in drei Variablen der Suche nach dem Schnittpunkt von drei Ebenen im Raum. Will man bei drei Gleichungen in drei Variablen ähnlich vorgehen wie oben, so leuchtet ein, dass die Rechnungen schnell unübersichtlich werden können. So müssten aus je zwei Gleichungen die gleiche Variable eliminiert werden und aus diesen beiden Gleichungen dann eine weitere. Erhält man auf diese Methode eine eindeutige Lösung, so entspricht diese genau dem Schnittpunkt der drei Ebenen.

4.1.4 Formulierung von LGS mit Matrizen

Bevor weitere Beispiele untersucht werden, auch solche mit mehreren Gleichungen in mehreren Variablen, soll an dieser Stelle zunächst ein gewisser Formalismus eingeführt werden, der später einiges erleichtern wird. Allgemein hat ein *lineares Gleichungssystem aus m Gleichungen in n Variablen* die Form:

$$\begin{aligned} a_{11}x_1 + a_{12}x_2 + \cdots + a_{1n}x_n &= b_1 \\ a_{21}x_1 + a_{22}x_2 + \cdots + a_{2n}x_n &= b_2 \\ \cdots &= \cdots \\ a_{m1}x_1 + a_{m2}x_2 + \cdots + a_{mn}x_n &= b_m. \end{aligned} \tag{4.7}$$

Die Koeffizienten der Variablen sind doppelt indiziert: Die Zahl a_{ij} bezeichnet den Koeffizienten vor x_j in der i-ten Zeile. Auf das Problem der Variablenbenennungen sind wir bereits kurz eingegangen. Tatsächlich ist es so, dass die Namen der Variablen natürlich keine Rolle spielen und daher in gewisser Weise redundant sind. Es bietet sich eine Kurzschreibweise an, die auf die Variablen verzichtet und nur den essenziellen Inhalt eines LGS, eben die Koeffizienten, beinhaltet. Dazu werden diese in einem Schema der Form

$$\boldsymbol{A} = \begin{pmatrix} a_{11} & a_{12} & \cdots & a_{1n} \\ a_{21} & a_{22} & \cdots & a_{2n} \\ \vdots & \vdots & & \vdots \\ a_{m1} & a_{m2} & \cdots & a_{mn} \end{pmatrix} \tag{4.8}$$

zusammengefasst, das man die *Koeffizientenmatrix* des LGS nennt. Diese Matrix hat also m Zeilen und n Spalten. Fasst man auch noch die Zahlen $b_1, \ldots, b_m$ rechts von den Gleichheitszeichen zu einem Spaltenvektor

$$\boldsymbol{b} = \begin{pmatrix} b_1 \\ b_2 \\ \vdots \\ b_m \end{pmatrix}$$

zusammen, so ergibt sich die sogenannte *erweiterte Koeffizientenmatrix*:

$$(\boldsymbol{A}|\boldsymbol{b}) = \left(\begin{array}{cccc|c} a_{11} & a_{12} & \cdots & a_{1n} & b_1 \\ a_{21} & a_{22} & \cdots & a_{2n} & b_2 \\ \vdots & \vdots & & \vdots & \vdots \\ a_{m1} & a_{m2} & \cdots & a_{mn} & b_m \end{array}\right). \tag{4.9}$$

Gleichungssysteme, bei denen auf der rechten Seite nur Nullen stehen, bei denen also $\boldsymbol{b} = 0$ ist, nennt man *homogen*. Andernfalls, also wenn mindestens eine der Zahlen b_i ungleich null ist, nennt man sie *inhomogen*.

Das LGS (4.5) kann nun etwa in der kompakten Form

$$(\boldsymbol{A}|\boldsymbol{b}) = \left(\begin{array}{cc|c} 1 & 4 & -3 \\ 2 & 3 & -1 \end{array}\right)$$

geschrieben werden.

4.2 Der Gauß-Algorithmus

Wir werden den Gauß-Algorithmus „prozessorientiert" einführen und zunächst den speziellen Fall quadratischer Koeffizientenmatrizen betrachten. Danach gehen wir zum allgemeinen Fall über, in dem die Anzahl der Variablen und die Anzahl der Gleichungen nicht übereinstimmen.

4.2.1 Der Fall quadratischer Koeffizientenmatrizen

Die Koeffizientenmatrix (4.8) hat im Allgemeinen m Zeilen und n Spalten. Ein wichtiger Spezialfall soll zuerst betrachtet werden, nämlich der Fall $m = n$. Wir beginnen mit einem konkreten LGS, das das Prinzip des Gauß-Algorithmus verdeutlichen soll, bevor wir uns an die allgemeine Formulierung machen. Zu lösen sei das LGS

$$\left(\begin{array}{rrr|r} 1 & -1 & 1 & 2 \\ -2 & 4 & 2 & 12 \\ 3 & 2 & 1 & 10 \end{array}\right) \quad \begin{array}{l} I \\ II \\ III \end{array} \tag{4.10}$$

Das Eliminieren einer Variablen soll *systematisch* vor sich gehen. Dazu nehmen wir uns zunächst die Variable x_1 vor, die der ersten Spalte der Koeffizientenmatrix entspricht, und eliminieren diese aus zwei der drei Gleichungen. Der wesentliche Punkt ist nun, dass die elementaren Zeilenumformungen natürlich für die Matrizenschreibweise ebenso gelten wie für die Schreibweise in Gleichungsform. So könnte hier etwa Zeile I mit 2 bzw. mit 3 multipliziert werden und dann zu II addiert bzw. von III subtrahiert werden. Damit geht (4.10) in das folgende LGS über:

$$\left(\begin{array}{rrr|r} 1 & -1 & 1 & 2 \\ 0 & 2 & 4 & 16 \\ 0 & 5 & -2 & 4 \end{array}\right) \quad \begin{array}{l} I \\ IV = II + 2\cdot I \\ V = III - 3\cdot I \end{array}$$

Es gibt jetzt nur noch eine Gleichung mit der Variablen x_1, nämlich die erste Zeile. In der ersten Spalte der Matrix steht nun ein sogenannter *Einheitsvektor*, an dessen einer Stelle eine 1 und ansonsten nur Nullen stehen. Solche Einheitsvektoren auch in den anderen Spalten zu erzeugen, wird sich als sinnvoll herausstellen. Versuchen wir es, indem wir die Zeile IV mittels Division durch 2 „normieren" und dann das Fünffache dieser normierten Zeile von V abziehen. Es ergibt sich:

$$\left(\begin{array}{rrr|r} 1 & -1 & 1 & 2 \\ 0 & 1 & 2 & 8 \\ 0 & 0 & -12 & -36 \end{array}\right) \quad \begin{array}{l} I \\ VI = \frac{1}{2}\cdot IV \\ VII = V - 5\cdot VI \end{array}$$

Division durch -12 normiert die dritte Zeile, und es ergibt sich ein bereits sehr angenehmer Zustand des LGS:

$$\left(\begin{array}{rrr|r} 1 & -1 & 1 & 2 \\ 0 & 1 & 2 & 8 \\ 0 & 0 & 1 & 3 \end{array}\right) \quad \begin{array}{l} I \\ VI \\ VIII = -\frac{1}{12}\cdot VII \end{array} \tag{4.11}$$

Auf dem Weg zur Lösung des LGS ist man nun schon ein ganzes Stück vorangekommen. Im Prinzip kann der Gauß-Algorithmus an dieser Stelle bereits abbrechen. Es ist die sogenannte *obere Dreiecksform* der Koeffizientenmatrix erreicht, die für Koeffizientenmatrizen mit ebenso vielen Variablen und Gleichungen folgendermaßen aussieht:

$$\left(\begin{array}{cccccc|c} 1 & * & * & * & \cdots & * & b_1 \\ 0 & 1 & * & * & \cdots & * & b_2 \\ 0 & 0 & 1 & * & \cdots & * & b_3 \\ \vdots & \vdots & \vdots & \vdots & & \vdots & \vdots \\ 0 & 0 & 0 & 0 & \cdots & 1 & b_n \end{array}\right). \tag{4.12}$$

In dieser Matrix stehen auf der Diagonalen Einsen und unterhalb der Diagonalen Nullen. (Analog sagt man, eine Matrix ist in unterer Dreiecksform, falls oberhalb der Diagonalen Nullen stehen.) Bei einem LGS, dessen Koeffizientenmatrix Dreiecksform hat, kann man nach und nach von unten nach oben durch Einsetzen die Lösungen erhalten. In unserem Fall ergibt sich etwa aus Gleichung VIII in (4.11) sofort

$$x_3 = 3$$

und durch Einsetzen in die Gleichung VI

$$x_2 = 2.$$

Setzt man dann $x_3 = 3$ und $x_2 = 2$ abschließend in Gleichung I ein, ergibt sich

$$x_1 = 1.$$

An der Dreiecksform liest man also mehr oder weniger unmittelbar den Lösungsvektor

$$\boldsymbol{x} = \begin{pmatrix} 1 \\ 2 \\ 3 \end{pmatrix}$$

ab. Man kann allerdings auch noch einen Schritt weitergehen und in (4.11) auch die Zahlen oberhalb der Diagonalen in Nullen verwandeln. Da wir die Lösungsmenge bereits bestimmt haben, scheint dies auf den ersten Blick überflüssig zu sein, dient aber einem tieferen strukturellen Verständnis. Wir führen also zwei weitere Schritte durch:

$$\left(\begin{array}{ccc|c} 1 & -1 & 1 & 2 \\ 0 & 1 & 0 & 2 \\ 0 & 0 & 1 & 3 \end{array}\right) \quad \begin{array}{l} I \\ IX = VI - 2 \cdot VIII \\ VIII \end{array}$$

und

$$\left(\begin{array}{ccc|c} 1 & 0 & 0 & 1 \\ 0 & 1 & 0 & 2 \\ 0 & 0 & 1 & 3 \end{array}\right) \quad \begin{array}{l} X = I + IX - VIII \\ IX \\ VIII \end{array} \tag{4.13}$$

Das LGS ist nun mit (4.13) in eine Form übergegangen, die sehr wichtig ist. Zunächst kann aufgrund der speziellen Struktur rechts neben dem Trennstrich unmittelbar der Lösungsvektor abgelesen werden. Zum anderen ist die Koeffizientenmatrix in eine sehr wichtige Matrix übergegangen, die sogenannte *Einheitsmatrix*. Diese Einheitsmatrix, so werden wir uns später noch klarer machen, kann immer dann erreicht werden, wenn das LGS eine eindeutige Lösung hat.

Wir ergänzen noch ein weiteres ausführliches Beispiel mit einem eindeutig lösbaren LGS für den Fall $n = 4$:

Beispiel 4.3

$$\left(\begin{array}{cccc|c} 1 & 1 & 1 & 1 & 9 \\ 2 & -5 & 1 & 2 & 7 \\ -3 & -2 & 3 & 1 & 2 \\ 4 & 0 & -3 & 2 & 2 \end{array}\right) \quad \begin{array}{l} I \\ II \\ III \\ IV \end{array}$$

$$\left(\begin{array}{cccc|c} 1 & 1 & 1 & 1 & 9 \\ 0 & -7 & -1 & 0 & -11 \\ 0 & 1 & 6 & 4 & 29 \\ 0 & -4 & -7 & -2 & -34 \end{array}\right) \quad \begin{array}{l} I \\ V = II - 2 \cdot I \\ VI = III + 3 \cdot I \\ VII = IV - 4 \cdot I \end{array}$$

$$\left(\begin{array}{cccc|c} 1 & 1 & 1 & 1 & 9 \\ 0 & 1 & 6 & 4 & 29 \\ 0 & 0 & 41 & 28 & 192 \\ 0 & 0 & 17 & 14 & 82 \end{array}\right) \quad \begin{array}{l} I \\ VI \\ VIII = V + 7 \cdot VI \\ IX = VII + 4 \cdot VI \end{array}$$

$$\left(\begin{array}{cccc|c} 1 & 1 & 1 & 1 & 9 \\ 0 & 1 & 6 & 4 & 29 \\ 0 & 0 & 1 & \frac{28}{41} & \frac{192}{41} \\ 0 & 0 & 0 & \frac{98}{41} & \frac{98}{41} \end{array}\right) \quad \begin{array}{l} I \\ VI \\ X = \frac{1}{41} \cdot VIII \\ XI = IX - 17 \cdot X \end{array}$$

$$\left(\begin{array}{cccc|c} 1 & 1 & 1 & 1 & 9 \\ 0 & 1 & 6 & 4 & 29 \\ 0 & 0 & 1 & \frac{28}{41} & \frac{192}{41} \\ 0 & 0 & 0 & 1 & 1 \end{array}\right) \quad \begin{array}{l} I \\ VI \\ X \\ XII = \frac{41}{98} \cdot XI \end{array}$$

Das Erreichen der oberen Dreiecksform soll an dieser Stelle genügen, und man erhält durch sukzessives Einsetzen den Lösungsvektor

$$\boldsymbol{x} = \begin{pmatrix} 3 \\ 1 \\ 4 \\ 1 \end{pmatrix}.$$

■

Beispiel 4.3 zeigt, wie aufwändig der Gauß-Algorithmus im Einzelfall sein kann, insbesondere, wenn Rechnungen per Hand durchzuführen sind. In der Praxis wird dies selbstverständlich Programmen überlassen, aber es ist unerlässlich, die hinter dem Verfahren steckende Logik zu verstehen. So ist klar, dass mit einigen weiteren Schritten in *Beispiel 4.3* die Form

$$\left(\begin{array}{cccc|c} 1 & 0 & 0 & 0 & 3 \\ 0 & 1 & 0 & 0 & 1 \\ 0 & 0 & 1 & 0 & 4 \\ 0 & 0 & 0 & 1 & 1 \end{array}\right)$$

erreicht werden kann, also wieder eine Form, bei der die Koeffizientenmatrix in die Einheitsmatrix übergegangen ist.

4.2.2 Die drei Fälle der Lösbarkeit

Damit ein LGS eine eindeutige Lösung besitzt, scheint es erforderlich zu sein, dass ebenso viele Gleichungen wie Variablen vorkommen. Das stimmt zwar im Prinzip, man muss es aber richtig verstehen. Es sind Fälle denkbar, in denen zwar n Gleichungen in n Variablen auf dem Papier stehen, aber einige der Gleichungen sich womöglich widersprechen oder auch aufheben.

Betrachten wir dazu drei einfache Beispiele für den quadratischen Fall $n = 2$. Wir lösen die drei LGS simultan:

$$(a)\left(\begin{array}{cc|c} 1 & -1 & 2 \\ 2 & -1 & 5 \end{array}\right) \quad (b)\left(\begin{array}{cc|c} 1 & -1 & 2 \\ 2 & -2 & 5 \end{array}\right) \quad (c)\left(\begin{array}{cc|c} 1 & -1 & 2 \\ 2 & -2 & 4 \end{array}\right) \quad \begin{array}{l} I \\ II \end{array}$$

$$(a)\left(\begin{array}{cc|c} 1 & -1 & 2 \\ 0 & 1 & 1 \end{array}\right) \quad (b)\left(\begin{array}{cc|c} 1 & -1 & 2 \\ 0 & 0 & 1 \end{array}\right) \quad (c)\left(\begin{array}{cc|c} 1 & -1 & 2 \\ 0 & 0 & 0 \end{array}\right) \quad \begin{array}{l} I \\ III = II - 2 \cdot I \end{array}$$

Die Änderungen in den Einträgen der Matrizen sind marginal, haben aber großen Einfluss auf die Lösbarkeit. Man erkennt exakt die drei Fälle wieder, die es im Fall einer linearen Gleichung in einer Variablen gibt.

1. **Eindeutige Lösbarkeit:** Das LGS (a) wird durch die Zeilenumformungen in obere Dreiecksform überführt, sodass sich hier eine eindeutige Lösung ergibt. Die letzte Zeile ergibt $x_2 = 1$, und durch Einsetzen in I erhält man $x_1 = 3$.
2. **Unlösbarkeit:** In LGS (b) ergibt sich durch die Zeilenumformungen mit III eine Zeile, die die widersprüchliche Aussage $0x_1 + 0x_2 = 1$, also letztendlich $0 = 1$ enthält. Daher ist die Lösungsmenge hier leer:

   $$\mathbb{L} = \emptyset.$$

3. **Mehrdeutige Lösbarkeit:** In LGS (c) ergibt sich durch die Zeilenumformungen mit II eine komplette Nullzeile: $0 = 0$, eine wahre Aussage, die überhaupt nicht von x_1 und x_2 abhängt. Daran erkennt man, dass beispielsweise für x_2 jede beliebige reelle Zahl eingesetzt werden

kann. Man schreibt $x_2 = t$, um dies auszudrücken, und nennt t dann einen *freien Parameter*. Aus der ersten Zeile ergibt sich dann $x_1 = t + 2$, und als Lösungsmenge ergibt sich

$$\begin{aligned}\mathbb{L} &= \left\{ \begin{pmatrix} t+2 \\ t \end{pmatrix} \mid t \in \mathbb{R} \right\} \\ &= \left\{ \begin{pmatrix} 2 \\ 0 \end{pmatrix} + t \begin{pmatrix} 1 \\ 1 \end{pmatrix} \mid t \in \mathbb{R} \right\} \\ &= \begin{pmatrix} 2 \\ 0 \end{pmatrix} + \mathbb{R} \begin{pmatrix} 1 \\ 1 \end{pmatrix}.\end{aligned} \tag{4.14}$$

Die Darstellungen in (4.14) sind nur unterschiedliche Schreibweisen für die sogenannte *Parameterdarstellung* der Geraden mit der Koordinatenform

$$x_1 - x_2 = 2.$$

Die drei Fälle haben außerdem jeder eine entsprechende geometrische Bedeutung:

1. **Eindeutige Lösbarkeit:** Dies entspricht dem Fall zweier nicht paralleler Geraden in der Ebene. Der eindeutige Lösungsvektor entspricht dem eindeutig bestimmten Schnittpunkt.
2. **Unlösbarkeit:** Dies entspricht dem Fall zweier echt paralleler Geraden in der Ebene, also Geraden mit einem positiven Abstand.
3. **Mehrdeutige Lösbarkeit:** Dies entspricht dem Fall zweier identischer Geraden in der Ebene.

4.2.3 Der Fall beliebiger Koeffizientenmatrizen

Wie sieht es mit der Lösungsmenge im allgemeinen Fall aus, also falls die Anzahl der Gleichungen und der Variablen nicht unbedingt übereinstimmt? Wenn mehr Gleichungen als Variablen auftreten oder umgekehrt, so kann die Koeffizientenmatrix ganz sicher nicht auf obere Dreiecksform oder gar auf die Form der Einheitsmatrix gebracht werden. Man darf dann auch keine eindeutige Lösung mehr erwarten. Was man zumindest erreichen kann, ist aber eine andere spezielle Form, die sogenannte *Zeilen-Stufen-Form*. Darunter versteht man eine Form, in der die Koeffizientenmatrix zumindest eine „verzerrte“ Diagonale mit Einsen enthält, unter der sich Nullen und über der sich beliebige Werte befinden. Einige Beispiele hierfür sind

$$\left(\begin{array}{ccccc|c} 1 & * & * & * & * & * \\ 0 & 1 & * & * & * & * \\ 0 & 0 & 0 & 1 & * & * \\ 0 & 0 & 0 & 0 & 1 & * \end{array}\right)$$

oder

$$\left(\begin{array}{ccc|c} 1 & * & * & * \\ 0 & 1 & * & * \\ 0 & 0 & 1 & * \\ 0 & 0 & 0 & * \end{array}\right)$$

oder auch

$$\left(\begin{array}{cccccccc|c} 0 & 1 & * & * & * & * & * & * & * \\ 0 & 0 & 0 & 1 & * & * & * & * & * \\ 0 & 0 & 0 & 0 & 1 & * & * & * & * \end{array}\right).$$

Die Art und Weise der „Verzerrung“ in der Koeffizientenmatrix hat dann, wie wir bald sehen werden, einen Einfluss auf die Beschaffenheit der Lösungsmenge des LGS. Wir betrachten ein konkretes Beispiel: Die erweiterte Koeffizientenmatrix

$$\left(\begin{array}{ccccc|c} 2 & 4 & -2 & 0 & 6 & 4 \\ 3 & 5 & -5 & 1 & 5 & 7 \\ 2 & 5 & 0 & 0 & 9 & 6 \\ 2 & 1 & -8 & 4 & -5 & 6 \end{array}\right) \quad \begin{array}{l} I \\ II \\ III \\ IV \end{array}$$

wird durch elementare Umformungen in folgender Weise manipuliert:

$$\left(\begin{array}{ccccc|c} 1 & 2 & -1 & 0 & 3 & 2 \\ 0 & -1 & -2 & 1 & -4 & 1 \\ 0 & 1 & 2 & 0 & 3 & 2 \\ 0 & -3 & -6 & 4 & -11 & 2 \end{array}\right) \quad \begin{array}{lcl} V & = & \frac{1}{2}\cdot I \\ VI & = & II-3\cdot V \\ VII & = & III-I \\ VIII & = & IV-I \end{array}$$

$$\left(\begin{array}{ccccc|c} 1 & 2 & -1 & 0 & 3 & 2 \\ 0 & 1 & 2 & 0 & 3 & 2 \\ 0 & 0 & 0 & 1 & -1 & 3 \\ 0 & 0 & 0 & 4 & -2 & 8 \end{array}\right) \quad \begin{array}{lcl} V & & \\ VII & & \\ IX & = & VI+VII \\ X & = & VIII+3\cdot VII \end{array}$$

$$\left(\begin{array}{ccccc|c} 1 & 2 & -1 & 0 & 3 & 2 \\ 0 & 1 & 2 & 0 & 3 & 2 \\ 0 & 0 & 0 & 1 & -1 & 3 \\ 0 & 0 & 0 & 0 & 1 & -2 \end{array}\right) \quad \begin{array}{lcl} V & & \\ VII & & \\ IX & & \\ XI & = & \frac{1}{2}\cdot(X-4\cdot IX) \end{array} \tag{4.15}$$

Man sieht die verzerrte Linie mit den Einsen: Zwischen der zweiten und dritten Zeile gibt es einen „Sprung“. Dabei geschieht etwas sehr Wichtiges, was sich bei der Bestimmung der Lösungen bemerkbar macht. Geht man wie im quadratischen Fall vor und bestimmt die Lösungen, so ergeben sich problemlos

$$x_5 = -2 \quad \text{und} \quad x_4 = 1.$$

Betrachtet man nun die zweite Zeile, so kommen plötzlich Informationen über x_3 *und* über x_2 hinzu. In einer Gleichung treten somit zwei neue Variablen auf. Dies wird gehandhabt wie im oben beschriebenen Fall der Nullzeile: Die Variable x_3 wird auf einen freien Parameter t gesetzt. Plausibel gemacht werden kann dies, indem man in dem LGS in der Form (4.15) eine gedachte Nullzeile ergänzt:

$$\left(\begin{array}{ccccc|c} 1 & 2 & -1 & 0 & 3 & 2 \\ 0 & 1 & 2 & 0 & 3 & 2 \\ 0 & 0 & \boxed{0} & 0 & 0 & 0 \\ 0 & 0 & 0 & 1 & -1 & 3 \\ 0 & 0 & 0 & 0 & 1 & -2 \end{array}\right)$$

An der gekennzeichneten Stelle „fehlt" eine Eins. Das bedeutet, dass x_3 nicht eindeutig bestimmt werden kann, was eine Parameterwahl erforderlich macht. Setzt man $x_3 = t$, so ergibt sich

$$x_2 = 2 - 2x_3 - 3x_5 = 8 - 2t$$

und aus der obersten Zeile schließlich

$$x_1 = 2 - 2x_2 + x_3 - 3x_5 = 5t - 8.$$

Die Lösungsmenge ist damit

$$\mathbb{L} = \left\{ \begin{pmatrix} 5t-8 \\ 8-2t \\ t \\ 1 \\ -2 \end{pmatrix} \mid t \in \mathbb{R} \right\} = \left\{ \begin{pmatrix} -8 \\ 8 \\ 0 \\ 1 \\ -2 \end{pmatrix} + t \begin{pmatrix} 5 \\ -2 \\ 1 \\ 0 \\ 0 \end{pmatrix} \mid t \in \mathbb{R} \right\}.$$

4.2.4 Der Gauß-Algorithmus in der Übersicht

Wir können nun den Gauß-Algorithmus in der folgenden Weise formulieren.

Gaußscher Eliminationsalgorithmus

Um ein LGS der Form $(\boldsymbol{A}|\boldsymbol{b})$ mit beliebigem Format von $\boldsymbol{A}$ zu lösen, sind folgende Schritte zu unternehmen:

- Bringe das LGS durch elementare Zeilenumformungen auf Zeilen-Stufen-Form.
- Gehe von unten nach oben vor und lies die Werte für die Variablen x_i ab.
- Wähle bei jeder „Sprungstelle", die sich durch die Verzerrung der Einserlinie ergibt, pro zusätzlicher Variablen einen neuen freien Parameter.
- Die Anzahl der freien Parameter ist die *Dimension der Lösungsmenge des LGS.*

Der im letzten Punkt angesprochene Dimensionsbegriff stimmt mit unserem anschaulichen Dimensionsbegriff überein: Eine Lösungsmenge mit einem Parameter bei zwei Variablen entspricht einer Geraden in der Ebene, eine Lösungsmenge mit einem Parameter bei drei Variablen entspricht einer Geraden im Raum, eine Lösungsmenge mit zwei Parametern bei drei Variablen entspricht einer Ebene im Raum etc. Auch mehrere freie Parameter sind möglich:

Beispiel 4.4

Das LGS

$$\left(\begin{array}{cccc|c} 1 & -1 & 1 & 2 & 7 \\ -2 & 2 & -1 & -2 & -10 \end{array} \right)$$

hat die in einem Schritt erreichbare Zeilen-Stufen-Form

$$\left(\begin{array}{cccc|c} 1 & -1 & 1 & 2 & 7 \\ 0 & 0 & 1 & 2 & 4 \end{array} \right),$$

an der wir die Lösung folgendermaßen ablesen: In der letzten Zeile steht $x_3 + 2x_4 = 4$, das ermöglicht uns die freie Wahl einer Variablen, etwa $x_4 = t$ und damit $x_3 = 4 - 2t$. Zur ersten Zeile hin haben wir dann eine Sprungstelle (mehr als eine Variable kommt hinzu, nämlich x_2 und x_1); daraus ergibt sich noch einmal eine frei wählbare Variable, etwa $x_2 = s$ und durch Einsetzen $x_1 = s + 3$.

Wir erhalten damit als (zweidimensionale) Lösungsmenge

$$\mathbb{L} = \left\{ \begin{pmatrix} s+3 \\ s \\ 4-2t \\ t \end{pmatrix} \,\middle|\, t, s \in \mathbb{R} \right\} = \left\{ \begin{pmatrix} 3 \\ 0 \\ 4 \\ 0 \end{pmatrix} + t \begin{pmatrix} 0 \\ 0 \\ -2 \\ 1 \end{pmatrix} + s \begin{pmatrix} 1 \\ 1 \\ 0 \\ 0 \end{pmatrix} \,\middle|\, t, s \in \mathbb{R} \right\},$$

die man als „Ebene" im $\mathbb{R}^4$ interpretieren könnte. ■

Beispiel 4.5

Das LGS

$$\left(\begin{array}{cc|c} 1 & 2 & -1 \\ 3 & 7 & 0 \\ 2 & 3 & -2 \end{array} \right)$$

kann durch Subtraktion des Dreifachen der ersten von der zweiten sowie durch Subtraktion des Doppelten der ersten von der dritten Zeile auf die Form

$$\left(\begin{array}{cc|c} 1 & 2 & -1 \\ 0 & 1 & 3 \\ 0 & -1 & 0 \end{array} \right)$$

gebracht werden. Hieraus ergibt sich etwa die Zeilen-Stufen-Form

$$\left(\begin{array}{cc|c} 1 & 2 & -1 \\ 0 & 1 & 3 \\ 0 & 0 & 3 \end{array} \right),$$

und man erhält $\mathbb{L} = \emptyset$. ■

Die *Beispiele 4.4* und *4.5* zeigen eine Tendenz: Sogenannte *unterbestimmte Gleichungssysteme* mit weniger Gleichungen als Variablen neigen eher dazu, große Lösungsmengen zu haben. Das ist plausibel, weil die Bedingungen die Lösungen nicht zu sehr einschränken und noch Freiheit lassen. Diese äußert sich dann in den freien Parametern. Ist dagegen die Zahl der Gleichungen im Verhältnis zur Zahl der Variablen eher groß, das Gleichungssystem also *überbestimmt*, so wird die Lösungsmenge eher klein, unter Umständen sogar leer sein.

4.3 Anwendungen des Gauß-Algorithmus in der Praxis

Lineare Gleichungssysteme sind mathematische Modelle, die in der Praxis besonders häufig auftreten. Dabei können teilweise sehr viele Variablen und auch sehr viele Gleichungen auftreten. Durch den Gauß-Algorithmus sind diese sehr gut zu handhaben, werden aber dann selbstverständlich nicht mit der Hand, sondern mit entsprechender Software gelöst. Dabei sind Computeralgebrasysteme sehr wichtig. Das Rechnen tritt also in gewisser Weise für den Anwender in den Hintergrund; um so wichtiger aber werden die beiden Schritte, die die Lösung „einrahmen“: Bevor der Rechenprozess gestartet werden kann, muss das Problem in eine Form gebracht werden, die für einen Rechner verständlich ist – der Schritt der Modellierung. Nach der Rechnung, und dies ist gerade im Fall mehrdeutiger Lösbarkeit wichtig, muss das erhaltene Ergebnis wieder im Rahmen des Problems interpretiert und bewertet werden. Ist die Lösung sinnvoll? Oder genauer: Sind wirklich alle unendlich vielen Lösungen auch Lösungen im Sinne der ursprünglichen Aufgabenstellung? Oder muss der Lösungsraum eingeschränkt werden? Welche Parameter sind relevant? Mit diesen Fragen beschäftigen wir uns in diesem Abschnitt.

4.3.1 Probleme mit eindeutiger Lösbarkeit

Wie aus der Theorie nun bekannt ist, setzt die eindeutige Lösbarkeit eines linearen Gleichungssystems voraus, dass es ebenso viele echte und unabhängige Bedingungen wie Variablen gibt. Eines der klassischen Probleme dieser Art darf hier nicht fehlen:

Nehmen wir an, drei Maurer (A, B und C) sollen eine Mauer fertigstellen. Es ist bekannt, dass A und B dafür zusammen 12 Tage, B und C 20 Tage und A und C 15 Tage benötigen. Es stellt sich nun die Frage, wie viele Tage jeder der drei allein und wie viele Tage alle drei zusammen benötigen würden. So wie es gestellt ist, sieht man klar, dass das Problem eine eindeutige Lösung besitzen kann: drei Variablen und drei Informationen.

Ein möglicher Lösungsansatz ist der folgende: Man bezeichnet mit x_A (bzw. x_B bzw. x_C) die Anzahl der Mauern, die A (bzw. B bzw. C) *pro Tag* fertigstellen kann. Dann kann die Tatsache, dass A und B für eine Mauer zusammen 12 Tage benötigen, durch die Gleichung

$$x_A + x_B = \frac{1}{12}$$

ausgedrückt werden. Für das gesamte LGS ergibt sich:

$$\left(\begin{array}{ccc|c} 1 & 1 & 0 & \frac{1}{12} \\ 0 & 1 & 1 & \frac{1}{20} \\ 1 & 0 & 1 & \frac{1}{15} \end{array}\right) \quad \begin{array}{c} I \\ II \\ III \end{array}$$

Eine einzige Zeilenumformung bringt das System auf obere Dreiecksform. Man erhält

$$\left(\begin{array}{ccc|c} 1 & 1 & 0 & \frac{1}{12} \\ 0 & 1 & 1 & \frac{1}{20} \\ 0 & 0 & 2 & \frac{1}{30} \end{array}\right) \qquad \begin{array}{l} I \\ II \\ IV = III - I + II \end{array}$$

und liest die Lösungen ab:

$$x_A = \frac{1}{20}, \qquad x_B = \frac{1}{30}, \qquad x_C = \frac{1}{60}.$$

Also braucht A für eine Mauer allein 20 Tage, B allein 30 Tage und C allein 60 Tage. Wegen

$$x_A + x_B + x_C = \frac{1}{10}$$

erhält man außerdem die Information, dass alle drei zusammen für eine Mauer zehn Tage benötigen.

Wichtig ist noch folgende Anmerkung: Das Ergebnis sieht mit seinen ganzen Zahlen sehr schön aus. Falls aber nur eine Information geändert wird, etwa die, dass A und C gemeinsam 16 Tage für eine Mauer benötigen, ergibt sich die Lösung

$$x_A = \frac{23}{480}, \qquad x_B = \frac{17}{480}, \qquad x_C = \frac{7}{480},$$

nach der A für eine Mauer allein gerundet $20{,}8696$ Tage, B allein $28{,}2353$ Tage und C allein $68{,}5714$ Tage benötigt. Hier muss man sich dann auf eine Interpretation dieser Werte einigen.

Beispiel 4.6

Für die beiden Vorlesungen *Wirtschaftsmathematik* und *Finanzmathematik* soll jeweils ein Skript erstellt werden. Dafür sind jeweils Denk- und Schreibarbeit erforderlich, und zwar pro Seite des Wirtschaftsmathematik-Skripts 45 Minuten Denk- und 20 Minuten Schreibarbeit sowie pro Seite des Finanzmathematik-Skripts 20 Minuten Denk- und 30 Minuten Schreibarbeit. Es gibt hierfür 5.700 Minuten Denk- und 3.800 Minuten Schreib-Ressourcen. Bezeichnen die beiden Variablen x_W bzw. x_F die Seitenanzahl des Wirtschaftsmathematik- bzw. des Finanzmathematik-Skripts, dann lassen sich die Textinformationen in die beiden Gleichungen

$$45x_W + 20x_F = 5.700 \qquad \text{(Denkarbeit)}$$

und

$$20x_W + 30x_F = 3.800 \qquad \text{(Schreibarbeit)}$$

übersetzen. Das resultierende LGS lautet in Matrizenform

$$\left(\begin{array}{cc|c} 45 & 20 & 5.700 \\ 20 & 30 & 3.800 \end{array}\right).$$

Die konkrete Lösung überlasssen wir den Leserinnen und Lesern. Es ergibt sich $x_W = 100$ und $x_F = 60$, sodass also das Wirtschaftsmathematik-Skript 100 und das Finanzmathematik-Skript 60 Seiten umfasst. ■

4.3.2 Probleme mit mehrdeutiger Lösbarkeit

Häufig gibt es in der Praxis zwar gewisse Rahmenbedingungen, aber nicht ausreichend viele, um eine eindeutige Lösung zu implizieren. Dann können Parameter in der Lösungsmenge auftreten. In den wenigsten Fällen werden die Parameter allerdings die gesamten reellen Zahlen durchlaufen können, sondern es muss je nach Problemstellung ein sinnvoller Bereich für sie bestimmt werden. So kann es sein, dass aus den theoretisch unendlich vielen Lösungen eines unterbestimmten Gleichungssystems am Ende nur endlich viele, häufig sehr wenige, übrig bleiben. Die beiden folgenden Beispiele sollen das verdeutlichen.

Beispiel 4.7 Transportproblem

Eine Hilfsorganisation will einen Transport in ein Katastrophengebiet organisieren. Es werden hierfür 38 Sitzplätze für die Hilfsmannschaft, 540 m^2 Stellfläche für Geräte und 3.100 m^3 Kühlraum für Nahrungsmittel benötigt. Von den vier verschiedenen Flugzeugtypen liegen die in der folgenden Tabelle zusammengefassten Kapazitäten vor:

Flugzeugtyp	Sitzplätze	Stellfläche in m^2	Kühlraum in m^3
A	2	0	80
B	0	20	40
C	6	100	540
D	16	220	1.280

Wie kann eine Flugzeugflotte aussehen, die diese Kapazitäten exakt erfüllt? Bei der Lösung dieses Problems kommen vier Variablen vor, nämlich die Anzahl der Flugzeuge jedes einzelnen Typs. Wir bezeichnen die Anzahl der Flugzeuge vom Typ A mit x_A, die Anzahl der Flugzeuge vom Typ B mit x_B usw. Mit diesen vier Variablen können nun drei Gleichungen formuliert werden, für die man die Informationen aus der Tabelle und aus dem Text erhält. Beispielsweise soll es 38 Sitzplätze geben, was der Gleichung

$$2x_A + 0x_B + 6x_C + 16x_D = 38.$$

entspricht. Die Koeffizienten dieser Gleichung sind die Einträge in der Spalte für die Sitzplätze. Man verfährt ebenso mit den beiden anderen Spalten der Tabelle und erhält insgesamt folgendes LGS in Matrixform:

$$\left(\begin{array}{cccc|c} 2 & 0 & 6 & 16 & 38 \\ 0 & 20 & 100 & 220 & 540 \\ 80 & 40 & 540 & 1.280 & 3.100 \end{array}\right).$$

Das LGS ist unterbestimmt: Es gibt eine Gleichung zu wenig, als dass es eindeutig gelöst werden könnte. Mit dem Gauß-Algorithmus wird es auf Zeilen-Stufen-Form gebracht:

$$\left(\begin{array}{cccc|c} 1 & 0 & 3 & 8 & 19 \\ 0 & 1 & 5 & 11 & 27 \\ 0 & 0 & 1 & 2 & 5 \end{array}\right).$$

Für die Lösungsmenge gilt dann:

$$\mathbb{L} = \left\{ \begin{pmatrix} 4-2t \\ 2-t \\ 5-2t \\ t \end{pmatrix} \mid t \in \mathbb{R} \right\}. \tag{4.16}$$

Es war wegen der Unterbestimmtheit klar, dass man unendlich viele Lösungen erhält, die nun jedoch mit dem Blick auf die Praxis begutachtet werden müssen. Die Einschränkungen des Problems führen zu einer Reduktion der möglichen Lösungen, denn es ergeben sich einerseits die vier Ungleichungen

$$\begin{aligned} 4-2t &\geq 0, \\ 2-t &\geq 0, \\ 5-2t &\geq 0, \\ t &\geq 0, \end{aligned} \tag{4.17}$$

denn die Anzahlen der Flugzeuge können nicht negativ werden. Die Ungleichungen (4.17) können durch

$$0 \leq t \leq 2$$

zusammgefasst werden. Damit ist die völlige Beliebigkeit des Parameters t schon verschwunden. Er kann nur noch aus dem kleinen Intervall $[0, 2]$ gewählt werden. Nun kann das Problem außerdem natürlich nur ganzzahlige Lösungen haben, was die Lösungsmenge weiter reduziert, nämlich auf ganze drei Fälle, die jeweils zu ganz konkreten Lösungsvektoren gehören. Man erhält sie durch Einsetzen der drei Parameterwerte in (4.16):

$$t = 0 \Rightarrow \boldsymbol{x} = \begin{pmatrix} 4 \\ 2 \\ 5 \\ 0 \end{pmatrix}, \qquad t = 1 \Rightarrow \boldsymbol{x} = \begin{pmatrix} 2 \\ 1 \\ 3 \\ 1 \end{pmatrix}, \qquad t = 2 \Rightarrow \boldsymbol{x} = \begin{pmatrix} 0 \\ 0 \\ 1 \\ 2 \end{pmatrix}.$$

Es kann also zwischen drei Zusammenstellungen gewählt werden. Für die Wahl können nun in der Praxis weitere Faktoren mit berücksichtigt werden. Kennt man beispielsweise für alle drei Typen die entstehenden Kosten, etwa durch den Treibstoffverbrauch, so könnte man dies für eine endgültige Entscheidung zugrunde legen. ■

Beispiel 4.8

Die Verpflegung einer Expedition wird aus den Konserven I, II, III und IV zusammengestellt. Die Tabelle (4.18) gibt den Vitamingehalt (jeweils in geeigneten ME) pro Konserve an. Erforderlich sind 320 Einheiten Vitamin A, 490 Einheiten Vitamin B und 800 Einheiten Vitamin C. Wie viele Konserven welcher Art müssen mitgenommen werden?

Vitamin	I	II	III	IV
A	1	2	3	1
B	3	3	0	4
C	4	5	4	2

(4.18)

Zu lösen ist demnach das unterbestimmte LGS

$$\left(\begin{array}{cccc|c} 1 & 2 & 3 & 1 & 320 \\ 3 & 3 & 0 & 4 & 490 \\ 4 & 5 & 4 & 2 & 800 \end{array}\right).$$

Als Lösungsmenge erhält man hier

$$\mathbb{L} = \left\{ \begin{pmatrix} -\dfrac{70}{3} + \dfrac{22}{3}t \\ \dfrac{560}{3} - \dfrac{26}{3}t \\ -10 + 3t \\ t \end{pmatrix} \mid t \in \mathbb{R} \right\}.$$

Die Bestimmung der möglichen Werte für t ist hier ein wenig komplexer. Aus der Nichtnegativitätsbedingung der vier Variablen erhält man wie im Beispiel zuvor vier Ungleichungen, nämlich

$$\begin{aligned} -70 + 22t &\geq 0, \\ 560 - 26t &\geq 0, \\ -10 + 3t &\geq 0, \\ t &\geq 0. \end{aligned}$$

Auch hier erhält man einen eingeschränkten Bereich für t, nämlich

$$\frac{10}{3} \leq t \leq \frac{560}{26}.$$

Nun kann t sicher wieder nur ganzzahlige Werte anehmen, was den Bereich weiter auf

$$4 \leq t \leq 21$$

einschränkt. Doch hier muss man tatsächlich noch einen Schritt weitergehen, denn die Drittel, die in der Lösungsmenge auftreten, sind zu berücksichtigen. Der Wert $t = 4$ liefert einen sinnvollen Lösungsvektor, nämlich

$$\begin{pmatrix} 6 \\ 152 \\ 2 \\ 4 \end{pmatrix}.$$

Mit $t = 5$ ergäbe sich aber etwa $x_1 = \frac{40}{3}$, also kein ganzzahliger Wert. Erst mit $t = 7$ klappt dies wieder. (Vergewissern Sie sich!) Daher bleiben schließlich als sinnvolle Werte für den Parameter nur

$$t = 4, 7, 10, 13, 16, 19$$

übrig, und die resultierenden Lösungsvektoren sind

$$\begin{pmatrix} 6 \\ 152 \\ 2 \\ 4 \end{pmatrix}, \begin{pmatrix} 28 \\ 126 \\ 11 \\ 7 \end{pmatrix}, \begin{pmatrix} 50 \\ 100 \\ 20 \\ 10 \end{pmatrix}, \begin{pmatrix} 72 \\ 74 \\ 29 \\ 13 \end{pmatrix}, \begin{pmatrix} 94 \\ 48 \\ 38 \\ 16 \end{pmatrix}, \begin{pmatrix} 116 \\ 22 \\ 47 \\ 19 \end{pmatrix}.$$

Damit gibt es sechs Möglichkeiten, die Konservenanzahlen so zusammenzustellen, dass sie den Vitaminanforderungen genügen. ■

■ 4.4 Matrizen

Matrizen sind uns bisher in Form von Koeffizientenmatrizen bei linearen Gleichungssystemen begegnet. Sie sollen in diesem Abschnitt nun systematischer betrachtet werden, denn sie sind weit über ihre Bedeutung bei den LGS hinaus hilfreiche Instrumente in vielen ökonomischen Anwendungen, und zwar immer dann, wenn komplexe, miteinander verwobene Vorgänge vereinfacht dargestellt werden sollen.

4.4.1 Grundlagen

Eine Matrix mit m Zeilen und n Spalten, kurz eine *$(m \times n)$-Matrix*, ist zunächst einfach ein Zahlenschema der Form

$$\boldsymbol{A} = \begin{pmatrix} a_{11} & a_{12} & \cdots & a_{1n} \\ a_{21} & a_{22} & \cdots & a_{2n} \\ \vdots & \vdots & & \vdots \\ a_{m1} & a_{m2} & \cdots & a_{mn} \end{pmatrix},$$

wobei a_{ij} beliebige reelle Zahlen sind. Sie heißen *Komponenten* oder *Einträge* der Matrix $\boldsymbol{A}$. Manchmal schreibt man auch kurz: $\boldsymbol{A} = (a_{ij})$.

Spezielle Formate sind etwa $(1 \times n)$-Matrizen, sogenannte *Zeilenvektoren der Länge n*, oder entsprechend $(m \times 1)$-Matrizen, sogenannte *Spaltenvektoren der Länge m*. Als Spaltenvektoren wurden zuvor bereits die Lösungen linearer Gleichungssysteme dargestellt. Der tiefere Grund hierfür wird bald klarer werden, wenn wir bei der Matrizenmultiplikation angelangt sind.

In Matrizen können komplexe Informationen übersichtlich zusammengefasst werden, so etwa bei Produktionsprozessen. Während wir uns in der Differenzialrechnung bisher mit Faktoreinsatzfunktionen $r(x)$ beschäftigt haben, die einen erforderlichen Input bei gewünschtem Output angeben, ist es in der Praxis natürlich häufig der Fall, dass *mehrere Inputfaktoren zu mehreren Outputs* führen, und zwar durchaus komplex: Werden etwa in einer Fabrik Tische, Stühle und Schränke hergestellt, so fließen in alle drei Endprodukte möglicherweise die gleichen

Rohstoffe (wie Holz, Leim, Schrauben etc.) ein, allerdings in verschiedenen Mengen. Die Zahlen, die bei einem schematisierten Produktionsprozess angeben, wie viele Einheiten gewisser Rohstoffe $R_1, R_2, \ldots$ jeweils für die Produktion einer Einheit der Endprodukte $E_1, E_2, \ldots$ benötigt werden, heißen die *Produktionskoeffizienten*. Diese können übersichtlich in einer Matrix zusammengefasst werden.

Nehmen wir an, für die Herstellung dreier Erzeugnisse E_1, E_2, E_3 werden zwei Rohstoffe R_1, R_2 benötigt. Konkret werden etwa *eine Einheit von R_1 und drei Einheiten von R_2* benötigt, um eine Einheit von E_1 herzustellen. Diese Produktionskoeffizienten, 1 und 3, stehen in der ersten Spalte der folgenden Tabelle:

	E_1	E_2	E_3
R_1	1	2	3
R_2	3	1	4

(4.19)

Die weiteren Zahlen in Tabelle (4.19) bedeuten Ähnliches: So werden zwei Einheiten von R_1 und eine Einheit von R_2 benötigt, um eine Einheit von E_2 herzustellen. Insgesamt ist Tabelle (4.19) damit nichts anderes als eine Matrix, nämlich die sogenannte *Produktionskoeffizientenmatrix*:

$$\boldsymbol{P} = \begin{pmatrix} 1 & 2 & 3 \\ 3 & 1 & 4 \end{pmatrix} \tag{4.20}$$

4.4.2 Rechnen mit Matrizen

Die Schreibweise mit Matrizen hat nun über den reinen Abkürzungseffekt weit hinausgehende Vorteile. Man kann mit diesen „Tabellen" in der Tat vernünftig rechnen und damit zahlreiche Problemstellungen, besonders solche mit vielen Variablen, sehr gut angehen. Für das gerade erwähnte Rechnen werden einige formale Kleinigkeiten benötigt, so etwa die *Nullmatrix*, die es in jedem Format gibt und deren Einträge alle gleich 0 sind:

$$\begin{pmatrix} 0 & 0 & \cdots & 0 \\ 0 & 0 & \cdots & 0 \\ \vdots & \vdots & & \vdots \\ 0 & 0 & \cdots & 0 \end{pmatrix}.$$

Meist schreibt man auch kurz $\boldsymbol{A} = (\boldsymbol{0})$ oder auch nur $\boldsymbol{A} = \boldsymbol{0}$, wenn das Format klar ist.

Eine andere wichtige Matrix ist uns bereits bei den LGS begegnet, die $(n \times n)$*-Einheitsmatrix*

$$\boldsymbol{E} = \begin{pmatrix} 1 & 0 & \cdots & 0 \\ 0 & 1 & \cdots & 0 \\ \vdots & \vdots & & \vdots \\ 0 & 0 & \cdots & 1 \end{pmatrix},$$

deren Einträge auf der Diagonalen gleich 1 und überall sonst gleich 0 sind. Diese Matrix erscheint am Ende der vollständigen Durchführung des Gauß-Algorithmus im Fall einer $(n \times n)$-Koeffizientenmatrix, und wir werden bald ihre tiefere Bedeutung in diesem Zusammenhang verstehen.

Matrizen können auch *transponiert* werden: Ist $\boldsymbol{A} = (a_{ij})$ eine $(m \times n)$-Matrix, so entsteht die *zu* $\boldsymbol{A}$ *transponierte Matrix* $\boldsymbol{A}^T$ durch Vertauschen der Zeilen und Spalten von $\boldsymbol{A}$, also etwa

$$\begin{pmatrix} 1 & 3 \\ -2 & 5 \end{pmatrix}^T = \begin{pmatrix} 1 & -2 \\ 3 & 5 \end{pmatrix} \quad \text{oder} \quad \begin{pmatrix} 1 & 3 & 7 \\ -2 & 5 & -2 \end{pmatrix}^T = \begin{pmatrix} 1 & -2 \\ 3 & 5 \\ 7 & -2 \end{pmatrix}.$$

Es ist $\boldsymbol{A}^T$ also dann eine $n \times m$-Matrix, und es gilt außerdem

$$(\boldsymbol{A}^T)^T = \boldsymbol{A},$$

so wie etwa in den speziellen Fällen $\boldsymbol{E}^T = \boldsymbol{E}$ oder $\boldsymbol{0}^T = \boldsymbol{0}$. Falls $\boldsymbol{A}^T = \boldsymbol{A}$, so heißt $\boldsymbol{A}$ *symmetrisch*.

Kommen wir nun zu einigen einfachen Rechenoperationen, zunächst zur *Addition*. Zwei $(m \times n)$-Matrizen werden addiert, indem die entsprechenden Einträge addiert werden, genauer: Für $\boldsymbol{A} = (a_{ij})$ und $\boldsymbol{B} = (b_{ij})$ ist die Summe $\boldsymbol{C} = \boldsymbol{A} + \boldsymbol{B}$ durch die Einträge

$$c_{ij} = a_{ij} + b_{ij} \text{ für alle } i, j$$

definiert. So gilt also etwa

$$\begin{pmatrix} 1 & 3 \\ -2 & 5 \end{pmatrix} + \begin{pmatrix} 4 & -3 \\ 1 & -4 \end{pmatrix} = \begin{pmatrix} 5 & 0 \\ -1 & 1 \end{pmatrix}.$$

Es können grundsätzlich nur Matrizen des gleichen Formats addiert werden, und das Ergebnis hat wiederum dasselbe Format. Für die Subtraktion gilt Entsprechendes, also etwa

$$\begin{pmatrix} 1 & 3 \\ -2 & 5 \end{pmatrix} - \begin{pmatrix} 4 & -3 \\ 1 & -4 \end{pmatrix} = \begin{pmatrix} -3 & 6 \\ -3 & 9 \end{pmatrix}.$$

Die Nullmatrix übernimmt dann die gleiche Rolle wie die Zahl Null bei der Addition reeller Zahlen, denn es gilt für jede Matrix $\boldsymbol{A}$

$$\boldsymbol{A} + \boldsymbol{0} = \boldsymbol{A}.$$

Matrizen können auch mit reellen Zahlen multipliziert werden, was komponentenweise geschieht, mit anderen Worten: Für eine $(m \times n)$-Matrix $\boldsymbol{A}$ und eine beliebige reelle Zahl r ist die Matrix $r \cdot \boldsymbol{A}$ durch

$$r \cdot \boldsymbol{A} = (r \cdot a_{ij})$$

definiert. So gilt beispielsweise

$$-3 \cdot \begin{pmatrix} 1 & 3 \\ -2 & 5 \end{pmatrix} = \begin{pmatrix} -3 & -9 \\ 6 & -15 \end{pmatrix}.$$

Etwas komplexer gestaltet sich die Multiplikation zweier Matrizen: Im Gegensatz zur Addition können zwar auch verschiedenformatige Matrizen multipliziert werden, jedoch nach einer ganz bestimmten Regel.

Multiplikation zweier Matrizen

Zwei Matrizen können nur multipliziert werden, wenn die *Anzahl der Spalten der ersten Matrix gleich der Anzahl der Zeilen der zweiten Matrix* ist. Ist dies erfüllt, also etwa $\boldsymbol{A}$ eine $(l \times m)$-Matrix und $\boldsymbol{B}$ eine $(m \times n)$-Matrix, so ist das Produkt $\boldsymbol{A} \cdot \boldsymbol{B}$ eine $(l \times n)$-Matrix $\boldsymbol{C}$, deren Eintrag c_{ij} sich folgendermaßen berechnet:

$$c_{ij} = a_{i1} \cdot b_{1j} + a_{i2} \cdot b_{2j} + \cdots + a_{im} \cdot b_{mj} = \sum_{k=1}^{m} (a_{ik} \cdot b_{kj}).$$

Bevor wir im folgenden Abschnitt zur Deutung und zum Praxisbezug dieser eher ein wenig wunderlich anmutenden Definition kommen, soll sie etwas anschaulicher erklärt werden. Bei der Berechnung des Eintrags c_{ij} „legt man die Zeile i von $\boldsymbol{A}$ und die Spalte j von $\boldsymbol{B}$ aufeinander". Will man etwa das Produkt

$$\begin{pmatrix} 4 & 3 \\ 1 & 4 \end{pmatrix} \cdot \begin{pmatrix} 1 & 13 \\ 2 & 5 \end{pmatrix}$$

berechnen, geschieht dies anhand des folgenden Schemas:

$$\begin{array}{cc} \cdot & \begin{pmatrix} 1 & 13 \\ 2 & 5 \end{pmatrix} \\ \begin{pmatrix} 4 & 3 \\ 1 & 4 \end{pmatrix} & \begin{pmatrix} 10 & 67 \\ 9 & 33 \end{pmatrix} \end{array}$$

Dabei entsteht beispielsweise die 10 in der Ergebnismatrix oben links, indem man die Zeile $(4,3)$ und die Spalte $\begin{pmatrix} 1 \\ 2 \end{pmatrix}$ durchgeht, entsprechende Zahlen multipliziert und die Produkte dann addiert: $4 \cdot 1 + 3 \cdot 2 = 10$ usw.

Vertauscht man die Reihenfolge der Faktormatrizen, so stellt man fest, dass das Matrizenprodukt *nicht kommutativ* ist, das bedeutet, dass im Allgemeinen für zwei Matrizen $\boldsymbol{A}$ und $\boldsymbol{B}$ gilt:

$$\boldsymbol{A} \cdot \boldsymbol{B} \neq \boldsymbol{B} \cdot \boldsymbol{A}.$$

Mehr noch: In der Regel kann man sogar nur eines dieser Produkte überhaupt bilden. Wir geben noch ein weiteres Beispiel, das die Nichtkommutativität des Matrizenproduktes besonders deutlich macht:

Beispiel 4.9

Für $\boldsymbol{A} = \begin{pmatrix} 1 & 2 & 3 \end{pmatrix}$ und $\boldsymbol{B} = \begin{pmatrix} 1 \\ 2 \\ 3 \end{pmatrix}$ gilt

$$\boldsymbol{A} \cdot \boldsymbol{B} = (14) \quad \text{und} \quad \boldsymbol{B} \cdot \boldsymbol{A} = \begin{pmatrix} 1 & 2 & 3 \\ 2 & 4 & 6 \\ 3 & 6 & 9 \end{pmatrix}.$$

■

Die Einheitsmatrix übernimmt bezüglich der Multiplikation eine wesentliche Rolle. Sie lässt nämlich, wie die der Eins bei der Multiplikation reeller Zahlen, eine Matrix unverändert.

Einheitsmatrix bei der Matrizenmultiplikation

Für jede $n \times n$-Matrix $\boldsymbol{A}$ gilt:

$$\boldsymbol{A} \cdot \boldsymbol{E} = \boldsymbol{E} \cdot \boldsymbol{A} = \boldsymbol{A}. \tag{4.21}$$

4.4.3 Deutung der Matrizenmultiplikation

Die Rechenoperationen mit Matrizen sind allesamt auch durch die Praxis motivierbar. Am wenigsten sieht man dies vielleicht bei der Multiplikation, aber gerade diese ist sehr wesentlich. Betrachten wir dazu noch einmal die Produktionskoeffizientenmatrix

$$\boldsymbol{P} = \begin{pmatrix} 1 & 2 & 3 \\ 3 & 1 & 4 \end{pmatrix}.$$

In $\boldsymbol{P}$ sind die Informationen eines Produktionsprozesses kodiert, bei dem die drei Endprodukte E_1, E_2 und E_3 aus den Rohstoffen R_1 und R_2 hergestellt werden. Wie oben schon erklärt, geben die Einträge von $\boldsymbol{P}$, die Produktionskoeffizienten, jeweils an, wie viele Einheiten der einzelnen Rohstoffe pro Einheit der Endprodukte benötigt werden. Es sollen nun konkret 3 Einheiten von E_1, 4 Einheiten von E_2 sowie 2 Einheiten von E_3 hergestellt werden. Diese Einheiten fassen wir in einem sogenannten *Anforderungsvektor* $\boldsymbol{x}$ zusammen:

$$\boldsymbol{x} = \begin{pmatrix} 3 \\ 4 \\ 2 \end{pmatrix}.$$

Nun kann man sich fragen, wie viele Rohstoffeinheiten für die Produktion erforderlich sind. Beginnen wir mit Rohstoff R_1: Für die Herstellung einer Einheit von E_1 wird eine, für die Herstellung einer Einheit von E_2 werden zwei und für die Herstellung einer Einheit von E_3 werden drei Einheiten von R_1 benötigt. Insgesamt sind also

$$1 \cdot 3 + 2 \cdot 4 + 3 \cdot 2 = 17 \tag{4.22}$$

Einheiten von R_1 erforderlich. Die Struktur der Berechnung (4.22) kommt uns aber sehr bekannt vor: Es handelt sich in der Tat um den Eintrag einer Produktmatrix. In (4.22) wird nämlich die erste Zeile der Produktionskoeffizientenmatrix komponentenweise mit dem Anforderungsvektor $\boldsymbol{x}$ multipliziert. Um die Frage nach den erforderlichen Einheiten von R_2 zu beantworten, muss man analog für die zweite Zeile von $\boldsymbol{A}$ verfahren. Insgesamt hat man dann also das Matrizenprodukt

$$\boldsymbol{P} \cdot \boldsymbol{x} = \begin{pmatrix} 1 & 2 & 3 \\ 3 & 1 & 4 \end{pmatrix} \cdot \begin{pmatrix} 3 \\ 4 \\ 2 \end{pmatrix} = \begin{pmatrix} 17 \\ 21 \end{pmatrix}$$

berechnet. Für die gewünschte Zahl an Endprodukten sind also 17 Einheiten von R_1 und 21 Einheiten von R_2 erforderlich.

Allgemein hat man also den wichtigen Zusammenhang zwischen der Produktionskoeffizientenmatrix $\boldsymbol{P}$, dem Anforderungsvektor $\boldsymbol{x}$ und dem benötigten Rohstoffvektor $\boldsymbol{r}$:

$$\boldsymbol{P} \cdot \boldsymbol{x} = \boldsymbol{r}. \tag{4.23}$$

Das folgende Beispiel geht noch weiter: Mit Matrizenprodukten können auch Produktionsschritte zusammengefasst werden.

Beispiel 4.10

In einem Produktionsprozess werden in der ersten Stufe aus den drei Rohstoffen R_1, R_2, R_3 zwei Zwischenprodukte Z_1, Z_2 gefertigt. Diese werden dann in einer zweiten Stufe zu drei Endprodukten E_1, E_2, E_3 weiterverarbeitet. Die Produktionskoeffizienten sind den folgenden Tabellen zu entnehmen:

	$Z1$	$Z2$
$R1$	2	3
$R2$	1	1
$R3$	2	1

bzw.

	$E1$	$E2$	$E3$
$Z1$	1	2	4
$Z2$	5	1	1

Bezeichnen wir die beiden Produktionskoeffizientenmatrizen mit $\boldsymbol{P}_1$ und $\boldsymbol{P}_2$, dann können für einen Anforderungsvektor $\boldsymbol{x}$ mithilfe einer Matrizenmultiplikation die erforderlichen Einheiten der Zwischenprodukte berechnet werden. Sollen etwa 6 Einheiten des Endproduktes E_1, 8 Einheiten von E_2 und 5 Einheiten von E_3 hergestellt werden, so ergibt sich der Zwischenproduktsvektor $\boldsymbol{z}$ durch

$$\boldsymbol{z} = \boldsymbol{P}_2 \cdot \boldsymbol{x} = \begin{pmatrix} 1 & 2 & 4 \\ 5 & 1 & 1 \end{pmatrix} \cdot \begin{pmatrix} 6 \\ 8 \\ 5 \end{pmatrix} = \begin{pmatrix} 42 \\ 43 \end{pmatrix} \tag{4.24}$$

Ganz analog kann nun wiederum $\boldsymbol{z}$ als Anforderungsvektor für die Rohstoffe betrachtet werden, und durch

$$\boldsymbol{r} = \boldsymbol{P}_1 \cdot \boldsymbol{z} = \begin{pmatrix} 2 & 3 \\ 1 & 1 \\ 2 & 1 \end{pmatrix} \cdot \begin{pmatrix} 42 \\ 43 \end{pmatrix} = \begin{pmatrix} 213 \\ 85 \\ 127 \end{pmatrix} \tag{4.25}$$

ergibt sich der Vektor der benötigten Rohstoffe. Betrachtet man nun die beiden Gleichungen (4.24) und (4.25) zusammen, so ergibt sich

$$\boldsymbol{r} = \boldsymbol{P}_1 \cdot \boldsymbol{z} = \boldsymbol{P}_1 \cdot (\boldsymbol{P}_2 \cdot \boldsymbol{x}) = (\boldsymbol{P}_1 \cdot \boldsymbol{P}_2) \cdot \boldsymbol{x}, \tag{4.26}$$

denn die Matrizenmultiplikation ist *assoziativ*, das heißt, es dürfen Klammern versetzt werden. Wir erhalten also, dass die Matrix

$$\boldsymbol{P} = \boldsymbol{P}_1 \cdot \boldsymbol{P}_2 = \begin{pmatrix} 17 & 7 & 11 \\ 6 & 3 & 5 \\ 7 & 5 & 9 \end{pmatrix}$$

die beiden Produktionsschritte zusammenfasst und durch Multiplikation von $\boldsymbol{P}$ mit einem Anforderungsvektor *unmittelbar*, also ohne die Berechnung der Zwischenproduktsmengen, die erforderlichen Rohstoffmengen angegeben werden können. In der Tat gilt

$$\boldsymbol{P}\cdot\boldsymbol{x}=\begin{pmatrix}17&7&11\\6&3&5\\7&5&9\end{pmatrix}\cdot\begin{pmatrix}6\\8\\5\end{pmatrix}=\begin{pmatrix}213\\85\\127\end{pmatrix}=\boldsymbol{r}$$

■

Das *Beispiel 4.10* zeigt also, dass mithilfe der Multiplikation von Produktionsmatrizen Produktionsschritte zusammengefasst werden können, was natürlich auch für mehr als zwei Schritte gilt. Somit ist die Matrizenmultiplikation eine durchaus praxisrelevante Operation. Ein weiterer Blick auf die Gleichung (4.23) eröffnet außerdem noch einmal eine andere, strukturellere Sichtweise auf lineare Gleichungssysteme. Sind nämlich etwa nicht der Anforderungsvektor gegeben und die erforderlichen Rohstoffmengen gefragt, sondern sind vielmehr die Rohstoffmengen durch den Vektor $\boldsymbol{r}$ gegeben und dreht sich die Fragestellung um die damit erfüllbaren Produktionsmengen $\boldsymbol{x}$, so verbirgt sich hinter der Gleichung (4.23) nichts anderes als ein Gleichungssystem.

Stehen in *Beispiel 4.10* etwa die Rohstoffmengen

$$\boldsymbol{r}=\begin{pmatrix}191\\80\\129\end{pmatrix}$$

zur Verfügung und sind die damit produzierbaren Einheiten x_1, x_2, x_3 der Endprodukte gefragt, so liest sich Gleichung (4.23) folgendermaßen:

$$\begin{pmatrix}17&7&11\\6&3&5\\7&5&9\end{pmatrix}\cdot\begin{pmatrix}x_1\\x_2\\x_3\end{pmatrix}=\boldsymbol{r}=\begin{pmatrix}191\\80\\129\end{pmatrix}. \tag{4.27}$$

Multipliziert man die Matrizen in (4.27) wirklich aus, so ergeben sich die drei Gleichungen

$$\begin{array}{rcrcrcr}17x_1&+&7x_2&+&11x_3&=&191\\6x_1&+&3x_2&+&5x_3&=&80\\3x_1&+&5x_2&+&9x_3&=&129\end{array}$$

Man stellt hier fest, dass ein LGS im Grunde nichts anderes ist als eine einzige Matrizengleichung. Das ist eine wirklich fundamentale Erkenntnis, und was die Lösbarkeit von LGS angeht, werden wir im folgenden Abschnitt noch weitere Struktur entdecken. Wir merken uns:

Lineares Gleichungssystem als Matrizengleichung

Es sei $\boldsymbol{A}$ die Koeffizientenmatrix eines LGS aus m Gleichungen in n Variablen mit rechter Seite $\boldsymbol{b}$. Schreibt man die Variablen sowie die rechten Seiten der Gleichungen jeweils in einen Spaltenvektor

$$\boldsymbol{x} = \begin{pmatrix} x_1 \\ x_2 \\ \vdots \\ x_n \end{pmatrix} \quad \text{und} \quad \boldsymbol{b} = \begin{pmatrix} b_1 \\ b_2 \\ \vdots \\ b_m \end{pmatrix},$$

dann ist das LGS nichts weiter als die Matrixmultiplikation

$$\boldsymbol{A} \cdot \boldsymbol{x} = \boldsymbol{b}. \tag{4.28}$$

4.4.4 Das Invertieren von Matrizen

Deutet man lineare Gleichungssysteme nun also als Matrizengleichungen der Form (4.28), dann gibt es eine erstaunliche Analogie zur linearen Gleichung (4.1) in einer Variablen. Bei der Lösung von (4.1) (und später dann bei der Lösung allgemeiner LGS) traten drei verschiedene Fälle auf: eindeutige Lösbarkeit, mehrdeutige Lösbarkeit und Unlösbarkeit. Wir beschäftigen uns in diesem Abschnitt etwas näher mit der eindeutigen Lösbarkeit. Nach der bisher behandelten Theorie der LGS ist klar, dass man eindeutige Lösbarkeit nur erwarten kann, wenn (nach „Bereinigung", also nach Streichen eventueller überflüssiger Zeilen) die Koeffizientenmatrix quadratisch ist, also ebenso viele Zeilen wie Spalten hat. Daher werden auch jetzt nur solche quadratischen Matrizen betrachtet.

Die Matrixgleichung (4.28) erinnert wie gesagt stark an den Fall einer einfachen linearen Gleichung

$$ax = b$$

und legt damit zwangsläufig die Idee nach einer „Division" durch $\boldsymbol{A}$ nahe: In der Tat kann man auch die Matrixgleichung $\boldsymbol{Ax} = \boldsymbol{b}$ lösen, indem man, salopp gesprochen, durch $\boldsymbol{A}$ dividiert. Im Folgenden soll diesem Ausdruck Sinn gegeben werden.

Wie „dividiert" man also durch eine quadratische Matrix? Zunächst muss man sich daran erinnern, dass die Einheitsmatrix für die Matrizenmultiplikation die Rolle der Zahl 1 bei der üblichen Multiplikation einnimmt (vgl. (4.21)). Beim Invertieren reeller Zahlen hat die 1 eine wichtige Funktion: Die zu 2 inverse Zahl ist diejenige Zahl, die *mit* 2 *multipliziert* 1 *ergibt*, also $\frac{1}{2} = 2^{-1}$. Das nimmt man zur Motivation, um den Begriff der *inversen Matrix* zu definieren.

Eine $(n \times n)$-Matrix $\boldsymbol{A}$ heißt *invertierbar*, falls eine $(n \times n)$-Matrix $\boldsymbol{A}^{-1}$ existiert, für die gilt:

$$\boldsymbol{A} \cdot \boldsymbol{A}^{-1} = \boldsymbol{A}^{-1} \cdot \boldsymbol{A} = \boldsymbol{E}.$$

Man nennt in diesem Fall $\boldsymbol{A}^{-1}$ die zu $\boldsymbol{A}$ *inverse Matrix*.

Beispiel 4.11

Die inverse Matrix zu $\boldsymbol{A} = \begin{pmatrix} 3 & 1 \\ 2 & 1 \end{pmatrix}$ ist

$$\boldsymbol{A}^{-1} = \begin{pmatrix} 1 & -1 \\ -2 & 3 \end{pmatrix},$$

denn

$$\boldsymbol{A} \cdot \boldsymbol{A}^{-1} = \begin{pmatrix} 3 & 1 \\ 2 & 1 \end{pmatrix} \cdot \begin{pmatrix} 1 & -1 \\ -2 & 3 \end{pmatrix} = \begin{pmatrix} 1 & 0 \\ 0 & 1 \end{pmatrix} = \boldsymbol{E}.$$

■

Die wenig greifbare Definition durch eine reine Existenzaussage und das vorangehende Beispiel durch Nachrechnen sind noch nicht sehr befriedigend: Wie findet man denn konkret die inverse Matrix, falls sie existiert? Die Idee ist sehr einfach, wenn man sich an den Gauß-Algorithmus erinnert. Setzen wir in *Beispiel 4.11* die inverse unbekannte Matrix durch

$$\boldsymbol{A}^{-1} = \begin{pmatrix} x_1 & x_3 \\ x_2 & x_4 \end{pmatrix}$$

an, so liest sich die Gleichung

$$\boldsymbol{A} \cdot \boldsymbol{A}^{-1} = \boldsymbol{E}$$

konkret so:

$$\begin{pmatrix} 3 & 1 \\ 2 & 1 \end{pmatrix} \cdot \begin{pmatrix} x_1 & x_3 \\ x_2 & x_4 \end{pmatrix} = \begin{pmatrix} 1 & 0 \\ 0 & 1 \end{pmatrix}.$$

Dahinter verbergen sich im Prinzip die beiden LGS

$$\begin{pmatrix} 3 & 1 \\ 2 & 1 \end{pmatrix} \cdot \begin{pmatrix} x_1 \\ x_2 \end{pmatrix} = \begin{pmatrix} 1 \\ 0 \end{pmatrix} \quad \text{und} \quad \begin{pmatrix} 3 & 1 \\ 2 & 1 \end{pmatrix} \cdot \begin{pmatrix} x_3 \\ x_4 \end{pmatrix} = \begin{pmatrix} 0 \\ 1 \end{pmatrix}.$$

Beide LGS haben die gleiche Koeffizientenmatrix, nämlich $\boldsymbol{A}$, und aus der Theorie ist bekannt, dass eine eindeutige Lösung der LGS existiert, falls sie durch die elementaren Zeilenumformungen auf eine Form gebracht werden können, in der anstelle von $\boldsymbol{A}$ die Einheitsmatrix steht. Also führen wir den Gauß-Algorithmus für die beiden LGS simultan durch und schreiben alles aus Platzgründen etwas kompakter:

$$\left(\begin{array}{cc|cc} 3 & 1 & 1 & 0 \\ 2 & 1 & 0 & 1 \end{array}\right) \quad \begin{array}{l} I \\ II \end{array}$$

$$\left(\begin{array}{cc|cc} 1 & 0 & 1 & -1 \\ 0 & 1 & -2 & 3 \end{array}\right) \quad \begin{array}{l} III = I - II \\ IV = II - 2 \cdot III \end{array}$$

Da die Koeffizienten hier sehr speziell gewählt waren, ist man überraschenderweise bereits fertig, erkennt aber, dass rechts neben dem Trennstrich tatsächlich die Matrix $\boldsymbol{A}^{-1}$ steht: Der Gauß-Algorithmus funktioniert. Wir geben gleich ein weiteres Beispiel.

Beispiel 4.12

Gesucht ist die inverse Matrix zu $\boldsymbol{A}=\begin{pmatrix} 1 & 2 \\ 3 & 4 \end{pmatrix}$. Wir gehen wie oben vor:

$$\left(\begin{array}{cc|cc} 1 & 2 & 1 & 0 \\ 3 & 4 & 0 & 1 \end{array}\right) \quad \begin{array}{l} I \\ II \end{array}$$

$$\left(\begin{array}{cc|cc} 1 & 2 & 1 & 0 \\ 0 & -2 & -3 & 1 \end{array}\right) \quad \begin{array}{l} I \\ III = II - 3 \cdot I \end{array}$$

$$\left(\begin{array}{cc|cc} 1 & 2 & 1 & 0 \\ 0 & 1 & \frac{3}{2} & -\frac{1}{2} \end{array}\right) \quad \begin{array}{l} I \\ IV = -\frac{1}{2} \cdot III \end{array}$$

$$\left(\begin{array}{cc|cc} 1 & 0 & -2 & 1 \\ 0 & 1 & \frac{3}{2} & -\frac{1}{2} \end{array}\right) \quad \begin{array}{l} V = I - 2 \cdot IV \\ IV \end{array}$$

Damit ergibt sich $\boldsymbol{A}^{-1}=\begin{pmatrix} -2 & 1 \\ \frac{3}{2} & -\frac{1}{2} \end{pmatrix}$. ■

Für ein LGS mit quadratischer Koeffizientenmatrix $\boldsymbol{A}$ kann mithilfe der inversen Matrix von $\boldsymbol{A}$ (sofern sie existiert) die eindeutige Lösung unmittelbar angegeben werden.

Eindeutige Lösbarkeit eines LGS mit der inversen Matrix

Ist $\boldsymbol{A}$ die Koeffizientenmatrix eines eindeutigen LGS aus n Gleichungen in n Variablen und $\boldsymbol{b}$ die rechte Seite, so ist $\boldsymbol{A}$ invertierbar, und man erhält den Lösungsvektor $\boldsymbol{x}$ durch

$$\boldsymbol{x}=\boldsymbol{A}^{-1} \cdot \boldsymbol{b}. \tag{4.29}$$

Beispiel 4.13

Betrachten wir etwa das LGS $(\boldsymbol{A}|\boldsymbol{b})=\left(\begin{array}{cc|c} 3 & 1 & 3 \\ 2 & 1 & -1 \end{array}\right)$.

Die Koeffizientenmatrix $\boldsymbol{A}$ haben wir in *Beispiel 4.11* bereits invertiert, und dies benutzen wir nun zur Lösung des LGS. Nach (4.29) ergibt sich nämlich als eindeutige Lösung

$$\boldsymbol{x}=\boldsymbol{A}^{-1} \cdot \boldsymbol{b}=\begin{pmatrix} 1 & -1 \\ -2 & 3 \end{pmatrix} \cdot \begin{pmatrix} 3 \\ -1 \end{pmatrix}=\begin{pmatrix} 4 \\ -9 \end{pmatrix}.$$

■

Die Methode mit der inversen Matrix ist natürlich dann besonders vorteilhaft, wenn man mehrere LGS mit derselben Koeffizientenmatrix zu lösen hat: Die Arbeit des Invertierens muss dann nur einmal erledigt werden. Anschließend löst man die LGS für verschiedene Vektoren $\boldsymbol{b}$ durch Matrizenmultiplikationen (die weit weniger aufwändig sind als Invertieren bzw. die Anwendung des Gauß-Algorithmus).

4.4.5 Determinanten

Versucht man für den Fall $n = 2$ ein allgemeines LGS zu lösen, so führt dies auf eine besondere Zahl, die über die Lösbarkeit entscheidet: die Determinante. Setzen wir also an

$$\left(\begin{array}{cc|cc} a & b & 1 & 0 \\ c & d & 0 & 1 \end{array}\right) \quad \begin{array}{l} I \\ II \end{array},$$

wobei wir $a \neq 0$ annehmen, und verfahren wie zuvor, um die inverse Matrix zu bestimmen:

$$\left(\begin{array}{cc|cc} 1 & \frac{b}{a} & \frac{1}{a} & 0 \\ 0 & d - c \cdot \frac{b}{a} & -\frac{c}{a} & 1 \end{array}\right) \quad \begin{array}{l} III = \frac{1}{a} \cdot I \\ IV = II - c \cdot III \end{array}$$

Multipliziert man die untere Zeile mit a, so ergibt sich

$$\left(\begin{array}{cc|cc} 1 & \frac{b}{a} & \frac{1}{a} & 0 \\ 0 & ad - bc & -c & a \end{array}\right) \quad \begin{array}{l} III \\ V = a \cdot IV \end{array}$$

Unten rechts in der modifizierten Koeffizientenmatrix steht nun der Ausdruck $ad - bc$, der offensichtlich über die Lösbarkeit des Gleichungssystems entscheidet. Diesen Ausdruck nennt man die *Determinante* der Koeffizientenmatrix und schreibt:

$$\det\begin{pmatrix} a & b \\ c & d \end{pmatrix} = a \cdot d - b \cdot c. \tag{4.30}$$

Gilt nun für die Koeffizientenmatrix $\boldsymbol{A}$, dass $\det \boldsymbol{A} \neq 0$, so kann man mit der Lösung des LGS fortfahren (was wir an dieser Stelle nicht mehr in einzelnen Schritten nachvollziehen) und erhält:

Formel für die inverse Matrix einer (2 × 2)-Matrix

Die Matrix

$$\boldsymbol{A} = \begin{pmatrix} a & b \\ c & d \end{pmatrix}$$

ist genau dann invertierbar, wenn $\det \boldsymbol{A} = ad - bc \neq 0$, und in diesem Fall gilt:

$$\boldsymbol{A}^{-1} = \frac{1}{\det \boldsymbol{A}} \cdot \begin{pmatrix} d & -b \\ -c & a \end{pmatrix} = \frac{1}{ad - bc} \cdot \begin{pmatrix} d & -b \\ -c & a \end{pmatrix}. \tag{4.31}$$

Man erhält also bei einer (2 × 2)-Matrix sehr einfach die inverse Matrix durch Vertauschen der beiden Diagonalelemente, Negieren der beiden anderen Einträge und schließlich Division durch die Determinante. Hier wird noch einmal sehr augenfällig, warum die Determinante ungleich null sein muss.

Beispiel 4.14

Es sei

$$A = \begin{pmatrix} 1 & -1 \\ 2 & -3 \end{pmatrix}.$$

Dann gilt $\det A = 1 \cdot (-3) - (-1) \cdot 2 = -1$ und demnach

$$A^{-1} = \frac{1}{-1} \cdot \begin{pmatrix} -3 & 1 \\ -2 & 1 \end{pmatrix} = \begin{pmatrix} 3 & -1 \\ 2 & -1 \end{pmatrix}.$$

Zur Verifikation kann die Matrizenmultiplikation durchgeführt werden:

$$\begin{pmatrix} 1 & -1 \\ 2 & -3 \end{pmatrix} \cdot \begin{pmatrix} 3 & -1 \\ 2 & -1 \end{pmatrix} = \begin{pmatrix} 1 & 0 \\ 0 & 1 \end{pmatrix}.$$

■

Auch für größere quadratische Matrizen gibt es eine Determinante. Im Fall $n = 3$ etwa, also für eine Matrix der Form

$$A = \begin{pmatrix} r & s & t \\ u & v & w \\ x & y & z \end{pmatrix}$$

gilt

$$\det A = rvz + swx + tuy - tvx - rwy - suz. \tag{4.32}$$

Die drei positiven und drei negativen Summanden findet man nach der sogenannten *Regel von Sarrus*, indem man die beiden ersten Spalten noch einmal rechts neben die Matrix schreibt und dann die Produkte der drei Diagonalen von links oben nach rechts unten positiv sowie die Produkte der Diagonalen von rechts oben nach links unten negativ zählt und alles addiert.

Beispiel 4.15

Es soll die Determinante von

$$A = \begin{pmatrix} 3 & 4 & 1 \\ 1 & -2 & 2 \\ -2 & -1 & 0 \end{pmatrix}$$

berechnet werden. Mithilfe des Schemas

(4.33)

erhält man

$$\begin{aligned} \det A = & + 3 \cdot (-2) \cdot 0 \quad + 4 \cdot 2 \cdot (-2) \quad + 1 \cdot 1 \cdot (-1) \\ & - 1 \cdot (-2) \cdot (-2) \quad - 3 \cdot 2 \cdot (-1) \quad - 4 \cdot 1 \cdot 0 \\ = & -15. \end{aligned}$$

■

Beim Invertieren von Matrizen spielt die Determinante wie gesagt eine wichtige Rolle. Es gilt nämlich für sämtliche Größen n:

Determinantenkriterium

Eine quadratische Matrix $\boldsymbol{A}$ ist genau dann invertierbar, wenn für ihre Determinante $\det \boldsymbol{A} \neq 0$ gilt.

In allen geschlossenen Formeln, die man für inverse Matrizen angeben kann, kommt der Kehrwert der Determinante vor. Es ist aber nicht sinnvoll, mit diesen Formeln zu arbeiten, denn bereits die Formel für $n = 3$ ist sehr komplex. Für $n = 4$ besteht allein die Determinante bereits aus 24 Summanden, für die es auch keine so schöne Form mehr gibt wie bei der Regel von Sarrus. Außerdem bietet jeder bessere Taschenrechner heutzutage ein Matrizenkalkül. Es soll vielmehr Wert auf das Verständnis der folgenden Zusammenhänge gelegt werden.

Eigenschaften invertierbarer Matrizen

Für ein LGS der Form $\boldsymbol{Ax} = \boldsymbol{b}$ mit einer quadratischen Koeffizientenmatrix sind die folgenden Aussagen äquivalent:

1. $\boldsymbol{A}$ ist invertierbar.
2. $\det \boldsymbol{A} \neq 0$.
3. $\boldsymbol{A}$ lässt sich durch elementare Zeilenumformungen auf die Form $\boldsymbol{E}$ bringen.
4. Das LGS ist eindeutig lösbar und die Lösung ist gegeben durch $\boldsymbol{x} = \boldsymbol{A}^{-1} \cdot \boldsymbol{b}$.

Insgesamt haben wir damit die Struktur der linearen Gleichungssysteme komplett verstanden und fassen noch einmal zusammen.

Die drei Fälle der Lösbarkeit eines LGS mit quadratischer Koeffizientenmatrix

Für die Lösungsmenge eines LGS der Form $\boldsymbol{Ax} = \boldsymbol{b}$ mit einer $(n \times n)$-Matrix $\boldsymbol{A}$ gilt einer der drei folgenden Fälle:

1. $\det \boldsymbol{A} \neq 0$. Dann ist $\boldsymbol{A}$ invertierbar und es gibt eine eindeutige Lösung des LGS:

   $$\mathbb{L} = \{\boldsymbol{A}^{-1} \cdot \boldsymbol{b}\}.$$

2. $\det \boldsymbol{A} = 0$ und wir erhalten nach Anwendung des Gauß-Algorithmus eine Nullzeile von $\boldsymbol{A}$, die keine Nullzeile von $(\boldsymbol{A}|\boldsymbol{b})$ ist. Dann ist $\boldsymbol{A}$ nicht invertierbar und es gilt:

   $$\mathbb{L} = \emptyset.$$

3. $\det \boldsymbol{A} = 0$ und nach Anwendung des Gauß-Algorithmus sind alle Nullzeilen von $(\boldsymbol{A}|\boldsymbol{b})$ komplett. Dann ist $\boldsymbol{A}$ ebenfalls nicht invertierbar, aber es gilt:

   $$\dim(\mathbb{L}) \geq 1,$$

   also gibt es mindestens einen frei wählbaren Parameter.

4.4.6 Minoren und Entwicklungssatz nach Laplace

Der Vollständigkeit halber ergänzen wir die allgemeine Definition der Determinante einer $(n \times n)$-Matrix und benötigen dafür zunächst den Begriff des *Minors* einer Matrix. Minoren sind Matrizen, die aus einer gegebenen Matrix durch Streichen von Zeilen und Spalten entstehen. Streicht man aus einer beliebigen $(n \times n)$-Matrix $\boldsymbol{A}$ nur eine Zeile, sagen wir die i-te, und eine Spalte, sagen wir die j-te, dann erhält man eine $((n-1) \times (n-1))$-Matrix, die man den (i, j)-*Minor der Matrix* $\boldsymbol{A}$ nennt und mit $\boldsymbol{A}_{i,j}$ bezeichnet. Einige solche Minoren der Matrix

$$\boldsymbol{A} = \begin{pmatrix} 1 & -1 & 0 \\ 2 & -3 & 4 \\ -5 & 0 & 3 \end{pmatrix}$$

sind beispielsweise

$$\boldsymbol{A}_{1,2} = \begin{pmatrix} 2 & 4 \\ -5 & 3 \end{pmatrix} \quad \text{oder} \quad \boldsymbol{A}_{3,1} = \begin{pmatrix} -1 & 0 \\ -3 & 4 \end{pmatrix}.$$

Man kann dann mithilfe dieser speziellen Minoren die Determinante einer Matrix rekursiv definieren, indem man für die Determinante von $(n \times n)$-Matrizen auf Determinanten von $(n-1) \times (n-1)$-Matrizen zurückgreift.

Rekursive Definition von Determinanten

Für eine (1×1)-Matrix $\boldsymbol{A} = (a)$ setzt man fest:

$$\det \boldsymbol{A} = a.$$

Setzt man nun voraus, dass man die Determinanten von $((n-1) \times (n-1))$-Matrizen berechnen kann, dann definiert man für eine $(n \times n)$-Matrix $\boldsymbol{A}$ die Determinante von $\boldsymbol{A}$ folgendermaßen: Für einen beliebigen Zeilenindex $i \in \{1, \ldots, n\}$ sei

$$\det \boldsymbol{A} = (-1)^{i+1} \cdot (a_{i1} \cdot \det \boldsymbol{A}_{i,1} - a_{i2} \cdot \det \boldsymbol{A}_{i,2} + a_{i3} \cdot \det \boldsymbol{A}_{i,3} - a_{i4} \cdot \det \boldsymbol{A}_{i,4} + \ldots) \qquad (4.34)$$

Man nennt dies die *Entwicklung der Determinante nach der i-ten Zeile von* $\boldsymbol{A}$.

Ebenso können Determinanten nach Spalten entwickelt werden. Dazu muss nur (4.34) etwas modifiziert werden:

$$\det \boldsymbol{A} = (-1)^{j+1} \cdot (a_{1j} \cdot \det \boldsymbol{A}_{1j} - a_{2j} \cdot \det \boldsymbol{A}_{2,j} + a_{3j} \cdot \det \boldsymbol{A}_{3,j} - a_{4j} \cdot \det \boldsymbol{A}_{4,j} + \ldots), \qquad (4.35)$$

wobei $j \in \{1, \ldots, n\}$ ein beliebiger Spaltenindex. Ist der Index also ungerade, so beginnt die Entwicklung mit einem positiven, andernfalls mit einem negativen Summanden. Einfach zu merken ist diese kompliziert klingende Vorzeichenregel mit dem Schachbrettmuster:

+	−	+	−	+
−	+	−	+	−
+	−	+	−	+
−	+	−	+	−
+	−	+	−	+

Entwickelt man die (2 × 2)-Matrix

$$\boldsymbol{A} = \begin{pmatrix} a & b \\ c & d \end{pmatrix}$$

etwa nach der ersten Zeile, so ergibt sich

$$\det \boldsymbol{A} = a_{1,1} \cdot \boldsymbol{A}_{1,1} - a_{1,2} \cdot \boldsymbol{A}_{1,2} = a \cdot d - b \cdot c,$$

was exakt mit (4.30) übereinstimmt. Für $n = 3$, also

$$\boldsymbol{A} = \begin{pmatrix} r & s & t \\ u & v & w \\ x & y & z \end{pmatrix}$$

ergibt sich für die Entwicklung nach der ersten Zeile

$$\begin{aligned} \det \boldsymbol{A} &= a_{1,1} \cdot \boldsymbol{A}_{1,1} - a_{1,2} \cdot \boldsymbol{A}_{1,2} + a_{1,3} \cdot \boldsymbol{A}_{1,3} \\ &= r \cdot (v \cdot z - w \cdot y) - s \cdot (u \cdot z - w \cdot x) + t \cdot (u \cdot y - v \cdot x), \end{aligned}$$

was wiederum mit (4.32) übereinstimmt.

Beispiel 4.16

Entwickelt man $\boldsymbol{A} = \begin{pmatrix} 1 & -1 & 0 \\ 2 & -3 & 4 \\ -5 & 0 & 3 \end{pmatrix}$ nach der ersten Zeile, so ergibt sich

$$\begin{aligned} \det \boldsymbol{A} &= 1 \cdot \det\begin{pmatrix} -3 & 4 \\ 0 & 3 \end{pmatrix} - (-1) \cdot \det\begin{pmatrix} 2 & 4 \\ -5 & 3 \end{pmatrix} + 0 \cdot \det\begin{pmatrix} 2 & -3 \\ -5 & 0 \end{pmatrix} \\ &= -9 + 26 + 0 = 17. \end{aligned}$$

Die Entwicklung nach der zweiten Spalte ergibt das gleiche Resultat:

$$\begin{aligned} \det \boldsymbol{A} &= -(-1) \cdot \det\begin{pmatrix} 2 & 4 \\ -5 & 3 \end{pmatrix} + (-3) \cdot \det\begin{pmatrix} 1 & 0 \\ -5 & 3 \end{pmatrix} - 0 \cdot \det\begin{pmatrix} 1 & 0 \\ 2 & 4 \end{pmatrix} \\ &= 26 - 9 + 0 = 17. \end{aligned}$$

■

Ein Blick auf die Entwicklungen (4.34) oder (4.35) zeigt, dass für n Minoren der Größe $(n-1) \times (n-1)$ eine Determinante berechnet werden muss. Für jede von diesen müssen wiederum $n-1$ Determinanten von Minoren der Größe $(n-2) \times (n-2)$ berechnet werden usw. Da dieser Prozess bei wachsendem n sehr komplex ist, wird man sich bei der Berechnung einer Determinante genau überlegen, nach welcher Zeile oder Spalte man entwickelt. Sinnvoll ist hier sicher eine Zeile oder Spalte, die viele Nullen hat. Mit den folgenden Eigenschaften kann man u. A. erreichen, dass eine Matrix in einer Zeile oder Spalte viele Nullen bekommt.

Wichtige Eigenschaften der Determinante

1. Für die Determinante der Nullmatrix gilt $\det 0 = 0$.
2. Für die Determinante der Einheitsmatrix gilt $\det \boldsymbol{E}) = 1$.
3. Hat eine Matrix $\boldsymbol{A}$ eine komplette Nullzeile oder Nullspalte, so gilt $\det \boldsymbol{A} = 0$.
4. Hat eine Matrix $\boldsymbol{A}$ zwei gleiche Zeilen (Spalten), so gilt $\det \boldsymbol{A} = 0$.
5. Der Wert der Determinante einer Matrix ändert sich nicht, wenn man das Vielfache einer Zeile (Spalte) zu einer anderen dazu addiert.
6. Multipliziert man eine Zeile (Spalte) mit einer Zahl $k \neq 0$, so ändert sich der Wert der Determinante ebenfalls um den Faktor k.
7. Für eine $(n \times n)$-Matrix $\boldsymbol{A}$ gilt $\det(k \cdot \boldsymbol{A}) = k^n \cdot \det \boldsymbol{A}$.
8. Vertauscht man zwei Zeilen (Spalten), so ändert sich das Vorzeichen der Determinante.

Es empfiehlt sich, wie oben angedeutet, die Determinante einer größeren Matrix nach einer Zeile oder Spalte zu entwickeln, in der möglichst viele Einträge gleich 0 sind, denn um so weniger Minoren sind zu berechnen. Hat die Matrix eine solche Zeile oder Spalte nicht, so kann man sie durch die oben genannten Zeilenumformungen auf eine solche Form bringen. So gilt beispielsweise

$$\det\begin{pmatrix} 2 & 1 & 4 \\ -1 & 1 & -2 \\ 3 & 1 & 4 \end{pmatrix} = \det\begin{pmatrix} 0 & 3 & 0 \\ -1 & 1 & 2 \\ 3 & 1 & 4 \end{pmatrix} = -3 \cdot \det\begin{pmatrix} -1 & 2 \\ 3 & 4 \end{pmatrix} = 30.$$

Hier wurde im ersten Schritt das Doppelte der zweiten Zeile zur ersten addiert, der Wert der Determinante dadurch nicht verändert und im zweiten Schritt nach der ersten Zeile entwickelt (das Minuszeichen vor der 3 kommt vom Schachbrettmuster her).

Abschließend soll noch der Begriff der *Definitheit* von Matrizen eingeführt werden, der für uns interessanterweise in der Differenzialrechnung mit mehreren Variablen wichtig sein wird. Neben den (i, j)-Minoren einer Matrix, die durch Streichen *einer Zeile und einer Spalte* entstehen, sind die sogenannten *Hauptminoren* relevant. Sie entstehen bei einer beliebigen Matrix $\boldsymbol{A}$, wenn man mit dem Eintrag oben links in der Matrix beginnt und nach und nach jeweils eine Zeile und eine Spalte hinzunimmt, bis man schließlich bei der gesamten Matrix angekommen ist. Wir bezeichnen diese Matrizen mit $\boldsymbol{A}_1, \ldots, \boldsymbol{A}_n$. So hat beispielsweise die Matrix

$$\boldsymbol{A} = \begin{pmatrix} 1 & 2 & 3 \\ 2 & 3 & 4 \\ 3 & 4 & 5 \end{pmatrix}$$

die Hauptminoren

$$\boldsymbol{A}_1 = (1), \qquad \boldsymbol{A}_2 = \begin{pmatrix} 1 & 2 \\ 2 & 3 \end{pmatrix} \qquad \text{und} \qquad \boldsymbol{A}_3 = \boldsymbol{A} = \begin{pmatrix} 1 & 2 & 3 \\ 2 & 3 & 4 \\ 3 & 4 & 5 \end{pmatrix}.$$

Für den Definitheitsbegriff, wie er bei uns benötigt wird, betrachten wir nur symmetrische Matrizen. Sind die Determinanten aller Hauptminoren einer symmetrischen Matrix positiv, so nennt man die Matrix *positiv definit.* Sind die Hauptminoren ungerader Ordnung negativ und die Hauptminoren gerader Ordnung positiv, so nennt man die Matrix *negativ definit.* Falls ein Hauptminor gerader Ordnung negativ ist oder es Hauptminoren ungerader Ordnung mit entgegengesetztem Vorzeichen gibt, so nennt man die Matrix *indefinit.*

Beispiel 4.17

Die Matrix $\boldsymbol{P} = \begin{pmatrix} 2 & 1 \\ 4 & 3 \end{pmatrix}$ ist positiv definit, denn

$$\det \boldsymbol{P}_1 = \det 2 = 2 > 0 \quad \text{und} \quad \det \boldsymbol{P}_2 = \det \boldsymbol{P} = 2 > 0.$$

Die Matrix $\boldsymbol{N} = \begin{pmatrix} -2 & 1 \\ 4 & -3 \end{pmatrix}$ ist negativ definit, denn

$$\det \boldsymbol{N}_1 = \det -2 = -2 < 0 \quad \text{und} \quad \det \boldsymbol{N}_2 = \det \boldsymbol{N} = 2 > 0.$$

Die Matrix $\boldsymbol{I} = \begin{pmatrix} -2 & 1 \\ 4 & 3 \end{pmatrix}$ ist indefinit, denn

$$\det \boldsymbol{I}_1 = \det -2 = -2 < 0 \quad \text{und} \quad \det \boldsymbol{I}_2 = \det \boldsymbol{I} = -10 < 0.$$

■

■ 4.5 Ökonomische Anwendungen von Matrizen

Die Anwendungsmöglichkeiten linearer Gleichungssysteme sind gerade in der Betriebswirtschaft vielfältig. Viele der dort betrachteten Zusammenhänge sind linear, und wenn es noch um miteinander komplex vernetzte Prozesse geht, eignen sich Matrizen nahezu immer zur Beschreibung. In diesem Abschnitt stellen wir etwa die *Input-Output-Analyse* und als Erweiterung die *innerbetriebliche Leistungsverrechnung* vor, bevor wir dann einen kurzen Einblick in die Theorie der Markow-Ketten geben.

4.5.1 Input-Output–Analyse

Wir betrachten im Folgenden das ökonomische Modell einer *sektoral verflochtenen Unternehmung,* die aus n Abteilungen, den sogenannten *Sektoren* besteht. All diese Sektoren produzieren ein gewisses Gut, das jeweils in einer geeigneten Einheit messbar ist. Die Sektoren „beliefern“ sich außerdem untereinander, das bedeutet, ein Teil der jeweiligen Produktionsmenge fließt in den internen Verbrauch. Dabei wird auch mit berücksichtigt, dass ein Sektor einen Teil des eigenen produzierten Gutes selbst verbraucht. Diese Lieferungen zwischen den Sektoren werden als *endogener Leistungsaustausch* bezeichnet, da sie innerhalb des Systems bleiben. Der verbleibende Rest, nachdem die internen Lieferungen untereinander stattgefunden haben, steht für eine äußere Nachfrage zur Verfügung, also etwa für den Verkauf.

Es empfiehlt sich, für die oben beschriebenen Größen formale Bezeichnungen in Form von Vektoren und Matrizen einzuführen, damit die später gestellten Probleme bequem in mathematische Modelle übersetzt werden können. So bezeichnen wir beispielsweise die Produktionsmenge des i-ten Sektors mit x_i und fassen alle Produktionsmengen im sogenannten *Produktionsvektor* zusammen:

$$\boldsymbol{x} = \begin{pmatrix} x_1 \\ x_2 \\ \vdots \\ x_n \end{pmatrix}.$$

Der endogene Input kann wieder durch eine *Produktionskoeffizientenmatrix* beschrieben werden, wie sie uns bereits zuvor begegnet ist. Man bezeichnet dazu mit a_{ij} die Zahl der Einheiten des i-ten Produkts, die an den Sektor j *zur Produktion einer Einheit des j-ten Produkts* geliefert werden müssen. Diese relativen Zahlen a_{ij} sind die sogenannten *Produktionskoeffizienten*, die in

$$\boldsymbol{A} = (a_{ij}) \qquad (i, j = 1, \ldots, n)$$

zusammengefasst werden. Schließlich soll noch mit

$$\boldsymbol{y} = \begin{pmatrix} y_1 \\ y_2 \\ \vdots \\ y_n \end{pmatrix}$$

der *Nachfragevektor* bezeichnet werden, der angibt, wie viele Einheiten des produzierten Gutes jeder Sektor für die Nachfrage liefern kann.

Natürlich tauchen bei diesem Modell auch Matrizenmultiplikationen auf. Stellt man sich etwa die Frage, wie viele Einheiten der Sektor i in den endogenen Input stecken muss, wird man zwangsläufig darauf geführt: Den Sektor 1 muss Sektor i mit a_{i1} Einheiten *pro produzierter Einheit von Sektor* 1 beliefern, das ergibt also

$$a_{i1} \cdot x_1$$

Einheiten des i-ten Produkts. Insgesamt ergibt sich für Sektor i eine Produktion von

$$a_{i1}x_1 + a_{i2}x_2 + a_{i3}x_3 + \ldots + a_{in}x_n \tag{4.36}$$

Einheiten für den endogenen Leistungsaustausch. In (4.36) erkennt man unschwer den Teil einer Matrizenmultiplikation wieder. Hier wird nämlich die i-te Zeile der Produktionskoeffizientenmatrix $\boldsymbol{A}$ mit dem Produktionsvektor $\boldsymbol{x}$ multipliziert. Geht man alle Sektoren der Reihe nach durch, so kann man diese Produktionsmengen in der Produktmatrix

$$\boldsymbol{A} \cdot \boldsymbol{x} \tag{4.37}$$

zusammenfassen. Nun kommt eine wichtige Erkenntnis: Die Produktionsmenge für den endogenen Leistungsaustausch haben wir in (4.37) zusammengefasst – andererseits aber ist sie doch „ein Teil“ des Produktionsvektors $\boldsymbol{x}$ selbst. In diesen fließen nämlich die Produktionseinheiten für den endogenen Austausch und diejenigen für die Nachfrage ein. Damit erhalten wir folgende wichtige Beziehung.

Matrixgleichung für eine sektoral verflochtene Unternehmung

Bei einer sektoral verflochtenen Unternehmung mit Produktionsvektor $\boldsymbol{x}$, Produktionskoeffizientenmatrix $\boldsymbol{A}$ und Nachfragevektor $\boldsymbol{y}$ gilt die Matrixgleichung

$$\boldsymbol{x} = \boldsymbol{A} \cdot \boldsymbol{x} + \boldsymbol{y}. \tag{4.38}$$

Die Gleichung (4.38) hat einen impliziten Charakter; der Produktionsvektor $\boldsymbol{x}$ steht exponiert auf der linken Seite und zudem noch in ein Produkt mit der Koeffizientenmatrix involviert auf der rechten Seite. Während man (4.38) sehr einfach nach $\boldsymbol{y}$ „auflösen“ kann, nämlich

$$\boldsymbol{y} = \boldsymbol{x} - \boldsymbol{A} \cdot \boldsymbol{x}, \tag{4.39}$$

und damit das Problem einer erfüllbaren Nachfrage bei gegebenen Produktionsinformationen lösen kann, ist für die umgekehrte Frage nach einer *erforderlichen Produktion* bei gewünschter Nachfrage ein weiterer Schritt notwendig. In (4.39) kann nämlich auf der rechten Seite der Vektor $\boldsymbol{x}$ „ausgeklammert“ werden, und es ergibt sich

$$\boldsymbol{y} = (\boldsymbol{E} - \boldsymbol{A}) \cdot \boldsymbol{x}. \tag{4.40}$$

Hier ist auf zweierlei zu achten: Einerseits muss man sich daran erinnern, dass die Einheitsmatrix $\boldsymbol{E}$ bei der Matrizenmultiplikation die Rolle des neutralen Elements übernimmt, und andererseits ist noch wichtig, dass der ausgeklammerte Vektor $\boldsymbol{x}$ *rechts* von der Klammer steht. Die Matrizenmultiplikation ist nämlich nicht kommutativ, wie wir wissen. Somit ergibt sich aus (4.40) die Gleichung

$$\boldsymbol{x} = (\boldsymbol{E} - \boldsymbol{A})^{-1} \cdot \boldsymbol{y}, \tag{4.41}$$

natürlich nur, sofern die Matrix $\boldsymbol{E} - \boldsymbol{A}$ invertierbar ist. Nur unter dieser Bedingung ist dann eine vorgegebene Nachfrage $\boldsymbol{y}$ eindeutig zu befriedigen; andernfalls, so ist aus der Theorie der Gleichungssysteme bekannt, gibt es entweder keine oder zumindest keine eindeutige Lösung. Die Matrix $\boldsymbol{E} - \boldsymbol{A}$ wird *Leontief-Matrix* genannt, nach dem russischen Wirtschaftswissenschaftler Wassily Leontief, der hierfür im Jahr 1973 den Wirtschafts-Nobelpreis erhalten hat.

Beleben wir die Theorie mit konkreten Zahlen: Eine Unternehmung bestehe aus zwei produzierenden Sektionen, und es gelte die folgende Übersicht:

		Belieferter Sektor		Nachfrage
		1	2	y
Liefernder Sektor	1	8	30	2
	2	20	25	5

(4.42)

Zunächst kann hier die Produktionskoeffizientenmatrix $\boldsymbol{A}$ bestimmt werden. Da für den Produktionsvektor

$$\boldsymbol{x} = \begin{pmatrix} 40 \\ 50 \end{pmatrix}$$

gilt, ergibt sich

$$A = \begin{pmatrix} 0,2 & 0,6 \\ 0,5 & 0,5 \end{pmatrix}.$$

Hierbei ist darauf zu achten, dass **A** durch *spaltenweise Division der Einträge in der Tabelle durch die Komponenten des Produktionsvektors* $\boldsymbol{x}$ entsteht. Nun kann man sich etwa fragen, was passiert, wenn sich die Produktionsmenge von Sektor 1 auf 70 Einheiten und die von Sektor 2 auf 80 Einheiten steigern lässt? Die erfüllbare Nachfrage ändert sich, und man berechnet sie mithilfe von (4.40):

$$\boldsymbol{y} = (\boldsymbol{E} - \boldsymbol{A}) \cdot \boldsymbol{x} = \begin{pmatrix} 0,8 & -0,6 \\ -0,5 & 0,5 \end{pmatrix} \cdot \begin{pmatrix} 70 \\ 80 \end{pmatrix} = \begin{pmatrix} 8 \\ 5 \end{pmatrix}.$$

Umgekehrt kann beispielsweise gefragt werden, welche Mengen die einzelnen Sektoren produzieren müssen, um eine Endnachfrage von

$$\boldsymbol{y} = \begin{pmatrix} 14 \\ 9 \end{pmatrix}$$

erfüllen zu können. Dies kann mithilfe von (4.41) geschehen, wofür allerdings die inverse Matrix zur *Leontief-Matrix* $\boldsymbol{E} - \boldsymbol{A}$ benötigt wird. Man kann diese beispielsweise mit (4.31) berechnen. Es ergibt sich

$$\begin{aligned} (\boldsymbol{E} - \boldsymbol{A})^{-1} &= \begin{pmatrix} 0,8 & -0,6 \\ -0,5 & 0,5 \end{pmatrix}^{-1} \\ &= \frac{1}{0,8 \cdot 0,5 - (-0,6) \cdot (-0,5)} \cdot \begin{pmatrix} 0,5 & 0,6 \\ 0,5 & 0,8 \end{pmatrix} \\ &= \frac{1}{0,1} \cdot \begin{pmatrix} 0,5 & 0,6 \\ 0,5 & 0,8 \end{pmatrix} \\ &= \begin{pmatrix} 5 & 6 \\ 5 & 8 \end{pmatrix}. \end{aligned}$$

Damit erhält man nach (4.41) den erforderlichen Produktionsvektor durch

$$\boldsymbol{x} = (\boldsymbol{E}\_\boldsymbol{A})^{-1} \cdot \boldsymbol{y} = \begin{pmatrix} 5 & 6 \\ 5 & 8 \end{pmatrix} \cdot \begin{pmatrix} 14 \\ 9 \end{pmatrix} = \begin{pmatrix} 124 \\ 142 \end{pmatrix}.$$

Dies bedeutet, dass für die zu erfüllende Nachfrage eine Produktion von 124 ME des Produkts 1 und 142 ME des Produkts 2 notwendig ist. Ein Beispiel für den Fall dreier Sektoren befindet sich bei den Übungen.

4.5.2 Innerbetriebliche Leistungsverrechnung

Es wird nun zusätzlich ein Blick auf die entstehenden Kosten bei einer sektoral verflochtenen Unternehmung geworfen. Mithilfe der innerbetrieblichen Leistungsverrechnung können

Kostenverrechnungssätze berechnet werden, die als Grundlage für verschiedenste Planungsentscheidungen dienen. So kann zum Beispiel die Wirtschaftlichkeit der einzelnen Sektoren besser beurteilt werden.

Man unterscheidet zwischen zwei Arten von Kosten: Dem einzelnen Sektor i entstehen zunächst unmittelbar gewisse Kosten p_i, die sogenannten *primären Kosten*, wie etwa Löhne, Gehälter, Material, Mieten etc. Diese primären Kosten werden im sogenannten *relativen Preisvektor*

$$\boldsymbol{p} = \begin{pmatrix} p_1/x_1 \\ \vdots \\ p_n/x_n \end{pmatrix}$$

zusammengefasst. Hinzu kommen die *sekundären Kosten* für jeden Sektor i, die durch den innerbetrieblichen Leistungsaustausch entstehen. Unter der *innerbetrieblichen Leistungsverrechnung* versteht man dann die Ermittlung der sogenannten *Verrechnungskosten* v_i, also der jeweiligen effektiven Kosten *pro produzierter Einheit*, die jeder Sektor aufzubringen hat. In diese Verrechnungskosten fließen die primären und die sekundären Kosten ein, und es bezeichne

$$\boldsymbol{v} = \begin{pmatrix} v_1 \\ \vdots \\ v_n \end{pmatrix}$$

den entsprechenden Verrechnungskostenvektor. Wir erweitern Tabelle (4.42) um die Primärkosten:

		Belieferter Sektor		Nachfrage	primäre Kosten
		1	2	y	
Liefernder Sektor	1	8	30	2	150
	2	20	25	5	100

Gesucht sind nun die Verrechnungspreise v_1 und v_2 der beiden Sektoren. Da die beiden Sektoren 40 bzw. 50 Einheiten produzieren, belaufen sich die Gesamtkosten, die für Sektor 1 (bzw. für Sektor 2) anfallen, auf $40v_1$ (bzw. auf $50v_2$). Da sich andererseits die Kosten aus primären und sekundären Kosten zusammensetzen, erhalten wir die zwei Gleichungen

$$\begin{array}{ccccccc} 150 & + & 8v_1 & + & 20v_2 & = & 40v_1 \\ 100 & + & 30v_1 & + & 25v_2 & = & 50v_2 \end{array} \qquad (4.43)$$

Wir beobachten an diesem System, dass in Gleichung i die Variable v_i jeweils auf beiden Seiten auftritt. Grund hierfür ist das Gleichsetzen der empfangenen Leistungen, zu denen auch die Primärkosten zählen, mit den abgegebenen Leistungen. Da die Gleichungsanzahl mit der Anzahl der Sektoren übereinstimmt, kann hier grundsätzlich eine eindeutige Lösung erwartet werden, und in der Regel ist dies auch der Fall. Das LGS (4.43) kann nun ohne Weiteres gelöst werden (mit dem Rechner oder von Hand ähnlich schnell), und man erhält

$$v_1 = 28{,}75 \qquad \text{und} \qquad v_2 = 38{,}5.$$

Wir betonen noch einmal, dass hier die innerbetrieblichen Leistungen in die Verrechnungspreise einfließen. Würde dies nicht berücksichtigt, so könnten zwar ebenfalls Preise berechnet werden, die jedoch mit den Verrechnungspreisen nichts zu tun hätten. Man hätte dann lediglich die Primärkosten den erbrachten Leistungen an die Endnachfrage gegenüber zu stellen, also

$$150 = 2\tilde{v}_1 \qquad \text{und} \qquad 100 = 5\tilde{v}_2.$$

Hier ergäbe sich $\tilde{v}_1 = 75$ und $\tilde{v}_2 = 20$. Die Tatsache, dass 75 % der insgesamt erbrachten Leistungen von Sektor 1 innerbetrieblich von Sektor 2 verbraucht werden, bleibt bei dieser Berechnung völlig unberücksichtigt.

So wie wir gerade im konkreten Beispiel die Verrechnungskosten erhalten haben, geht es natürlich auch allgemein. Beobachtet man wieder, welche Matrizenmultiplikationen eigentlich hinter dem Gleichungssystem (4.43) stecken, so ergibt sich schnell.

Innerbetriebliche Leistungsverrechnung

Bezeichnet $\boldsymbol{v}$ den Vektor der Verrechnungspreise, $\boldsymbol{A}$ die Produktionskoeffizientenmatrix sowie $\boldsymbol{p}$ den relativen Preisvektor, so gelten die Beziehungen

$$\boldsymbol{p} = (\boldsymbol{E} - \boldsymbol{A}^T) \cdot \boldsymbol{v}$$

und (sofern die Matrix $\boldsymbol{E} - \boldsymbol{A}^T$ invertierbar ist):

$$\boldsymbol{v} = (\boldsymbol{E} - \boldsymbol{A}^T)^{-1} \cdot \boldsymbol{p}. \tag{4.44}$$

Angewendet auf das gerade behandelte Beispiel ergibt sich aus (4.44):

$$\boldsymbol{v} = \begin{pmatrix} 0{,}8 & -0{,}5 \\ -0{,}6 & 0{,}5 \end{pmatrix}^{-1} \cdot \begin{pmatrix} 3{,}75 \\ 2 \end{pmatrix} = \begin{pmatrix} 28{,}75 \\ 38{,}5 \end{pmatrix}.$$

4.5.3 Markow-Ketten

Eine interessante Anwendung von Matrizen, die in eine etwas andere Richtung geht, ist die der *Markow-Ketten*. Durch solche Prozesse kann beispielsweise die zeitliche Entwicklung eines Marktes beschrieben werden, auf dem mehrere Güter miteinander konkurrieren. Bei vielen Gütern, etwa bei Tageszeitungen, Waschmitteln, Autos etc. verhalten sich die Käufer durchaus nicht markentreu, wenn man das Kaufverhalten über einen längeren Zeitraum betrachtet. Die Veränderungsprozesse zu beobachten kann sehr spannend sein, und Markow-Ketten bieten ein geeignetes Modell hierfür.

Wir beschränken uns dabei auf sehr vereinfachte Märkte. Über die Art der einzelnen Einschränkungen kann man natürlich diskutieren und andere Modelle betrachten. Wir wollen hier aber nur eine Idee geben und gehen daher sehr reduziert vor. Es sollen also im Folgenden diese Restriktionsbedingungen erfüllt sein:

- Abgesehen von den betrachteten Produkten existieren keine weiteren Konkurrenzprodukte.
- Es bleiben immer 100 % der Käufer erhalten.

- Die Wahl des jeweiligen Produktes hängt nur von der Vorperiode ab und nicht von den Perioden davor.

Der letzte Punkt, die häufig auch sogenannte *Gedächtnislosigkeit*, ist eine der wesentlichen kennzeichnenden Eigenschaften einer Markow-Kette. Formal gehören die Markow-Ketten zu den stochastischen Prozessen, die, sehr grob gesprochen, zeitlich indizierte Zufallsvariablen behandeln. Die besondere Eigenschaft der diskret indizierten Markow-Ketten lässt sich dabei in etwa so ausdrücken:

Markow-Kette

Eine Markow-Kette ist durch eine Menge zeitlich indizierter Zufallsvariablen $X_0, X_1, X_2, \ldots, X_n, \ldots$ gegeben, wobei die Wahrscheinlichkeit, dass die Zufallsvariable X_t einen bestimmten Wert annimmt, lediglich vom Wert der Zufallsvariablen X_{t-1} abhängt.

Betrachten wir ein konkretes Fallbeispiel: Bei einer großen Zahl von Unternehmen wurde eine Marktanalyse durchgeführt, die über einen längeren Zeitraum beobachtete, welche Firmenwagen eingesetzt wurden. Dabei wurden nur Unternehmen mit Fahrzeugen einer der drei Marken Audi, BMW und Mercedes berücksichtigt. Es ergab sich folgende Tabelle für die Übergangswahrscheinlichkeiten:

	zu Audi	zu BMW	zu Mercedes
von Audi	70 %	20 %	10 %
von BMW	30 %	50 %	20 %
von Mercedes	15 %	25 %	60 %

(4.45)

Wie liest sich die Tabelle (4.45)? In der ersten Zeile steckt beispielsweise die Information, dass 70 % der Unternehmen, die Audi einsetzen, dies auch in der nachfolgenden Periode tun, wohingegen 20 % der Audi-Käufer zu BMW und 10 % der Audi-Käufer zu Mercedes wechseln. Wir gehen von den oben genannten, sehr strengen Restriktionen aus und nehmen an, dass sich dieses Wechselverhalten zeitlich nicht ändert. Die Prozentwerte gelten für jede Periode. Die nahe liegende Frage ist dann: Wie ist die langfristige Marktentwicklung?

Um dies untersuchen zu können, muss eine „Start-Aufteilung" des Marktes bekannt sein. Gehen wir etwa davon aus, dass 10 % einen Audi, ebenfalls 10 % einen BMW und 80 % einen Mercedes fuhren und fassen diese Aufteilung in dem „Startvektor"

$$\boldsymbol{p}_0 = \begin{pmatrix} 0,1 \\ 0,1 \\ 0,8 \end{pmatrix}$$

zusammen. Für die Analyse sollte nun versucht werden, aus den Werten der Tabelle und aus der Start-Aufteilung $\boldsymbol{p}_0$ zunächst die Marktverteilung für die kommende Periode zu berechnen. Wie kann beispielsweise der Marktanteil von Audi für die nächste Periode bestimmt werden? Von den 10 % Audi-Fahrern kaufen 70 % weiterhin Audi, das sind also 7 % aller untersuchten Unternehmen. Von den 10 % BMW-Fahrern wechseln nun 30 % zu Audi, das entspricht 3 % der Unternehmen, und analog berechnet sich der Anteil der ehemaligen Mercedes-Fahrer, nämlich 15 % von den 80 %, das entspricht nun 12 %. Der neue Anteil der Audi-Fahrer ergibt sich also durch

$$0,1 \cdot 0,7 + 0,1 \cdot 0,3 + 0,8 \cdot 0,15 = 0,07 + 0,03 + 0,12 = 0,22. \tag{4.46}$$

Der Marktanteil steigt demnach von 10 % auf 22 %. Ein Blick auf (4.46) lässt uns mittlerweile sofort erkennen, dass sich dahinter ein Teil eines Matrizenprodukts verbirgt. Hier wurde offenbar die erste Spalte der Tabelle (4.45) mit dem Startvektor $\boldsymbol{p}_0$ multipliziert. Analog ergeben sich die Werte für die anderen Marken; immer spielen die Spalten der Tabelle eine Rolle.

Bilden wir die sogenannte *Übergangsmatrix* $\boldsymbol{M}$, indem wir die Einträge der Tabelle der Übergangswahrscheinlichkeiten transponieren, also

$$\boldsymbol{M} = \begin{pmatrix} 0,7 & 0,3 & 0,15 \\ 0,2 & 0,5 & 0,25 \\ 0,1 & 0,2 & 0,6 \end{pmatrix},$$

so kann das Matrizenprodukt $\boldsymbol{M} \cdot \boldsymbol{p}_0$ gebildet werden und gibt die neue Aufteilung des Marktes nach einer Periode an. Es ergibt sich also

$$\boldsymbol{p}_1 = \boldsymbol{M} \cdot \boldsymbol{p}_0 = \begin{pmatrix} 0,7 & 0,3 & 0,15 \\ 0,2 & 0,5 & 0,25 \\ 0,1 & 0,2 & 0,6 \end{pmatrix} \cdot \begin{pmatrix} 0,1 \\ 0,1 \\ 0,8 \end{pmatrix} = \begin{pmatrix} 0,22 \\ 0,27 \\ 0,51 \end{pmatrix}.$$

Der erste Eintrag in $\boldsymbol{p}_1$ sind nun gerade die in (4.46) berechneten 22 % Marktanteil für Audi, und die beiden anderen Einträge geben die Anteile für BMW (27 %) und Mercedes (51 %) an. Ganz analog berechnet man nun den Marktanteil nach zwei Perioden:

$$\boldsymbol{p}_2 = \boldsymbol{M} \cdot \boldsymbol{p}_1 = \begin{pmatrix} 0,7 & 0,3 & 0,15 \\ 0,2 & 0,5 & 0,25 \\ 0,1 & 0,2 & 0,6 \end{pmatrix} \cdot \begin{pmatrix} 0,22 \\ 0,27 \\ 0,51 \end{pmatrix} = \begin{pmatrix} 0,3115 \\ 0,3065 \\ 0,382 \end{pmatrix}.$$

Will man nun den Marktanteil nach sechs Perioden bestimmen (immer vorausgesetzt, die Übergangsmatrix $\boldsymbol{M}$ bleibt konstant), dann bestände eine Möglichkeit darin, das Produkt

$$\boldsymbol{p}_6 = \boldsymbol{M} \cdot \boldsymbol{p}_5$$

zu bestimmen. Dazu müsste jedoch offenbar $\boldsymbol{p}_5$ bekannt sein, was mehrere Multiplikationsschritte erfordert: Ausgehend von $\boldsymbol{p}_2$ könnte zuerst $\boldsymbol{p}_3$, anschließend $\boldsymbol{p}_4$ und dann $\boldsymbol{p}_5$ berechnet werden. Gibt es einen eleganteren Weg? Schaut man auf die Berechnung für den Marktanteil nach zwei Perioden, so gilt hier:

$$\boldsymbol{p}_2 = \boldsymbol{M} \cdot \boldsymbol{p}_1 = \boldsymbol{M} \cdot (\boldsymbol{M} \cdot \boldsymbol{p}_0) = \boldsymbol{M} \cdot \boldsymbol{M} \cdot \boldsymbol{p}_0 = \boldsymbol{M}^2 \cdot \boldsymbol{p}_0.$$

Eine Probe ergibt in der Tat

$$\boldsymbol{p}_2 = \boldsymbol{M}^2 \cdot \boldsymbol{p}_0 = \begin{pmatrix} 0,565 & 0,39 & 0,27 \\ 0,265 & 0,36 & 0,305 \\ 0,17 & 0,25 & 0,425 \end{pmatrix} \cdot \begin{pmatrix} 0,1 \\ 0,1 \\ 0,8 \end{pmatrix} = \begin{pmatrix} 0,3115 \\ 0,3065 \\ 0,382 \end{pmatrix},$$

also die bereits berechnete Verteilung $\boldsymbol{p}_2$. Wendet man diese Vorgehensweise analog für den Zustand nach sechs Perioden an, dann erhält man, auf drei Dezimalstellen gerundet,

$$\boldsymbol{p}_6 = \boldsymbol{M}^6 \cdot \boldsymbol{p}_0 = \begin{pmatrix} 0,444 & 0,433 & 0,421 \\ 0,303 & 0,305 & 0,307 \\ 0,254 & 0,262 & 0,272 \end{pmatrix} \cdot \begin{pmatrix} 0,1 \\ 0,1 \\ 0,8 \end{pmatrix} = \begin{pmatrix} 0,425 \\ 0,306 \\ 0,269 \end{pmatrix}.$$

Zur Berechung der Verteilung nach einer beliebigen Anzahl von Perioden benötigen wir also lediglich den Startzustand und die Übergangsmatrix.

Marktentwicklung

Bei einer konstanten Übergangsmatrix $\boldsymbol{M}$ und einer Startaufteilung $\boldsymbol{p}_0$ ergibt sich die Aufteilung des Marktes nach n Perioden durch

$$\boldsymbol{p}_n = \boldsymbol{M}^n \cdot \boldsymbol{p}_0. \tag{4.47}$$

Was passiert nun *langfristig* mit den Marktverteilungen? Wie stark ändern sich die Marktanteile zwischen der zehnten und der hundertsten Periode? Man erhält hier

$$\boldsymbol{p}_{10} = \boldsymbol{M}^{10} \cdot \boldsymbol{p}_0 = \begin{pmatrix} 0,434 \\ 0,304 \\ 0,261 \end{pmatrix} \quad \text{und} \quad \boldsymbol{p}_{100} = \boldsymbol{M}^{100} \cdot \boldsymbol{p}_0 = \begin{pmatrix} 0,435 \\ 0,304 \\ 0,261 \end{pmatrix},$$

und es kommt der starke Verdacht auf, dass der Prozess stagniert, denn die Marktanteile ändern sich nur noch sehr geringfügig. Auf lange Sicht wird tatsächlich ein stationärer Zustand angenommen, was man sich mithilfe einer entsprechenden Software, die hohe Potenzen von Matrizen berechnen kann, plausibel machen kann. Auf drei Dezimalstellen gerundet ergibt sich die *stationäre Verteilung*

$$\boldsymbol{p}_{\text{stat}} = \begin{pmatrix} 0,435 \\ 0,304 \\ 0,261 \end{pmatrix}.$$

Diese Verteilung kann man als *dynamisches Gleichgewicht* interpretieren: Es findet zwar nach wie vor ein Wechsel zwischen den Fahrzeugtypen statt, nur gleichen sich die einzelnen prozentualen Änderungen aus. Die stationäre Verteilung führt dann tatsächlich immer zu der gleichen Aufteilung der Marktanteile in der folgenden Periode:

$$\boldsymbol{M} \cdot \boldsymbol{p}_{\text{stat}} = \boldsymbol{p}_{\text{stat}}.$$

Auch im Fallbeispiel gilt dies:

$$\boldsymbol{M} \cdot \boldsymbol{p}_{\text{stat}} == \begin{pmatrix} 0,7 & 0,3 & 0,15 \\ 0,2 & 0,5 & 0,25 \\ 0,1 & 0,2 & 0,6 \end{pmatrix} \cdot \begin{pmatrix} 0,435 \\ 0,304 \\ 0,261 \end{pmatrix} = \begin{pmatrix} 0,435 \\ 0,304 \\ 0,261 \end{pmatrix} = \boldsymbol{p}_{\text{stat}}.$$

Hierbei und überhaupt bei unseren Betrachtungen zur Markow-Kette war eine sehr starke Annahme, dass die Übergangsmatrix konstant ist, dass also etwa beim Übergang von der vierten zur fünften Periode dieselben Übergangswahrscheinlichkeiten gelten wie beim Übergang von der dreiundzwanzigsten zur vierundzwanzigsten Periode. Besitzt die Markow-Kette eine konstante Übergangsmatrix, dann spricht man von einer *homogenen Markow-Kette*, andernfalls von einer *inhomogenen Markow-Kette.*

Die Markow-Ketten wurden hier nur im Rahmen der Matrizenmultiplikation diskutiert, es soll allerdings an dieser Stelle noch darauf hingewiesen werden, dass es sich bei dieser Anwendung um einen Sonderfall eines stochastischen Prozesses handelt.

Übungen zum Kapitel 4

Übung 4.1

Bestimmen Sie die Lösungsmenge zu folgenden LGS.

1. $\left(\begin{array}{cc|c} 1 & 2 & 5 \\ 3 & 4 & 8 \end{array}\right)$.
2. $\left(\begin{array}{cc|c} 2 & 3 & -5 \\ -4 & -6 & 8 \end{array}\right)$
3. $\left(\begin{array}{ccc|c} 1 & 2 & 3 & 4 \\ 5 & 6 & 7 & 8 \\ 9 & 10 & 11 & 12 \end{array}\right)$

Übung 4.2

Bestimmen Sie jeweils ein beliebiges LGS mit der Lösungmenge

$$\mathbb{L} = \left\{\begin{pmatrix} 1 \\ 2 \\ 3 \end{pmatrix}\right\} \quad \text{bzw.} \quad \mathbb{L} = \left\{\begin{pmatrix} 1 \\ 2 \\ 3 \end{pmatrix} + t\begin{pmatrix} -2 \\ 1 \\ 1 \end{pmatrix} \mid t \in \mathbb{R}\right\}.$$

Übung 4.3

Ein Kaffeeröster mischt Kaffeesorten verschiedener Preisklassen. Von der Bohnensorte A kostet eine Mengeneinheit (ME) im Verkauf 6 €; die anderen Preise pro ME betragen 7,50 € (Sorte B) und 9 € (Sorte C). Modellieren Sie folgende Problemstellungen jeweils mit einem LGS und lösen Sie dies.

1. Eine Mischung aus den Sorten A und B soll 6,75 € pro ME kosten.
2. Eine Mischung aus den Sorten B und C soll 8,20 € pro ME kosten.
3. Eine Mischung aus allen drei Sorten soll 7,20 € pro ME kosten. Worin unterscheidet sich dieses Problem von den beiden vorhergehenden wesentlich? Wie interpretieren Sie die Lösungsmenge?

Übung 4.4

1. Welche Funktion zweiten Grades verläuft durch die drei Punkte $(1/2,5)$, $(-1/8,5)$ und $(3/0,5)$?
2. Welche Funktion vierten Grades verläuft durch die fünf Punkte $(-5/-144)$, $(-3/24)$, $(-2/0)$, $(-1/-24)$ und $(5/-504)$?

Übung 4.5

In dieser Aufgabe wird erneut die Formel (1.14) für die Summe $S(n)$ der Quadratzahlen bis n^2 nachgewiesen, und zwar mithilfe eines LGS.

1. Machen Sie sich klar, dass $S(n)$ eine Funktion dritten Grades in n ist. (*Hinweis*: Denken Sie an die Summe der natürlichen Zahlen selbst.)
2. Als Funktion dritten Grades ist $S(n)$ durch vier Bedingungen festgelegt. Welche vier Bedingungen bieten sich an?
3. Geben Sie das zugehörige LGS an und lösen Sie es.

Übung 4.6

In einer Mensa werden die Essen A, B und C an Studierende zum Preis von 1, 2 bzw. 3 € und an Mitarbeiter zum Preis von 2, 4 bzw. 5 € abgegeben. An einem Tag werden 3.000 Essenportionen verkauft und ein Umsatz von 7.100 € erzielt. Dabei werden an Studierende insgesamt fünfmal so viele Portionen ausgegeben wie an Mitarbeiter. Der Wareneinsatz beträgt bei dem Essen A 1 € sowie bei den Essen B und C jeweils 1,50 € pro Portion und insgesamt an diesem Tag 4.150 €. Der Personalaufwand beträgt bei den Essen A und B 1,50 € sowie beim Essen C 2 € pro Person und insgesamt an diesem Tag 4.950 €.

1. Stellen Sie ein Gleichungssystem zur Bestimmung der Zahl der an Studierende bzw. an Mitarbeiter abgegebenen Portionen der einzelnen Essen auf.
2. Lösen Sie das Gleichungssystem.
3. Wie viele verschiedene Lösungen für den beschriebenen Sachverhalt gibt es?

Übung 4.7

Gegeben seien die Matrizen

$$\boldsymbol{A} = \begin{pmatrix} 1 & 3 \\ -2 & 5 \end{pmatrix}, \quad \boldsymbol{B} = \begin{pmatrix} 2 & 0 & -4 \\ -1 & 1 & -4 \end{pmatrix}, \quad \boldsymbol{C} = \begin{pmatrix} 3 \\ -3 \end{pmatrix}, \quad \boldsymbol{D} = \begin{pmatrix} 1 & 2 \end{pmatrix}.$$

Bilden Sie für je zwei dieser Matrizen, für die das möglich ist, das Produkt.

Übung 4.8

Bestimmen Sie die Determinanten und ggf. die Inversen folgender Matrizen:

1. $\begin{pmatrix} 1 & 3 \\ 2 & 5 \end{pmatrix}$
2. $\begin{pmatrix} x & 2x \\ 3 & x \end{pmatrix}$
3. $\begin{pmatrix} x & 2 & x \\ 1 & x & -2 \\ 3 & x & 1 \end{pmatrix}$

Übung 4.9

Es sei

$$\boldsymbol{A} = \begin{pmatrix} 0 & -1 \\ 1 & 0 \end{pmatrix} \quad \text{und} \quad \boldsymbol{x} = \begin{pmatrix} 1 \\ 1 \end{pmatrix}.$$

Berechnen Sie $\boldsymbol{A}^n \cdot \boldsymbol{x}$ für $n = 1, 2, 3, 4, 5$. Was stellen Sie fest? Was „macht" die Matrix $\boldsymbol{A}$? (*Hinweis*: Zeichnen Sie die berechneten Vektoren in ein Koordinatensystem.)

Übung 4.10

Die Primärkosten zweier Kostenstellen betragen 10.000 € (Kostenstelle 1) und 20.000 € (Kostenstelle 2). Die Kostenstelle 1 erbrachte 50.000 Leistungseinheiten, wovon 8.000 Leistungseinheiten an Kostenstelle 2 gegeben wurden. Die Kostenstelle 2 erstellte 12.000 Leistungseinheiten, von denen 3.000 Leistungseinheiten an Kostenstelle 1 geliefert wurden. Bestimmen Sie die Verrechnungskosten.

Übung 4.11

In einem Produktionsprozess werden in der ersten Stufe aus den Rohstoffen R_1, R_2, R_3 zwei Zwischenprodukte Z_1, Z_2 gefertigt. Diese werden dann in einer zweiten Stufe zu drei Endprodukten E_1, E_2, E_3 weiterverarbeitet. Die Produktionskoeffizienten sind den folgenden Tabellen zu entnehmen:

	Z_1	Z_2
R_1	2	3
R_2	1	1
R_3	2	1

bzw.

	E_1	E_2	E_3
Z_1	1	2	4
Z_2	5	1	1

1. Berechnen Sie mithilfe einer geeigneten Matrixmultiplikation die Bedarfsmengen der beiden Zwischenprodukte, wenn 6 ME des Endproduktes E_1, 8 ME des Endproduktes E_2 und 5 ME des Endproduktes E_3 hergestellt werden sollen.
2. Bestimmen Sie die Matrix, mit deren Hilfe Sie in einem Schritt berechnen können, wie viele Einheiten der drei Rohstoffe jeweils für die drei Endprodukte benötigt werden.
3. Berechnen Sie mithilfe von (2.) die Bedarfsmengen der drei Rohstoffe, wenn 5 ME des Endproduktes E_1, 10 ME des Endproduktes E_2 und 12 ME des Endproduktes E_3 hergestellt werden sollen.

Übung 4.12

Ein Unternehmen stellt die beiden Produkte A und B her, deren Fertigung an den Maschinen X und Y erfolgt. Die erforderliche Bearbeitungszeit pro Einheit der Produkte ist in der folgenden Tabelle angegeben:

	X	Y
A	2	5
B	4	4

Die Produktionskapazitäten der Maschinen betragen 30 Stunden (X) und 60 Stunden (Y).

1. Wie viele Einheiten können hergestellt werden, wenn die Kapazitäten voll ausgenutzt werden?
2. Da sich die Produktionskapazitäten auch ändern können (nicht aber die erforderlichen Bearbeitungszeiten!), ist es sinnvoll, den Teil (a) unabhängig von den konkreten Kapazitäten allgemein zu lösen. Wie machen Sie das? Berechnen Sie dann konkret die Bearbeitungszeiten für die Kapazitäten 40 Stunden (X) und 70 Stunden (Y).

Übung 4.13

Eine verflochtene Unternehmung bestehe aus drei produzierenden Sektionen:

		Belieferter Sektor			Nachfrage
		1	2	3	y
Liefernder Sektor	1	2	4	12	2
	2	6	8	6	20
	3	8	4	18	30

1. Ermitteln Sie die Produktionskoeffizientenmatrix und bestimmen Sie die erfüllbare Endnachfrage für $\boldsymbol{x} = (160, 100, 200)^T$.
2. Welche Produktionsmengen sind erforderlich, falls $\boldsymbol{y} = (200, 300, 500)^T$?

Übung 4.14

Auf einem vereinfachten Markt konkurrieren drei Waschmittel A, B und C miteinander. Ein Marktforschungsinstitut hat das folgende Übergangsverhalten der Verbraucher von einem Monat zum nächsten herausgefunden:

	zu A	zu B	zu C
von A	80 %	10 %	10 %
von B	20 %	70 %	10 %
von C	20 %	20 %	60 %

Aus der Tabelle liest man beispielsweise ab, dass 80 % der Verbraucher, die in einem Monat A nutzen, dies auch im kommenden Monat noch tun, während 10 % von ihnen im kommenden Monat zu B wechseln etc.

1. Die aktuelle Aufteilung des Marktes sei folgende: 40 % der Verbraucher nutzen Waschmittel A, 20 % nutzen B und 40 % nutzen C. Ermitteln Sie die Aufteilung des Marktes im Folgemonat.
2. Berechnen Sie nun die Aufteilung des Marktes nach zwei Monaten, nach einem halben Jahr, nach einem ganzen Jahr. Was stellen Sie fest?

Übung 4.15

Ein Spieler besitzt 100 € und benötigt 300 €. Er kann einen beliebigen Einsatz verdoppeln, indem er bei einem Münzwurf „Kopf" erzielt. Bei „Zahl" hingegen verliert er seinen Einsatz. Der Spieler entscheidet sich für folgende Strategie: Er setzt zunächst die kompletten 100 € und ist danach entweder ruiniert (bei „Zahl") oder verfügt über 200 €. Bei einem erneuten Münzwurf erreicht er entweder sein Ziel (bei „Kopf") oder verfügt, falls er „Zahl" wirft, wieder über 100 €, womit der Ausgangszustand wieder hergestellt ist.

1. Veranschaulichen Sie die Situation anhand eines Pfeildiagramms.

2. Die vier möglichen Zustände nach einem Münzwurf sind 0 €, 100 €, 200 € oder 300 €. Die Wahrscheinlichkeiten für diese vier Zustände nach n Münzwürfen können in einen Spaltenvektor $\boldsymbol{s}_n$ der Länge 4 geschrieben werden. So ist etwa $\boldsymbol{s}_0 = (0,1,0,0)^T$. Bestimmen Sie $\boldsymbol{s}_1, \boldsymbol{s}_2$ und $\boldsymbol{s}_3$.
3. Bestimmen Sie die Übergangsmatrix $\boldsymbol{U}$, die den Übergang von einem Wahrscheinlichkeitsvektor zu dem Vektor nach dem nächsten Münzwurf angibt, für die also gilt: $\boldsymbol{U} \cdot \boldsymbol{s}_n = \boldsymbol{s}_{n+1}$.
4. Untersuchen Sie, wie sich die Wahrscheinlichkeiten langfristig entwickeln und entscheiden Sie dann, ob sich das Spiel für den Spieler mit dieser Strategie lohnt.

Übung 4.16

Eine Produktionsstätte besteht aus den Teilbereichen Energieerzeugung, Wasserversorgung sowie zwei Produktionsabteilungen, welche die Produkte P_1 und P_2 herstellen. Über die Produktionsverhältnisse ist Folgendes bekannt: Von einer Kilowattstunde erzeugtem Strom verbraucht die Energieversorgung 10 % selbst, während der Eigenverbrauch der Wasserversorgung je erstelltem Liter bei 0,2 Litern liegt. Bei der Erstellung einer Einheit des Produktes P_1 werden $0{,}75$ Kilowattstunde Strom und bei der Erstellung einer Einheit des Produktes P_2 0,5 Liter Wasser verbraucht. Der Eigenverbrauch beider Produkte beträgt jeweils 0,25 Einheiten. Für die Herstellung einer Einheit von P_1 werden 0,5 Einheiten von P_2 benötigt.

1. Erstellen Sie die Produktionskoeffizientenmatrix $\boldsymbol{A}$.
2. Welche externe Nachfrage kann durch die Produktion von 30 Kilowattstunden Strom, 25 Litern Wasser, 36 Einheiten von P_1 und 40 Einheiten von P_2 bedient werden?
3. Ein externer Nachfrager möchte weder Strom noch Wasser, jedoch 36 Einheiten von P_1 und 40 Einheiten von P_2 beziehen. Wie viele Kilowattstunden Strom, Liter Wasser und Produkteinheiten sind dafür herstellen?

Übung 4.17

In einem Eis- und Pizzaverkauf arbeiten zwei Verkäufer, die bei ihrer schweren Arbeit hin und wieder auch selbst etwas von den betriebseigenen Produkten verzehren. Im Durchschnitt isst der Eisverkäufer von 100 ausgegebenen Portionen 2 selbst, zusätzlich isst er in dieser Zeit 3 Stück Pizza. Der Pizzaverkäufer hingegen nimmt von 100 Stück Pizza nur ein einziges für sich selbst, dagegen schleckt er jedesmal nach 100 verkauften Pizzastücken 3 Portionen Eis.

1. Bestimmen Sie die Produktionskoeffizientenmatrix $\boldsymbol{A}$ (die hier vielleicht passender *Verbrauchskoeffizientenmatrix* genannt werden sollte).
2. Während eines Tages werden 300 Portionen Eis und 400 Stück Pizza verbraucht. Wie viele davon kamen in den Verkauf?
3. Am nächsten Tag wird eine Nachfrage von 500 Portionen Eis und 200 Stück Pizza erwartet. Welche Mengen sind (bei den bekannten Verzehrgewohnheiten der Verkäufer) dafür bereitzustellen?

5 Lineare Optimierung

5.1 Einführung

5.1.1 Warum lineare Funktionen?

Am Anfang dieses Kapitels muss die Frage stehen, warum denn die Beschäftigung speziell mit linearen Funktionen überhaupt von Bedeutung ist. Lineare Funktionen nehmen unter allen denkbaren Funktionstypen, von denen wir ja einige bereits im ersten Kapitel neu oder wieder kennengelernt haben, in mehrerlei Hinsicht eine Sonderstellung ein: Sie gehören, das kann man sicher behaupten, zu den einfachsten Funktionen. Ein Paradebeispiel sind etwa linear ansteigende Kostenfunktionen, wie sie uns mittlerweile schon mehrfach begegnet sind. Auch der entgegengesetzt proportionale Zusammenhang zwischen Marktpreis und Absatz eines Produktes kann durch eine lineare Funktion beschrieben werden (siehe *Bild 5.1*). Beim Übergang von einer zu mehreren Variablen bleiben lineare Funktionen gut beschreibbar, was man auch „sieht“: Die zugehörigen graphischen Darstellungen, etwa Geraden im Fall einer Variablen oder Ebenen und höherdimensionale „glatte Räume“ im Fall mehrerer Variablen, sind schlicht und einfach darstellbar. Sie verlaufen ohne große Überraschungen.

Lineare Funktionen sind aber auch die Grundlage der kompletten Differenzialrechnung. Vom Fall einer Variablen wissen wir bereits: Die Ableitung einer differenzierbaren Funktion an einer speziellen Stelle ist nichts anderes als eine Linearisierung der Funktion an dieser Stelle. Es gibt eine lineare Funktion, die in der konkreten Umgebung die ursprüngliche Funktion optimal annähert. Graphisch entspricht dies genau dem Anlegen einer Tangente an den Funktionsgraphen im entsprechenden Punkt. Aber auch bei Funktionen in mehreren Variablen ist dieser Linearisierungsprozess wichtig: Linearisiert wird immer und überall. Das liegt daran, dass die Welt nun einmal nicht linear ist, der Mensch aber am liebsten linear denkt. So linearisiert beispielsweise jede Landkarte die Erdoberfläche. Dass lineare Funktionen aber auch tatsächlich in der ökonomischen Wirklichkeit am häufigsten vorkommen, ist ein zweiter wichtiger Aspekt. Beinahe jeder funktionale Zusammenhang kann, zumindest näherungsweise, durch ein lineares Modell beschrieben werden, und solche Modelle beherrscht die Mathematik nun einmal am besten.

Es gibt also Gründe genug, sich mit diesen Funktionen eingehend zu beschäftigen. Ihre Optimierung nun, Gegenstand dieses Kapitels, ist aber nur auf den ersten Blick eine Banalität: Als Funktionen mit den reellen Zahlen (oder, bei mehreren Variablen, mit den entsprechenden höherdimensionalen Räumen) als Definitionsbereich haben sie global kein Maximum und kein Minimum. Schön sieht man dies bei der Gerade: Sie verläuft nun einmal sowohl nach unten als auch nach oben unbegrenzt. Und damit ist der Kerngedanke bereits ausgesprochen: Es sind gerade die Grenzen, also die aus der Praxis herrührenden Restriktionsbedingungen, die einer linearen Funktion dann eben doch Maximum und Minimum aufzwingen können. Die „richti-

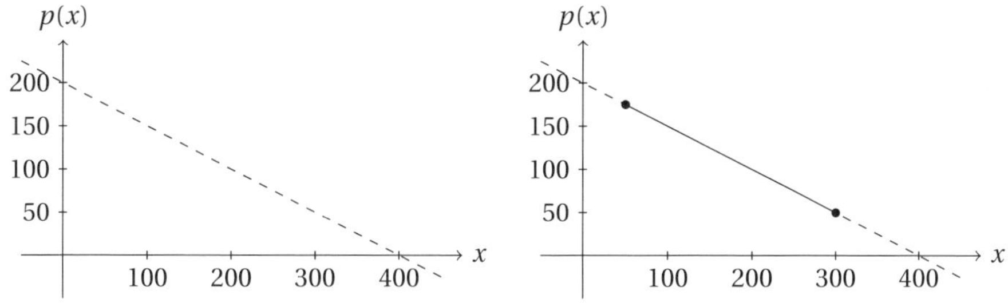

Bild 5.1 Der Graph der linearen Funktion $p(x) = 200 - 0,5x$ ist zunächst eine Gerade, die in beiden Richtungen unendlich ausgedehnt ist. Als Preis-Absatz-Funktion gedeutet ist die Einschränkung auf ein Intervall, hier etwa auf $[50, 300]$, sinnvoll. Dies impliziert dann auch die Existenz von Maximum $(50/175)$ und Minimum $(300/50)$.

ge“ Frage lautet also, ob und wann eine lineare Funktion *unter gegebenen Restriktionen* einen minimalen oder maximalen Wert annimmt.

5.1.2 Graphische Darstellungen

Lineare Funktionen mit ihren konstanten Änderungsraten können im Fall einer Variablen anschaulich durch eine Gerade dargestellt werden. In *Bild 5.1* sieht man die Gerade, die den funktionalen Zusammenhang zwischen Absatz und Preis bei einem Produktionsprozess veranschaulicht. Das Verhältnis zwischen der Änderung der Funktionswerte und der Änderung der x-Werte für je zwei beliebige Punkte auf der Geraden ist konstant und entspricht der Steigung der Geraden. Diese Steigung kann bekannterweise auch ökonomisch, nämlich als Änderungsrate, gedeutet werden. So senkt etwa bei der in *Bild 5.1* dargestellten Preis-Absatz-Funktion eine Steigerung des Absatzes um eine Mengeneinheit (ME) den Marktpreis um 0,5 GE. Diese Größe ist wirklich nur relativ zu verstehen; ebenso wird eine Steigerung des Absatzes um 10 ME den Marktpreis um 5 GE senken.

Geht man zu linearen Funktionen in zwei Variablen über, so beobachtet man Vergleichbares: An die Stelle einer Geraden tritt dann eine Ebene als graphische Darstellung der Funktion. In *Bild 5.2* ist eine solche Ebene dargestellt, der Graph der Funktion

$$f(x_1, x_2) = 4x_1 + 6x_2. \tag{5.1}$$

Zunächst einmal: Wo kommen in der betriebswirtschaftlichen Praxis solche Funktionen vor? Nun, es könnte sich beispielsweise um eine Kostenfunktion handeln: Bei einem Herstellungsprozess zweier Produkte werden die Mengeneinheiten des ersten bzw. zweiten Produkts durch die Variablen x_1 bzw. x_2 gemessen, was dann Kosten in Höhe von $4x_1 + 6x_2$ zur Folge hat. Oder aber ein Produkt wird an zwei Standorten hergestellt, an denen unterschiedliche Kosten entstehen. Weitere Beispiele könnten auch hier wieder Preis-Absatz-Funktionen sein, und auch Gewinnfunktionen können unter Umständen linear modelliert werden. Zumindest ist das der Fall, wenn es über einen gewissen Zeitraum einen festen Stückgewinn gibt, so wie dies später, in *Beispiel 5.1*, angenommen wird.

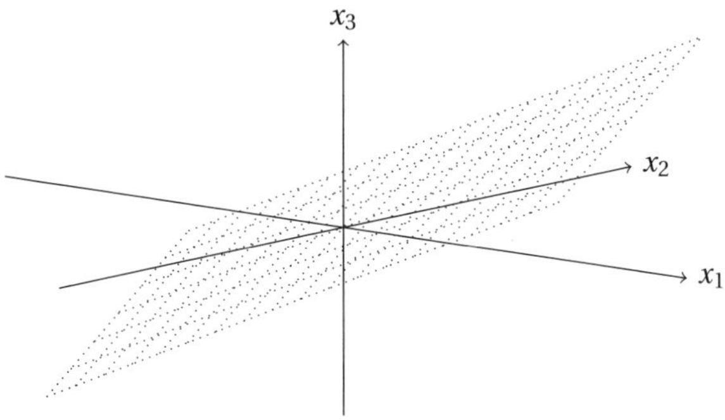

Bild 5.2 Graph der linearen Funktion $f(x_1, x_2) = 4x_1 + 6x_2$: eine Ebene, in allen Richtungen unendlich ausgedehnt.

Bei einer Funktion wie in Gleichung (5.1) übernehmen die Koeffizienten, hier 4 und 6, wiederum die Rolle von variablen Stückkosten, also Änderungsraten. Diese kann man nun in dem Fall auch tatsächlich „sehen", wobei allerdings durch das Hinzukommen einer einzigen weiteren Variablen die Situation schon deutlich komplexer wird. Im univariaten Fall nämlich, bei einer Geraden also, gibt es gerade mal eine Richtung, in der man sich fortbewegen kann. (Diese Richtung hat zwei Orientierungen, von denen üblicherweise die „nach rechts", also in positiver x-Richtung gewählt wird.) Im bivariaten Fall hingegen stellt sich die Situation komplexer dar. Befindet man sich hier auf einem Punkt der Ebene, so gibt es unendlich viele Richtungen, in denen man sich fortbewegen kann. Dennoch sind es aber nur zwei „linear unabhängige" Richtungen. Wählt man etwa die beiden durch die Achsen der Definitionsebene (x_1 und x_2) vorgegebenen Richtungen, so bleibt auch hier alles überschaubar. Und in diesem Fall findet man auch die Änderungsraten ganz analog zum Fall der Geraden wieder. Bei der in *Bild 5.2* dargestellten Funktion $f(x_1, x_2) = 4x_1 + 6x_2$ haben die Koeffizienten 4 bzw. 6 wiederum Steigungs- und damit Änderungsratenbedeutung.

Von jedem Punkt der Ebene hat man nämlich nun in x_1-Richtung die Steigung 4 und in x_2-Richtung die Steigung 6 zu überwinden. Auch hier lässt sich ein ökonomischer Inhalt hineindeuten. Handelt es sich etwa wie zuvor beschrieben bei der Funktion um eine Kostenfunktion, die von den zwei Produktionsmengen x_1 und x_2 abhängig ist, so könnte man sagen: Wird die Produktion des ersten Produktes um eine ME erhöht, so steigen die Kosten um 4 GE; bei Steigerung der Produktion des zweiten Produktes um eine ME erfolgt ein Kostenanstieg um 6 GE.

Aber auch wenn man sich in einer beliebigen Richtung auf der Ebene fortbewegt, kann man die zugehörige Steigung berechnen; dies werden wir im Kapitel 6 sehen. Die Frage nach der „steilsten" Richtung wollen wir aber schon einmal vorziehen. Es ist dies die *Gradientenrichtung*. Darunter versteht man bei einer linearen Funktion die Richtung, die durch die beiden Koeffizienten der Funktion gegeben ist, hier also die Richtung (4/6). In dieser Richtung hat man die größte Steigung zu überwinden. Das wird im folgenden Abschnitt wichtig werden, wenn es um die graphische Methode zur Linearen Optimierung geht. Was allgemeiner unter dem *Gradienten* einer Funktion zu verstehen ist, wird im Kapitel 6 behandelt. Für den Moment merken wir uns nur:

Gradientenrichtung

Die Gradientenrichtung einer linearen Funktion in zwei Variablen gibt die Richtung des steilsten Anstiegs im Raum an.

Soweit zunächst zum uni- und bivariaten Fall. Es soll noch angemerkt werden, dass bei Funktionen in mehr als zwei Variablen natürlich ebenso von Steigung und Änderungsraten die Rede sein kann, nur stoßen hier die graphischen Möglichkeiten an ihre Grenzen. Zur Darstellung einer solchen Funktion wären nämlich mehr als drei Dimensionen erforderlich: für den Menschen ein leider nicht mögliches Unterfangen.

5.1.3 Erste Schritte zur Optimierung

Wie optimiert man nun konkret eine lineare Funktion? Der einfache Fall einer Variablen gibt uns im Prinzip das Konzept für den Fall zweier Variablen und somit die Grundidee der sogenannten *graphischen Optimierungsmethode* in die Hand. Aus dem Verständnis dieses Konzepts wiederum wird sich später die Herleitung des allgemeinen Simplex-Algorithmus wie von selbst ergeben.

Soll etwa die Funktion

$$p(x) = 200 - 0,5x$$

optimiert werden, so haben wir bereits angedeutet, dass dies lediglich mit einer Einschränkung des Definitionsbereichs möglich sein wird (vgl. *Bild 5.1*). Denn Geraden verlaufen in beiden Richtungen unendlich weiter, und die Funktion nimmt daher immer kleinere bzw. immer größere Werte an. Interpretiert man $p(x)$ aber tatsächlich als Preis-Absatz-Funktion, so ist man auch gezwungen, den infrage kommenden Bereich für x einzuschränken: Mit $x = 0$ liegt sicher eine Untergrenze vor, denn negativ kann nicht produziert werden! Aber auch nach rechts hin haben wir aufgrund der Funktionsgleichung eine „natürliche" Grenze, denn der Preis wird nicht negativ werden. Mithin erhält man die Produktionsmenge $x = 400$ als maximal sinnvollen Wert.

In der Praxis sind nun die Grenzen häufig noch enger gezogen. In *Bild 5.1* wird etwa die Produktionsuntergrenze auf 50 ME und die Produktionsobergrenze auf 300 ME festgesetzt. Woher nun auch immer diese Grenzen in der Praxis kommen mögen, in jedem Fall ist klar, dass solche Restriktionen bei einer linearen Funktion ein Minimum und ein Maximum *erzwingen*, und zwar *an den Rändern des Definitionsbereichs.* Man kann sagen, dass das *Lineare Optimierungsproblem* (im Folgenden manchmal kurz LOP genannt)

$$\begin{aligned} p(x) = 200 - 0,5x \quad &\rightarrow \quad \text{opt!} \\ x \quad &\leq \quad 300 \\ x \quad &\geq \quad 50 \end{aligned} \tag{5.2}$$

die Lösungen $x = 50$ bzw. $x = 300$ hat, bei denen das Maximum bzw. das Minimum angenommen wird. Der Rand ist hier sehr übersichtlich, denn er besteht nur aus zwei Punkten, und an diesen werden die beiden Extrema angenommen. Diese Situation überträgt sich auf den Fall

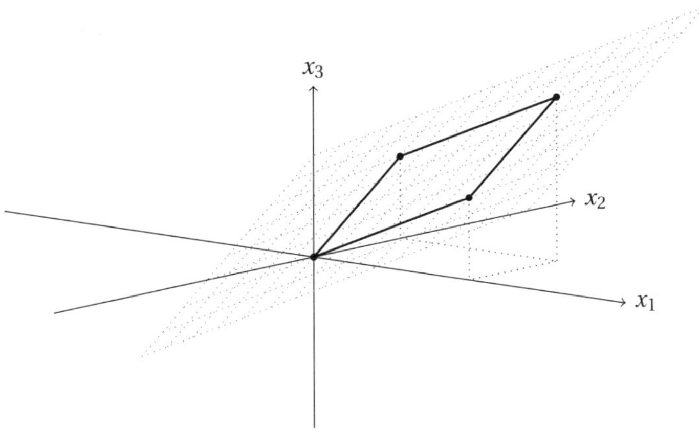

Bild 5.3 Graph der linearen Funktion $f(x_1, x_2) = 4x_1 + 6x_2$ über dem Bereich $0 \leq x_1 \leq 6$ bzw. $0 \leq x_2 \leq 4$: ein Rechteck, das aus der Ebene „ausgeschnitten " wird

zweier Variablen, den wir hier eingehend betrachten wollen. Das Verständnis dieses Falls, und zwar auch und vor allem geometrisch, wird im folgenden Abschnitt den Zugang zur graphischen Methode der Linearen Optimierung erheblich vereinfachen. Schauen wir noch einmal auf *Bild 5.2* und den dort dargestellten Graphen der linearen Funktion $f(x_1, x_2) = 4x_1 + 6x_2$. Hier ist natürlich nur ein Ausschnitt der in der mathematischen Wirklichkeit nach allen Seiten hin unendlich ausgedehnten Ebene sichtbar. Wie im Fall einer unbegrenzten Geraden lässt sich auch hier ohne weitere Restriktionen kein Maximum oder Minimum finden.

Wie können nun solche Restriktionen aussehen? Gehen wir wie im univariaten Fall vor und schränken die Variablen nach unten und nach oben ein, beispielsweise soll sich x_1 nur im Bereich zwischen 0 und 6 und x_2 nur im Bereich zwischen 0 und 4 bewegen. Die entsprechenden Einschränkungen auf den Achsen bedeuten, dass aus der Definitionsebene der Variablen x_1 und x_2 ein Rechteck ausgeschnitten wird und die Ebene nur noch über diesem Rechteck betrachtet wird. So wie im univariaten Fall durch die Begrenzungen auf der Definitionsachse aus der Gerade eine Strecke wird, wird nun aus der schräg im Raum liegenden Ebene ein Rechteck ausgeschnitten, wie in *Bild 5.3* zu sehen ist. Hier wird auch folgender Sachverhalt sichtbar: Durch die Restriktionen besitzt die Funktion nun plötzlich ein Minimum, nämlich bei (0/0) mit dem Funktionswert 0, und ein Maximum, nämlich bei (6/4) mit dem Funktionswert 48. Es gibt einen Punkt, der tiefer als alle anderen und einen, der höher als alle anderen liegt.

An dieser Stelle halten wir Folgendes fest: Maximum und Minimum können bei linearen Funktionen in zwei Variablen durch einen dem univariaten Fall vergleichbaren Einschränken des Definitionsbereichs erreicht werden. Man kann noch einen Schritt weitergehen und plausibel machen, dass – falls es überhaupt ein Maximum und/oder ein Minimum gibt – diese in den Ecken angenommen werden. Befindet man sich nämlich, ganz anschaulich gesprochen, an irgendeinem Punkt im Innern des Rechtecks, so kann man sich stets in jeder Koordinatenrichtung noch ein (eventuell kleines) Stückchen weiterbewegen. Das ist in allen Richtungen möglich, ohne dabei den Bereich zu verlassen. Wenn man die Richtung, in der man sich bewegt, geschickt genug wählt, wird der Funktionswert dabei größer. Der Grund hierfür ist die Linearität der Funktion, die keine „überraschenden Wendungen" zulässt. Langt man irgendwann am Rand an, so kann man diesen ggf. noch weiter entlang laufen und dabei an Höhe gewinnen, bis man schließlich in einem Eckpunkt landet, von dem aus es keinen weiteren Höhengewinn mehr gibt. Für das Minimum kann analog argumentiert werden, und man erhält ein *Plausibilitätsargument* dafür, dass (zumindest im Fall zweier Variablen) Maximum und Minimum einer linearen Funktion in mindestens einem Eckpunkt angenommen werden. Mehr als ein Eckpunkt ist möglich, falls etwa die Kante, an der man aus dem Inneren heraus anstößt, parallel zur Definitionsebene liegt. In diesem Fall ist dann jeder Punkt der Kante ein Minimum bzw. Maximum. Bewegt man sich nämlich entlang einer solchen Kante, egal in welche Richtung, so überwindet man dabei keinerlei Höhenunterschied: Alle Punkte haben den gleichen Funktionswert.

5.1.4 Formalisierung des Problems

Wir haben uns soeben graphisch mit einem ersten linearen Optimierungsproblem in zwei Variablen auseinandergesetzt, und zwar mit folgendem:

$$\begin{aligned} z = 4x_1 + 6x_2 &\rightarrow \text{opt!} \\ x_1 &\leq 6 \\ x_2 &\leq 4 \\ x_1, x_2 &\geq 0 \end{aligned} \tag{5.3}$$

Es ist nun an der Zeit, einen etwas formaleren Weg einzuschlagen. Da es sich um lineare Funktionen und Bedingungen handelt, liegt die Idee einer Formulierung mithilfe von Matrizen nahe. Auch wenn im folgenden Abschnitt zunächst wieder nur der Fall zweier Variablen betrachtet wird (weil nur dieser Fall graphisch zu lösen ist), führen wir die Schreibweisen dennoch sofort für beliebig viele Variablen ein.

Ausgangspunkt ist also nun eine lineare Funktion in den n Variablen $x_1, x_2, \ldots, x_n$. Die Variablen werden zu einem Spaltenvektor

$$\boldsymbol{x} = \begin{pmatrix} x_1 \\ x_2 \\ \vdots \\ x_n \end{pmatrix} = (x_1, x_2, \ldots, x_n)^T$$

zusammengefasst, wobei häufig aus Platzgründen die zweite Variante benutzt und ein Spaltenvektor als ein *transponierter* Zeilenvektor aufgefasst wird. Die Schreibweise $\boldsymbol{x} \geq 0$, die später verwendet wird, fasst dann einfach die n Bedingungen $x_1 \geq 0, \ldots, x_n \geq 0$ zusammen. Eine lineare Funktion hat dann die Form

$$z = z(x_1, \ldots, x_n) = c_1 x_1 + \ldots + c_n x_n,$$

wobei die Zahlen $c_1, c_2, \ldots, c_n$ beliebige reelle Zahlen sind, die zu einem Zeilenvektor $\boldsymbol{c} = (c_1, c_2, \ldots, c_n)$ zusammengefasst werden können. Mithilfe der Matrizenmultiplikation kann man die Funktion z dann auch kompakt in der Form

$$z = c_1 x_1 + \ldots + c_n x_n = (c_1, \ldots, c_n) \cdot \begin{pmatrix} x_1 \\ \vdots \\ x_n \end{pmatrix} = \boldsymbol{c} \cdot \boldsymbol{x}$$

schreiben. Sind nun (neben den Nichtnegativitätsbedingungen) insgesamt m lineare Restriktionen für die Variablen $x_1, \ldots, x_n$ gegeben, so kann jede Restriktion in die Form

$$a_{i1}x_1 + a_{i2}x_2 + \ldots + a_{in}x_n \leq b_i \tag{5.4}$$

gebracht werden. Der Index i läuft hierbei von 1 bis m, und die a_{ij} sind beliebige reelle Zahlen. Das Ungleichheitszeichen $\leq$ kann stets, möglicherweise durch Multiplikation mit -1, erreicht werden. Die Koeffizienten a_{ij}, die in Gleichung (5.4) vorkommen, können dann in einer $(m \times n)$-Matrix $\boldsymbol{A}$ zusammengefasst werden:

$$\boldsymbol{A} = \begin{pmatrix} a_{11} & a_{12} & \cdots & a_{1n} \\ a_{21} & a_{22} & \cdots & a_{2n} \\ \vdots & \vdots & & \vdots \\ a_{m1} & a_{m2} & \cdots & a_{mn} \end{pmatrix} \tag{5.5}$$

Die Restriktionen (5.4) sind dann äquivalent zu einer einzigen Matrixungleichung

$$\boldsymbol{A} \cdot \boldsymbol{x} \leq \boldsymbol{b},$$

wobei $\boldsymbol{b} = (b_1, \ldots, b_m)^T$. Damit ist das *Grundmodell eines linearen Optimierungsproblems* formuliert. Es besteht aus:

1. Angabe eines *zulässigen Bereichs B* durch m lineare Restriktionen der Form (5.4), deren Koeffizienten wir in einer $(m \times n)$-Matrix $\boldsymbol{A}$ zusammenfassen. Die Elemente von B heißen *zulässige Lösungen des LOP.*
2. Angabe einer *linearen Zielfunktion* $z = \boldsymbol{c} \cdot \boldsymbol{x}$.
3. Optimierung der Zielfunktion z, also Bestimmung derjenigen zulässigen Lösung (oder derjenigen zulässigen Lösungen), für die z minimal oder maximal wird.

Kurz und knapp können diese Punkte mit den oben eingeführten Bezeichnungen nun folgendermaßen formuliert werden:

$$\begin{aligned} z = \boldsymbol{c} \cdot \boldsymbol{x} &\rightarrow \text{min! / max!} \\ \boldsymbol{A} \cdot \boldsymbol{x} &\leq \boldsymbol{b} \\ \boldsymbol{x} &\geq 0 \end{aligned}$$

Das konkrete LOP (5.3) kann in diesem Sinn mit den Matrizen und Vektoren

$$\boldsymbol{c} = (4, 6), \quad \boldsymbol{A} = \begin{pmatrix} 1 & 0 \\ 0 & 1 \end{pmatrix} \quad \text{und} \quad \boldsymbol{b} = \begin{pmatrix} 6 \\ 4 \end{pmatrix}$$

formuliert werden.

5.2 Die graphische Methode

An den Anfang dieses Abschnitts setzen wir zunächst ein praktisches Beispiel, anhand dessen im Folgenden die graphische Methode eingeführt wird.

Beispiel 5.1

In einer Fabrik können pro Tag höchstens 200 Motorräder und höchstens 150 Personenkraftwagen montiert werden. Die Zahl der insgesamt montierten Fahrzeuge darf jedoch 275 nicht übersteigen. Die Zahl der insgesamt vom Reifenlieferant zur Verfügung gestellten Motorrad- und Pkw-Reifen kann täglich 800 nicht übersteigen. Gesucht ist nun ein Montageplan, der den Gewinn maximiert, wenn pro Motorrad bzw. Pkw mit einem Gewinn von 4.000 bzw. 6.000 Euro zu rechnen ist. ■

5.2.1 Der zulässige Bereich eines Optimierungsproblems

Wird man mit einem Problem, wie es in *Beispiel 5.1* beschrieben wird, in der Praxis konfrontiert, so sollten am Anfang einige Vorüberlegungen stehen. Zunächst einmal: Handelt es sich überhaupt um ein lineares Optimierungsproblem? Hier ist dies der Fall, denn es ist von einem *Stückgewinn* die Rede: proportionales Wachstum des Gewinns also mit steigender Produktionszahl. Damit sind die Zielfunktion des Problems und übrigens auch die Restriktionsbedingungen linear. Um dies alles hinschreiben zu können, werden Variablen benötigt, die wieder mit x_1 und x_2 bezeichnet werden. Von gewisser Bedeutung ist natürlich auch die Festlegung; wir bezeichnen hier (durchaus willkürlich) mit x_1 die Zahl der montierten Motorräder und mit x_2 die Zahl der montierten Pkw.

Zunächst soll nun der zulässige Bereich des Optimierungsproblems bestimmt werden, und zwar zeichnerisch. Dazu wirft man einen Blick auf die Rahmenbedingungen, die in diesem Beispiel für die Produktion gegeben sind und die die Möglichkeiten für die Anzahl der täglich montierten Kraftfahrzeuge einschränken. Dabei sind die Einschränkungen *nach oben* die wesentlichen, denn sie sind quantitativ für die Koordinaten des Maximums verantwortlich. Das Minimum ist hier für $x_1 = x_2 = 0$ gegeben und wenig interessant. Betrachten wir eine der Rahmenbedingungen genauer: „Die Zahl der insgesamt montierten Fahrzeuge darf 275 nicht übersteigen." Diese in Textform gegebene Restriktion wird durch die lineare Ungleichung

$$x_1 + x_2 \leq 275$$

in einen mathematischen Ausdruck transferiert. Idealerweise sollte dies mit allen Restriktionsbedingungen möglich sein, wobei hier im allgemeinen Fall auch Einschränkungen nach unten ($\geq$) oder sogar Gleichungen auftreten können. Zu diesen Fällen werden wir noch kommen. Für den Moment stellen wir fest, dass in *Beispiel 5.1* alle vier nichttrivialen Bedingungen, also alle Bedingungen außer der üblicherweise geforderten Nichtnegativität $x_1 \geq 0$ und $x_2 \geq 0$, Einschränkungen nach oben sind. Konkret erhalten wir:

$$\begin{aligned} x_1 &\leq 200 \\ x_2 &\leq 150 \\ x_1 + x_2 &\leq 275 \\ 2x_1 + 4x_2 &\leq 800 \\ x_1, x_2 &\geq 0 \end{aligned}$$

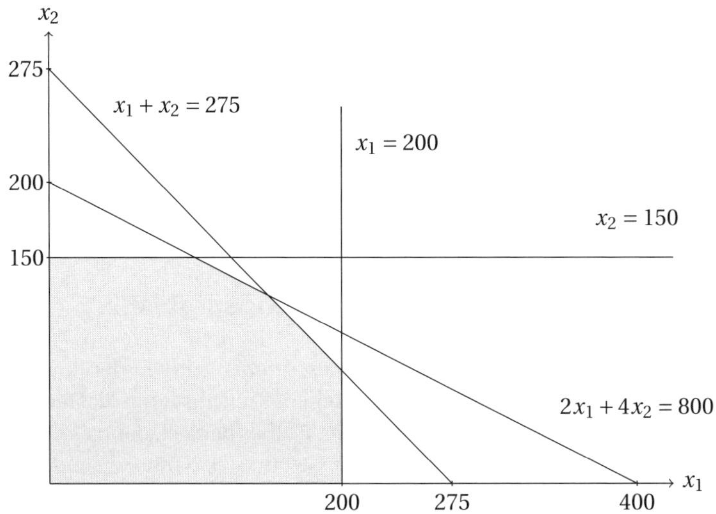

Bild 5.4 Graphische Darstellung des zulässigen Bereichs für das Optimierungsproblem aus *Beispiel 5.1*: Begrenzungsgeraden entsprechen den Restriktionsbedingungen.

Diese linearen Ungleichungen legen einen Bereich in der (x_1/x_2)-Ebene fest, der in *Bild 5.4* dargestellt ist. Man erhält diesen Bereich, indem man sich klar macht, dass jede der sechs Restriktionen die Definitionsebene in zwei Bereiche einteilt und einen davon (eine *Halbebene*) festlegt. (Bei den sechs Restriktionen sind die Nichtnegativitätsbedingungen $x_1 \geq 0$ und $x_2 \geq 0$ mitgezählt.) So beschränkt $x_1 \geq 0$ den Bereich auf die Punkte rechts von der x_2-Achse und $x_2 \geq 0$ auf die Punkte oberhalb der x_1-Achse. Beide zusammen schneiden also schon einmal den ersten Quadranten („oben rechts") aus. Die Ungleichung $x_1 + x_2 \leq 275$ legt die Halbebene unter der Geraden $x_1 + x_2 = 275$ fest, und so fort. Die „Begrenzungsgeraden", die durch die Ungleichungen definiert sind, schneiden so nach und nach die Definitionsebene zurecht; der zulässige Bereich wird eingegrenzt. Was dadurch entsteht, nennt man ein *Polygon*: eine von geradlinigen Strecken begrenzte Fläche, hier wie gesagt ein Sechseck. Im Fall mehrerer Variablen entsteht übrigens durch die linearen Nebenbedingungen ein sogenanntes *Simplex*. Darauf ist der Name des rechnerischen Verfahrens zurückzuführen, das im folgenden Abschnitt behandelt wird. Was immer man nun im Zusammenhang mit der beschriebenen Situation funktional untersuchen mag, Kosten, Gewinn, Umsatz, all diese Funktionen haben genau dieses Sechseck als Definitionsbereich, denn in diesem Sechseck finden sich alle erlaubten Montagepläne. Und bei der Optimierung einer solchen Funktion sucht man *nur in diesem Definitionsbereich* nach möglichen Extrema, und hat wegen der Linearität der Zielfunktion auch berechtigte Hoffnung, dort Extrema zu finden.

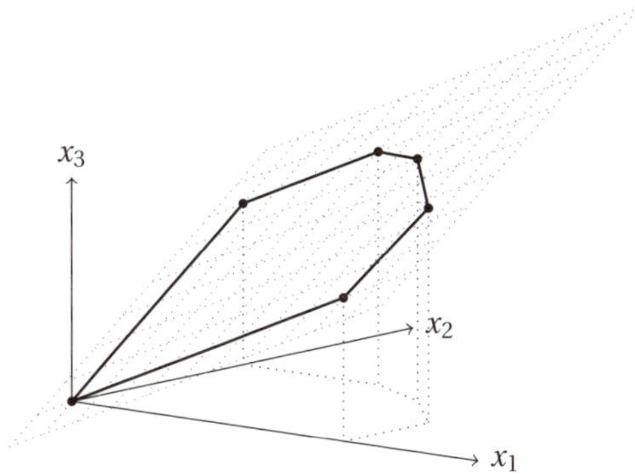

Bild 5.5 Graph der Zielfunktion $z(x_1, x_2) = 4x_1 + 6x_2$ aus dem *Beispiel 5.1*: Der zulässige Bereich, ein Sechseck in der x_1/x_2-Ebene, schneidet auch aus der Zielfunktions-Ebene ein Sechseck aus. Der höchste Punkt dieses Sechsecks wird bei $x_1 = 150$ und $x_2 = 125$ erreicht.

5.2.2 Die Zielfunktion und die Gradientenrichtung

Eine formale Übersicht über die möglichen Montagepläne und damit über alle möglichen Werte von x_1 und x_2 haben wir uns bereits verschafft, ebenso wie eine graphische Darstellung des zulässigen Bereichs. Nun kommt die Zielfunktion mit ins Spiel, und mit ihr eine dritte Koordinatenachse, entlang der wir die Funktionswerte – also die Gewinne – abtragen. Laut *Beispiel 5.1* betragen die Stückgewinne 4.000 Geldeinheiten pro Motorrad bzw. 6.000 Geldeinheiten pro Pkw, und durch diese Stückgewinne ist die Zielfunktion definiert. Der Einfachheit halber rechnen wir in Tausender-Geldeinheiten; so halten wir die Werte etwas kleiner. Die zu maximierende Zielfunktion ist demnach durch

$$z(x_1, x_2) = 4x_1 + 6x_2$$

gegeben, eine Funktion also, die wir bereits im vorangehenden Abschnitt etwas eingehender betrachtet haben. Gegenüber *Bild 5.3* ändert sich hier nur die Form des zulässigen Bereichs und damit entsprechend die Form des aus der Ebene ausgeschnittenen Vielecks. Das Prinzip bleibt gleich, und man kann *Bild 5.5* bereits entnehmen, dass das gesuchte Maximum der Zielfunktion existiert.

Wir haben damit nun alles zur Verfügung, um die Lösung unseres Problems anzugehen. Es lautet

$$\begin{aligned} z = 4x_1 + 6x_2 &\rightarrow \text{max!} \\ x_1 &\leq 200 \\ x_2 &\leq 150 \\ x_1 + x_2 &\leq 275 \\ 2x_1 + 4x_2 &\leq 800 \\ x_1, x_2 &\geq 0 \end{aligned} \tag{5.6}$$

oder, in der knappen Formulierung,

$$\begin{aligned} z = \boldsymbol{c} \cdot \boldsymbol{x} &\rightarrow \max! \\ \boldsymbol{A} \cdot \boldsymbol{x} &\leq \boldsymbol{b} \\ \boldsymbol{x} &\geq 0, \end{aligned}$$

wobei

$$\boldsymbol{c} = (4,6), \quad \boldsymbol{A} = \begin{pmatrix} 1 & 0 \\ 0 & 1 \\ 1 & 1 \\ 2 & 4 \end{pmatrix} \quad \text{und} \quad \boldsymbol{b} = \begin{pmatrix} 200 \\ 150 \\ 275 \\ 800 \end{pmatrix}$$

gilt.

Wie erreicht man nun den am höchsten liegenden Punkt des im Raum liegenden Sechsecks? Der „Aufstieg“ muss hierzu in Richtung der sogenannten *Gradientenrichtung* der Zielfunktion erfolgen, die den Koeffizienten, also dem Vektor $\boldsymbol{c}$ entspricht.

5.2.3 Graphische lineare Optimierung

Die Hauptidee der graphischen Methode besteht darin, den räumlichen Aufstieg in Gradientenrichtung in die Definitionsebene, also in die (x_1/x_2)-Ebene zu projizieren. Damit wird das Problem, das eigentlich ein dreidimensionales ist, auf zwei Dimensionen heruntergebrochen und so „auf dem Papier“ lösbar. Dazu betrachten wir wiederum den zulässigen Bereich in der (x_1/x_2)-Ebene und tragen dort die Gradientenrichtung $\boldsymbol{c} = (4,6)$ ein, wie dies links in *Bild 5.6* zu sehen ist. Die zur Gradientenrichtung senkrechten Geraden haben alle die Koordinatenform

$$4x_1 + 6x_2 = d, \tag{5.7}$$

wobei der Parameter d jeden beliebigen reellen Wert annehmen kann. Einige dieser Geraden verlaufen teilweise durch den zulässigen Bereich, wie man ebenfalls in *Bild 5.6* sehen kann.

Beginnt man sehr weit links unten, außerhalb des Bereichs, und bewegt sich dann darauf zu, so erreicht eine der Geraden den zulässigen Bereich als erste. Der Bereich wird überstrichen, und schließlich gibt es eine letzte solche Gerade, die noch einen Punkt mit dem Bereich gemeinsam hat, bevor die Geradenschar dann nach rechts oben verschwindet. Die Punkte, die jeweils auf einer dieser Geraden liegen, liefern alle den gleichen Funktionswert, nämlich d in Gleichung (5.7). Betrachtet man nun die Geraden „von links nach rechts“, also in positiver x_1-Richtung, so nehmen diese Funktionswerte kontinuierlich zu (kehren wir den Prozess um, so nehmen sie natürlich kontinuierlich ab). Der erste Berührungspunkt muss demnach das Minimum und der letzte das Maximum der Zielfunktion über dem zulässigen Bereich liefern. Das Minimum ist natürlich wie erwartet bei (0/0/0). Das Maximum hingegen, von dem bisher nur klar war, dass es an einer Ecke angenommen wird, kann nun ermittelt werden. Es liegt bei $x_1 = 150$ und $x_2 = 125$, wie *Bild 5.6* in zwei- und auch dreidimensionaler Weise deutlich macht. Damit ist die graphische Methode zur linearen Optimierung entwickelt.

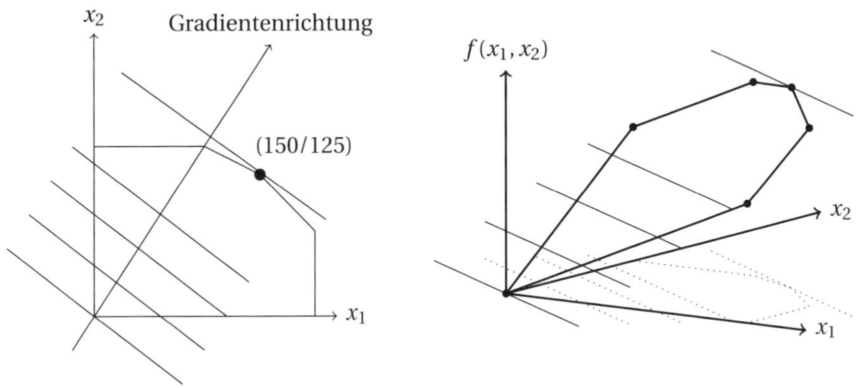

Bild 5.6 Die graphische Methode: Links zeigt die Projektion ins Zweidimensionale, was „auf dem Papier " passiert. Rechts ist zu sehen, wie die Geraden tatsächlich im Dreidimensionalen das Sechseck „hochwandern" und das Maximum erreichen.

Graphische lineare Optimierung

Um eine lineare Zielfunktion $f: \mathbb{R}^2 \to \mathbb{R}$ unter gewissen gegebenen Restriktionsbedingungen zu optimieren, sind folgende Schritte durchzuführen:

- Graphische Darstellung der Restriktionsbedingungen durch einen Bereich B.
- Einzeichnen der Gradientenrichtung.
- Graphische Ermittlung derjenigen Geraden, die senkrecht auf der Gradientenrichtung steht und als erste einen oder mehrere gemeinsame Punkte mit dem Bereich B hat.
- Graphische Ermittlung derjenigen Geraden, die senkrecht auf der Gradientenrichtung steht und als letzte einen oder mehrere gemeinsame Punkte mit dem Bereich B hat.
- Die so erhaltenen Punkte liefern das Minimum (die Minima) und das Maximum (die Maxima) von f auf B.
- Lässt sich durch dieses Vorgehen kein Maximum und/oder kein Minimum ermitteln, so existiert auch keines.

Beispiel 5.2

Aus zwei verschiedenen landwirtschaftlichen Produkten A und B soll möglichst kostengünstig ein Futtermittel hergestellt werden. Dabei sind gewisse Mindestanforderungen an die Bestandteile Eiweiß, Fett und Kohlehydrate zu erfüllen, die in der folgenden Tabelle aufgeführt sind:

	Produkt A (ME/kg)	Produkt B (ME/kg)	Mindestbedarf (ME)
Eiweiß	1	1	15
Fett	1	2	18
Kohlehydrate	2	1	22

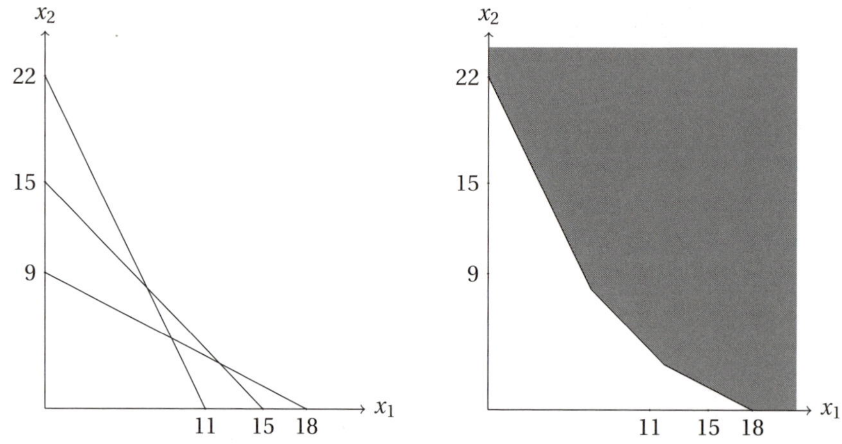

Bild 5.7 Graphische Darstellung des zulässigen Bereichs aus *Beispiel 5.2*: Drei Geraden grenzen hier den halboffenen zulässigen Bereich ab.

Gesucht ist eine Zusammenstellung der beiden Produkte mit minimalen Kosten bei Erfüllung des Mindestbedarfs und unter der Annahme, dass Produkt A zwei und Produkt B drei Geldeinheiten pro kg kostet.

Bezeichnen x_1 bzw. x_2 die gesuchten Mengen von Produkt A bzw. B in kg, so lautet das lineare Optimierungsproblem:

$$\begin{aligned} z = 2x_1 + 3x_2 &\rightarrow \text{min!} \\ x_1 + x_2 &\geq 15 \\ x_1 + 2x_2 &\geq 18 \\ 2x_1 + x_2 &\geq 22 \\ x_1, x_2 &\geq 0 \end{aligned}$$

oder, in der knappen Formulierung,

$$\begin{aligned} z = \boldsymbol{c} \cdot \boldsymbol{x} &\rightarrow \text{min} \\ \boldsymbol{A} \cdot \boldsymbol{x} &\geq \boldsymbol{b} \\ \boldsymbol{x} &\geq 0, \end{aligned}$$

wobei

$$\boldsymbol{c} = (2,3), \quad \boldsymbol{A} = \begin{pmatrix} 1 & 1 \\ 1 & 2 \\ 2 & 1 \end{pmatrix} \quad \text{und} \quad \boldsymbol{b} = \begin{pmatrix} 15 \\ 18 \\ 22 \end{pmatrix}$$

Es geht hier um ein Minimierungsproblem, und bei den Ungleichungen handelt es sich um Mindestanforderungen ($\geq$). Daher ist der zulässige Bereich nach rechts und oben hin unbeschränkt, was plausibel, aber nicht zwingend ist. Viel wichtiger ist, dass der

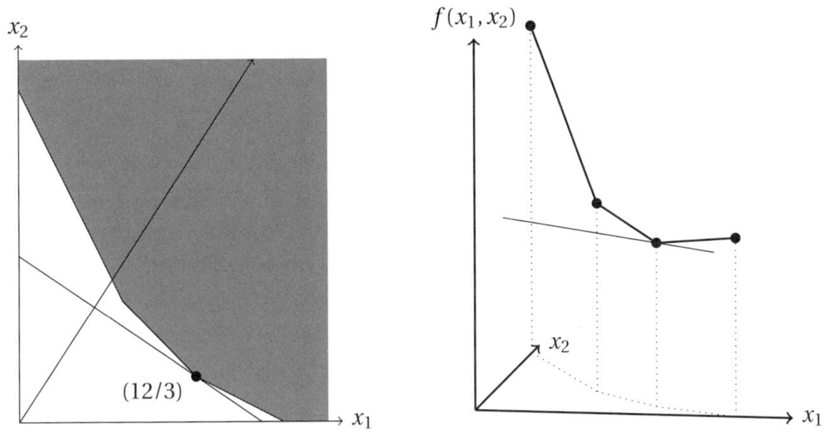

Bild 5.8 Graphische Methode zur Bestimmung des Minimums der Kostenfunktion in *Beispiel 5.2*

Bereich nach links und nach unten hin von den drei Geraden begrenzt, wie *Bild 5.7* zeigt. Wäre dies nicht der Fall, läge das Minimum klarerweise im Ursprung, und es gäbe nichts zu optimieren. In *Bild 5.8* ist erneut dargestellt, wie das Minimum der Kostenfunktion ermittelt wird. Die zur Gradientenrichtung $\boldsymbol{c} = (2, 3)$ senkrechten Geraden bewegen sich auf den zulässigen Bereich zu und erreichen ihn bei (12/3). Dort nimmt die Kostenfunktion ihr Minimum an, und zwar mit dem Funktionswert

$$z(12, 3) = 33.$$

Da aus dem Text keine Einschränkungen nach oben ersichtlich sind und der zulässige Bereich daher nach oben unbeschränkt ist, existiert unter diesen Bedingungen kein Maximum. ■

Die graphische Methode zur Ermittlung von Minimum und/oder Maximum ist nun vollständig beschrieben, mit all ihren Nachteilen. Denn schließlich ist sie auf den Fall zweier Variablen beschränkt, und selbst dort erfordert sie höchste Sorgfalt beim Erstellen der entsprechenden Zeichnung. Dass sie damit natürlich in keinster Weise heutigen Ansprüchen gerecht wird, ist völlig klar. Dennoch ist es wesentlich, die Grundzüge der Methode zu kennen, weil sie ein tiefes Verständnis für wichtige Eigenschaften linearer Funktionen und Optimierungsprobleme vermittelt. Außerdem verdeutlicht sie bereits sehr schön die Grundidee des Simplex-Algorithmus, der im nächsten Abschnitt behandelt wird.

Wie könnte ein rechnerisches Verfahren aussehen, das das durch die graphische Methode vermittelte Verständnis aufgreift? Eine Idee liegt gleich auf der Hand, eine Idee, die hier *Eckenansatz* genannt werden soll. Der naivste (und in der Tat für ein so „kleines“ Problem auch schnellste) Lösungsansatz für das Optimierungsproblem besteht darin, die Werte der Zielfunktion an den Eckpunkten zu bestimmen. Es wurde ja hinreichend klar gemacht, dass es ein Eckpunkt sein muss, der das gesuchte Minimum oder Maximum liefert. Die sechs Eckpunkte des zulässigen Bereichs im *Beispiel 5.1* sind

$$(0/0), \quad (0/150), \quad (100/150), \quad (150/125), \quad (200/75) \quad \text{und} \quad (200/0).$$

Setzt man diese Punkte in die Zielfunktion ein, so ergeben sich (in dieser Reihenfolge) die Funktionswerte

$$0, \quad 900, \quad 1.300, \quad 1.350, \quad 1.250 \quad \text{und} \quad 800$$

und damit (0/0) als Ecke, die das Minimum und (150/125) als Ecke, die das Maximum liefert. Allerdings gibt es einen offenkundigen Nachteil im allgemeinen Fall: Die Bestimmung der Eckpunkte setzt in gewisser Weise eine graphische Vorstellung voraus, und das soll bei einem rechnerischen Verfahren eigentlich vermieden werden. Also müssen die Eckpunkte berechnet werden, was aber wiederum im allgemeinen Fall (also für beliebig viele Variablen) ebenfalls schnell unbequem werden kann. Es soll also, wenn es irgendwie geht, ein systematischer rechnerischer Zugang gefunden werden, der motiviert ist durch die eben gemachten graphischen Überlegungen. Im Prinzip kann dieser Zugang auch schon als abstrakter Algorithmus formuliert werden. Er sollte folgendermaßen arbeiten:

1. Suche eine „Startecke", also eine zulässige Lösung. Gibt es keine, so ist das LOP nicht lösbar. Ansonsten gehe zu 2.
2. Prüfe, ob die Lösung optimal ist. Dann ist man fertig. Falls nein, gehe zu 3.
3. Finde eine neue Ecke mit größerem Wert, gehe zu 2.

Ein Verfahren, das diesen gewünschten Ablauf hat, ist der Simplex-Algorithmus, dem wir uns nun zuwenden.

5.3 Der Simplex-Algorithmus

In diesem Abschnitt wird die soeben formulierte „Eckenidee" in ein rechnerisches Verfahren umgesetzt, den sogenannten *Simplex-Algorithmus*. Es war der amerikanische Mathematiker George Bernard Dantzig, der durch seine Arbeiten auf dem Gebiet der linearen Optimierung wesentlich zum Erfolg dieses Verfahrens beigetragen hat. Es gilt als sehr wahrscheinlich (wenn auch nicht hundertprozentig belegt), dass Dantzig der erste war, der den Simplex-Algorithmus beschrieben hat, und zwar in einer Form, die in ihrer Grundidee noch heute verwendet wird. Die Vielzahl der Variationen und Sonderfälle, die Unmenge der hierdurch möglichen didaktischen Zugänge zu dem Thema legen nahe, dass bei der folgenden Darstellung der Simplex-Methode Kompromisse einzugehen sind. Wie sehen diese Kompromisse aus? Der Algorithmus soll einerseits „hinreichend ausführlich" dargestellt werden, sodass neben dem bloßen „wie es funktioniert" auch die simple Grundidee des Algorithmus deutlich wird. Wirklich in die Tiefe können wir aber in diesem Rahmen andererseits nur dann gehen, wenn es für das Gesamtverständnis erforderlich ist. Es wird auch in den konkreten Formulierungen darauf geachtet, nur so formalistisch wie unbedingt notwendig vorzugehen. Der in vielen Darstellungen gewählte formalistische Zugang erfordert große Mengen von Variablen und Indizes. Dies wird hier vermieden, wenn sich das systematische Vorgehen auch mit Worten beschreiben lässt.

Der Simplex-Algorithmus wird im Folgenden als Maximierungsproblem formuliert, was natürlich völlig willkürlich ist. Zunächst wird auch nur auf den Fall linearer *Beschränkungen* (in dem die Ungleichungen in „$\leq$-Form" vorkommen) besonders eingegangen. Anhand dieses Falls lässt sich die grundsätzliche Idee des Verfahrens nämlich sehr deutlich darstellen. Das Minimieren und die Verallgemeinerung der Restriktionen werden sich dann auf natürliche Weise ergeben und uns unmittelbar zur Zwei-Phasen-Methode führen, aber auch zum Dualitätsprinzip, was vielfach besser geeignet ist.

5.3.1 Die Schlupfvariablen und das Starttableau

Eine der zentralen Ideen beim Simplex-Algorithmus ist das Prinzip der *Schlupfvariablen*. Die Idee dahinter ist sehr einfach. Man hat es überwiegend mit zwei Arten von linearen Restriktionen zu tun, nämlich mit Beschränkungen (≤) und Mindestanforderungen (≥), in manchen Fällen auch mit exakten Gleichungen. Die Schlupfvariablen werden *zusätzlich* zu den Variablen $x_1,\ldots,x_n$ eingeführt und haben den Vorteil, dass sie die „Lücken" ausfüllen, also Ungleichungen in Gleichungen verwandeln. Hierbei handelt es sich übrigens um etwas für die Mathematik äußerst Typisches: Etwas eher Unbequemes, nämlich die einschränkenden Ungleichungen des Problems, wird auf etwas Wohlbekanntes zurückgeführt, in diesem Fall auf Gleichungen. Um dies zu tun, betrachten wir erneut die Ungleichungen (5.4). Wir legen darin zusätzlich fest, dass die Zahlen b_i nicht negativ sein sollen. Das ist lediglich ein technischer Grund, der einiges vereinfacht. Verlangt man dies, so können die m linearen Restriktionen für die Variablen $x_1,\ldots,x_n$ jeweils in eine der beiden Formen

$$a_{i1}x_1 + a_{i2}x_2 + \ldots + a_{in}x_n \begin{cases} \le b_i & (\text{mit } b_i \ge 0) \\ \ge b_i & (\text{mit } b_i \ge 0) \end{cases} \tag{5.8}$$

gebracht werden. Für jede Restriktion wird nun eine Schlupfvariable s_i eingeführt, die aus der Ungleichung eine Gleichung macht. Man erhält dann neue Restriktionen, nämlich

$$a_{i1}x_1 + a_{i2}x_2 + \ldots + a_{in}x_n \begin{cases} +s_i = b_i & (\text{mit } s_i, b_i \ge 0) \\ -s_i = b_i & (\text{mit } s_i, b_i \ge 0) \end{cases} \tag{5.9}$$

Man beachte, dass sich die beiden Fälle *nur am Vorzeichen der Schlupfvariablen* unterscheiden. Nun also liegt ein *lineares Gleichungssystem* vor, das auf die bekannte Weise in Matrixform formuliert werden kann. Es kann übrigens sein, dass eine Restriktion bereits als Gleichung vorliegt, denn in der Praxis ist ja durchaus denkbar, dass gewisse Anforderungen exakt erfüllt werden müssen. In diesem Fall wird diese Gleichung zunächst dennoch wie eine Ungleichung behandelt, also auch eine Schlupfvariable dafür eingeführt. Allerdings ist später, beim sogenannten *Basiswechsel*, darauf zu achten, dass diese Schlupfvariable nicht Teil der Basis sein kann.

Die Koeffizienten a_{ij} fasst man wie zuvor in der $(m \times n)$-Matrix $\boldsymbol{A}$ zusammen und kann nun als Erweiterung dieser Matrix $\boldsymbol{A}$ die folgende Matrix einführen:

$$\boldsymbol{A}' = \begin{pmatrix} a_{11} & a_{12} & \cdots & a_{1n} & \pm 1 & 0 & \cdots & 0 \\ a_{21} & a_{22} & \cdots & a_{2n} & 0 & \pm 1 & \cdots & 0 \\ \vdots & \vdots & & \vdots & \vdots & \vdots & & \vdots \\ a_{m1} & a_{m2} & \cdots & a_{mn} & 0 & 0 & \cdots & \pm 1 \end{pmatrix}$$

Im rechten Teil von $\boldsymbol{A}'$ hängen die Vorzeichen jeweils davon ab, ob die entsprechende Ungleichung eine Beschränkung oder eine Mindestanforderung war – also davon, ob in (5.9) ein Plus oder ein Minus stand. Sind alle Restriktionen von der Form $\leq$, so steht dort die Einheitsmatrix $\boldsymbol{E}_m$. Mit diesem wichtigen Spezialfall werden wir beginnen. Es sollen noch die Bezeichnungen

$$\boldsymbol{x}' = (x_1, \ldots, x_n, s_1, \ldots, s_m)^T \quad \text{und} \quad \boldsymbol{c}' = (c_1, \ldots, c_n, 0, \ldots, 0)$$

eingeführt werden, ebenfalls in Verallgemeinerung der Vektoren $\boldsymbol{x}$ und $\boldsymbol{c}$. Dann können sämtliche Restriktionen des LOP in der einen Matrixgleichung

$$\boldsymbol{A}' \cdot \boldsymbol{x}' = \boldsymbol{b}$$

zusammengefasst werden. Insgesamt kann ein LOP nun mit den eingeführten Bezeichnungen in der sogenannten *Normalform* dargestellt werden:

$$\begin{aligned} z = \boldsymbol{c}' \cdot \boldsymbol{x}' &\rightarrow \max \\ \boldsymbol{A}' \cdot \boldsymbol{x}' &= \boldsymbol{b} \\ \boldsymbol{x}' &\geq 0 \end{aligned} \tag{5.10}$$

Wir betrachten zunächst folgendes einfache Beispiel:

$$\begin{aligned} z = 4x_1 + 3x_2 &\rightarrow \max \\ x_1 + x_2 &\leq 10 \\ 2x_1 + x_2 &\leq 15 \\ x_1, x_2 &\geq 0 \end{aligned} \tag{5.11}$$

Durch Einführen zweier Schlupfvariablen s_1, s_2 überführen wir das LOP (5.11) in die Normalform

$$\begin{aligned} z = 4x_1 + 3x_2 &\rightarrow \max \\ x_1 + x_2 + s_1 &= 10 \\ 2x_1 + x_2 + s_2 &= 15 \\ x_1, x_2, s_1, s_2 &\geq 0 \end{aligned}$$

Es hat sich als sehr praktisch erwiesen, ein LOP in Normalform mithilfe eines *Starttableaus* anzugeben, das alle Informationen des Problems enthält. Für das LOP (5.11) sieht das Starttableau so aus:

x_1	x_2	s_1	s_2	b
1	1	1	0	10
2	1	0	1	15
−4	−3	0	0	0

(5.12)

Wie ist ein solches Starttableau im Allgemeinen aufgebaut? Links erkennt man die Matrix $\boldsymbol{A}'$, die hier als Teilmatrix die Einheitsmatrix $\boldsymbol{E}$ enthält, und rechts den Vektor $\boldsymbol{b}$. Zusätzlich sind in der Zeile unten die Koeffizienten der Zielfunktion (allerdings mit negativen Vorzeichen) untergebracht. Man spricht hier von der *Zielfunktionszeile*. Die Spalten sind außerdem noch der Übersicht halber mit den entsprechenden Variablen indiziert. Die Bezeichnung *Starttableau* legt nahe, dass es weitere Tableaus geben wird, und so ist es auch. Der Übergang von einem Tableau zum anderen wird dem Übergang von einer Ecke zur anderen entsprechen. Bevor wir aber dazu kommen können, müssen wir noch einige Begriffe einführen.

5.3.2 Basisvariablen

Man geht im Folgenden davon aus, dass ein LOP in der oben eingeführten Normalform (5.10) vorliegt. Jede invertierbare $(m \times m)$-Teilmatrix $\boldsymbol{B}$ von $\boldsymbol{A}'$ nennt man eine *Basismatrix des LOP.* Die Variablen, die zu den Spalten von $\boldsymbol{B}$ gehören, nennt man in diesem Fall die *Basisvariablen* und ihre Gesamtheit die *Basis.* Der Vektor, der die Komponenten von $\boldsymbol{B}^{-1} \cdot \boldsymbol{b}$ an den entsprechenden Stellen und ansonsten Nullen enthält, heißt *Basislösung.* Gilt für eine Basis $\boldsymbol{B}$ zusätzlich

$$\boldsymbol{B}^{-1} \cdot \boldsymbol{b} \geq 0, \tag{5.13}$$

so nennen wir sowohl die Basis als auch die Basislösung *zulässig.*

Es sollen nun die am Ende des vorangehenden Abschnitts algorithmisch formulierten und geometrisch motivierten Schritte des Simplex-Algorithmus praktisch-rechnerisch umgesetzt werden. Die „Startecke" entspricht einer zulässigen Startbasis mit zugehöriger zulässiger Lösung. Danach geht es darum, Ecken mit einem größeren Funktionswert zu finden. Das wird erreicht, indem man die Startbasis und die damit verbundene Startlösung Schritt für Schritt durch sogenannte *Basiswechsel* verändert, bis eine optimale Lösung erreicht ist.

Wie schon erwähnt, beschränken wir uns zunächst auf den Fall, dass in der Normalform (5.10) alle Schlupfvariablen ein positives Vorzeichen haben. In diesem Fall handelt es sich bei sämtlichen Restriktionen um Kapazitätsbeschränkungen, und im Starttableau rechts steht die Einheitsmatrix. Bei Maximierungsproblemen ist dies eine sinnvolle Annahme. Wesentlich ist nun, dass die Einheitsmatrix in diesem Fall als Basismatrix gewählt werden kann. Die Schlupfvariablen bilden also in diesem Fall eine zulässige Startbasis. Wie geht man in den anderen Fällen vor? Damit beschäftigen wir uns später, hier nur so viel: Bei Beschränkungen nach unten (≥) kann man Hilfsvariablen einführen, was zur Zwei-Phasen-Methode führt oder das duale LOP lösen. Falls eine Restriktion *in Gleichungsform* vorliegt, hat die entsprechende Schlupfvariable den Wert null und ist für die Basis gesperrt.

Kommen wir nun auf das LOP (5.11) zurück. Hier bilden s_1 und s_2 eine zulässige Startbasis, denn die beiden Restriktionen in (5.11) sind Beschränkungen. Die zugehörige Basislösung ist dann

$$x_1 = 0, \quad x_2 = 0, \quad s_1 = 10 \quad \text{und} \quad s_2 = 15.$$

Sie ergibt sich, indem die Werte der Nicht-Basisvariablen auf 0 gesetzt und die der Basisvariablen aus dem Tableau abgelesen werden. Natürlich gibt es auch andere Basen, etwa x_1 und s_2, aber die zugehörige Basismatrix

$$\boldsymbol{B}' = \begin{pmatrix} 1 & 0 \\ 2 & 1 \end{pmatrix}$$

erfüllt nicht die Bedingung (5.13). Daher ist diese Basis nicht zulässig. Man merke sich:

Startbasis

Sofern es möglich ist, sollten *stets die Schlupfvariablen als Startbasis* gewählt werden.

Der Grund hierfür ist, dass die zugehörige Basismatrix, nämlich $\boldsymbol{E}_m$, so einfach ist, dass die Basislösung gleich abgelesen werden kann. In den ersten Beispielen, die hier betrachtet werden, ist dies auch der Fall, weil die vorkommenden Restriktionen allesamt Einschränkungen sind. Auf die anderen möglichen Fälle gehen wir in den folgenden Abschnitten ein. Man erweitert dann das Starttableau (5.12) in der folgenden Weise:

	Basis	x_1	x_2	s_1	s_2	b
	s_1	1	1	1	0	10
	s_2	2	1	0	1	15
Zielfunktion		−4	−3	0	0	0
Lösung		0	0	10	15	

(5.14)

5.3.3 Der Basiswechsel

Wie kommt man nun von der zulässigen Startbasis zur nächsten Basis? Der Wechsel von einer Basis zur anderen ist erforderlich, solange die Basislösung noch nicht optimal ist. Bei Wahl der Basisvariablen s_1 und s_2 nimmt die Zielfunktion ganz sicher nicht ihren maximalen Wert an, denn es ergibt sich ja

$$x_1 = x_2 = 0.$$

Diese Startlösung entspricht genau dem Ursprung des Koordinatensystems als Startpunkt. Man muss nun also zu einer anderen Ecke übergehen und damit den Iterationsschritt im Simplex-Algorithmus durchführen. Eine zulässige Basis und damit eine zulässige Lösung des LOP wird durch eine andere Basis und eine andere Lösung ersetzt. Dabei sollte der Wert der Zielfunktion nach Möglichkeit *größer* werden. Woher weiß man nun, welche neue Basisvariable die richtige ist?

Um herauszufinden, welche Variable die bisherige Basis verlassen muss und welche bisher nicht enthaltene dafür hinzukommt, betrachte man erneut das Starttableau (5.14). Die *größtmögliche Verbesserung* des Zielfunktionswertes verspricht hier eine Änderung von x_1. Diese Variable ist in der Zielfunktion mit der betragsmäßig größten Zahl gewichtet, nämlich mit 4. Es ist daher sinnvoll, x_1 in die Basis aufzunehmen und damit im nächsten Schritt einen Wert zuzuordnen, der größer als 0 ist. Die Spalte, die zu x_1 gehört, nennt man in diesem Zusammenhang die *Pivotspalte.*

Die Aufnahme einer neuen Variablen in die Basis muss die Entfernung einer alten mit sich ziehen, denn die Anzahl der Basisvariablen muss stets der Anzahl der Restriktionsbedingungen entsprechen. Das liegt daran, dass wir es mithilfe der Schlupfvariablen mit einem LGS zu tun haben, das bei Nullsetzen von zwei der vier Variablen eine eindeutige Lösung liefert. Also muss die Basis hier stets aus zwei Variablen bestehen. Welche der beiden alten Basisvariablen (s_1 oder s_2) soll aber nun entfernt werden? Das Starttableau (5.14) liefert uns eine „Auflösung“ des Gleichungssystems nach den beiden Basisvariablen:

$$\begin{aligned} s_1 &= 10 - x_1 - x_2 \geq 0 \\ s_2 &= 15 - 2x_1 - x_2 \geq 0 \end{aligned} \tag{5.15}$$

Aus diesen beiden Ungleichungen liest man ab, welchen Wert die neue Basisvariable x_1 maximal annehmen kann, ohne dass man den zulässigen Bereich verlässt. Aus (5.15) und aus der

Tatsache, dass weiterhin $x_2 = 0$ ist (als Nicht-Basisvariable), ergeben sich nämlich die beiden Bedingungen:

$$x_1 \leq 10 \quad \text{und} \quad x_1 \leq 7{,}5. \tag{5.16}$$

Die schärfere Bedingung $x_1 \leq 7{,}5$ impliziert, dass die Variable s_2 aus der Basis zu verbannen ist. Die Frage, welche Variable aus der Basis zu entfernen ist, lässt sich also anhand sogenannter *Kontrollquotienten* beantworten. Sie ergeben sich, indem die Einträge in der rechten Spalte des Starttableaus durch die Einträge in der Pivotspalte dividiert werden. Der *kleinste positive Kontrollquotient* liefert dann die sogenannte *Pivotzeile* und damit die Variable, die entfernt werden muss. Pivotzeile und Pivotspalte legen dann das *Pivotelement* fest, das für das weitere Vorgehen eine wesentliche Rolle spielt.

Um nun diese theoretischen Überlegungen anhand des LOP (5.11) in die Praxis umzusetzen, erweitern wir das Starttableau nochmals: Zunächst wird rechts eine Spalte Q für die zugehörigen Kontrollquotienten ergänzt. Dabei ist zu beachten, dass Divisionen durch 0 natürlich nicht zulässig und daher nicht zu berücksichtigen sind, und mehr noch: Es werden sogar ausschließlich *positive Kontrollquotienten* zugelassen. Außerdem wird links eine Spalte ergänzt, in der die jeweils aktuelle Basis aufgeführt ist. Unter der Zielfunktionszeile ergänzen wir noch eine Lösungszeile, in der die jeweils aktuelle Zwischenlösung steht. Insgesamt ergibt sich dann folgendes Tableau:

	Basis	x_1	x_2	s_1	s_2	b	Q
	s_1	1	1	1	0	10	10
	s_2	$\boxed{2}$	1	0	1	15	7,5
Zielfunktion		−4	−3	0	0	0	
Lösung		0	0	10	15		

(5.17)

Der kleinste Eintrag in der Zielfunktionszeile (−4) liefert die Pivotspalte und somit die neue Basisvariable x_1, die am meisten Vergrößerung des Zielfunktionswertes verspricht. Der *kleinste positive Kontrollquotient* in der Spalte Q ist 7,5. (Das ist der Wert, der in (5.16) auftauchte.) Er markiert die Pivotzeile und damit die zu ersetzende Basisvariable. Im vorliegenden Fall ist also s_2 durch x_1 zu ersetzen, und das Pivotelement ist 2.

So ergibt sich allgemein ein Rezept, wie die beiden am Basiswechsel beteiligten Variablen lokalisiert werden können. Diesen Prozess nennt man hin und wieder auch das *Pivotisieren*, den ersten Schritt im Simplex-Algorithmus.

Pivotisieren

- **Wahl der Pivotspalte:**
  Wähle diejenige Spalte mit dem *kleinsten negativen Eintrag in der Zielfunktionszeile.* Sie verspricht die größte Steigerung des Zielfunktionswertes. Die zugehörige Variable ist die *neue Basisvariable.*
- **Wahl der Pivotzeile:**
  Wähle diejenige Zeile mit dem *kleinsten positiven Kontrollquotienten.* Die entsprechende Basisvariable *verlässt die Basis.*

Der zweite Schritt des Simplex-Algorithmus besteht nun in der konkreten Durchführung des Basiswechsels. Wie zuvor müssen in den Spalten, die zu den Basisvariablen gehören, die Spalten der Einheitsmatrix, die sogenannten *Einheitsvektoren* stehen. Das aber kann mithilfe des Gauß-Algorithmus erreicht werden. Im vorliegenden Fall sind dies die zu x_1 und s_2 gehörenden Spalten. Das Tableau (5.17) geht somit über in das Tableau:

	Basis	x_1	x_2	s_1	s_2	b	Q
	s_1	0	$\boxed{0,5}$	1	−0,5	2,5	5
	x_1	1	0,5	0	0,5	7,5	15
Zielfunktion		0	−1	0	2	30	
Lösung		7,5	0	2,5	0		

(5.18)

Der zweite Einheitsvektor, der im Starttableau in der s_2-Spalte stand, steht nun im Tableau (5.18) in der x_1-Spalte. Der erste Einheitsvektor steht nach wie vor in der s_1-Spalte, und damit stehen die beiden Einheitsvektoren in den Spalten, die nun die neue Basis bilden. Konkret wurde dies erreicht, indem die zweite Zeile des Starttableaus durch 2 dividiert und diese normierte neue Zeile dann von der ersten abgezogen bzw. ihr Vierfaches zu der Zielfunktionszeile dazu addiert wurde. Es handelt sich hier um klassische Zeilenumformungen, die beim Gauß-Algorithmus ausführlich diskutiert wurden. Hier haben sie das Ziel, in den Basisspalten die Spalten der Einheitsmatrix zu erzeugen, was dann auch wieder Änderungen anderer Spalten mit sich bringt. Als neue zulässige Lösung ergibt sich

$$x_1 = 7,5, \quad x_2 = 0, \quad s_1 = 2,5 \quad \text{und} \quad s_2 = 0.$$

Man erhält natürlich auch einen neuen, vergrößerten Wert der Zielfunktion. War er zu Beginn noch gleich null, so ist er nun nach dem Basiswechsel gleich 30. Dieser Wert taucht auch in der Zielfunktionszeile des Tableaus auf. Dort steht auch außerdem mit −1 noch eine negative Zahl. Das bedeutet wie zuvor, dass durch einen erneuten Basiswechsel eine nochmalige Vergrößerung des Zielfunktionswertes erreicht werden kann, und zwar konkret, indem man x_2 in die Basis holt. Dies gilt allgemein: Solange in der Zielfunktionszeile noch *negative Zahlen* stehen, kann sich der Wert der Zielfunktion durch Ändern der Basisvariablen noch vergrößern. Und dies geschieht für die Variable am effektivsten, zu der in der Zielfunktionszeile die *kleinste negative Zahl* gehört. Im vorliegenden Fall ist dies wie gesagt x_2. Durch erneutes Pivotisieren wird klar, dass s_1 die Basis verlassen muss. (Der kleinste Kontrollquotient ist 5 und das Pivotelement 0,5.) Es ergibt sich:

	Basis	x_1	x_2	s_1	s_2	b	Q
	x_2	0	1	2	−1	5	
	x_1	1	0	−1	1	5	
Zielfunktion		0	0	2	1	35	
Lösung		5	5	0	0		

(5.19)

Nach diesem erneuten Basiswechsel befindet sich in der Zielfunktionszeile kein negativer Eintrag mehr. Es ist keine weitere Verbesserung des Zielfunktionswerts mehr möglich. Der Simplex-Algorithmus ist damit abgeschlossen, und es ergibt sich die optimale Lösung

$$x_1 = 5, \quad x_2 = 5, \quad s_1 = 0 \quad \text{und} \quad s_2 = 0.$$

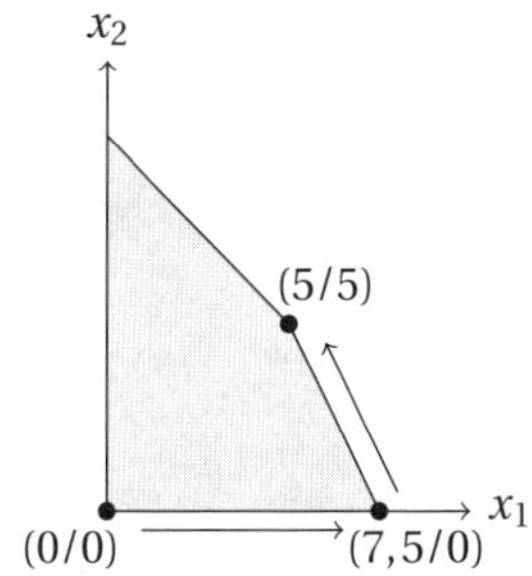

Bild 5.9 Graphische Darstellung des Weges, den der Simplex-Algorithmus für das LOP (5.11) nachvollzieht. Die Ecken entsprechen nacheinander den Tableaus (5.17), (5.18) und (5.19).

Am Schlusstableau (5.19) kann darüber hinaus der maximale Wert der Zielfunktion, nämlich 35, abgelesen werden. Die resultierenden Werte für die Schlupfvariablen, $s_1 = s_2 = 0$, implizieren, dass die Restriktionen voll ausgeschöpft sind. Alle Ungleichungen des ursprünglichen LOP sind also als Gleichungen erfüllt. In *Bild 5.9* wird verdeutlicht, wie die durchgeführte Rechnung tatsächlich die Eckenidee umsetzt.

5.3.4 Das Verfahren im Überblick

Anhand des Beispiels ist klar geworden, wie die Eckenidee konkretisiert werden kann. Der Simplex-Algorithmus kann nun in der folgenden Weise formuliert werden:

Simplex-Algorithmus
Falls ein LOP in Normalform gegeben ist und alle Restriktionen vom Typ $\leq$ sind, gehe man folgendermaßen vor:

1. Wähle als Startbasis die Schlupfvariablen $s_1, \ldots, s_m$ und erstelle das erweiterte Starttableau.
2. Führe die Pivotisierung durch.
3. Berechne das neue Tableau mithilfe des Gauß-Algorithmus. Dabei ist in der Pivotspalte ein Einheitsvektor mit einer Eins an der Stelle des Pivotelements zu erzeugen.
4. Falls im neuen Tableau noch mindestens eine negative Zahl in der Zielfunktionszeile steht, führe erneut eine Pivotisierung durch. Ansonsten ist der Algorithmus beendet, und die optimale Lösung und der maximale Zielfunktionswert können am Schlusstableau abgelesen werden.

Zur Festigung soll der Simplex-Algorithmus gleich ein weiteres Mal angewendet werden, und zwar auf das bekannte *Beispiel 5.1*. Anhand dieses Beispiels wurde zuvor die graphische Methode eingeführt, und nun soll überprüft werden, ob der Simplex-Algorithmus die gleiche Lösung liefert. Auch hier sind alle Restriktionen von der Form ≤, sodass wir also so vorgehen können wie zuvor. Das erweiterte Starttableau hat die Form:

	Basis	x_1	x_2	s_1	s_2	s_3	s_4	b	Q
	s_1	1	0	1	0	0	0	200	—
	s_2	0	$\boxed{1}$	0	1	0	0	150	150
	s_3	1	1	0	0	1	0	275	275
	s_4	2	4	0	0	0	1	800	200
Zielfunktion		−4	−6	0	0	0	0	0	
Lösung		0	0	200	150	275	800		

(5.20)

Man beachte, dass die Startbasis wiederum aus den Schlupfvariablen besteht, diesmal vier an der Zahl, da es so viele Restriktionen gibt. Die Pivotspalte ist die x_2-Spalte mit dem Eintrag −6 in der Zielfunktionszeile, und die Kontrollquotienten ergeben, dass s_2 im nächsten Schritt aus der Basis ausscheiden muss. Es ergeben sich nun die drei Folgetableaus:

	Basis	x_1	x_2	s_1	s_2	s_3	s_4	b	Q
	s_1	1	0	1	0	0	0	200	200
	x_2	0	1	0	1	0	0	150	—
	s_3	1	0	0	−1	1	0	125	125
	s_4	$\boxed{2}$	0	0	−4	0	1	200	100
Zielfunktion		−4	0	0	6	0	0	900	
Lösung		0	150	200	0	125	200		

(5.21)

	Basis	x_1	x_2	s_1	s_2	s_3	s_4	b	Q
	s_1	0	0	1	2	0	−0,5	100	50
	x_2	0	1	0	1	0	0	150	150
	s_3	0	0	0	$\boxed{1}$	1	−0,5	25	25
	x_1	1	0	0	−2	0	0,5	100	—
Zielfunktion		0	0	0	−2	0	2	1.300	
Lösung		100	150	200	0	125	0		

(5.22)

	Basis	x_1	x_2	s_1	s_2	s_3	s_4	b	Q
	s_1	0	0	1	0	−2	0,5	50	
	x_2	0	1	0	0	−1	0,5	125	
	s_2	0	0	0	1	1	−0,5	25	
	x_1	1	0	0	0	2	−0,5	150	
Zielfunktion		0	0	0	0	2	1	1.350	
Lösung		150	125	50	25	0	0		

(5.23)

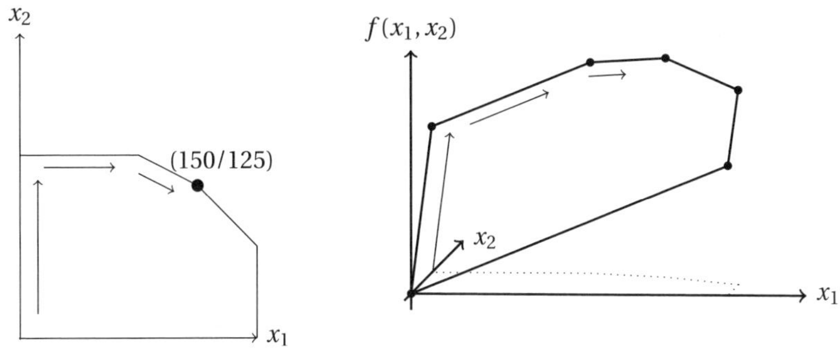

Bild 5.10 Graphische Darstellung der einzelnen Schritte des Simplex-Algorithmus für das *Beispiel 5.1*

Das graphische Ergebnis ist somit bestätigt worden: Der maximale Gewinn ergibt sich für $x_1 = 150$ und $x_2 = 125$, und der Gewinn selbst beträgt in diesem Fall 1.350.000 GE. In *Bild 5.10* ist auch zu diesem Beispiel der Weg über die Ecken graphisch zu verfolgen, zwei- wie dreidimensional. Letzteres zeigt, wie man auf genau diesem Weg entlang der Ecken tatsächlich „immer höher" gelangt. Wir erhalten darüber hinaus aus dem Schlusstableau noch zwei weitere Informationen: Die Belegungen der Schlupfvariablen, die noch in der Basis verblieben sind, also

$$s_1 = 50 \quad \text{und} \quad s_2 = 25,$$

verdeutlichen die nicht ausgeschöpften Kapazitäten. Es wurden insgesamt 50 Motorräder und 25 Pkw weniger montiert, als maximal möglich gewesen wäre. Die Gesamtzahl der 275 montierten Fahrzeuge und der 800 gelieferten Reifen hingegen werden bei der Optimallösung voll ausgeschöpft ($s_3 = s_4 = 0$).

Zur Festigung ein weiteres Beispiel.

Beispiel 5.3

Ein Gärtner pflanzt auf einem 100 m^2 großen Blumenbeet Nelken (Kosten: 2 € pro m^2) und Tulpen (Kosten: 4 € pro m^2). Er kann maximal 240 € investieren, und aus technischen Gründen können nicht mehr als 40 m^2 Tulpen angebaut werden. Der Gewinn des Gärtners soll maximiert werden, wobei wir annehmen, dass er mit den Nelken einen Gewinn von 2 € pro m^2 und mit den Tulpen einen Gewinn von 3 € pro m^2 macht.

Gesucht sind die beiden Flächen (in m^2) für den Nelken- bzw. den Tulpenanbau, die wir mit x_1 bzw. x_2 bezeichnen. Dann sieht das LOP in Normalform folgendermaßen aus:

$$\begin{aligned} z = 2x_1 + 3x_2 &\rightarrow \max \\ x_1 + x_2 &\leq 100 \\ 2x_1 + 4x_2 &\leq 240 \\ x_2 &\leq 40 \\ x_1, x_2 &\geq 0 \end{aligned}$$

Wir beginnen mit der Erstellung des erweiterten Starttableaus:

	Basis	x_1	x_2	s_1	s_2	s_3	b	Q
	s_1	1	1	1	0	0	100	100
	s_2	2	4	0	1	0	240	60
	s_3	0	1	0	0	1	40	40
Zielfunktion		−2	−3	0	0	0	0	
Lösung		0	0	100	240	40		

Die Pivotspalte ist die x_2-Spalte mit dem Eintrag −3 in der Zielfunktionszeile. Der kleinste Kontrollquotient ist 40, und es ergeben sich die s_3-Zeile als Pivotzeile und 1 als Pivotelement. Daher wird im nächsten Schritt s_3 durch x_2 ersetzt. Weiter gilt:

	Basis	x_1	x_2	s_1	s_2	s_3	b	Q
	s_1	1	0	1	0	−1	60	60
	s_2	2	0	0	1	−4	80	40
	x_2	0	1	0	0	1	40	—
Zielfunktion		−2	0	0	0	3	120	
Lösung		0	40	60	80	0		

	Basis	x_1	x_2	s_1	s_2	s_3	b	Q
	s_1	0	0	1	−0,5	1	20	20
	x_1	1	0	0	0,5	−2	40	—
	x_2	0	1	0	0	1	40	40
Zielfunktion		0	0	0	1	−1	200	
Lösung		40	40	20	0	0		

	Basis	x_1	x_2	s_1	s_2	s_3	b	Q
	s_3	0	0	1	−0,5	1	20	
	x_1	1	0	2	−0,5	0	80	
	x_2	0	1	−1	0,5	0	20	
Zielfunktion	0	0	1	0,5	0	220		
Lösung		80	20	0	0	20		

Die optimale Lösung ergibt sich also für

$x_1 = 80, \quad x_2 = 20, \quad s_1 = 0, \quad s_2 = 0 \quad \text{und} \quad s_3 = 20.$

Es sind demnach optimalerweise 80 m^2 für Nelken und 20 m^2 für Tulpen einzuplanen, womit ein Gewinn von $z(80, 20) = 2 \cdot 80 + 3 \cdot 20 = 220$ € zu erzielen ist. Eine der drei Schlupfvariablen hat einen nicht verschwindenden Wert, nämlich $s_3 = 20$. Die dritte Ungleichung also, die Beschränkung der Tulpenanbaufläche auf maximal 40 m^2, ist nicht voll ausgeschöpft worden. ■

5.4 Methoden zur Minimierung

Mit der eben vorgestellten Idee und Umsetzung des Simplex-Algorithmus ist der wichtigste Schritt zur Lösung solcher Probleme getan. Das Verfahren wurde bewusst unter sehr starken Einschränkungen eingeführt. In der Praxis hat man sehr häufig mit Problemstellungen zu tun, die Varianten des Algorithmus erfordern. Man kann sich auf den Standpunkt stellen, dass in allen gängigen Programmen der Simplex-Algorithmus mit all diesen Varianten implementiert ist und eine Übersicht über das, was es gibt, eigentlich redundant ist. Wir teilen diese Ansicht nicht, sondern stellen in diesem und dem folgenden Abschnitt einige der wichtigsten Varianten vor. Natürlich wird man die teilweise sehr aufwändigen Verfahren keineswegs von Hand rechnen, aber ein Grundwissen über die verschiedenen Problemstellungen ist sehr hilfreich. Zunächst werden Minimierungsprobleme behandelt, denn der Einfachheit halber haben wir uns (abgesehen von der graphischen Methode für Probleme in zwei Variablen) bislang auf das Maximieren linearer Funktionen beschränkt. Es werden die *Zwei-Phasen-Methode* und das *Dualisierungsprinzip* vorgestellt.

5.4.1 Die Zwei-Phasen-Methode

Wir haben den Simplex-Algorithmus bisher nur als Maximierungsproblem im Falle linearer Beschränkungen ($\leq$) formuliert. Wie sieht es mit dem allgemeinen Fall aus, und wie sieht es mit dem Minimieren aus? Beide Fragen werden wir in diesem und im folgenden Abschnitt beantworten; sie hängen auch eng zusammen. Denn beim Minimieren einer (vernünftigen) Zielfunktion wird in der Regel die Lösung $\boldsymbol{x} = 0$ wohl keine zulässige Startlösung sein: Eine Kostenfunktion etwa, die wir bei einem Produktionsprozess minimieren wollen, wird natürlich minimal sein, wenn *nichts* produziert wird – aber dies ist eine sinnlose Lösung. Denn natürlich wird man es, wenn es ums Minimieren geht, eben mit gewissen *Mindestanforderungen* ($\geq$) zu tun haben. Das hat zur Folge, dass wir die Schlupfvariablen nicht mehr als Startbasis und damit den Koordinatenursprung nicht mehr als Startecke wählen können. Man muss in diesem Fall anders vorgehen, nämlich in einem ersten Schritt überhaupt erst einmal eine sinnvolle Startecke finden. Diese Überlegungen führen uns unmittelbar zur Zwei-Phasen-Methode.

Wollen wir etwa das LOP

$$\begin{aligned} z = 3x_1 + 2x_2 &\;\rightarrow\; \max \\ 2x_1 + x_2 &\;\geq\; 8 \\ x_1 + x_2 &\;\leq\; 6 \\ x_1 &\;\leq\; 5 \\ x_1, x_2 &\;\geq\; 0 \end{aligned} \tag{5.24}$$

in die Normalform bringen, so haben wir ein Problem: Die erste der drei Restriktionen enthält ein $\geq$-Zeichen. Multiplizieren wir die Ungleichung mit -1, um ein $\leq$-Zeichen zu erhalten, so verlieren wir die Eigenschaft $\boldsymbol{b} \geq 0$: eine Zwickmühle. Wir können nur eines erreichen: *entweder* die Einheitsmatrix im Starttableau *oder* $\boldsymbol{b} \geq 0$. Also bilden die Schlupfvariablen hier *keine zulässige Startbasis*. Wie kommen wir aber nun geschickt an eine solche?

Hier bietet sich die im Folgenden beschriebene *Zwei-Phasen-Methode* an: Dabei wird zunächst ein Hilfsproblem gelöst, das dann eine Startlösung für das eigentliche Problem liefert.

1. Phase: Lösen des Hilfsproblems

Wir formulieren das LOP (5.24) in Normalform und sehen, dass die Schlupfvariable s_1 ein negatives Vorzeichen haben muss:

$$\begin{aligned} z = 3x_1 + 2x_2 &\rightarrow \max \\ 2x_1 + x_2 - s_1 &= 8 \\ x_1 + x_2 + s_2 &= 6 \\ x_1 + s_3 &= 5 \\ x_1, x_2, s_1, s_2, s_3 &\geq 0 \end{aligned} \tag{5.25}$$

Das hat zur Folge, dass *nicht alle Spalten der Einheitsmatrix im Starttableau auftauchen*:

x_1	x_2	s_1	s_2	s_3	b
2	1	−1	0	0	8
1	1	0	1	0	6
1	0	0	0	1	5
−3	−2	0	0	0	0

Die Idee besteht nun darin, die fehlenden Spalten der Einheitsmatrix zu ergänzen; das entspricht dem Hinzufügen künstlicher, sogenannter *Hilfsvariablen* zum Ausgangsproblem. Im vorliegenden Beispiel reicht die Einführung einer solchen Hilfsvariable, h_1, aus, da die beiden anderen Spalten der Einheitsmatrix vorhanden sind (zu s_2 und s_3 gehörig). Das Hilfsproblem besteht nun darin, eben diese neue Hilfsvariable h_1 zu *minimieren*, also, anders gesprochen, $-h_1$ zu maximieren. Da $-h_1$ mithilfe der Gleichung $2x_1 + x_2 - s_1 + h_1 = 8$ durch die anderen Variablen ausgedrückt werden kann, erhalten wir folgendes Hilfsproblem:

$$\begin{aligned} -h_1 = 2x_1 + x_2 - s_1 - 8 &\rightarrow \max \\ 2x_1 + x_2 - s_1 + h_1 &= 8 \\ x_1 + x_2 + s_2 &= 6 \\ x_1 + s_3 &= 5 \\ x_1, x_2, s_1, s_2 &\geq 0 \end{aligned} \tag{5.26}$$

Bei der Erstellung des Starttableaus für das Hilfsproblem ist darauf zu achten, dass die Konstante −8 aus der Zielfunktion rechts unten im Tableau auftaucht, und zwar wieder mit negativem Vorzeichen. Die durch die Zielfunktionszeile und das Schreiben auf die rechte Seite bedingten Vorzeichenwechsel heben sich auf.

	Basis	x_1	x_2	s_1	s_2	s_3	h_1	b	Q
	h_1	$\boxed{2}$	1	−1	0	0	1	8	4
	s_2	1	1	0	1	0	0	6	6
	s_3	1	0	0	0	1	0	5	5
Zielfunktion		−2	−1	1	0	0	0	−8	

(5.27)

Dieses Hilfsproblem besitzt nun eine zulässige Startlösung und kann demnach auf die bereits bekannte Weise gelöst werden. Die zulässige Startbasis besteht dabei aus h_1, s_2 und s_3, und das gewohnte Pivotisieren und der Gauß-Algorithmus führen von (5.27) zu (5.28). Das Hilfsproblem ist somit bereits in einem Schritt gelöst, denn in der Zielfunktionszeile stehen keine negativen Zahlen mehr. Wir erhalten als zulässige Startlösung unseres Ausgangsproblems (5.24) nun $x_1 = 4$ und $x_2 = 0$.

	Basis	x_1	x_2	s_1	s_2	s_3	h_1	b	Q
	x_1	1	0,5	−0,5	0	0	0,5	4	
	s_2	0	0,5	0,5	1	0	−0,5	2	
	s_3	0	−0,5	0,5	0	1	−0,5	1	
Zielfunktion		0	0	0	0	0	1	0	

(5.28)

2. Phase: Lösen des Ausgangsproblems

Wir fassen nun das Schlusstableau (5.28) des Hilfsproblems als Starttableau des eigentlichen LOP auf. Die Hilfsvariable h_1 hat ihre Schuldigkeit getan und wird im weiteren Verlauf nicht mehr berücksichtigt. Es muss aber nun die eigentlich zu optimierende Zielfunktion $z(x_1, x_2) = 3x_1 + 2x_2$ noch durch die beiden aktuellen *Nicht-Basisvariablen* x_2 und s_1 ausgedrückt werden:

$$z = 3x_1 + 2x_2 = 3 \cdot (-0,5x_2 + 0,5s_1 + 4) + 2x_2 = 0,5x_2 + 1,5s_1 + 12$$

Man liest den Ausdruck für x_1 aus der ersten Zeile des Tableaus (5.28) ab. Es ergibt sich somit das Starttableau für das eigentliche Problem, und nach zwei Schritten erhalten wir die Lösung des LOP:

	Basis	x_1	x_2	s_1	s_2	s_3	b	Q
	x_1	1	0,5	−0,5	0	0	4	—
	s_2	0	0,5	0,5	1	0	2	4
	s_3	0	−0,5	[0,5]	0	1	1	2
Zielfunktion		0	−0,5	−1,5	0	0	12	
Lösung		4	0	0	2	1		

	Basis	x_1	x_2	s_1	s_2	s_3	b	Q
	x_1	1	0	0	0	1	5	—
	s_2	0	[1]	0	1	−1	1	1
	s_1	0	−1	1	0	2	2	—
Zielfunktion		0	−2	0	0	3	15	
Lösung		5	0	2	1	0		

	Basis	x_1	x_2	s_1	s_2	s_3	b	Q
	x_1	1	0	0	0	1	5	
	x_2	0	1	0	1	−1	1	
	s_1	0	0	1	1	1	3	
Zielfunktion		0	0	0	2	1	17	
Lösung		5	1	3	0	0		

Wir sind am Ende der zweiten Phase und damit des gesamten Verfahrens angelangt und lesen aus dem letzten Tableau die optimale zulässige Lösung des Ausgangsproblems (5.24) ab:

$$x_1 = 5, \qquad x_2 = 1, \qquad s_1 = 3.$$

Nach der Einführung der Zwei-Phasen-Methode anhand eines eher theoretischen Problems soll nun *Beispiel 5.2* damit angegangen werden. Mithilfe der graphischen Methode wurde dies bereits getan. Zur Erinnerung: Es ist eine möglichst kostengünstige Zusammenstellung zweier landwirtschaftlicher Produkte bei Erfüllung gewisser Mindestanforderungen gesucht. Wieder bezeichnen wir mit x_1 bzw. x_2 die Mengen (in kg), die von Produkt A bzw. Produkt B in die Mischung hineinkommen. Dann ist also das LOP

$$\begin{aligned} z = 2x_1 + 3x_2 &\rightarrow \min \\ (\text{also: } -z = -2x_1 - 3x_2 &\rightarrow \max) \\ x_1 + x_2 &\geq 15 \\ x_1 + 2x_2 &\geq 18 \\ 2x_1 + x_2 &\geq 22 \\ x_1, x_2 &\geq 0 \end{aligned} \tag{5.29}$$

zu lösen. Wir wenden die Zwei-Phasen-Methode an:

1. Phase: Lösen des Hilfsproblems

Da alle drei Schlupfvariablen mit negativem Vorzeichen vorkommen, sind drei Hilfsvariablen h_1, h_2, h_3 erforderlich, deren Summe zu minimieren ist. Aus

$$\begin{aligned} -h_1 &= x_1 + x_2 - s_1 - 15 \\ -h_2 &= x_1 + x_2 - s_1 - 15 \\ -h_3 &= x_1 + x_2 - s_1 - 15 \end{aligned}$$

ergibt sich dann das Maximierungsproblem

$$\begin{aligned} -h_1 - h_2 - h_3 = 4x_1 + 4x_2 - s_1 - s_2 - s_3 - 55 &\rightarrow \max \\ x_1 + x_2 - s_1 + h_1 &= 15 \\ x_1 + 2x_2 - s_2 + h_2 &= 18 \\ 2x_1 + x_2 - s_3 + h_3 &= 22 \\ x_1, x_2, s_1, s_2, s_3, h_1, h_2, h_3 &\geq 0 \end{aligned} \tag{5.30}$$

Es ergibt sich das Starttableau

	Basis	x_1	x_2	s_1	s_2	s_3	h_1	h_2	h_3	b	Q
	h_1	1	1	−1	0	0	1	0	0	15	15
	h_2	1	2	0	−1	0	0	1	0	18	18
	h_3	$\boxed{2}$	1	0	0	−1	0	0	1	22	11
Zielfunktion		−4	−4	1	1	1	0	0	0	−55	

Hier ist die Wahl der x_1-Spalte willkürlich erfolgt. Da in der x_2-Spalte ebenfalls eine −4 in der Zielfunktionszeile steht, könnte man sich auch anders entscheiden. Die Folgetableaus sind:

	Basis	x_1	x_2	s_1	s_2	s_3	h_1	h_2	h_3	b	Q
	h_1	0	$\frac{1}{2}$	−1	0	$\frac{1}{2}$	1	0	$-\frac{1}{2}$	4	8
	h_2	0	$\boxed{\frac{3}{2}}$	0	−1	$\frac{1}{2}$	0	1	$-\frac{1}{2}$	7	$\frac{14}{3}$
	x_1	1	$\frac{1}{2}$	0	0	$-\frac{1}{2}$	0	0	$\frac{1}{2}$	11	22
Zielfunktion		0	−2	1	1	−1	0	0	2	−11	

	Basis	x_1	x_2	s_1	s_2	s_3	h_1	h_2	h_3	b	Q
	h_1	0	0	−1	$\boxed{\frac{1}{3}}$	$\frac{1}{3}$	1	$-\frac{1}{3}$	$-\frac{1}{3}$	$\frac{5}{3}$	5
	x_2	0	1	0	$-\frac{2}{3}$	$\frac{1}{3}$	0	$\frac{2}{3}$	$-\frac{1}{3}$	$\frac{14}{3}$	—
	x_1	1	0	0	$\frac{1}{3}$	$-\frac{2}{3}$	0	$-\frac{1}{3}$	$\frac{2}{3}$	$\frac{26}{3}$	26
Zielfunktion		0	0	1	$-\frac{1}{3}$	$-\frac{1}{3}$	0	$\frac{4}{3}$	$\frac{4}{3}$	$-\frac{5}{3}$	

	Basis	x_1	x_2	s_1	s_2	s_3	h_1	h_2	h_3	b	Q
	s_2	0	0	−3	1	1	3	−1	−1	5	
	x_2	0	1	−2	0	1	2	0	−1	8	—
	x_1	1	0	1	0	−1	−1	0	1	7	
Zielfunktion		0	0	0	0	0	1	1	1	0	

(5.31)

Wir erhalten als zulässige Basis x_1, x_2 und s_2 und als zulässige Startlösung für unser eigentliches Problem $x_1 = 7$, $x_2 = 8$ und $s_2 = 5$.

2. Phase: Lösen des Ausgangsproblems

Das Starttableau der zweiten Phase ist wiederum das Endtableau des Hilfsproblems, wobei wir einerseits die drei Hilfsspalten weglassen können und andererseits die zu maximierende Zielfunktion $-z$ mithilfe der Nicht-Basisvariablen ausdrücken müssen. Aus den letzten beiden Zeilen in (5.31) liest man ab

$$x_1 = -s_1 + s_3 + 7$$
$$x_2 = 2s_1 - s_3 + 8$$

und erhält daraus für die Zielfunktion

$$-z = -2x_1 - 3x_2 = -4s_1 + s_3 - 38 \tag{5.32}$$

Es ergeben sich dann als weitere Tableaus

	Basis	x_1	x_2	s_1	s_2	s_3	b	Q
	s_2	0	0	−3	1	[1]	5	5
	x_2	0	1	−2	0	1	8	8
	x_1	1	0	1	0	−1	7	—
Zielfunktion		0	0	4	0	−1	−38	
Lösung		7	8	0	5	0		

	Basis	x_1	x_2	s_1	s_2	s_3	b	Q
	s_3	0	0	−3	1	1	5	
	x_2	0	1	1	−1	0	3	
	x_1	1	0	−2	1	0	12	—
Zielfunktion		0	0	1	1	0	−33	
Lösung		12	3	0	0	5		

Hier finden sich keine negativen Zahlen mehr in der Zielfunktionszeile; das Problem ist somit gelöst, und wir erhalten aus dem Tableau die zulässige optimale Lösung für

$$x_1 = 12, \qquad x_2 = 3, \qquad s_3 = 5.$$

Von Produkt A müssen somit 12 kg und von Produkt B 3 kg in die Mischung; die (minimalen) Kosten hierfür betragen dann 33 €. Der Eintrag −33 in der Zielfunktionszeile erklärt sich dadurch, dass wir die Funktion $-z$ maximiert haben. Das graphische Ergebnis hat sich also bestätigt.

5.4.2 Der duale Simplex-Algorithmus

Wir haben mit der Zwei-Phasen-Methode ein Verfahren kennengelernt, das es uns ermöglicht, auch Minimierungsprobleme zu lösen. Diese Methode eignet sich dann hervorragend, wenn nur wenige der Restriktionen Mindestanforderungen sind. Bei dem LOP (5.24) war etwa nur die Einführung einer Hilfsvariablen erforderlich. Die Zwei-Phasen-Methode war hier somit geeignet und führte schnell zu einer Lösung. Bei *Beispiel 5.2* wurde das Hilfsproblem mit insgesamt acht Variablen dann doch etwas unübersichtlich.

Eine schöne Alternative ist hier der *duale Simplex-Algorithmus*, der eine weitere Möglichkeit bietet, Minimierungs- auf Maximierungsprobleme zurückzuführen. Ist ein LOP in der Form

$$\begin{aligned} z = \boldsymbol{c}\cdot\boldsymbol{x} &\rightarrow \text{max!} \\ \boldsymbol{A}\cdot\boldsymbol{x} &\leq \boldsymbol{b} \\ \boldsymbol{x} &\geq 0 \end{aligned}$$

gegeben, so nennt man

$$\begin{aligned} z^* = \boldsymbol{b}^T\cdot\boldsymbol{y} &\rightarrow \text{min!} \\ \boldsymbol{A}^T\cdot\boldsymbol{y} &\geq \boldsymbol{c}^T \\ \boldsymbol{y} &\geq 0 \end{aligned} \tag{5.33}$$

das dazu *duale LOP*. Man beachte, dass hier die Restriktionen des Ausgangsproblems in einer Matrixungleichung $\boldsymbol{A}\cdot\boldsymbol{x} \leq \boldsymbol{b}$ zusammengefasst sind. Dafür ist bekannterweise erforderlich, dass alle Ungleichungen vom Typ $\leq$ sind, was zur Folge hat, dass der Vektor $\boldsymbol{b}$ auch negative Komponenten enthalten kann. Das hatten wir bisher vermieden, kann aber nun zugelassen werden. Im Wesentlichen entsteht das duale LOP durch eine Vertauschung des Zielfunktionsvektors $\boldsymbol{c}$ mit dem Kapazitätenvektor $\boldsymbol{b}$. Dabei ist darauf zu achten, dass durch das Transponieren die jeweiligen Formate angepasst werden. Außerdem handelt es sich um ein *Minimierungsproblem*. Man kann sich schnell davon überzeugen, dass der Prozess des Dualisierens durch erneutes Dualisieren rückgängig gemacht werden kann. Daher kann jedes Minimierungsproblem durch Dualisierung als ein Maximierungsproblem formuliert werden – und umgekehrt. Wir wollen an dieser Stelle nicht die ausschweifende komplette duale Theorie vorstellen, sondern uns auf den Anwendungsaspekt beschränken. Eine Fragestellung, die auf der Hand liegt, ist natürlich: Welchen Vorteil bringt uns die Betrachtung des dualen Problems? Glücklicherweise einen ganz gewaltigen:

Dualisierungsprinzip
Wenn eines von zwei zueinander dualen LOP eine optimale Lösung hat, so hat auch das andere eine optimale Lösung, und zwar eine mit dem gleichen Zielfunktionswert. Die Variablenbelegungen der beiden Probleme ergeben sich wechselseitig aus den Werten der Schlupfvariablen in der Zielfunktionszeile des Schlusstableaus.

Das rechtfertigt die duale Formulierung: Vielleicht ist eines der Probleme einfacher als das andere. Dann reicht es also, eines von beiden zu lösen. Es soll nun beispielsweise das LOP

$$\begin{aligned} z^* = 200y_1 + 90y_2 + 240y_3 &\rightarrow \text{min!} \\ 2y_1 + y_2 + y_3 &\geq 2 \\ y_1 + y_2 + 4y_3 &\geq 3 \\ y_1, y_2, y_3 &\geq 0 \end{aligned} \tag{5.34}$$

gelöst werden. Bleiben wir bei den Bezeichnungen aus (5.33), dann lauten die entsprechenden Matrizen und Vektoren für (5.34):

$$\boldsymbol{b}^T = (200, 90, 240), \qquad \boldsymbol{A}^T = \begin{pmatrix} 2 & 1 & 1 \\ 1 & 1 & 4 \end{pmatrix}, \qquad \boldsymbol{c}^T = \begin{pmatrix} 2 \\ 3 \end{pmatrix}.$$

Es ergeben sich sich

$$\boldsymbol{b} = \begin{pmatrix} 200 \\ 90 \\ 240 \end{pmatrix}, \qquad \boldsymbol{A} = \begin{pmatrix} 2 & 1 \\ 1 & 1 \\ 1 & 4 \end{pmatrix}, \qquad \boldsymbol{c} = (2, 3)$$

und damit das duale LOP

$$\begin{aligned} z = 2x_1 + 3x_2 &\quad \to \quad \max \\ 2x_1 + x_2 &\quad \leq \quad 200 \\ x_1 + x_2 &\quad \leq \quad 90 \\ x_1 + 4x_2 &\quad \leq \quad 240 \\ x_1, x_2 &\quad \geq \quad 0 \end{aligned} \tag{5.35}$$

Das LOP (5.35) gehört nun zu den Problemen, die wir mit der Zwei-Phasen-Methode lösen können, allerdings durch das Einführen zweier Hilfsvariablen. Nun soll stattdessen das Dualisierungsprinzip ausgenutzt und das zu (5.34) duale Problem (5.35) mit dem „herkömmlichen" Simplex-Algorithmus gelöst werden. Die Tableaus lauten der Reihe nach:

	Basis	x_1	x_2	s_1	s_2	s_3	b	Q
	s_1	2	1	1	0	0	200	200
	s_2	1	1	0	1	0	90	90
	s_3	1	$\boxed{4}$	0	0	1	240	60
Zielfunktion		−2	−3	0	0	0	0	
Lösung		0	0	200	90	240	0	

	Basis	x_1	x_2	s_1	s_2	s_3	b	Q
	s_1	$\frac{7}{4}$	0	1	0	$-\frac{1}{4}$	140	80
	s_2	$\boxed{\frac{3}{4}}$	0	0	1	$-\frac{1}{4}$	30	40
	x_2	$\frac{1}{4}$	1	0	0	$\frac{1}{4}$	60	240
Zielfunktion		$-\frac{5}{4}$	0	0	0	$\frac{3}{4}$	180	
Lösung		0	60	140	30	0	0	

	Basis	x_1	x_2	s_1	s_2	s_3	b	Q
	s_1	0	0	1	$-\frac{7}{3}$	$\frac{1}{3}$	70	
	x_1	1	0	0	$\frac{4}{3}$	$-\frac{1}{3}$	40	
	x_2	0	1	0	$-\frac{1}{3}$	$\frac{1}{3}$	50	
Zielfunktion		0	0	0	$\frac{5}{3}$	$\frac{1}{3}$	230	
Lösung		40	50	70	0	0	0	

Am Ende lesen wir das Maximum der Zielfunktion ab, nämlich 230, sowie

$$x_1 = 40, \qquad x_2 = 50 \qquad \text{und} \qquad s_1 = 70.$$

Nach dem Dualisierungsprinzip kennen wir damit auch schon das *Minimum unseres Ausgangsproblems* (5.34), nämlich ebenfalls 230. Bleibt noch die Variablenbelegung: Was sind die Werte für y_1, y_2, y_3 im Ausgangsproblem? Hierzu müssen die Werte abgelesen werden, die in der Zielfunktionszeile in den zu den Schlupfvariablen gehörigen Spalten stehen. Es ergibt sich

$$y_1 = 0, \qquad y_2 = \frac{5}{3} \qquad \text{und} \qquad y_3 = \frac{1}{3},$$

und tatsächlich ergibt Einsetzen dieser Werte in die Zielfunktion z^* das korrekte Minimum:

$$z^*\left(0, \frac{5}{3}, \frac{1}{3}\right) = 200 \cdot 0 + 90 \cdot \frac{5}{3} + 240 \cdot \frac{1}{3} = 230.$$

Auch das Futtermittelproblem aus *Beispiel 5.2*, bereits graphisch und mit der Zwei-Phasen-Methode behandelt, kann dual schnell gelöst werden. Das duale Problem zu (5.29) lautet:

$$\begin{aligned} z^* = 15y_1 + 18y_2 + 22y_3 \quad &\to \quad \max \\ y_1 + y_2 + 2y_3 \quad &\leq \quad 2 \\ y_1 + 2y_2 + y_3 \quad &\leq \quad 3 \\ y_1, y_2, y_3 \quad &\geq \quad 0 \end{aligned} \tag{5.36}$$

Die Tableaus des Simplex-Algorithmus sind:

	Basis	y_1	y_2	y_3	s_1	s_2	b	Q
	s_1	1	1	$\boxed{2}$	1	0	2	1
	s_2	1	2	1	0	1	3	3
Zielfunktion		−15	−18	−22	0	0	0	
Lösung		0	0	0	2	3		

	Basis	y_1	y_2	y_3	s_1	s_2	b	Q
	y_3	$\frac{1}{2}$	$\frac{1}{2}$	1	$\frac{1}{2}$	0	1	2
	s_2	$\frac{1}{2}$	$\boxed{\frac{3}{2}}$	0	$-\frac{1}{2}$	1	2	$\frac{4}{3}$
Zielfunktion		−4	−7	0	11	0	22	
Lösung		0	0	1	0	2		

	Basis	y_1	y_2	y_3	s_1	s_2	b	Q
	y_3	$\boxed{\frac{1}{3}}$	0	1	$\frac{2}{3}$	$-\frac{1}{3}$	$\frac{1}{3}$	1
	y_2	$\frac{1}{3}$	1	0	$-\frac{1}{3}$	$\frac{2}{3}$	$\frac{4}{3}$	4
Zielfunktion		$-\frac{5}{3}$	0	0	$8\frac{2}{3}$	$4\frac{2}{3}$	$31\frac{1}{3}$	
Lösung		0	4	1	0	0		

	Basis	y_1	y_2	y_3	s_1	s_2	b	Q
	y_1	1	0	3	2	−1	1	
	y_2	0	1	−1	−1	1	1	
Zielfunktion		0	0	5	12	3	33	
Lösung		1	1	0	0	0		

Aus diesem Schlusstableau lesen wir neben der Lösung des LOP (5.36), nämlich $y_1 = y_2 = 1$, nun auch die Lösung des ursprünglichen Problems (5.29) ab. Wir erhalten $x_1 = 12$ und $x_2 = 3$ sowie den minimalen Zielfunktionswert 33, und dies entspricht exakt den Werten, die wir bereits graphisch und mithilfe der Zwei-Phasen-Methode ermittelt hatten.

5.5 Diskrete lineare Optimierung

Abschließend soll die Vielfalt der linearen Optimierung durch die Betrachtung diskreter, also beispielsweise ganzzahliger oder binärer Probleme wenigstens angedeutet werden. Diese Varianten der linearen Optimierung sind die Grundlage zur Modellierung vieler Anwendungsprobleme wie etwa Transport-, Zuordnungs- oder Sortierungsprobleme. Eng und fließend sind die Übergänge zur kombinatorischen Optimierung, zu Gröbner-Basen oder Basisreduktion in Gittern, Grenzgebiete zur algebraischen oder kombinatorischen Geometrie und damit zu Gebieten reinster Mathematik. Nur wenige Gebiete sind sowohl mathematisch so anspruchsvoll als auch praktisch so relevant wie die Diskrete Optimierung.

5.5.1 Grundbegriffe

Der Hauptunterschied zu den bisher behandelten Optimierungsmethoden: Dort war der Definitionsbereich, wenn auch eingeschränkt, so aber dennoch *kontinuierlich*. Und eben diese Tatsache war bisher eine der Grundlagen und erklärte etwa auch das prinzipielle Vorgehen beim Simplex-Algorithmus – das „immer noch ein Stückchen weiter Richtung Ecke wandern", diese Idee des Eckentausches und Basiswechsels, basiert gerade darauf, dass reellwertige Funktionen zugrunde liegen.

Diskrete Optimierung – ein nicht ganz einfacher Begriff. Im ursprünglichen topologischen Sinn bedeutet „diskret" immer so etwas wie „voneinander trennbar". Dabei muss es einen gewissen Abstandsbegriff geben, mit dem Entfernungen gemessen werden können, und wir nehmen hier den üblichen euklidischen Abstand als Maß. Eine *diskrete Menge* besteht dann entweder aus nur endlich vielen Elementen oder die Elemente können – im unendlichen Fall – zumindest „gut voneinander getrennt werden". Paradebeispiel sind hier die Menge der ganzen Zahlen; sie bilden eine diskrete Teilmenge der reellen Zahlen. Das ist ganz anschaulich: Die ganzen Zahlen können von kleinen Intervallen umgeben werden, die sich gegenseitig nicht überschneiden. Tatsächlich werden wir uns hier auf den eben erwähnten speziellen Fall beschränken: ganze Zahlen auf der Zahlengeraden oder, in höherer Dimension, Vektoren mit ganzzahligen Einträgen.

Im Fall eines endlichen zulässigen Bereichs liegt gleich ein Lösungsverfahren auf der Hand: Gehe alle Elemente des zulässigen Bereichs durch und werte die Zielfunktion aus. Bei einem sehr großen Bereich ist das allerdings kein sehr geeignetes Verfahren. Also müssen andere Mittel und Wege gefunden werden.

Der Hauptgegenstand dieses Abschnitts, das *Grundmodell eines diskreten linearen Optimierungsproblems* (DLOP), ist schnell formuliert: Es stimmt mit dem Grundmodell eines LOP überein – bis auf die einzige Tatsache, dass der zulässige Bereich B nun eine diskrete Menge ist. Es gibt zwei wesentliche Spezialfälle, mit denen wir uns in diesem Abschnitt auch ausschließlich beschäftigen wollen: die *ganzzahligen linearen Optimierungsprobleme* (GLOP), bei denen die Werte für die Variablen $x_1, \dots, x_n$ ganzzahlig sein sollen, und die *binären linearen Optimierungsprobleme* (BLOP), bei denen die Variablen $x_1, \dots, x_n$ nur die Werte 0 und 1 annehmen sollen.

5.5.2 Ganzzahlige lineare Optimierung

Ein GLOP kann kurz und knapp in einer zu Gleichung (5.10) äquivalenten Weise formuliert werden. Der Spaltenvektor $\boldsymbol{x}$ beinhalte wieder die Variablen $x_1, \dots, x_n$ und der Spaltenvektor s die Schlupfvariablen $s_1, \dots, s_m$. Man kann hier wieder eine Normalform angeben:

Normalform eines GLOP

$$\begin{aligned} z = \boldsymbol{c} \cdot \boldsymbol{x} &\rightarrow \text{max!} \\ \boldsymbol{A}' \cdot \boldsymbol{x}' &= \boldsymbol{b} \\ \boldsymbol{x} &\geq 0 \quad \text{und ganzzahlig} \\ \boldsymbol{s} &\geq 0 \end{aligned} \tag{5.37}$$

Bemerkenswert ist hierbei, dass die Schlupfvariablen selbst nicht ganzzahlig sein müssen, wie das Beispiel

$$\begin{aligned} z = x_1 + x_2 &\rightarrow \text{max!} \\ x_1 + x_2 &\leq \sqrt{5} \\ x_1, x_2 &\geq 0 \text{ und ganzzahlig} \end{aligned}$$

zeigt: Eine optimale zulässige Basislösung ist hier $x_1 = 1$ und $x_2 = 1$, aber der Wert der Schlupfvariable $s_1 = \sqrt{5} - 2$ ist keineswegs ganzzahlig!

Die Idee, die einem wahrscheinlich schnell in den Sinn kommt, ist: Warum nicht das GLOP wie ein LOP mit dem Simplex-Algorithmus lösen, also die Ganzzahligkeit zunächst vergessen? Man spricht dann auch von dem *relaxierten LOP* oder der *Relaxation eines LOP* (kurz: *RLOP*). Sollte die optimale zulässige Lösung dann nicht ganzzahlig sein, so könnte man durch Runden auf das Ergebnis kommen. In der Tat führt diese Methode der Relaxation zum Ziel. Allerdings muss klar sein, „in welche Richtung" gerundet wird. Beginnen wir mit einem *Zuschnittproblem*, einem der Standardprobleme der diskreten linearen Optimierung.

Beispiel 5.4

Es sollen mehrere Räume tapeziert werden, wofür Tapetenrollen einer festen Länge von 5 Metern zur Verfügung stehen. Das Abmessen der verwinkelten Räume ergibt, dass wir insgesamt drei verschiedene Längen von Tapetenstücken benötigen, und zwar 14 Stücke der Länge 285 cm, 12 Stücke der Länge 170 cm und 12 Stücke der Länge 95 cm. Beim Zurechtschneiden sollen so wenig Rollen wie möglich angeschnitten werden.

Das Beispiel soll als GLOP formuliert werden. Zunächst macht man sich klar, *auf welche Weise überhaupt* eine einzelne Rolle zerschnitten werden kann. Es ergibt sich die folgende Tabelle, aus der die fünf Möglichkeiten abzulesen sind:

Stücke der Länge 285 cm	Stücke der Länge 170 cm	Stücke der Länge 95 cm	Gesamtlänge in cm
1	1	0	455
1	0	2	475
0	2	1	435
0	1	3	455
0	0	5	475

Nun führt man Variablen ein, und zwar $x_1, \ldots, x_5$ für die Anzahl der Tapetenrollen, die auf die fünf in der Tabelle aufgeführten Varianten zugeschnitten werden. Es bezeichne also x_1 die Anzahl der Rollen, aus denen ein Stück der Länge 285 cm und ein Stück der Länge 170 cm ausgeschnitten werden kann. Dann ergeben sich aufgrund der Mindestanforderungen drei Ungleichungen:

$$\begin{array}{ccccccccccc} x_1 & + & x_2 & & & & & & & \geq & 14 \\ x_1 & & & + & 2x_3 & + & x_4 & & & \geq & 12 \\ & & 2x_2 & + & x_3 & + & 3x_4 & + & 5x_5 & \geq & 12 \end{array} \tag{5.38}$$

Dass hier tatsächlich Ungleichungen angesetzt werden, ergibt sich aus der Tatsache, dass man nicht erwarten kann, dass dieses Problem in irgendeiner Weise „aufgeht". Es werden am Ende möglicherweise mehr als 14 Stücke der Länge 285 cm produziert, auch wenn sie nicht benötigt werden. Die Lösung dieses Beispiels, etwa mit der im Folgenden vorgestellten Branch-and-Bound-Methode, überlassen wir als Übungsaufgabe. ■

Nun gibt es zahlreiche Verfahren zur ganzzahligen linearen Optimierung. An dieser Stelle wollen wir uns auf eines konzentrieren, nämlich die *Branch-and-Bound-Methode* von Dakin. Für das Verständnis des Algorithmus ist es sehr hilfreich, sogenannte *Erweiterungen von GLOP* zu betrachten. Hat das zu einem GLOP gehörige RLOP beispielsweise eine Lösung mit einer nicht-ganzzahligen Komponente, sagen wir x_i^*, dann werden hierdurch zwei *Erweiterungen* des ursprünglichen GLOP definiert, und zwar durch die Restriktionen

$$x_i \leq \lfloor x_i^* \rfloor \quad \text{bzw.} \quad x_i \geq \lceil x_i^* \rceil. \tag{5.39}$$

Dabei bezeichnen $\lfloor \cdots \rfloor$ bzw. $\lceil \cdots \rceil$ die nächstkleinere bzw. nächstgrößere ganze Zahl.

Branch-and-Bound-Algorithmus

Mit den folgenden Schritten kann ein GLOP in Normalform (5.37) mit zugehörigem RLOP R gelöst werden:

1. Setze $\mathscr{L} := \emptyset$ und $\mathscr{M} := \{R\}$.
2. Wähle (und entferne danach) ein RLOP aus $\mathscr{M}$. Es ergibt sich einer von drei Fällen:
   (a) RLOP ist nicht lösbar, dann gehe gleich zu 3.
   (b) RLOP ist ganzzahlig lösbar, dann füge die Lösung mit dem Zielfunktionswert der Menge $\mathscr{L}$ hinzu.
   (c) RLOP ist lösbar, aber nicht ganzzahlig. Dann erweitere das RLOP im Sinne von (5.39) und füge sämtliche Erweiterungen der Menge $\mathscr{M}$ hinzu.
3. Solange $\mathscr{M} \neq \emptyset$, gehe zu Schritt 1.
4. Falls $\mathscr{M} = \emptyset$, Ausgabe der Lösung aus $\mathscr{L}$ mit dem maximalen Zielfunktionswert. Ist $\mathscr{L} = \emptyset$, so ist das GLOP nicht lösbar.

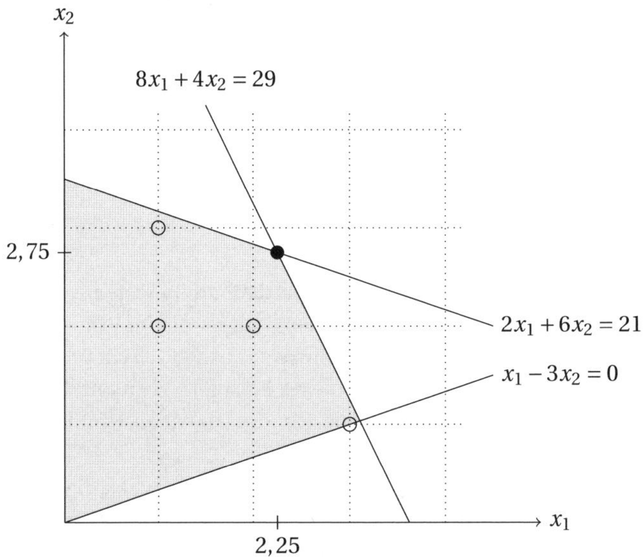

Bild 5.11 Graphische Darstellung des zulässigen Bereichs für das Optimierungsproblem (5.40): Die Lösung des relaxierten LOP ist (2,25/2,75), aber welcher Gitterpunkt mit ganzzahligen Koeffizienten „in der Nähe" ist die Lösung des GLOP? Mit dem Branch-and-Bound-Algorithmus ergibt sich der Punkt (1/3).

Wir zeigen die Verwendung dieser Methode anhand des folgenden GLOP, das in *Bild 5.11* dargestellt ist:

$$\begin{aligned} z = x_1 + 2x_2 &\rightarrow \text{max} \\ x_1 - 3x_2 &\leq 0 \\ 8x_1 + 4x_2 &\leq 29 \\ 2x_1 + 6x_2 &\leq 21 \\ x_1, x_2 &\geq 0 \text{ und ganzzahlig} \end{aligned} \tag{5.40}$$

Zunächst ist das zugehörige RLOP zu lösen, also das Optimierungsproblem (5.40) ohne die Bedingung der Ganzzahligkeit. Dies sei als kleine Übungsaufgabe den Leserinnen und Lesern überlassen. Als Lösung ergeben sich hierfür

$$x_1 = 2{,}25 \quad \text{und} \quad x_2 = 2{,}75$$

mit dem Zielfunktionswert 7,75. Beide Koordinaten der Lösung sind nun nicht ganzzahlig, sodass man tatsächlich tiefer in den Algorithmus einsteigen muss. Wir betrachten zunächst nur die zwei Erweiterungen, die durch x_1 ins Spiel kommen, nämlich

$$x_1 \leq 2 \quad \text{bzw.} \quad x_1 \geq 3.$$

Es ergeben sich nun also zunächst zwei neue RLOP:

I. RLOP zu (5.40)	
zusätzlich:	$x_1 \leq 2$
Lösung:	$x_1 = 2$
	$x_2 = 2,83$
nicht ganzzahlig!	
Zielfunktionswert: 7,67	

II. RLOP zu (5.40)	
zusätzlich:	$x_1 \geq 3$
Lösung:	$x_1 = 3$
	$x_2 = 1,25$
nicht ganzzahlig!	
Zielfunktionswert: 5,5	

Keines dieser beiden erweiterten RLOP hat eine ganzzahlige Lösung; es geht also weiter. Im nächsten Schritt sind sogar vier RLOP zu lösen, und zwar:

I.1. RLOP zu (5.40)	
zusätzlich:	$x_1 \leq 2$
	$x_2 \leq 2$
Lösung:	$x_1 = 2$
	$x_2 = 2$
ganzzahlig!	
Zielfunktionswert: 6	

II.1. RLOP zu (5.40)	
zusätzlich:	$x_1 \geq 3$
	$x_2 \leq 1$
Lösung:	$x_1 = 3$
	$x_2 = 1$
ganzzahlig!	
Zielfunktionswert: 5	

I.2. RLOP zu (5.40)	
zusätzlich:	$x_1 \leq 2$
	$x_2 \geq 3$
Lösung:	$x_1 = 1,5$
	$x_2 = 3$
nicht ganzzahlig!	
Zielfunktionswert: 7,5	

II.2. RLOP zu (5.40)	
zusätzlich:	$x_1 \geq 3$
	$x_2 \geq 2$
Lösung:	keine!
Bereich ist leer	

Es ergeben sich bereits zwei ganzzahlige Lösungen, allerdings muss noch weiter verfahren werden, da eines der neu entstandenen relaxierten LOP, nämlich **I.2.**, wiederum nicht-ganzzahlig lösbar ist. Man erhält:

I.2.1. RLOP zu (5.40)	
zusätzlich:	$x_1 \leq 2$
	$x_2 \geq 3$
	$x_1 \leq 1$
Lösung:	$x_1 = 1$
	$x_2 = 3,16$
nicht ganzzahlig!	
Zielfunktionswert: 7,33	

I.2.2 RLOP zu (5.40)	
zusätzlich:	$x_1 \leq 2$
	$x_2 \geq 3$
	$x_1 \geq 2$
Lösung:	keine!
Bereich ist leer	

Aus **I.2.1** folgen schließlich die letzten beiden Probleme:

I.2.1.1. RLOP zu (5.40)	
zusätzlich:	$x_1 \le 2$
	$x_2 \ge 3$
	$x_1 \le 1$
	$x_2 \le 3$
Lösung:	$x_1 = 1$
	$x_2 = 3$
ganzzahlig!	
Zielfunktionswert: 7	

I.2.1.2 RLOP zu (5.40)	
zusätzlich:	$x_1 \le 2$
	$x_2 \ge 3$
	$x_1 \ge 2$
	$x_2 \ge 4$
Lösung:	keine!
Bereich ist leer	

Wir sind nun in einer Sackgasse gelandet; es gibt zunächst kein weiteres zu lösendes RLOP mehr. *Bild 5.12* zeigt schematisch auch die Ergebnisse der x_2-Erweiterungen, die jedoch zu denen der x_1-Erweiterungen keine weiteren Lösungen hinzufügen. Der Algorithmus ist somit beendet; alle RLOP sind entweder ganzzahlig gelöst oder nicht lösbar. Wir erhalten nun die gesuchte Optimallösung unseres Ausgangsproblems (5.40), indem wir die Lösungen vergleichen und die mit dem maximalen Zielfunktionswert wählen, also $x_1 = 1$ und $x_2 = 3$ mit Zielfunktionswert 7.

5.5.3 Binäre lineare Optimierung

Ebenso wichtig wie die ganzzahlige lineare Optimierung ist die Optimierung linearer Funktionen, bei denen lediglich die beiden Zahlen 0 und 1 als Lösungskomponenten auftreten dürfen. Man spricht dann von einem *binären Optimierungsproblem*. Solche Probleme ergeben sich beispielsweise, wenn es um reine Ja-Nein-Entscheidungen geht, wenn man also nur an der Aussage interessiert ist, ob der durch die Komponente x_i realisierte Zustand eintritt oder nicht. Analog zu den anderen Optimierungsproblemen gibt es auch hier wieder eine Normalform.

Normalform eines BLOP

$$\begin{aligned} z = \boldsymbol{c} \cdot \boldsymbol{x} \quad &\rightarrow \quad \text{max!} \\ \boldsymbol{A}' \cdot \boldsymbol{x}' \quad &= \quad \boldsymbol{b} \\ \boldsymbol{x}' \quad &\in \quad \{0, 1\} \end{aligned} \tag{5.41}$$

Grundsätzlich gilt, dass auch ein BLOP mit dem Branch-and-Bound-Algorithmus angegangen werden kann. Hin und wieder gibt es aber andere, effektivere Methoden. Besonders prominent sind etwa die unter dem Begriff *Rucksackproblem* zusammengefassten binären Optimierungsprobleme. Der Name beschreibt das Grundproblem bereits hinreichend: Ein Wanderer sieht sich mit der Aufgabe konfrontiert, eine Menge von n Gegenständen in seinen Rucksack zu

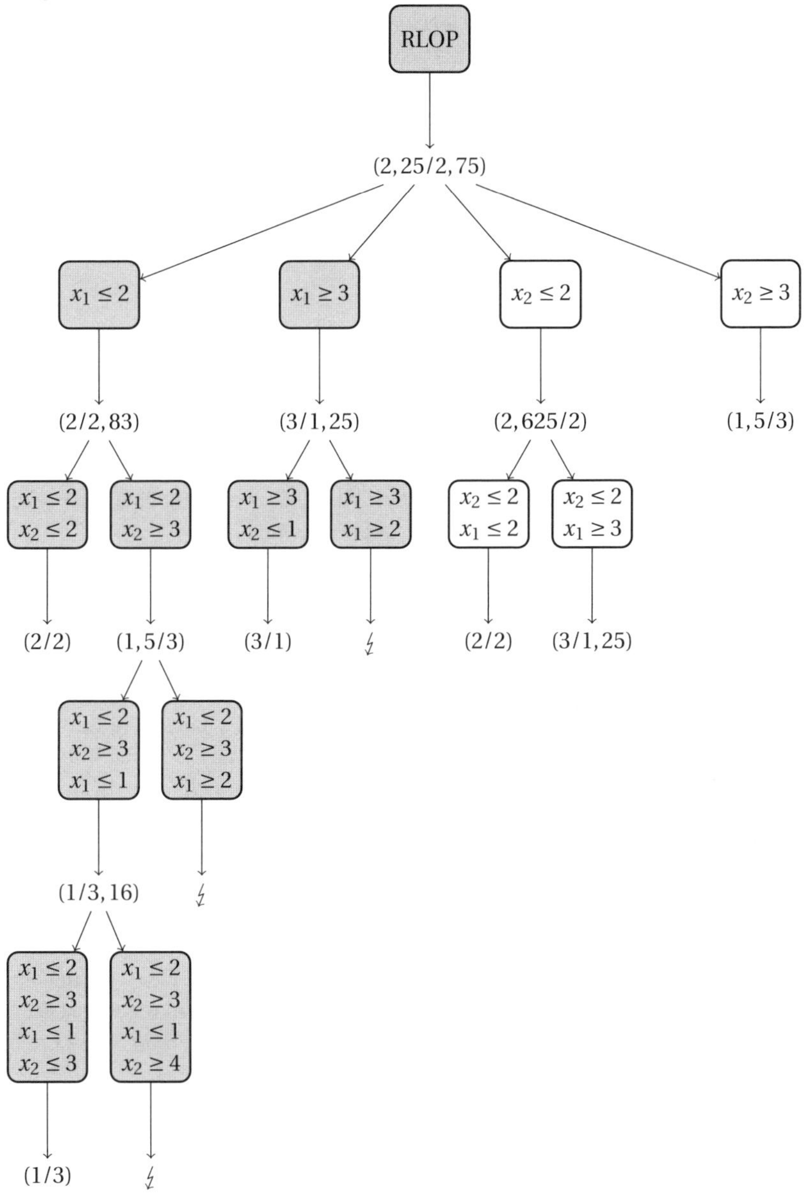

Bild 5.12 Schematische Darstellung des Branch-and-Bound-Algorithmus anhand des Problems (5.40). Der linke Teil des Baums (grau unterlegt) wurde oben durchgerechnet. Man sieht, dass die beiden x_2-Äste rechts keine weiteren Erkenntnisse bringen. Alle Wege in dieser Darstellung enden nun bei einer ganzzahligen Lösung, einem Widerspruch oder führen auf RLOP, die bereits behandelt wurden.

packen. Man kann die Gegenstände der Einfachheit halber mit den Zahlen $\{1,2,\dots,n\}$ identifizieren. Dem Gegenstand i sind in der Regel zwei Zahlen zugeordnet, nämlich sein Nutzen u_i und sein Gewicht w_i. Zur Modellierung des Problems wird für jedes $i \in \{1,2,\dots,n\}$ die Variable

$$x_i = \begin{cases} 1 & \text{(falls der Gegenstand } i \text{ eingepackt wird)} \\ 0 & \text{(sonst)} \end{cases}$$

eingeführt. Dann beträgt der *Gesamtnutzen* des Wanderers

$$u_1 \cdot x_1 + \dots + u_n \cdot x_n$$

und das Gesamtgewicht des Rucksackinhalts

$$w_1 \cdot x_1 + \dots + w_n \cdot x_n.$$

Darf Letzteres eine gegebene Grenze W nicht überschreiten, so sind wir mit dem Rucksackproblem konfrontiert: der Nutzenmaximierung bei gleichzeitiger Gewichtsbegrenzung. Fasst man im Zeilenvektor $\boldsymbol{u}$ die einzelnen Nutzen u_i und im Zeilenvektor $\boldsymbol{w}$ die Einzelgewichte w_i zusammen, so lässt sich das Rucksackproblem so formulieren:

$$\begin{aligned} z = \boldsymbol{u}\cdot\boldsymbol{x} &\to \text{max!} \\ \boldsymbol{w}\cdot\boldsymbol{x} &\leq W \\ x_i &\in \{0,1\}, \end{aligned} \tag{5.42}$$

Rucksackprobleme sind selbstverständlich nur dann spannend, wenn die Summe der Gesamtgewichte die Zahl W übersteigt, also auf jeden Fall nicht alle Gegenstände mitgenommen werden dürfen. Das Bemerkenswerte am RSP ist, dass es sich – trotz der Schlichtheit seiner Formulierung – einer „einfachen Lösung" entzieht; genauer handelt es sich um ein $\mathcal{NP}$-vollständiges Problem (dies hat Richard Karp im Jahre 1972 bewiesen). Probleme der sogenannten $\mathcal{NP}$-Klasse sind Probleme, die nichtdeterministisch zwar mit polynomiellem Rechenaufwand, deterministisch aber (bislang) nur mit exponentiellem Rechenaufwand gelöst werden können. $\mathcal{NP}$-vollständig heißt ein solches $\mathcal{NP}$-Problem P, wenn jedes andere $\mathcal{NP}$-Problem mit polynomiellem Rechenaufwand auf P zurückgeführt werden kann. Etwas vereinfacht ausgedrückt: Findet man einen Algorithmus, mit dem das Rucksackproblem „schnell" gelöst werden kann, dann können auch *alle anderen $\mathcal{NP}$-Probleme* „schnell" gelöst werden.

Exakte und einfache Lösungsmechanismen können wir daher nicht erwarten, sondern es wird hier ein Näherungsverfahren angegeben, ein sogenannter *Greedy-Algorithmus*, für den die Variablen zunächst so sortiert werden, dass

$$\frac{u_1}{w_1} \geq \frac{u_2}{w_2} \geq \dots \geq \frac{u_n}{w_n} \tag{5.43}$$

gilt. Das ist keine besonders schwierige Aufgabe, die aber das Vorgehen später erleichtert.

Wie bereits bei den ganzzahligen linearen Optimierungsproblemen betrachten wir auch hier wieder sogenannte *Relaxationen* und verstehen hier darunter genau dasselbe wie dort: Ausdehnung des Variablenbereichs. Entstand bei einem GLOP das zugehörige RLOP durch Erweiterung auf reelle Werte für die Komponenten x_i, so gehen wir hier analog vor, beschränken uns aber weiterhin auf Werte zwischen 0 und 1. In der Formulierung (5.42) des RSP ersetzen wir also die Bedingung $x_i \in \{0,1\}$ durch die Bedingung $0 \le x_i \le 1$.

Greedy-Algorithmus für das RSP

Um ein RSP in Normalform zu lösen, sind folgende Schritte erforderlich:

1. Sortiere Gegenstände gemäß (5.43).
2. Setze $\boldsymbol{x} := 0$ und $W_{\text{Rest}} := W$.
3. Für $i = 1, \dots n$ führe durch: Falls $w_i \le W_{\text{Rest}}$, so setze $x_i := 1$ und $W_{\text{Rest}} := W_{\text{Rest}} - w_i$.
4. Ausgabe von $\boldsymbol{x}$.

Dieser Greedy-Algorithmus (*greedy* englisch für *gierig*) steht in der Tat für eine ganze Klasse von Algorithmen, die in den verschiedensten Situationen eingesetzt werden können und mit denen man weit mehr machen kann als einen Rucksack zu packen. Charakteristisch für diese „gierigen" Algorithmen ist die Tatsache, dass sie in jedem Schritt diejenige aller möglichen Entscheidungen treffen, die *aktuell optimal* (also zum Zeitpunkt der Wahl die beste) ist. Um diese Auswahl treffen zu können, wird häufig eine *Bewertungsfunktion* verwendet. Der Vorteil von Greedy-Algorithmen liegt in ihrer Schnelligkeit, aber leider führen sie nicht unbedingt zur optimalen Lösung. Konkret für das RSP und einfach gesprochen bedeutet der Algorithmus also nichts anderes als: Gegenstände der Effizienz nach, d. h. nach (5.43), einzupacken. Wenn eines nicht passt, dann draußen lassen. Es ist übrigens recht einfach einzusehen, dass ein solcher Algorithmus nicht immer das optimale Endergebnis ermittelt. Und dies ist eine häufig gemachte Erfahrung: dass nämlich *stets lokal optimal nicht unbedingt global optimal* impliziert. Der Algorithmus soll gleich anhand eines Beispiels durchgeführt werden. Betrachten wir dazu die bereits nach (5.43) sortierte Auflistung von Gegenständen in folgender Tabelle:

i	1	2	3	4	5	6
Nutzen u_i	10	4	28	25	5	7
Gewicht w_i	2	1	8	8	2	7

(5.44)

Das zulässige Gesamtgewicht des Rucksacks sei $W = 18$. Nach dem Greedy-Algorithmus für das RSP dürfen die ersten drei Gegenstände eingepackt werden, und dann ist noch ein Restgewicht von 7 Einheiten übrig. Dies verbietet uns, den Gegenstand 4 einzupacken. So wird Gegenstand 5 gewählt, und wir sind fertig. Als Lösung des RSP erhalten wir also:

$$\boldsymbol{x} = (1,1,1,0,1,0)^T$$

mit einer Restkapazität von 5 Gewichtseinheiten und einem Nutzen von 47 Nutzeneinheiten. Ein etwas genauerer Blick auf Tabelle (5.44) verrät uns allerdings, dass dies nicht die optimale Lösung ist. Diese ist nämlich

$$\boldsymbol{x}_{\text{opt}} = (1,0,1,1,0,0)^T$$

mit einer Restkapazität von 0 Gewichtseinheiten (der Rucksack ist maximal belastet) und einem Nutzen von sogar 63 Nutzeneinheiten. Ein typisches Beispiel also, bei dem der Greedy-Algorithmus in seiner „lokalen Gier" nicht zum optimalen Ergebnis führt.

Übungen zum Kapitel 5

Übung 5.1

Es sollen zwei Produkte P_1 und P_2 hergestellt werden. Dazu sind zwei unabhängig voneinander arbeitende Maschinen nötig. Für jede hergestellte Mengeneinheit (ME) werden bestimmte Maschinenstunden (Mh) auf jeder Maschine beansprucht, und zwar gemäß folgender Tabelle:

Maschine	P_1 (Mh/ME)	P_2 (Mh/ME)	Mh pro Woche
M_1	7	5	105
M_2	7	10	140

Von Produkt P_1 können nicht mehr als 12 ME und von Produkt P_2 nicht mehr als 10 ME pro Woche abgesetzt werden. Weiter beträgt der Stückgewinn 8 GE bei P_1 und 9 GE bei P_2. Lösen Sie dieses Optimierungsproblem graphisch und mithilfe des Simplex-Algorithmus.

Übung 5.2

Bei der Durchführung eines Simplex-Algorithmus ist man auf das folgende Tableau gestoßen:

x_1	x_2	s_1	s_2	s_3	s_4	b
1	0	1	0	0	0	12
0	0	19	1	0	−7	60
0	0	5	0	1	−3	10
0	2	−3	0	0	1	4
0	0	−1	0	0	3	108

Führen Sie den nächsten Schritt durch. Begründen Sie, warum der Simplex-Algorithmus dann beendet ist und geben Sie das gesuchte Maximum sowie das Paar (x_1, x_2) an, in dem dieses Maximum angenommen wird.

Übung 5.3

Lösen Sie das LOP

$$\begin{aligned} z = 3x_1 + 4x_2 &\rightarrow \text{max!} \\ x_2 &\leq 30 \\ x_1 + 2x_2 &\leq 80 \\ 2x_1 + x_2 &\leq 100 \\ x_1, x_2 &\geq 0 \end{aligned}$$

Übung 5.4

Der Betreiber zweier Kiesgruben hat als einzigen Abnehmer seiner Produkte eine große Baustofffabrik. Laut Liefervertrag müssen wöchentlich mindestens 120 t Kies, 240 t mittelfeiner Sand und 80 t Quarzsand geliefert werden. Die täglichen Förderleistungen in den beiden Kiesgruben lauten:

Kiesgrube 1:
60 t Kies
40 t mittelfeiner Sand
20 t Quarzsand

Kiesgrube 2:
20 t Kies
120 t mittelfeiner Sand
20 t Quarzsand

Pro Fördertag entstehen Betriebskosten in Höhe von 2.000 € in Kiesgrube 1 und 1.600 € in Kiesgrube 2. Gesucht ist die Anzahl der Fördertage in jeder der beiden Gruben, die zu minimalen wöchentlichen Förderkosten führen. Lösen Sie dieses Optimierungsproblem graphisch und mithilfe des Simplex-Algorithmus.

Übung 5.5

Eine Großbäckerei unterhält zwei Backbetriebe. Aus Rationalisierungsgründen stellt jeder Betrieb jeweils nur drei Einheitsprodukte in festgelegten Mengen her: Die tägliche Backleistung im Betrieb A beträgt 6 t Weißbrot, 4 t Schwarzbrot, 2 t Kuchen. Die tägliche Backleistung im Betrieb B beträgt 2 t Weißbrot, 12 t Schwarzbrot, 2 t Kuchen. Aufgrund fester Lieferverträge müssen wöchentlich folgende Mindestlieferungen erbracht werden: 24 t Weißbrot, 48 t Schwarzbrot, 16 t Kuchen. Es wird mit konstanten Betriebskosten pro Backtag kalkuliert: 4.000 €/Tag im Betrieb A und 6.000 €/Tag im Betrieb B. An wie viel Tagen pro Woche muss in den beiden Betrieben gearbeitet werden, damit die Kosten im Rahmen der Lieferverpflichtungen minimal sind? Lösen Sie dieses Optimierungsproblem graphisch und mithilfe des Simplex-Algorithmus.

Übung 5.6

Eine Firma stellt Fenster und Türen her, die zunächst die Holzverarbeitung und dann die Glaserei durchlaufen müssen. Dabei verursacht ein Fenster einen Zeitaufwand von 15 Minuten in der ersten und 30 Minuten in der zweiten Abteilung, jede Tür benötigt 30 Minuten in der ersten und 20 Minuten in der zweiten Abteilung. Zur Verfügung stehen in der Holzverarbeitungsabteilung 80 und in der Glaserei 100 Produktionsstunden. Der Nettogewinn einer Tür ist um 50 % größer als der eines Fensters. Gesucht wird ein Produktionsprogramm mit größtmöglichem Gewinn.

Übung 5.7

Ein Unternehmen benötigt zu Verpackungszwecken kleine und große Faltschachteln aus speziellem Karton, deren Herstellungskosten bei 2 GE für eine kleine und 3 GE für eine große Faltschachtel liegen. Es werden mindestens 30 kleine und mindestens 40 große Schachteln benötigt, zusammen jedoch mindestens 80 Schachteln. Welche Zusammenstellung von Schachteln minimiert die Gesamtkosten?

Übung 5.8

An einem beliebten Urlaubsort soll eine neue Hotelanlage mit höchstens 90 Bungalows gebaut werden, und zwar auf einer Fläche von 6.400 m^2. Da das Restaurant nicht für mehr als 300 Personen geplant werden kann, beschränkt dies die Gästezahl. Die folgende Tabelle zeigt eine Übersicht der verschiedenen Bungalow-Typen:

	2 Personen	4 Personen	6 Personen
Größe	60 m^2	80 m^2	90 m^2
Einnahmen pro Tag	45 €	60 €	90 €

1. Zunächst wird eine Realisierung mit 2-Personen-Bungalows und 4-Personen-Bungalows angestrebt. Berechnen Sie graphisch und mithilfe des Simplex-Algorithmus die Anzahl der verschiedenen Bungalows, wenn die Gesamteinnahmen maximiert werden sollen.
2. Nun entscheiden sich die Investoren doch dafür, auch 6-Personen-Bungalows zuzulassen. Führen Sie den Simplex-Algorithmus für diese veränderte Situation durch, wenn Sie annehmen, dass alle anderen Bedingungen gleich bleiben.

Übung 5.9

Lösen Sie das in *Beispiel 5.4* vorgestellte Zuschnittproblem.

6 Differenzialrechnung in $\mathbb{R}^n$

In den Wirtschaftswissenschaften betrachtet man sehr häufig Funktionen, die von mehreren Variablen abhängig sind. Beispiele dafür sind uns bereits begegnet, vor allem im letzten Kapitel bei den linearen Funktionen. Nun sollen auch bei Funktionen beliebiger Art mehrere Variablen zugelassen werden, und wieder sind wir hauptsächlich daran interessiert, wie solche Funktionen optimiert werden – frei oder auch wieder unter gewissen Restriktionsbedingungen. Der Definitionsbereich solcher Funktionen ist keine Teilmenge der reellen Zahlen mehr, sondern eine Teilmenge des n-dimensionalen linearen Raums $\mathbb{R}^n$, wenn n die Zahl der Variablen ist. Formal haben wir es also mit Funktionen der Form

$$f : D_f(\subseteq \mathbb{R}^n) \to \mathbb{R} \tag{6.1}$$

zu tun. Das hat einige Konsequenzen. So wird etwa die Visualisierung solcher Funktionen problematisch, denn nur für den Fall $n = 2$ sind die Funktionsgraphen überhaupt noch darstellbar. Der Graph einer Funktion $f(x_1, x_2)$ in zwei Variablen ist nämlich im Allgemeinen eine Fläche, die sich aus all den Punkten $(x_1, x_2, f(x_1, x_2)) \in \mathbb{R}^3$ im dreidimensionalen Raum zusammensetzt, zumindest sofern einige Randbedingungen wie Stetigkeit erfüllt sind. Das Ziel des folgenden Abschnitts ist es nun, für Funktionen in mehreren Variablen einen Ableitungsbegriff zu entwickeln und ihn im ökonomischen Kontext vernünftig zu deuten.

6.1 Ableitungsfunktionen

6.1.1 Steigungen und Änderungsraten

Im vergangenen Kapitel, bei der eingehenden Betrachtung linearer Funktionen, ist uns bereits der Begriff der Steigung bzw. der Änderungsrate begegnet. Die zentrale Eigenschaft einer linearen Funktion ist die *Konstanz ihrer Änderungsraten.* Diese Konstanz wird sogar unmittelbar sichtbar: Bei der in *Bild 5.1* dargestellten Geraden ist das Verhältnis zwischen der Änderung der Funktionswerte zur Änderung der x-Werte für je zwei beliebige Punkte auf der Geraden konstant, entspricht der Steigung und kann als Änderungsrate gedeutet werden. Auch im Fall zweier Variablen, etwa bei der Kostenfunktion

$$K(x_1, x_2) = 4x_1 + 6x_2, \tag{6.2}$$

übernehmen die beiden Koeffizienten 4 und 6 die Rolle der variablen Stückkosten, also der Änderungsraten. Geometrisch entspricht dies der Tatsache, dass die Koeffizienten der Funktion in jedem Punkt der zugehörigen Ebene den Steigungen in den beiden Achsenrichtungen (x_1

und x_2) entsprechen. Hierbei handelt es sich um den Spezialfall eines allgemeineren Prinzips, um das es nun im Folgenden gehen wird. Separiert man nämlich in Gleichung (6.2) die beiden Variablen, so entspricht der Koeffizient 4 genau der Ableitung des Anteils $4x_1$, und ebenso ergibt die Ableitung des Anteils $6x_2$ die konstante Zahl 6. Diese Methode, nämlich bei einer Funktion in mehreren Variablen der Reihe nach die Variablen einzeln zu betrachten, während die jeweils anderen die Rolle von Konstanten übernehmen, ist bereits die Methode des *partiellen Differenzierens*. Wir benutzen die Schreibweise $\partial/\partial x$ für die Ableitung und können damit die Variable, nach der abgeleitet wird, spezifizieren. Im Fall der Kostenfunktion (6.2) gilt dann also

$$\frac{\partial K}{\partial x_1} = 4 \quad \text{und} \quad \frac{\partial K}{\partial x_2} = 6. \tag{6.3}$$

Das gerade beschriebene Prinzip kann verallgemeinert werden.

Partielle Ableitungen

Eine Funktion $f(x_1, \ldots, x_n)$ in n Variablen heißt *partiell nach der Variablen x_j differenzierbar*, wenn bei Betrachtung aller anderen Variablen als Konstanten die resultierende Funktion in der einen Variablen x_j im herkömmlichen Sinn differenzierbar ist. Man spricht dann von der *partiellen Ableitung von f nach der Variablen x_j* und bezeichnet diese mit

$$\frac{\partial f}{\partial x_j}.$$

Der Zeilenvektor

$$\nabla f = \left(\frac{\partial f}{\partial x_1}, \frac{\partial f}{\partial x_2}, \ldots, \frac{\partial f}{\partial x_n} \right),$$

in dem alle partiellen Ableitungen einer Funktion zusammengefasst sind, heißt *Gradient von f*. (Das Symbol ∇ steht für den sogenannten *Nabla-Operator*.)

Es sei darauf hingewiesen, dass diese Definition zwar eine sehr intuitive ist, für unsere Zwecke aber völlig ausreicht. Streng genommen ist deutlich mehr Aufwand erforderlich, denn Differenzierbarkeit ist zunächst ein lokaler Begriff, was bedeutet, dass es nur sinnvoll ist, von *Differenzierbarkeit in einem Punkt des Definitionsbereichs* zu sprechen. Dann kann der Begriff ausgedehnt werden, wofür aber auch die topologischen Eigenschaften des zugrunde liegenden Raums (hier des $\mathbb{R}^n$) eine Rolle spielen. Es fließen wieder Linearisierungsprozesse in die formale Definition mit ein. Doch mit all dem wollen wir uns hier nicht belasten, sondern einigen uns auf Folgendes:

Differenzierbarkeit einer Funktion in n Variablen

Eine Funktion $f(x_1, \ldots, x_n)$ in n Variablen heißt *differenzierbar*, wenn sie auf ihrem Definitionsbereich nach allen Variablen partiell differenzierbar ist, wenn also ihre sämtlichen partiellen Ableitungen existieren.

Alle Funktionen, die uns im konkreten ökonomischen Umfeld bereits begegnet sind und noch begegnen werden, sind allesamt „gutartig“: Sie sind in den meisten Fällen Polynomfunktionen, schlimmstenfalls Exponential- oder Logarithmusfunktionen, und das vereinfacht alles sehr. Diese Funktionen sind stetig und differenzierbar; wir können sie „sofort“ und intuitiv ableiten.

Vom eindimensionalen Fall ist uns hinlänglich bekannt, dass Ableitungen als Änderungsraten gedeutet werden können, und dies um so genauer, je „linearer“ die betrachteten Funktionen sind. Auch für den Fall mehrerer Variablen gilt, dass nur bei linearen Funktionen alle partiellen Ableitungen konstant sind. Sie entsprechen dann exakt den Änderungsraten der Funktion in den jeweiligen Achsenrichtungen. Wird beispielsweise bei der Kostenfunktion (6.2) die Produktion des ersten Produkts um eine Mengeneinheit erhöht, so steigen die Kosten um vier Geldeinheiten. Eine Erhöhung der Produktion des zweiten Produkts um eine Mengeneinheit hat dementsprechend eine Kostensteigerung von sechs Geldeinheiten zur Folge.

In allen anderen Fällen handelt es sich bei partiellen Ableitungen von Funktionen in den Variablen $x_1, \ldots, x_n$ wieder um Funktionen in mehreren Variablen. Als solche können sie an Punkten des Definitionsbereichs ausgewertet werden oder anders: Die Koordinaten der Punkte können in die Ableitungen eingesetzt werden. Was bedeutet dies dann? In Verallgemeinerung dessen, was uns für Funktionen in einer Variablen bereits bekannt ist, handelt es sich auch hier um *näherungsweise Änderungsraten*. Das folgende Beispiel macht dies deutlich.

Beispiel 6.1

Ein Unternehmen stellt zwei Produkte her. Die produzierten Mengeneinheiten werden mit den beiden Variablen x_1 und x_2 angegeben. Dem Produktionsprozess liegt die Kostenfunktion

$$K(x_1, x_2) = 5x_1 + 0{,}01x_2^3 - 0{,}6x_2^2 + 15x_2 + 50 \tag{6.4}$$

zugrunde. ■

Die beiden Variablen x_1 und x_2 fließen auf unterschiedliche Weise in die Kostenfunktion (6.4) ein. Bezogen auf x_1 ist die Kostenfunktion *linear*, während x_2 mit der dritten Potenz vorkommt und die Funktion hier ertragsgesetzlich ist. In der Sprache der Änderungsraten ausgedrückt: Mit jeder Mengeneinheit des ersten Produkts steigen die Kosten um den gleichen Betrag von 5 Geldeinheiten. Die Kostenänderung bei Erhöhung der Mengeneinheiten des zweiten Produkts ist hingegen nicht konstant, sondern abhängig von der Größe von x_2. Man sieht dies, indem man die Variablen der Kostenfunktion separiert und jede für sich betrachtet. In dem vorliegenden Fall ist es offenbar möglich, Änderungen von $K(x_1, x_2)$ auf zweierlei Weise zu erzwingen, und zwar einerseits durch Änderung von x_1 bei festem x_2 und andererseits umgekehrt. Es gilt:

$$\frac{\partial K}{\partial x_1} = 5,$$

und zwar unabhängig davon, wie viele Einheiten produziert werden. Die Änderungsrate „in x_1-Richtung“ ist hier konstant. Anders sieht dies in x_2-Richtung aus; hier gilt nämlich

$$\frac{\partial K}{\partial x_2} = 0{,}03x_2^2 - 1{,}2x_2 + 15. \tag{6.5}$$

An einem speziellen Punkt des Definitionsbereichs, sagen wir (10/10), also bei der Produktion von je zehn Mengeneinheiten von beiden Produkten, entstehen Gesamtkosten in Höhe von

$$K(10,10) = 5 \cdot 10 + 0{,}01 \cdot 10^3 - 0{,}6 \cdot 10^2 + 15 \cdot 10 + 50 = 200 \text{ GE}.$$

Nun können die Koordinaten des Punktes (10/10) auch in die partielle Ableitung (6.5) eingesetzt werden. Man kennzeichnet dies durch einen senkrechten Strich:

$$\left.\frac{\partial K}{\partial x_2}\right|_{(10/10)} = 0{,}03 \cdot 10^2 - 1{,}2 \cdot 10 + 15 = 6 \text{ GE/ME}. \tag{6.6}$$

Zunächst zur Einheit: Die Änderungsraten einer Funktion, mathematisch gesprochen die Differenzenquotienten, sind Verhältnisse der abhängigen Variablen (hier die Kosten) zur unabhängigen Variablen (hier die Mengeneinheiten), werden also demnach in GE/ME (*Geldeinheiten pro Mengeneinheit*) gemessen. Gleiches gilt für die Ableitung, den Differenzialquotienten, als Grenzwert dieser Verhältnisse. Was bedeutet nun der Zahlenwert? Er entspricht geometrisch exakt *der Steigung der Fläche in dem Punkt* (10/10) *in Richtung der x_2-Achse.* Wäre die Funktion linear, so bedeutete dies, dass die nächste produzierte Mengeneinheit die Kosten um 6 Geldeinheiten steigert. Man darf diesen Wert hier, im nicht-linearen Fall, aber noch als *Näherungswert* für die Änderungsrate der Kostenfunktion auffassen. Die Gleichung (6.6) bedeutet demnach, dass, ausgehend von einer Produktion von 10 Mengeneinheiten von beiden Produkten, *näherungsweise* 6 Geldeinheiten an Kosten hinzukommen, wenn die Produktion des zweiten Produkts von 10 auf 11 Mengeneinheiten gesteigert wird.

Werfen wir an dieser Stelle einen Blick auf die *tatsächlichen* Kostensteigerungen, wenn von dem ersten bzw. von dem zweiten Produkt 11 statt 10 ME produziert werden. Beim ersten Produkt

$$\begin{aligned} K(11,10) = &\quad 5 \cdot 11 + 0{,}01 \cdot 10^3 - 0{,}6 \cdot 10^2 + 15 \cdot 10 + 50 \\ = &\quad 205 \text{ GE} \\ = &\quad K(10,10) + 5 \text{ GE}. \end{aligned}$$

Hier entspricht die Ableitung exakt der realen Änderungsrate. Für das zweite Produkt gilt

$$\begin{aligned} K(10,11) = &\quad 5 \cdot 10 + 0{,}01 \cdot 11^3 - 0{,}6 \cdot 11^2 + 15 \cdot 11 + 50 \\ = &\quad 205{,}71 \text{ GE} \\ = &\quad K(10,10) + 5{,}71 \text{ GE}. \end{aligned}$$

Der oben berechnete Wert der Ableitung, also 6 GE/ME, ergibt also einen akzeptablen Schätzwert für die exakte Änderung. Wir merken uns:

Ableitung als Änderungsrate

Setzt man bei einer differenzierbaren Funktion in den Variablen x_1 und x_2 in eine der partiellen Ableitungen die Koordinaten eines Punktes ein, so entspricht der resultierende Zahlenwert geometrisch der Steigung der Fläche in Richtung der entsprechenden Achse. Ökonomisch gedeutet werden kann dieser Wert als näherungsweise Änderungsrate des Funktionswerts, falls man den Wert der entsprechenden Variablen um eins erhöht (also etwa eine Mengeneinheit mehr produziert). Diese Deutung gilt dann entsprechend für Funktionen in beliebig vielen Variablen, auch wenn die geometrische Anschauung dort nicht mehr gegeben ist.

Im gerade behandelten Beispiel konnten die beiden Variablen deutlich voneinander getrennt werden. Die Funktion ließ sich daher als Summe eines Teils in x_1 und eines Teils in x_2 darstellen, was zur Folge hatte, dass die partiellen Ableitungen nur noch von einer Variablen abhängig waren. So war eine Kostenänderung durch eine Produktionssteigerung des einen Produkts auch in der Tat unabhängig von der aktuellen Produktion des anderen Produkts. Das muss nun nicht immer der Fall sein: Manchmal sind die Variablen auch mehr miteinander verwoben. In solchen Fällen hängen auch die partiellen Ableitungen tatsächlich von beiden (oder allgemeiner allen betrachteten) Variablen ab. Das vorgestellte Prinzip wie auch die Bedeutung der Ableitungen sind aber auch in solchen Fällen gleich.

Beispiel 6.2

Für die Kostenfunktion

$$K(x_1, x_2) = 0,1x_1^2 + 0,3x_2^2 + 0,2x_1 \cdot x_2 + 10x_1 + 20x_2 + 50 \tag{6.7}$$

gilt

$$\nabla K = (0,2x_1 + 0,2x_2 + 10 / 0,6x_2 + 0,2x_1 + 20).$$

Für die Produktion von je zehn Mengeneinheiten gilt hier

$$K(10,10) = 0,1 \cdot 10^2 + 0,3 \cdot 10^2 + 10 \cdot 10 + 20 \cdot 10 + 50 = 410 \text{ GE}.$$

Die Auswertungen der partiellen Ableitungen ergeben:

$$\left.\frac{\partial K}{\partial x_1}\right|_{(10/10)} = 0,2 \cdot 10 + 0,2 \cdot 10 + 10 = 14 \text{ GE/ME}$$

und

$$\left.\frac{\partial K}{\partial x_2}\right|_{(10/10)} = 0,6 \cdot 10 + 0,2 \cdot 10 + 10 = 28 \text{ GE/ME}.$$

Das bedeutet eine Kostensteigerung von ungefähr 14 GE, falls eine Einheit des ersten Produkts, und von ungefähr 28 GE, falls eine Einheit des zweiten Produkts mehr produziert wird, jeweils ausgehend von einer Produktion von 10 ME pro Produkt. Für die exakten Änderungen ergibt sich zum Vergleich:

$$K(11,10) - K(10,10) = 14,1 \text{ GE}$$

und

$$K(10,11) - K(10,10) = 28,3 \text{ GE}.$$

■

Die geometrische Bedeutung der Ableitungen in den Achsenrichtungen, zumindest im Fall $n = 2$, wo wir über die erforderliche Vorstellungskraft verfügen, kann also ökonomisch umgedeutet werden. Doch warum sollte man sich auf die Achsenrichtungen beschränken? Der Graph einer ökonomischen Funktion in zwei Variablen ist, da die Funktion in der Regel über die gängigen vernünftigen Eigenschaften verfügt, eine glatte Fläche im $\mathbb{R}^3$. Befindet man sich auf einem Punkt dieser Fläche, dann kann man sich in vielen Richtungen fortbewegen, die allesamt Änderungen der unabhängigen Variablen entsprechen. Man kann sich dann ebenso die Frage stellen, welche Änderung der abhängigen Variablen (wie oben etwa der Kosten) aus einer beliebigen Änderung der unabhängigen Variablen resultiert.

Es lässt sich nämlich ganz allgemein für einen beliebigen Vektor

$$\boldsymbol{r} = \begin{pmatrix} r_1 \\ \vdots \\ r_n \end{pmatrix},$$

wobei mindestens ein Eintrag $r_i \neq 0$ sein muss, die Steigung der Fläche im Punkt $\boldsymbol{a} = (a_1 / \ldots / a_n)$ in Richtung $\boldsymbol{r}$ angeben, und zwar durch

$$\frac{\partial f}{\partial r} = \frac{1}{\sqrt{r_1^2 + \ldots + r_n^2}} \cdot \nabla f(a) \cdot \boldsymbol{r}. \tag{6.8}$$

Der Faktor mit der Wurzel in (6.8) sorgt für die notwendige Normierung, die für vernünftige Vergleiche von Richtungen erforderlich ist. Insofern werden hier die Änderungen in den Achsenrichtungen um jeweils eine Mengeneinheit wirklich „maßstabsgetreu“ verallgemeinert. Die zweite Multiplikation in (6.8) ist eine Multiplikation von Vektoren, und zwar des Gradienten an der Stelle $\boldsymbol{a}$ mit dem Richtungsvektor $\boldsymbol{r}$. Wir betrachten erneut die Kostenfunktion (6.2). Die beiden Koeffizienten geben die Steigung in Richtung der Koordinatenachsen an. Nehmen wir nun aber an, wir bewegen uns von einem beliebigen Punkt der Ebene in Richtung

$$\boldsymbol{r} = \begin{pmatrix} 1 \\ 1 \end{pmatrix}$$

fort. Die Steigung in dieser Richtung ergibt sich dann nach (6.8) zu

$$\frac{\partial K}{\partial r} = \frac{1}{\sqrt{1^2 + 1^2}} \cdot (4, 6) \cdot \begin{pmatrix} 1 \\ 1 \end{pmatrix} = \frac{4 \cdot 1 + 6 \cdot 1}{\sqrt{2}} = \frac{10}{\sqrt{2}} \approx 7{,}071. \tag{6.9}$$

Während man also an jedem beliebigen Punkt der Ebene die Steigungen 4 bzw. 6 zu überwinden hat, wenn man sich in positiver x_1- bzw. x_2-Richtung fortbewegen will, ist es in der „schrägen Richtung“ $\boldsymbol{r} = (1, 1)^T$ „steiler“. In der ökonomischen Anwendung ist bei nicht-linearen Funktionen natürlich die Näherung um so besser, je kleiner die betrachteten Änderungen sind. Betrachtet man etwa die Kostenfunktion (6.7) und auf der zugehörigen Fläche im Punkt (10/10) die Richtung $\boldsymbol{r} = (1, 1)^T$, so entspricht dies einer Produktionssteigerung um jeweils eine Mengeneinheit von beiden Produkten. Die resultierende Kostenänderung, umgerechnet auf eine Mengeneinheit insgesamt, ergibt sich dann wieder mithilfe von (6.8) zu

$$\begin{aligned} \frac{\partial K}{\partial r} &= \frac{1}{\sqrt{1^2 + 1^2}} \cdot (0{,}2x_1 + 0{,}2x_2 + 10, 0{,}6x_2 + 0{,}2x_1 + 20)|_{(10/10)} \cdot \begin{pmatrix} 1 \\ 1 \end{pmatrix} \\ &= \frac{1}{\sqrt{2}} \cdot (14, 28) \cdot \begin{pmatrix} 1 \\ 1 \end{pmatrix} = \frac{42}{\sqrt{2}} \approx 29{,}698. \end{aligned}$$

Der geometrisch motivierte Richtungsvektor $\boldsymbol{r}$ ist in der Anwendung als Maß für das Verhältnis der beiden Produktionssteigerungen zu verstehen. Sich auf der Kostenfläche in Richtung $\boldsymbol{r} =$

$(1,1)^T$ zu bewegen, das bedeutet, die Produktionsmengen *in gleichem Maß* zu steigern. Nun kann man sich auch fragen, welche von all den unendlich vielen Richtungen, die man von einem Punkt aus ansteuern kann, denn nun diejenige ist, in der die Steigung am steilsten ist. Wir hatten dies bei der Linearen Optimierung bereits ausgenutzt, und es gilt allgemein:

Gradientenrichtung als steilster Anstieg

Für eine differenzierbare Funktion in mehreren Variablen ist die Änderungsrate der Funktionswerte am größten, wenn man sich in Richtung des Gradienten bewegt.

Beispiel 6.3

Betrachten wir ein weiteres Mal die Kostenfunktion (6.2), deren Gradient durch $(4,6)$ gegeben war, so ergibt sich für die Steigung in Gradientenrichtung

$$\frac{\partial K}{\partial r} = \frac{1}{\sqrt{4^2+6^2}} \cdot (4,6) \cdot \begin{pmatrix} 4 \\ 6 \end{pmatrix} = \frac{4 \cdot 4 + 6 \cdot 6}{\sqrt{52}} = \frac{52}{\sqrt{52}} \approx 7{,}211,$$

also noch einmal mehr als in (6.9). ■

Mithilfe der Gradientenrichtung kann auch für Produktionsfunktionen die „Richtung" maximaler Steigung ermittelt werden, und damit das Verhältnis, in dem die Inputfaktoren zu steigern sind, um maximale Produktionssteigerung zu erhalten.

Beispiel 6.4

Für ein Unternehmen gelte die Produktionsfunktion

$$x(r_1, r_2) = \sqrt{r_1}\,\sqrt[3]{r_2} = r_1^{\frac{1}{2}} r_2^{\frac{1}{3}}.$$

Der aktuelle Input sei $r_1 = 10$ und $r_2 = 20$. Für den Gradienten gilt

$$\nabla x(r_1, r_2) = \left(\frac{1}{2} r_1^{-\frac{1}{2}} r_2^{\frac{1}{3}}, \frac{1}{3} r_1^{\frac{1}{2}} r_2^{-\frac{2}{3}}\right),$$

und wertet man diesen an der aktuellen Inputstelle (10/20) aus, erhält man

$$\nabla x(r_1, r_2)|_{(10,20)} = (0{,}429/0{,}143).$$

In dieser Richtung ist nun die Steigung der Produktionsfläche am größten, also die Änderungsrate der Produktion maximal. Will man maximale Änderung der Produktion erreichen, muss hier der Input r_1 dreimal so stark wie der Input r_2 gesteigert werden. ■

6.1.2 Höhere Ableitungen und Hesse-Matrizen

Analog zum Fall einer Variablen können auch für Funktionen in mehreren Variablen Ableitungen höherer Ordnung definiert werden. Ergibt sich nämlich als erste partielle Ableitung einer

Funktion in mehreren Variablen wieder eine Funktion in diesen Variablen, so kann man sinnvoll die Frage nach deren Differenzierbarkeit stellen, ggf. nach gewissen Variablen spezifiziert. Aufgrund der Vielfalt der Variablen ergibt sich aber auch eine Vielfalt an Möglichkeiten, mehrfach abzuleiten. Gehen wir zunächst der Einfachheit halber von zwei Variablen aus. Schon bei der zweiten Ableitung, die sich durch „Ableiten der Ableitung" ergibt, bemerkt man, dass die Zahl der Möglichkeiten sich potenziert. So hat man bei beiden ersten Ableitungen jeweils wieder die Möglichkeit, nach der einen oder nach der anderen Variablen abzuleiten. Sind hier alle denkbaren Fälle möglich, so sagt man, die Funktion ist *zweimal differenzierbar.* Man kann auch spezifizieren, so etwa, die Funktion ist *zweimal partiell nach* x_1 *differenzierbar* oder Ähnliches. Beim Differenzieren wird das im vorhergehenden Abschnitt eingeführte Prinzip exakt übernommen: Alle nicht beteiligten Variablen werden als Konstanten angesehen. Betrachten wir als konkretes Beispiel die Funktion

$$f(x_1, x_2) = x_1^2 + x_1 x_2^2 + 2x_2^3 \tag{6.10}$$

mit den beiden partiellen ersten Ableitungen

$$\frac{\partial f}{\partial x_1} = 2x_1 + x_2^2 \quad \text{und} \quad \frac{\partial f}{\partial x_2} = 2x_1 x_2 + 6x_2^2.$$

Beide ersten Ableitungen sind wiederum differenzierbare Funktionen in den beiden Variablen x_1 und x_2 und können daher jeweils erneut nach x_1 und nach x_2 abgeleitet werden. Es ergeben sich dann die vier zweiten Ableitungen

$$\begin{aligned}
\frac{\partial^2 f}{\partial x_1^2} &= \frac{\partial}{\partial x_1}\left(\frac{\partial f}{\partial x_1}\right) = \frac{\partial}{\partial x_1}(2x_1 + x_2^2) = 2\\
\frac{\partial^2 f}{\partial x_2 \partial x_1} &= \frac{\partial}{\partial x_2}\left(\frac{\partial f}{\partial x_1}\right) = \frac{\partial}{\partial x_2}(2x_1 + x_2^2) = 2x_2\\
\frac{\partial^2 f}{\partial x_1 \partial x_2} &= \frac{\partial}{\partial x_1}\left(\frac{\partial f}{\partial x_2}\right) = \frac{\partial}{\partial x_1}(2x_1 x_2 + 6x_2^2) = 2x_2\\
\frac{\partial^2 f}{\partial x_2^2} &= \frac{\partial}{\partial x_2}\left(\frac{\partial f}{\partial x_2}\right) = \frac{\partial}{\partial x_2}(2x_1 x_2 + 6x_2^2) = 2x_1 + 12x_2
\end{aligned} \tag{6.11}$$

Man hat also die Möglichkeit, zweimal nach der gleichen Variablen oder nacheinander nach verschiedenen Variablen abzuleiten. In letzterem Fall spricht man auch von den *gemischten Ableitungen.* Alle Ableitungen existieren, die Funktion (6.10) ist also tatsächlich zweimal differenzierbar. Was unter dritten, vierten und höheren partiellen Ableitungen zu verstehen ist, sollte nun klar sein. So gilt etwa für die Funktion (6.10)

$$\frac{\partial^3 f}{\partial x_2^2 \partial x_1} = 2.$$

Ebenso geht man bei Funktionen in mehr als zwei Variablen vor und benutzt entsprechende Schreibweisen. Dass die beiden gemischten Ableitungen in (6.11) übereinstimmen, ist übrigens kein Zufall. Die Reihenfolge, in der man ableitet, ändert, zumindest bei allen Funktionen, die in diesem Buch betrachtet werden, nichts am Ergebnis.

Unabhängigkeit der Reihenfolge bei der Ableitung

Bei mehrfach differenzierbaren Funktionen in mehreren Variablen hängt das Ergebnis des gemischten Ableitens nicht von der Reihenfolge der gewählten Variablen ab. Entsprechend ist die Reihenfolge, in der die Variablen im Nenner des Differenzialoperators auftauchen, unerheblich. Es gilt also etwa

$$\frac{\partial^3 f}{\partial x_1 \partial x_2 \partial x_3} = \frac{\partial^3 f}{\partial x_3 \partial x_1 \partial x_2} \quad \text{oder} \quad \frac{\partial^5 f}{\partial x_1^2 \partial x_2 \partial x_3^2} = \frac{\partial^5 f}{\partial x_3 \partial x_1^2 \partial x_3 \partial x_2}.$$

Auch bei Funktionen in mehreren Variablen haben die zweiten Ableitungen eine tiefere Bedeutung. Im Fall einer Variablen hing die zweite Ableitung mit der Krümmung des Funktionsgraphen zusammen. Dort waren die Möglichkeiten beschränkt: Eine Kurve hat in einem Punkt entweder die Krümmung null, dann verläuft sie in der Nähe des Punktes wie eine Gerade, oder aber sie ist links- bzw. rechtsgekrümmt, was einem positiven bzw. negativen Wert der zweiten Ableitung in diesem Punkt entspricht. Im Fall mehrerer Variablen ist die Situation natürlich komplexer, lässt sich aber ebenso geometrisch deuten, was für uns besonders im Fall zweier Variablen gut sichtbar wird. Wir kommen darauf bei der Untersuchung von Extremwerten zurück und führen im Hinblick darauf bereits an dieser Stelle die *Hesse-Matrix* ein. In dieser Matrix sind, in einer speziellen Ordnung, alle zweiten Ableitungen aufgeführt, darunter auch diejenigen, die ohnehin identisch sind. Bei einer Funktion in zwei Variablen sind dies beispielsweise vier Stück. Die Hesse-Matrix, die zur Funktion (6.10) gehört und demnach die Ableitungen (6.11) enthält, sieht so aus:

$$\boldsymbol{H}_f = \begin{pmatrix} 2 & 2x_2 \\ 2x_2 & 2x_1 + 12x_2 \end{pmatrix}.$$

Allgemein hat die Hesse-Matrix folgende Gestalt:

Hesse-Matrix der zweiten Ableitungen

Ist $f(x_1, \ldots, x_n)$ eine zweimal differenzierbare Funktion in n Variablen, so nennt man die symmetrische Matrix

$$\boldsymbol{H}_f = \left(\frac{\partial^2 f}{\partial x_i \partial x_j} \right)_{i,j=1,\ldots,n}$$

die *Hesse-Matrix der zweiten Ableitungen von* f.

6.2 Optimierung von Funktionen in mehreren Variablen

Mithilfe der Differenzialrechnung, die soeben auf Funktionen in mehreren Variablen ausgedehnt wurde, können solche Funktionen nun auch auf Extremwerte untersucht werden. Man kann hierzu in einer gewissen Analogie zu dem Fall einer Variablen vorgehen. Man versteht unter einem lokalen bzw. einem globalen Extremum im Prinzip dasselbe wie im Fall $n = 1$. Auch wenn wir im Fall mehrerer Variablen Vektoren in die Funktion einsetzen, so ist doch das Resultat eine reelle Zahl. Daher können diese Werte verglichen werden, und es ist sinnvoll, im folgenden Sinn ein lokales Minimum bzw. Maximum zu definieren: Gibt es bei der Funktion $f(x_1, \ldots, x_n)$ eine Stelle $\boldsymbol{x}_0 = (x_{0,1}, x_{0,2}, \ldots x_{0,n})$ im Definitionsbereich von f, sodass

$$f(\boldsymbol{x}_0) \leq f(\boldsymbol{x}) \text{ bzw. } f(\boldsymbol{x}_0) \geq f(\boldsymbol{x}) \text{ für alle } \boldsymbol{x} \text{ in einer Umgebung von } \boldsymbol{x}_0 \tag{6.12}$$

gilt, so sagt man, dass die Funktion f an der Stelle $\boldsymbol{x}_0$ ein *lokales Minimum* bzw. ein *lokales Maximum* besitzt. Ersetzt man in (6.12) $\leq$ durch $<$ bzw. $\geq$ durch $>$, so spricht man auch von einem *strikten lokalen Minimum* bzw. *strikten lokalen Maximum*.

6.2.1 Der Fall zweier Variablen

Wir beschränken uns zunächst auf den Fall $n = 2$, da diese Einschränkung der Einfachheit, vor allem aber der Anschauung dient. Vieles lässt sich im Anschluss problemlos auf den Fall mehrerer Variablen übertragen. Ganz analog zu *Beispiel 2.13* gilt:

Beispiel 6.5

Die Funktion

$$f(x, y) = x^2 + y^2 \tag{6.13}$$

besitzt an der Stelle (0/0) ein striktes lokales Minimum mit dem Funktionswert 0, denn in der Nähe des Ursprungs, also in einer kleinen Umgebung von (0/0), sind alle Werte positiv. ■

Es gibt ein sehr leicht einzusehendes Kriterium, das unbedingt erfüllt sein muss, damit an einer Stelle ein lokales Extremum vorliegt. Dieses Kriterium entspricht der notwendigen Bedingung für differenzierbare Funktionen in einer Variablen. Es gilt hier entsprechend für Funktionen in mehreren Variablen, die in unserem Sinne differenzierbar sind, also deren sämtliche partiellen Ableitungen erster Ordnung existieren. Bei zwei Variablen ist das Kriterium sogar sehr anschaulich. Hier ist der Funktionsgraph eine Fläche, und ein lokales Maximum an einer Stelle bedeutet, dass über dieser Stelle ein „Berggipfel" vorliegt. Bei einem Minimum befindet man sich entsprechend am tiefsten Punkt eines Tals. Steht man nun also etwa auf einem Gipfel und betrachtet die Steigungen in den beiden Achsenrichtungen, so sind diese beide gleich null. Solche Stellen nennt man analog zum Fall $n = 1$ *stationäre Stellen.*

Stationäre Stellen für Funktionen in zwei Variablen

Es sei f eine differenzierbare Funktion in zwei Variablen. Eine Stelle $\boldsymbol{x}_0$ im Definitionsbereich von f heißt *stationäre Stelle von f*, falls

$$\left.\frac{\partial f}{\partial x_1}\right|_{\boldsymbol{x}_0} = \left.\frac{\partial f}{\partial x_2}\right|_{\boldsymbol{x}_0} = 0. \tag{6.14}$$

Der zugehörige Punkt heißt *stationärer Punkt*.

Als einzige stationäre Stelle der Funktion (6.13) ergibt sich wegen

$$\frac{\partial f}{\partial x_1} = 2x_1 \quad \text{und} \quad \frac{\partial f}{\partial x_2} = 2x_2$$

die Stelle $x_1 = x_2 = 0$. Höchstens dort also kann ein lokales Extremum vorliegen. Dass dies auch so ist, haben wir uns bereits klar gemacht, aber wie kommt man rechnerisch dahinter? Wie im Fall einer Variablen müssen hier die zweiten Ableitungen ins Spiel kommen, die wiederum eine Art hinreichender Bedingung liefern. Es reicht aber nicht, die stationäre Stelle etwa in die beiden zweiten Ableitungen einzusetzen; ein wenig komplexer ist es schon, und zwar, weil die beiden Achsenrichtungen miteinander verwoben sein könnten. Es ist nun so, dass die Hesse-Matrix Auskunft darüber gibt, ob es sich bei der berechneten Stelle tatsächlich um ein lokales Extremum handelt. Zwei Dinge müssen für diesen Fall erfüllt sein, und es müssen zwei Dinge sein, weil es schon bei zwei Variablen eine deutlich größere Vielfalt an Möglichkeiten gibt. Wie bereits oben erwähnt ist die Situation im Fall einer Variablen, also bei Kurven, übersichtlich. Ob links- oder rechtsgekrümmt, in jedem Fall *gibt es* überhaupt eine eindeutige Krümmung. Bei einer Fläche muss dies nicht der Fall sein; man denke etwa an einen Sattel. Es kann vorkommen, dass bei einer Fläche in der einen Richtung eine andere Krümmung vorliegt als in der anderen. Damit dies nicht der Fall ist, damit eine eindeutige Krümmung vorliegt, muss die Determinante der Hesse-Matrix an der fraglichen Stelle *positiv* sein. Darüber hinaus muss die zweite Ableitung nach x_1 an der Stelle ungleich null sein. Im vorliegenden Fall gilt

$$\boldsymbol{H}_f = \begin{pmatrix} 2 & 0 \\ 0 & 2 \end{pmatrix}.$$

Damit sind auf einen Blick die beiden Bedingungen erfüllt. Es gilt $\det \boldsymbol{H}_f = 4$, und den Wert der zweiten Ableitung nach x_1 liest man oben links in der Matrix ab; er ist gleich 2. Hier greift nun das bekannte Kriterium: Eine positive Zahl bedeutet hier ein lokales Minimum; eine negative würde ein lokales Maximum kennzeichnen. Fassen wir zusammen:

Lokale Extrema für Funktionen in zwei Variablen

Damit eine zweimal differenzierbare Funktion $f(x_1, x_2)$ an der Stelle $\boldsymbol{x}_0$ des Definitionsbereichs ein lokales Extremum hat, muss notwendigerweise $\boldsymbol{x}_0$ eine stationäre Stelle sein, also

$$\left.\frac{\partial f}{\partial x_1}\right|_{\boldsymbol{x}_0} = \left.\frac{\partial f}{\partial x_2}\right|_{\boldsymbol{x}_0} = 0.$$

Gilt darüber hinaus, dass

1. $\det \boldsymbol{H}_f(\boldsymbol{x}_0) > 0$ und
2. $\frac{\partial^2 f}{\partial x_1^2}(\boldsymbol{x}_0) < 0$ bzw. $\frac{\partial^2 f}{\partial x_1^2}(\boldsymbol{x}_0) > 0$,

so hat f an der Stelle $\boldsymbol{x}_0$ ein lokales Maximum bzw. Minimum.

Im Fall einer stationären Stelle, an der die Determinante der Funktion negativ ist, hat die Funktion einen *Sattelpunkt*. Während das positive Vorzeichen der Determinante so viel bedeutet wie die Existenz einer eindeutigen Krümmung, ist im Fall einer negativen Determinante keine eindeutige Krümmung festzustellen. Im Fall $\det \boldsymbol{H}_f(\boldsymbol{x}_0) = 0$ ist mit dieser Methode keine Aussage möglich. Im Prinzip geht man also ebenso vor wie im Fall einer Variablen: Man berechnet die stationären Stellen (also die möglichen Extremstellen) und prüft dann mit der Hesse-Matrix der zweiten Ableitungen, ob und um welche Extrema es sich handelt. Wir gehen diese Schritte anhand der folgenden Beispiele noch einmal durch.

Beispiel 6.6

Die Gewinnfunktion

$$G(x_1, x_2) = 70x_1 - x_1^2 + 50x_2 - x_2^2 - 1.000$$

hat die partiellen Ableitungen

$$\frac{\partial G}{\partial x_1} = 70 - 2x_1 \quad \text{und} \quad \frac{\partial G}{\partial x_2} = 50 - 2x_2,$$

woraus sich als einzige stationäre Stelle (35/25) ergibt. Die Hesse-Matrix ist

$$\boldsymbol{H}_G = \begin{pmatrix} -2 & 0 \\ 0 & -2 \end{pmatrix}.$$

Wegen $\det \boldsymbol{H}_G(35,25) = 4 > 0$ und $\frac{\partial^2 G}{\partial x_1^2}(35,25) = -2 < 0$ ergibt sich an der stationären Stelle ein lokales Maximum. ■

Beispiel 6.7

Die Produktionsfunktion eines Unternehmens hat die Form

$$x(r_1, r_2) = r_1^3 + 12r_2^2 - 12r_1r_2.$$

Als stationäre Punkte ergeben sich mithilfe des Gleichungssystems

$$\frac{\partial x}{\partial r_1} = 3r_1^2 - 12r_2 = 0 \quad \text{und} \quad \frac{\partial x}{\partial r_2} = 24r_2 - 12r_1 = 0$$

die beiden Fälle (0/0) und (2/1). Für die Hesse-Matrix

$$\boldsymbol{H}_x = \begin{pmatrix} 6r_1 & -12 \\ -12 & 24 \end{pmatrix}$$

gilt $\det \boldsymbol{H}_x = 144r_1 - 144$.

Setzt man (0/0) ein, ergibt sich ein negativer Wert der Determinante, und damit liegt ein Sattelpunkt vor. Das Einsetzen von (2/1) ergibt einen positiven Wert der Determinante, und wegen

$$\left.\frac{\partial^2 x}{\partial r_1^2}\right|_{(2/1)} = 6 \cdot 2 > 0$$

erhält man bei (2/1) ein lokales Minimum mit dem Funktionswert

$$x(2,1) = 2^3 + 12 \cdot 1^2 - 12 \cdot 2 \cdot 1 = -4.$$

■

Natürlich kann es passieren, dass man mit dieser Methode keine lokalen Extrema erhält. Solange der Definitionsbereich unbeschränkt ist, sind solche Fälle durchaus denkbar. Bereits lineare Funktionen besitzen ja bekannterweise nur dann Extrema, wenn man den Definitionsbereich einschränkt.

6.2.2 Der Fall beliebig vieler Variablen

Was man im Fall beliebig vieler Variablen bei der Suche nach lokalen Extrema zuerst zu tun hat, ist klar. Auch hier sind die stationären Stellen zu bestimmen.

Stationäre Stellen für Funktionen in n Variablen

Es sei f eine differenzierbare Funktion in den Variablen $x_1, \dots, x_n$. Eine Stelle $\boldsymbol{x}_0$ im Definitionsbereich von f heißt *stationäre Stelle von f*, falls

$$\left.\frac{\partial f}{\partial x_1}\right|_{\boldsymbol{x}_0} = \dots = \left.\frac{\partial f}{\partial x_n}\right|_{\boldsymbol{x}_0} = 0. \tag{6.15}$$

Der zugehörige Punkt $(x_{0,1}, \dots, x_{0,n}, f(x_{0,1}, \dots, x_{0,n}))$ heißt *stationärer Punkt.*

Man muss hierzu allerdings ein Gleichungssystem mit n Gleichungen lösen, was durchaus komplex werden kann. In der Praxis wurden hierfür zahlreiche starke Algorithmen entwickelt, und man nutzt für die Lösung ein geeignetes Programm.

Im Fall zweier Variablen waren im Anschluss an die Bestimmung der stationären Stellen zwei Größen auf ihr Vorzeichen zu untersuchen, nämlich die Determinante der gesamten Matrix sowie der Eintrag der Zahl oben links in der Hesse-Matrix, also der Wert, der sich ergab, wenn man die stationäre Stelle in die zweite Ableitung nach x_1 einsetzte. Beide Werte entsprangen einer gewissen Anschauung, nämlich der Existenz einer eindeutigen Krümmung sowie die Ausrichtung dieser Krümmung. Da nun diese Anschauung fehlt, nehmen wir einen etwas theoretischeren Standpunkt ein, der die Struktur aufdecken und den Fall zweier Variablen als Spezialfall enthalten wird.

Im allgemeineren Fall müssen wir auf den Definitheitsbegriff von Matrizen zurückgreifen. Konkret geht es um die Definitheit der Hesse-Matrix, also um ihre Hauptminoren. Die Hesse-Matrix hat allgemein die Gestalt

$$\boldsymbol{H}_f = \begin{pmatrix} \frac{\partial^2 f}{\partial x_1^2} & \frac{\partial^2 f}{\partial x_1 x_2} & \frac{\partial^2 f}{\partial x_1 x_3} & \cdots & \frac{\partial^2 f}{\partial x_1 x_n} \\ \frac{\partial^2 f}{\partial x_2 x_1} & \frac{\partial^2 f}{\partial x_2^2} & \frac{\partial^2 f}{\partial x_2 x_3} & \cdots & \frac{\partial^2 f}{\partial x_2 x_n} \\ \frac{\partial^2 f}{\partial x_3 x_1} & \frac{\partial^2 f}{\partial x_3 x_2} & \frac{\partial^2 f}{\partial x_3^2} & \cdots & \frac{\partial^2 f}{\partial x_3 x_n} \\ \vdots & \vdots & \vdots & & \vdots \\ \frac{\partial^2 f}{\partial x_n x_1} & \frac{\partial^2 f}{\partial x_n x_2} & \frac{\partial^2 f}{\partial x_n x_3} & \cdots & \frac{\partial^2 f}{\partial x_n^2} \end{pmatrix}.$$

Das Kriterium für lokale Extrema lässt sich folgendermaßen formulieren:

Lokale Extrema für Funktionen in n Variablen

Damit eine zweimal differenzierbare Funktion $f(x_1,\ldots,x_n)$ an der Stelle $\boldsymbol{x}_0$ des Definitionsbereichs ein lokales Extremum hat, muss notwendigerweise $\boldsymbol{x}_0$ eine stationäre Stelle sein. Gilt darüber hinaus, dass die Hesse-Matrix an der stationären Stelle positiv (bzw. negativ) definit ist, so hat die Funktion f an der Stelle $\boldsymbol{x}_0$ ein lokales Maximum (bzw. Minimum).

Das Kriterium ist kompakter, ein wenig technischer geworden, und es hat nicht mehr die Anschauung des zweidimensionalen Falls. Damit haben wir es hier mit einer typisch mathematischen Denkweise zu tun: Struktur entdecken hinter Beobachtungen, die aus der Anschauung kommen.

Beispiel 6.8

Gesucht sind die lokalen Extrema der Funktion

$$f(x,y,z) = x^3 - 9y^2 - 3z^2 + 6yz - 3x + 2y + 2z + 5$$

Die stationären Stellen berechnet man mithilfe des Gleichungssystems

$$\begin{aligned} \frac{\partial f}{\partial x} &= 3x^2 - 3 && = 0 \\ \frac{\partial f}{\partial y} &= -18y + 6z + 2 && = 0 \\ \frac{\partial f}{\partial z} &= -6z + 6y + 2 && = 0 \end{aligned}$$

Aus der ersten Gleichung folgt $x = 1$ oder $x = -1$, und die beiden anderen Gleichungen bilden ein eindeutig lösbares LGS in zwei Variablen mit der Lösung $y = \frac{1}{3}$ und $z = \frac{2}{3}$. Damit ergeben sich als stationäre Stellen:

$$\left(1/\frac{1}{3}/\frac{2}{3}\right) \quad \text{und} \quad \left(-1/\frac{1}{3}/\frac{2}{3}\right).$$

Die Hesse-Matrix

$$\boldsymbol{H}_f = \begin{pmatrix} 6x & 0 & 0 \\ 0 & -18 & 6 \\ 0 & 6 & -6 \end{pmatrix}$$

hat die drei Hauptminoren

$$(6), \qquad \begin{pmatrix} 6x & 0 \\ 0 & -18 \end{pmatrix}, \qquad \begin{pmatrix} 6x & 0 & 0 \\ 0 & -18 & 6 \\ 0 & 6 & -6 \end{pmatrix},$$

für deren Determinanten an der ersten stationären Stelle $\left(1/\frac{1}{3}/\frac{2}{3}\right)$

$$6, \qquad -108, \qquad 432$$

gilt. Die Hesse-Matrix ist demnach indefinit. An der zweiten stationären Stelle $\left(-1/\frac{1}{3}/\frac{2}{3}\right)$ sind die Determinanten der Hauptminoren

$$-6, \qquad 108, \qquad -432,$$

und die Hesse-Matrix ist dort negativ definit. Damit liegt bei $\left(-1/\frac{1}{3}/\frac{2}{3}\right)$ ein lokales Minimum vor. ■

6.2.3 Globale Extrema

Bisher wurden nur die lokalen Extrema von differenzierbaren Funktionen ermittelt. Bereits aus dem Fall einer Variablen ist aber bekannt, dass dies für einen kompletten Überblick über die Extrema einer Funktion im Allgemeinen nicht ausreicht. Bei einem lokalen Extremum stellt sich die Frage, ob es möglicherweise auch ein globales ist. Außerdem kann es bei Beschränkung des Definitionsbereichs sein, dass es Extrema am Rand gibt, die mit der Differenzialrechnung nicht erfasst werden können. Betrachten wir zunächst den einfacheren Fall eines unbeschränkten Definitionsbereichs. Hier sind Grenzwertbetrachtungen keine schlechte Methode, und in vielen Fällen sind diese auch recht einfach durchführbar. Das liegt daran, dass bei den Funktionen, die in der Praxis auftreten, in der Regel keine exotischen auftreten. Betrachten wir etwa erneut die Funktion

$$f(x, y) = x^2 + y^2, \tag{6.16}$$

die an der Stelle (0/0) ein striktes lokales Minimum besitzt. Betrachtet man die Funktion nun global, so ist zu untersuchen, was für $x \to \infty$ und $y \to \infty$ passiert. Hier sieht man sehr schnell, dass die Werte dann ebenfalls beliebig groß werden, im Gegenzug aber niemals negativ werden. Für eine formale Betrachtung muss etwa bei festem y_0 das Grenzverhalten für $x \to \infty$ und $x \to -\infty$ untersucht werden. Es gilt dann

$$\lim_{x\to\infty} f(x, y_0) = \lim_{x\to\infty} x^2 + y_0^2 = \lim_{x\to\infty} x^2 = \infty$$

und Entsprechendes für $x \to -\infty$. Daher ist hier das lokale Minimum bei (0/0) auch das globale, und ein lokales oder globales Maximum existiert nicht. Die Funktion

$$f(x, y) = x^3 + y^3$$

besitzt überhaupt kein globales Extremum, denn aufgrund der ungeraden Potenzen werden die Funktionswerte sowohl beliebig groß als auch beliebig klein. Was auch immer möglicherweise die lokalen Extrema sind, globale gibt es nicht. Meist ist es einfacher zu zeigen, dass *keine globalen Extrema* existieren. In diesem Fall reicht es nämlich, eine Richtung anzugeben, in der die Werte unendlich groß oder klein werden.

Das in *Beispiel 6.7* gefundene lokale Minimum bei $(2/1)$ mit dem Funktionswert -4 ist kein globales, denn mit $(-2/-1/-20)$ findet man beispielsweise einen Punkt, der tiefer liegt. Ein globales Maximum gibt es hier nicht, weil die Funktionswerte mit wachsendem r_1 und r_2 immer größer werden.

Ungünstiger sieht es aus, wenn der Definitionsbereich beschränkt sein sollte. Hier kann alles Mögliche passieren, denn der Rand, je nach Art der Funktion und der einschränkenden Bedingungen, kann durchaus unübersichtlich sein. Wie geht man hier am besten vor? Es ist zwar nicht sehr befriedigend, aber leider eine unumstößliche Tatsache, dass es nicht „das Verfahren" für die Untersuchung auf globale Extrema gibt. Einen systematischen Weg zur Berechnung globaler Extrema anzugeben, ist äußerst schwierig bis unmöglich, falls viele Variable betrachtet werden. Der Rand besteht dann aus unendlich vielen Punkten, daher kann man durch bloßes Einsetzen, wie im eindimensionalen Fall, zu keinem Ergebnis kommen. In einigen speziellen Fällen kann man aber Aussagen treffen. Betrachtet man etwa die Funktion (6.16) nur für Werte x und y, die zwischen 0 und 10 liegen, so existiert ein globales Maximum. Es gibt sogar vier Stück davon, nämlich

$$(10/10/200), \qquad (-10/10/200), \qquad (10/-10/200), \qquad (-10/-10/200).$$

Aufgrund der Symmetrie wird man dies in diesem Fall schnell einsehen, aber allgemeine Aussagen zu treffen, ist praktisch nicht möglich.

6.3 Multivariate Optimierung unter Nebenbedingungen

Bisher wurden nur sogenannte *freie Extremwertprobleme* behandelt. Das bedeutet, es waren differenzierbare Funktionen gegeben, von denen die Stellen gesucht waren, an denen sie minimale oder maximale Werte annehmen. Nur höchst selten aber genügen diese frei gestellten Extremwertprobleme, bei denen die Variablen unabhängig voneinander variieren konnten, den tatsächlichen ökonomischen Fragestellungen in der Praxis. Diese sind nämlich in aller Regel gewissen *Nebenbedingungen* unterworfen, die sich aus dem jeweiligen Kontext erschließen. Solche Bedingungen bedeuten geometrisch häufig, dass der Definitionsbereich der betrachteten Funktion einen „Rand" hat. In diesem Abschnitt geht es darum, wie bei differenzierbaren Funktionen Extrema unter einer oder mehreren Nebenbedingungen gefunden werden können.

6.3.1 Substitution

Die Substitution von Variablen ist in gewisser Hinsicht eine generische Methode. Immer dann, wenn man es bei einem Problem mit mehreren Variablen zu tun hat, die durch einen Zusammenhang miteinander verbunden sind, kann man eventuell eine oder mehrere der Variablen durch andere ersetzen. Erstmals in Kontakt kommt man damit bereits in der Schule, beispielsweise beim „Einsetzungsverfahren" für lineare Gleichungssysteme, hinter denen sich im Prinzip der Gauß-Algorithmus verbirgt. Auch beim Lösen der quadratischen Gleichung

$$ax^2 + bx + c = 0$$

wird substituiert: Bei der Methode der „quadratischen Ergänzung" wird die Variable x durch die neue Variable $x - \frac{b}{2a}$ ersetzt, was zur Gleichung

$$a\left(x - \frac{b}{2a}\right)^2 + b(x - \frac{b}{2a}) + c = ax^2 - \frac{b^2}{4a} = 0$$

führt. Damit ist der lineare Term eliminiert und die Gleichung durch einfaches Wurzelziehen lösbar.

Solche „Tricks" gibt es häufig in der Mathematik: Bei nicht-linearen Gleichungssystemen, wie sie uns im vorangehenden Abschnitt begegnet sind, kann man durch Substituieren manchmal elegant auf die Lösung kommen. Einige Schwierigkeiten hat man als Anfänger vielleicht bei der Substitutionsregel (3.11) in der Integralrechnung. Die Fähigkeit zu erkennen, was wodurch optimalerweise zu substituieren ist, bedarf vielleicht einiger Übung, ist aber keine Zauberei. Hier nun wird die Methode der Substitution benutzt, um Extremwertprobleme in mehreren Variablen anzugehen. Stellen wir dazu ein Praxisproblem an den Anfang.

Beispiel 6.9

Es sollen Getränkedosen aus Weißblech hergestellt werden, die ein Volumen von einem halben Liter fassen sollen. Bei der Herstellung soll so wenig Blech wie möglich verbraucht werden. Der Einfachheit halber wird angenommen, dass die Dose die Form eines perfekten Zylinders hat. Wie sind die Höhe des Zylinders und der Radius der Grundfläche zu wählen, damit die Oberfläche (bestehend aus Boden, Deckel und Mantel) minimal wird?

Bei diesem Beispiel treten zwei Variablen auf, die zu bestimmen sind: die Höhe h der Getränkedose und der Radius r des Deckels bzw. Bodens. Diese beiden Größen legen den Zylinder eindeutig fest, und sie fließen in die bekannten Formeln für Volumen und Oberfläche mit ein. Aus dem Text entnimmt man die zu minimierende Funktion, nämlich die Oberfläche

$$O(r, h) = 2\pi r^2 + 2\pi r h. \tag{6.17}$$

Der erste Summand entspricht den beiden Kreisflächen, die Deckel und Boden bilden, und der zweite Summand entspricht der Mantelfläche, die, wenn man sie aufrollt, ein Rechteck mit den Seitenlängen h und $2\pi r$ ergibt. Die Oberflächenfunktion hängt also von zwei Variablen ab, und als freie Funktion besitzt sie kein Minimum, wie Sie sich mit dem Methoden des vorangehenden Abschnitts klarmachen können. Es gibt nun aber eine im Text erwähnte Nebenbedingung, die die beiden Variablen aneinander bindet und so den Definitionsbereich entscheidend einschränkt, und dies ist das geforderte Volumen von einem halben Liter. Einigt man sich auf die Längeneinheit Zentimeter, interpretiert der halbe Liter also als 500 Kubikzentimeter, dann lässt sich diese Bedingung durch die Gleichung

$$V(r,h) = \pi r^2 h = 500 \tag{6.18}$$

in mathematische Sprache übersetzen. (Im Folgenden lassen wir in den Rechnungen die Einheiten meistens weg.) Nun ist ein Zusammenhang zwischen den beiden Variablen geschaffen, und dieser hat, wie gleich gezeigt wird, zur Folge, dass ein Minimum der Oberflächenfunktion existiert. Das kann man sich auch anschaulich klar machen, denn mit wachsendem Radius r der Grundfläche muss nun die Höhe h schrumpfen, damit das Volumen erhalten bleibt. Die Oberfläche kann nicht mehr beliebig klein werden. Man kann die Nebenbedingung (6.18) nach einer der beiden Variablen auflösen, sagen wir

$$h = \frac{500}{\pi r^2}. \tag{6.19}$$

Setzt man diesen Ausdruck dann für h in die Funktion (6.17) ein, so ergibt sich

$$O(r) = 2\pi r^2 + 2\pi r \cdot \frac{500}{\pi r^2} = 2\pi r^2 + \frac{1.000}{r}. \tag{6.20}$$

Damit hat man die Abhängigkeit der Oberflächenfunktion von zwei Variablen auf eine Variable reduziert und kann nun wie üblich vorgehen. Das Nullsetzen der ersten Ableitung

$$O'(r) = 4\pi r - \frac{1.000}{r^2}$$

ergibt als einzigen Wert

$$r^* = 5\sqrt[3]{\frac{2}{\pi}} \approx 4{,}30127 \text{ cm}.$$

Die zweite Ableitung

$$O''(r) = 4\pi + \frac{2.000}{r^3}$$

ist ohnehin für alle infrage kommenden Werte von r positiv, sodass es sich bei dem berechneten Wert r^* in der Tat um den Radius handelt, der zu dem Zylinder *minimaler Oberfläche* gehört. Die Berechnung der entsprechenden Höhe erfolgt mithilfe von (6.19)

$$h^* = \frac{500}{\pi (r^*)^2} \approx 8{,}60254 \text{ cm}$$

und die Oberfläche selbst schließlich ergibt sich durch Einsetzen von r^* in (6.20):

$$O(r^*) = 2\pi (r^*)^2 + \frac{1.000}{r^*} \approx 348{,}7342 \text{ cm}^2.$$

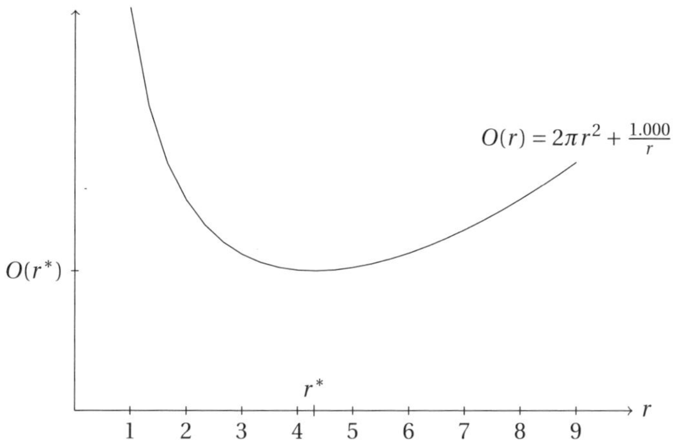

Bild 6.1 Der Graph der Oberflächenfunktion $O(r)$ aus *Beispiel 6.9*. Das lokale Minimum wird bei $r^* \approx 4,30127$ cm angenommen und ist gleichzeitig globales Minimum auf dem Bereich $r > 0$.

Der erforderliche Randabgleich bringt ebenfalls keine neuen Erkenntnisse: Geht die Variable r nämlich gegen 0 oder gegen ∞, so macht man sich schnell klar, dass die Oberfläche in diesen beiden extremen Fällen jeweils beliebig groß würde, also definitiv nicht kleiner als für den Wert r^*. Dies ist auch graphisch noch einmal in *Bild 6.1* dargestellt.

Das gleiche Ergebnis ergibt sich selbstverständlich, wenn die Bedingung (6.18) nach der Variablen r aufgelöst wird. Auch wenn dies nicht erforderlich ist, wird es hier der Übung halber ergänzt. Das Auflösen nach r ist zwar nicht eindeutig möglich, aber aufgrund des Praxisbezugs kann man sich für die positive Wurzel entscheiden, erhält also

$$r = \sqrt{\frac{500}{\pi h}}.$$

Durch Einsetzen dieses Ausdrucks für r in die Funktion (6.17) ergibt sich die von h abhängige Oberflächenfunktion

$$O(h) = 2\pi \left(\sqrt{\frac{500}{\pi h}}\right)^2 + 2\pi \sqrt{\frac{500}{\pi h}} \cdot h = \frac{1.000}{h} + 2\sqrt{500\pi h}. \tag{6.21}$$

Auch hier berechnet man die Nullstellen der ersten Ableitung

$$O'(h) = -\frac{1.000}{h^2} + \sqrt{\frac{500\pi}{h}}$$

und erhält als einzigen sinnvollen Wert

$$h^* = 10\sqrt[3]{\frac{2}{\pi}} \approx 8,60254 \text{ cm},$$

also den gleichen Wert für die Höhe wie zuvor. Damit ergeben sich auch der Radius und schließlich die minimale Oberfläche exakt wie bereits gesehen. Es ist nun tatsächlich

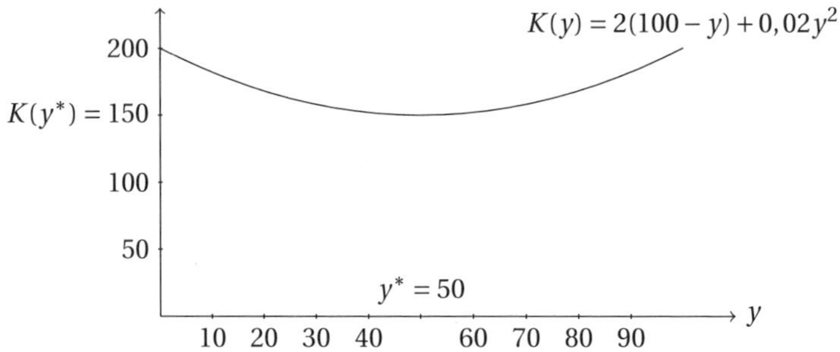

Bild 6.2 Der Graph der Kostenfunktion $K(y)$ aus *Beispiel 6.10*. Das lokale Minimum wird bei $y^* = 50$ angenommen und ist gleichzeitig globales Minimum.

„Geschmackssache", wie man vorgeht, also welche der Variablen man durch welche substituiert. In jedem Fall ist das Minimierungsproblem nun vollständig gelöst. ■

Solche Substitutionen empfehlen sich immer dann, wenn die Anzahl der Variablen und der Nebenbedingungen eher klein ist. Es folgt noch ein weiteres Beispiel.

Beispiel 6.10

Ein Unternehmen kann dasselbe Produkt an zwei Standorten X und Y mit unterschiedlichen Kostenfunktionen produzieren. Bezeichnen x bzw. y die an den entsprechenden Standorten produzierten Mengeneinheiten, so sei

$$K(x, y) = 2x + 0,02y^2 \tag{6.22}$$

die resultierende Gesamtkostenfunktion. Nun soll eine Produktion von insgesamt 100 Mengeneinheiten kostenminimal auf die beiden Standorte aufgeteilt werden. Die Nebenbedingung

$$x + y = 100$$

kann beispielsweise nach x aufgelöst und der resultierende Ausdruck in (6.22) eingesetzt werden. So ergibt sich die nur noch von y abhängige Kostenfunktion

$$K(y) = 2(100 - y) + 0,02y^2$$

mit der Ableitung

$$K'(y) = -2 + 0,04y.$$

Als Nullstelle von $K'(y)$ ergibt sich

$$y^* = 50,$$

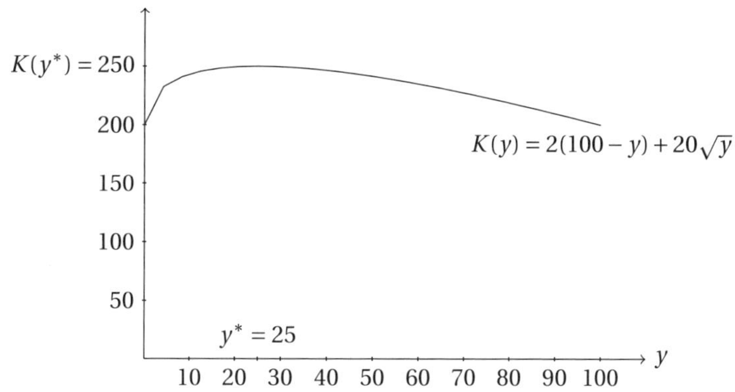

Bild 6.3 Der Graph der Kostenfunktion $K(y)2(100-y)+20\sqrt{y}$. Das lokale Extremum bei $y^* = 25$ ist hier ein Maximum. Minimal werden die Kosten am Rand, also jeweils bei Produktion an ausschließlich einem der beiden Standorte.

was ebenfalls $x^* = 50$ impliziert und wegen der Positivität der zweiten Ableitung $K''(y) = 0{,}04$ auch tatsächlich ein lokales Kostenminimum liefert. Die resultierenden Kosten sind

$$K(y^*) = 2(100 - y^*) + 0{,}02(y^*)^2 = 150 \text{ Geldeinheiten.}$$

Diese sind unter der gegebenen Nebenbedingung in der Tat minimal, wie eine Randbetrachtung zeigt und auch *Bild 6.2* deutlich macht. ■

Bei Extremwertberechnungen zeigt sich häufig mit der Zeit eine gewisse Nachlässigkeit, was die Randbedingungen oder die Überprüfung der hinreichenden Kriterien angeht. Nehmen wir etwa an, in der Situation von *Beispiel 6.10* sei die resultierende Gesamtkostenfunktion durch

$$K(x, y) = 2x + 20\sqrt{y} \tag{6.23}$$

gegeben. Der entsprechende Graph ist in *Bild 6.3* zu sehen. Bei einer geforderten Produktion von 100 Mengeneinheiten ergäbe sich als von y abhängige Kostenfunktion

$$K(y) = 2(100 - y) + 20\sqrt{y}.$$

Die Ableitung

$$K'(y) = -2y + \frac{10}{\sqrt{y}}.$$

hat als Nullstelle

$$y^* = 25,$$

und für diese Produktionsmenge ergeben sich Kosten in Höhe von

$$K(25) = 2(100 - 25) + 20\sqrt{25} = 250 \text{ GE.}$$

Ein Blick auf die zweite Ableitung zeigt jedoch, dass die Produktionsmenge $y^* = 25$ hier ein *Maximum* liefert! Und in der Tat bestätigt *Bild 6.3* dies: Die Kosten sind *an den Rändern des Definitionsbereichs minimal*, und das lokale Extremum bei $x^* = 75$ und $y^* = 25$ bedeutet maximale Kosten.

Die Methode der Substitution ergibt nicht immer auf Anhieb so schöne Ergebnisse wie im Fall zweier Variablen, aber in jedem Fall erleichtert sie das Vorgehen. Abschließend wird noch ein Beispiel mit drei Variablen behandelt.

Beispiel 6.11

Gegeben sei die Gesamtkostenfunktion

$$K(x_1, x_2, x_3) = 0,125x_1^2 + 5x_2 + 0,5x_3^2 + 100 \qquad (x_1, x_2, x_3 \geq 0). \tag{6.24}$$

Diese soll nun bei einer Anforderung von insgesamt 50 Mengeneinheiten minimiert werden. Es handelt sich um nur eine Nebenbedingung bei drei Variablen, sodass das Problem nicht wie zuvor auf den Fall einer einzigen Variablen reduziert werden kann. Wir lösen die Nebenbedingung nach x_2 auf, also

$$x_2 = 50 - x_1 - x_3$$

und setzen dies in die Kostenfunktion (6.24) ein. Man erhält

$$\begin{aligned} K(x_1, x_3) &= 0,125x_1^2 + 5(50 - x_1 - x_3) + 0,5x_3^2 + 100 \\ &= 0,125x_1^2 - 5x_1 + 0,5x_3^2 - 5x_3 + 350. \end{aligned}$$

Ohne weitere Nebenbedingung zur Substitution bleibt damit nun eine Funktion in zwei Variablen übrig, die frei zu optimieren ist. Das Gleichungssystem

$$\begin{aligned} \frac{\partial K}{\partial x_1} &= 0,25x_1 - 5 &&= 0 \\ \frac{\partial K}{\partial x_3} &= x_3 - 5 &&= 0 \end{aligned}$$

ergibt als einzige stationäre Stelle $x_1^* = 20$ und $x_3^* = 5$. Aus der Hesse-Matrix

$$\boldsymbol{H}_K = \begin{pmatrix} 0,25 & 0 \\ 0 & 1 \end{pmatrix}$$

ergibt sich wegen

$$\det \boldsymbol{H}_K = 0,25 > 0 \quad \text{und} \quad \left.\frac{\partial^2 K}{\partial x_1^2}\right|_{(20/5)} = 0,25 > 0,$$

dass hier wirklich ein Minimum vorliegt. Die Nebenbedingung impliziert $x_2^* = 25$ und Gesamtkosten in Höhe von

$$K(20, 25, 5) = 0,125 \cdot 20^2 + 5 \cdot 25 + 0,5 \cdot 5^2 + 100 = 287,5 \text{ GE}.$$

■

6.3.2 Lagrange-Methode mit einer Nebenbedingung

Die Methode der Substitution kann schnell an ihre Grenzen stoßen. So reicht es bei mehreren Variablen nicht, nur eine davon zu ersetzen. Wie *Beispiel 6.11* zeigte, kann man die Zahl der Variablen zwar dann um eins reduzieren, muss aber dennoch das Gleichungssystem lösen, das aus dem Nullsetzen der partiellen Ableitungen resultiert. Auch eine größere Komplexität der Nebenbedingung kann problematisch sein, denn das Auflösen nach einer oder mehrerer der Variablen ist dann eventuell nicht mehr elegant durchführbar.

Um mit diesen beiden Unwägbarkeiten besser umgehen zu können, gibt es ein praktisches Verfahren, die sogenannte *Lagrange-Methode*, die für deutlich allgemeinere Optimierungsprobleme funktioniert. Die Grundidee dabei ist die Konstruktion einer neuen Funktion, in der sowohl die zu optimierende Funktion als auch die Nebenbedingung vorkommen. Man geht von der Funktion

$$f(x_1,\ldots,x_n)$$

in n Variablen aus, die zu optimieren ist. Die Nebenbedingung wird ebenfalls mit diesen Variablen in der Form

$$g(x_1,\ldots,x_n)=c$$

formuliert. Nun wird eine weitere Variable eingeführt, die man üblicherweise mit λ bezeichnet und die *Lagrangescher Multiplikator* genannt wird. Mithilfe dieser zusätzlichen Variablen wird eine neue Funktion betrachtet, die *Lagrange-Funktion*:

$$L(x_1,\ldots,x_n,\lambda)=f(x_1,\ldots,x_n)+\lambda(g(x_1,\ldots,x_n)-c)$$

Die ursprüngliche Funktionsgleichung wird also um einen Summanden erweitert, der aus dem Produkt der neuen Variablen λ und einer Klammer mit der Nebenbedingung besteht. Die Lagrange-Funktion hat nun eine Variable mehr als die Ausgangsfunktion, kann aber als freie Funktion in den Variablen $x_1,\ldots,x_n$ und λ optimiert werden. Die Methode wird im Folgenden konkret an dem *Beispiel 6.9* der Getränkedose vorgestellt.

Die dort betrachtete Oberflächenfunktion (6.17) wird in folgender Weise zu einer Lagrange-Funktion erweitert:

$$L(r,h,\lambda)=2\pi r^2+2\pi rh+\lambda\cdot(\pi r^2h-500). \tag{6.25}$$

Man bildet nun die drei partiellen Ableitungen und sucht die stationären Stellen der Funktion $L(r,h,\lambda)$. Es ergibt sich das Gleichungssystem

$$\begin{aligned}\frac{\partial L}{\partial r} &= 4\pi r+2\pi h+2\lambda\pi rh=0\\ \frac{\partial L}{\partial h} &= 2\pi r+\lambda\pi r^2=0\\ \frac{\partial L}{\partial \lambda} &= \pi r^2h-500=0\end{aligned} \tag{6.26}$$

Man bemerkt hier sofort, dass die erste Ableitung der Funktion nach dem Lagrangeschen Multiplikator exakt der Nebenbedingung entspricht. Das ist natürlich kein Zufall, denn so wurde die Lagrange-Funktion konstruiert: Mögliche stationäre Stellen sollen auf jeden Fall die Nebenbedingung erfüllen.

Das Gleichungssystem (6.26), das übrigens kein lineares ist, kann wegen $r > 0$ folgendermaßen vereinfacht werden:

$$\begin{aligned}
\frac{\partial L}{\partial r} &= 2r + h + \lambda r h = 0 \\
\frac{\partial L}{\partial h} &= 2 + \lambda r = 0 \\
\frac{\partial L}{\partial \lambda} &= \pi r^2 h - 500 = 0
\end{aligned}$$

Einsetzen von $\lambda r = -2$ (aus der zweiten Gleichung) in die erste Gleichung ergibt $h = 2r$, und so ergibt sich aus der dritten Gleichung wiederum

$$r^* = 5\sqrt[3]{\frac{2}{\pi}} \approx 4,30127 \text{ cm}$$

und damit

$$h^* = 2r^* \approx 8,60254 \text{ cm}.$$

Darüber hinaus erhält man auch einen Wert für den Lagrangeschen Multiplikator, nämlich

$$\lambda^* = -\frac{1}{5}\sqrt[3]{4\pi} \approx -0,46498,$$

auf dessen Bedeutung wir im folgenden Abschnitt noch eingehen werden. Auch bei der Lagrange-Methode gibt es natürlich die Möglichkeit zur Überprüfung der erhaltenen Werte: Handelt es sich tatsächlich um lokale Extrema und wenn ja, welcher Art sind sie? Das geschieht wie bei der freien Optimierung mithilfe einer Hesse-Matrix, und zwar der sogenannten *geränderten Hesse-Matrix.* Diese entsteht, indem man die herkömmliche Hesse-Matrix der Lagrange-Funktion L mit einem „Rand“ versieht, nämlich mit den partiellen Ableitungen der Nebenbedingungsfunktion g.

$$\overline{\boldsymbol{H}} = \begin{pmatrix} 0 & \frac{\partial g}{\partial r} & \frac{\partial g}{\partial h} \\ \frac{\partial g}{\partial r} & \frac{\partial^2 L}{\partial r^2} & \frac{\partial^2 L}{\partial r \partial h} \\ \frac{\partial g}{\partial h} & \frac{\partial^2 L}{\partial r \partial h} & \frac{\partial^2 L}{\partial h^2} \end{pmatrix}.$$

Es gilt dann, dass an einer stationären Stelle von f ein lokales Minimum (bzw. lokales Maximum) vorliegt, wenn die Determinante der geränderten Hesse-Matrix dort negativ (bzw. positiv ist).

Lagrange-Methode

Ist die Funktion $f(x_1,\ldots,x_n)$ unter der Nebenbedingung $g(x_1,\ldots,x_n) = c$ auf lokale Extrema zu untersuchen, so sind folgende Schritte zu unternehmen:

- Erstellen der Lagrange-Funktion

$$L(x_1,\ldots,x_n,\lambda) = f(x_1,\ldots,x_n) + \lambda \cdot (g(x_1,\ldots,x_n) - c)$$

- Lösen des Gleichungssystems

$$\frac{\partial L}{\partial x_1} = \ldots = \frac{\partial L}{\partial x_n} = 0 \quad \text{und} \quad \frac{\partial L}{\partial \lambda} = 0$$

- Überprüfen mit der geränderten Hesse-Matrix

$$\overline{\boldsymbol{H}} = \begin{pmatrix} 0 & \frac{\partial g}{\partial x_1} & \cdots & \frac{\partial g}{\partial x_n} \\ \frac{\partial g}{\partial x_1} & \frac{\partial^2 L}{\partial x_1^2} & \cdots & \frac{\partial^2 L}{\partial x_1 \partial x_n} \\ \vdots & \vdots & & \vdots \\ \frac{\partial g}{\partial x_n} & \frac{\partial^2 L}{\partial x_n \partial x_1} & \cdots & \frac{\partial^2 L}{\partial x_n^2} \end{pmatrix}.$$

An einer stationären Stelle der Lagrange-Funktion hat die Funktion $f(x_1,\ldots,x_n)$ ein lokales Minimum (bzw. ein lokales Maximum) unter der Nebenbedingung $g(x_1,\ldots,x_n) = c$, falls die Determinante von $\overline{\boldsymbol{H}}$ negativ (bzw. positiv) ist.

Auch *Beispiel 6.10* und *Beispiel 6.11*, die mithilfe einer Substitution gelöst wurden, gehen wir nun mit der Lagrange-Methode an.

Beispiel 6.12

Zu der in *Beispiel 6.10* gegebenen Gesamtkostenfunktion mit der entsprechenden Nebenbedingung konstruiert man die Lagrange-Funktion

$$L(x, y, \lambda) = 2x + 0{,}02y^2 + \lambda(x + y - 100). \tag{6.27}$$

Das resultierende Gleichungssystem

$$\begin{aligned} \frac{\partial L}{\partial x} &= \quad 2 + \lambda = 0 \\ \frac{\partial L}{\partial y} &= 0{,}04y + \lambda = 0 \\ \frac{\partial L}{\partial \lambda} &= x + y - 100 = 0 \end{aligned}$$

hat als Lösungen

$$x^* = 50, \qquad y^* = 50 \qquad \text{und} \qquad \lambda^* = -2.$$

Für die geränderte Hesse-Matrix

$$\overline{\boldsymbol{H}} = \begin{pmatrix} 0 & 1 & 1 \\ 1 & 0 & 0 \\ 1 & 0 & 0{,}04 \end{pmatrix}$$

gilt $\det \overline{\boldsymbol{H}} = -0{,}04 < 0$, was bestätigt, dass es sich um ein lokales Minimum handelt. ■

Beispiel 6.13

Die in *Beispiel 6.11* gegebene Gesamtkostenfunktion und die Nebenbedingung ergeben die Lagrange-Funktion

$$L(x_1, x_2, x_3, \lambda) = 0{,}125x_1^2 + 5x_2 + 0{,}5x_3^2 + 100 + \lambda \cdot (x_1 + x_2 + x_3 - 50)$$

Das Gleichungssystem

$$\begin{aligned} \frac{\partial L}{\partial x_1} &= 0{,}25x_1 + \lambda &&= 0 \\ \frac{\partial L}{\partial x_2} &= 5 + \lambda &&= 0 \\ \frac{\partial L}{\partial x_3} &= x_3 + \lambda &&= 0 \\ \frac{\partial L}{\partial \lambda} &= x_1 + x_2 + x_3 - 50 &&= 0 \end{aligned}$$

hat die Lösung

$$x_1^* = 20, \qquad x_2^* = 25, \qquad x_3^* = 5 \qquad \text{und} \qquad \lambda^* = -5.$$

Die geränderte Hesse-Matrix hat die Form

$$\overline{\boldsymbol{H}_K} = \begin{pmatrix} 0 & 1 & 1 & 1 \\ 1 & 0{,}25 & 0 & 0 \\ 1 & 0 & 0 & 0 \\ 1 & 0 & 0 & 1 \end{pmatrix}.$$

Für die Determinante von $\boldsymbol{H}_K$ gilt

$$\det \boldsymbol{H}_K = -0{,}25 < 0.$$

Damit liefern die berechneten Werte tatsächlich ein Minimum der Kostenfunktion unter der geforderten Nebenbedingung. ■

Beispiel 6.14

Es sollen die lokalen Extrema von

$$f(x_1, x_2) = x_1^2 + 2x_2^2$$

unter der Nebenbedingung $x_1 + x_2 = 3$ berechnet werden. Mit der Lagrange-Funktion

$$L(x_1, x_2, \lambda) = x_1^2 + 2x_2^2 + \lambda \cdot (x_1 + x_2 - 3)$$

ergibt sich das Gleichungssystem

$$\frac{\partial L}{\partial x_1} = 2x_1 + \lambda = 0,$$
$$\frac{\partial L}{\partial x_2} = 4x_2 + \lambda = 0,$$
$$\frac{\partial L}{\partial \lambda} = x_1 + x_2 - 3 = 0.$$

Auflösen der ersten beiden Gleichungen nach λ und Einsetzen in die dritte Gleichung ergibt als Lösungen

$$x_1^* = 2, \qquad x_2^* = 1 \qquad \text{und} \qquad \lambda^* = -4.$$

Ob hier tatsächlich ein lokales Extremum vorliegt, erfährt man wieder durch Betrachtung der geränderten Hesse-Matrix für diese Werte. Es gilt

$$\det \overline{\boldsymbol{H}} = \det\left(\begin{pmatrix} 0 & 1 & 1 \\ 1 & 2 & 0 \\ 1 & 0 & 4 \end{pmatrix}\right) = -6,$$

und so liegt für die berechneten Werte ein Minimum mit dem Funktionswert

$$f(2, 1) = 6$$

vor. ■

6.3.3 Bedeutung des Lagrangeschen Multiplikators

Von den zuvor behandelten Beispielen wurden einige mit Substitution und auch mit der Lagrange-Methode gelöst. Bei Anwendung der letzteren fiel jedoch neben den Werten für die Variablen jeweils auch noch ein Wert für λ ab. Auf dessen Bedeutung soll nun etwas näher eingegangen werden. Die Bildung der Lagrange-Funktion legt nahe, dass λ eng an die Nebenbedingung gebunden ist, und in der Tat kann λ als ein Maß für die Änderung der zu optimierenden Funktion bei kleinen Änderungen der Nebenbedingung aufgefasst werden. Leitet man nämlich die allgemeine Form der Lagrange-Funktion, also

$$L(x_1, \ldots, x_n, \lambda) = f(x_1, \ldots, x_n) + \lambda \cdot (g(x_1, \ldots, x_n) - c),$$

nach einer der Variablen x_i ab, so ergibt sich

$$\frac{\partial L}{\partial x_i} = \frac{\partial f}{\partial x_i} + \lambda \frac{\partial g}{\partial x_i}.$$

Aus dem Nullsetzen dieses Ausdrucks folgt

$$\lambda = -\frac{\frac{\partial f}{\partial x_i}}{\frac{\partial g}{\partial x_i}}. \tag{6.28}$$

Macht man sich nun klar, dass die Ableitungen, die im Zähler und Nenner der Gleichung (6.28) letzten Endes Grenzwerte von Differenzenquotienten sind, so erhält man

$$\lambda \approx -\frac{\frac{\Delta f}{\Delta x_i}}{\frac{\Delta g}{\Delta x_i}} = -\frac{\Delta f}{\Delta g}, \tag{6.29}$$

also einen von der Variablen x_i unabhängigen Ausdruck, bei dem Änderungen der Funktion f zu Änderungen der Nebenbedingung g ins Verhältnis gesetzt werden. Man kann (6.29) auch als $-\lambda \cdot \Delta g \approx \Delta f$ lesen. Insgesamt erhalten wir:

Bedeutung des Lagrangeschen Multiplikators

Der Lagrangesche Multiplikator λ kann als Rate dafür interpretiert werden, wie sich eine kleine Änderung der Nebenbedingung auf das berechnete Optimum der Ausgangsfunktion auswirkt.

Betrachten wir hierzu noch einmal konkret das einführende Beispiel mit der Getränkedose. Die Ergebnisse

$$r^* \approx 4{,}30127 \qquad \text{und} \qquad h^* \approx 8{,}60254$$

sind die für die Praxis relevanten Größen, aber darüber hinaus erhält man bei der Lösung des Gleichungssystems (6.26) den Wert

$$-\lambda^* \approx 0{,}46498.$$

Auch dieser Wert kann nun aber gedeutet werden, und zwar in dem oben erwähnten Sinn. Die minimale Oberfläche $O(r^*) \approx 348{,}73419$ wächst nämlich näherungsweise um diesen Wert, wenn man die Nebenbedingung dahingehend verschiebt, dass die Getränkedose ein Volumen von 501 Kubikzentimetern (also $\Delta g = 1$) haben soll. Für diesen Fall nämlich ergeben sich die Werte

$$r_{\min} \approx 4{,}30414, \qquad h_{\min} \approx 8{,}60827 \text{ und} \qquad O_{\min} = 349{,}19946,$$

was den Leserinnen und Lesern als Übungsaufgabe überlassen wird.

Man kann dies unmittelbar auf andere ökonomische Probleme übertragen, so etwa das klassische Problem der Kostenminimierung. In *Beispiel 6.12* ergab sich das Kostenminimum bei $x^* = y^* = 50$, und der Lagrangesche Multiplikator war $\lambda^* = -2$. Dies kann nun folgendermaßen interpretiert werden: Sollen nicht 100, sondern 101 Mengeneinheiten produziert werden, so ergibt sich nach der Lagrange-Methode die Aufteilung $x^* = 51$ und $y^* = 50$. Wegen der einen Mengeneinheit, die nun am Standort X mit der linearen Kostenfunktion mehr produziert wird, resultiert ein Kostenwachstum in Höhe von 2 Geldeinheiten, also genau der durch $-\lambda$ gegebenen Rate. Ebenso kann der in *Beispiel 6.13* erhaltene Lagrangesche Multiplikator $\lambda^* = -5$ interpretiert werden: Sollen statt 50 nun 51 Einheiten insgesamt produziert werden, so schlägt sich dies in der Erhöhung der zum linearen Teil gehörenden Mengeneinheiten nieder: 26 statt 25 Einheiten verursachen dort die Kostensteigerung um 5 Geldeinheiten, wiederum der durch $-\lambda$ gegebenen Rate.

6.3.4 Lagrange-Methode mit mehreren Nebenbedingungen

Man kann die Lagrange-Methode noch weiter verallgemeinern, wenn man den Fall mehrerer Nebenbedingungen zulässt. In der Tat ändert sich gegenüber dem Fall einer Nebenbedingung nicht sehr viel. Wieder geht man von einer differenzierbaren Funktion in n Variablen, sagen wir $f(x_1,\dots,x_n)$, aus, die diesmal jedoch den Nebenbedingungen

$$g_1(x_1,\dots,x_n) = c_1, \quad \dots, \quad g_m(x_1,\dots,x_n) = c_m$$

unterworfen ist. Hierbei muss $m < n$ sein, eine Art generischer Bedingung, denn zu viele Bedingungen machen ein Problem in der Regel unlösbar. Um die möglichen lokalen Extrema von f unter all diesen Nebenbedingungen zu finden, definiert man völlig analog eine Lagrange-Funktion der Form

$$\begin{aligned} &L(x_1,\dots,x_n,\lambda_1,\dots,\lambda_m) \\ &\qquad = f(x_1,\dots,x_n) + \lambda_1 \cdot (g_1(x_1,\dots,x_n) - c_1) + \dots + \lambda_m \cdot (g_m(x_1,\dots,x_n) - c_m) \end{aligned}$$

und bestimmt deren stationäre Stellen. Höchstens unter diesen stationären Stellen können sich dann die Extremstellen von f unter den Nebenbedingungen $g_1,\dots,g_m$ befinden. Die Überprüfung, bei welchen der möglichen Extremstellen es sich tatsächlich um solche handelt, erfolgt auch im Fall mehrerer Nebenbedingungen wieder mit einer geänderten Hesse-Matrix. Der Rand wird entsprechend für die Nebenbedingungen erweitert:

$$\overline{\boldsymbol{H}} = \begin{pmatrix} 0 & \cdots & 0 & \frac{\partial g_1}{\partial x_1} & \cdots & \frac{\partial g_1}{\partial x_n} \\ \vdots & & \vdots & \vdots & & \vdots \\ 0 & \cdots & 0 & \frac{\partial g_m}{\partial x_1} & \cdots & \frac{\partial g_m}{\partial x_n} \\ \frac{\partial g_1}{\partial x_1} & \cdots & \frac{\partial g_m}{\partial x_1} & \frac{\partial^2 L}{\partial x_1^2} & \cdots & \frac{\partial^2 L}{\partial x_1 \partial x_n} \\ \vdots & & \vdots & \vdots & & \vdots \\ \frac{\partial g_1}{\partial x_n} & \cdots & \frac{\partial g_m}{\partial x_n} & \frac{\partial^2 L}{\partial x_1^2} & \cdots & \frac{\partial^2 L}{\partial x_1 \partial x_n} \end{pmatrix}.$$

Erneut gilt dann, dass an einer stationären Stelle von f ein lokales Minimum (bzw. lokales Maximum) vorliegt, wenn die Determinante der geänderten Hesse-Matrix dort negativ (bzw.

positiv ist). Auch bei mehreren Nebenbedingungen müssen also hier keine Hauptminoren der Hesse-Matrix untersucht, sondern lediglich die Auswertung der geränderten Hesse-Matrix an den stationären Stellen zur Überprüfung herangezogen werden.

Beispiel 6.15

Die Funktion

$$f(x_1, x_2, x_3) = x_1^2 + x_2^2 + x_3^2$$

soll unter den beiden Nebenbedingungen

$$x_1 + x_2 = 8 \qquad \text{und} \qquad x_2 + x_3 = 10$$

auf lokale Extrema untersucht werden. Die zugehörige Lagrange-Funktion ist

$$L(x_1, x_2, x_3, \lambda_1, \lambda_2) = x_1^2 + x_2^2 + x_3^2 + \lambda_1 \cdot (x_1 + x_2 - 8) + \lambda_2 \cdot (x_2 + x_3 - 10),$$

und man erhält das Gleichungssystem

$$\begin{aligned}
\frac{\partial L}{\partial x_1} &= 2x_1 + \lambda_1 &&= 0\\
\frac{\partial L}{\partial x_2} &= 2x_2 + \lambda_1 + \lambda_2 &&= 0\\
\frac{\partial L}{\partial x_3} &= 2x_3 + \lambda_2 &&= 0\\
\frac{\partial L}{\partial \lambda_1} &= x_1 + x_2 - 8 &&= 0\\
\frac{\partial L}{\partial \lambda_2} &= x_2 + x_3 - 10 &&= 0
\end{aligned}$$

Dieses System mit fünf Gleichungen in fünf Variablen kann mit dem Gauß-Algorithmus gelöst werden, und es ergibt sich

$$x_1^* = 2, \qquad x_2^* = 6, \qquad x_3^* = 4, \qquad \lambda_1^* = -4 \qquad \text{und} \qquad \lambda_2^* = -8.$$

Somit ist die einzige mögliche Extremstelle bei $(2, 6, 4)$. Für die Determinante der Hesse-Matrix

$$\overline{\boldsymbol{H}} = \begin{pmatrix} 0 & 0 & 1 & 1 & 0\\ 0 & 0 & 0 & 1 & 1\\ 1 & 0 & 2 & 0 & 0\\ 1 & 1 & 0 & 2 & 0\\ 0 & 1 & 0 & 0 & 2 \end{pmatrix}$$

gilt $\det \overline{\boldsymbol{H}} = 6 > 0$, und damit wird bei $(2, 6, 4)$ ein lokales Maximum mit dem Wert

$$f(2, 6, 4) = 56$$

angenommen. ■

Das folgende Beispiel ist eher theoretischer Art.

Beispiel 6.16

Es sollen das Minimum und das Maximum der Funktion

$$f(x, y, z) = 5x + y - 3z$$

unter den Nebenbedingungen

$$x + y + z = 0 \qquad \text{und} \qquad x^2 + y^2 + z^2 = 1$$

bestimmt werden. Die zugehörige Lagrange-Funktion ist

$$L(x, y, z, \lambda_1, \lambda_2) = 5x + y - 3z + \lambda_1 \cdot (x + y + z) + \lambda_2 \cdot (x^2 + y^2 + z^2 - 1),$$

und man erhält das Gleichungssystem

$$\begin{aligned}
\frac{\partial L}{\partial x} &= 5 + \lambda_1 + 2\lambda_2 x && = 0\\
\frac{\partial L}{\partial y} &= 1 + \lambda_1 + 2\lambda_2 y && = 0\\
\frac{\partial L}{\partial z} &= -3 + \lambda_1 + 2\lambda_2 z && = 0\\
\frac{\partial L}{\partial \lambda_1} &= x + y + z && = 0\\
\frac{\partial L}{\partial \lambda_2} &= x^2 + y^2 + z^2 = 1 && = 0
\end{aligned}$$

Die Lösung dieses Systems überlassen wir den Leserinnen und Lesern als Übung. Es ergeben sich zwei Lösungen, nämlich

$$x^* = -\frac{1}{\sqrt{2}}, \qquad y^* = 0, \qquad z^* = \frac{1}{\sqrt{2}}, \qquad \lambda_1^* = -1 \qquad \text{und} \qquad \lambda_2^* = -2\sqrt{2}$$

und

$$x^* = \frac{1}{\sqrt{2}}, \qquad y^* = 0, \qquad z^* = -\frac{1}{\sqrt{2}}, \qquad \lambda_1^* = -1 \qquad \text{und} \qquad \lambda_2^* = -2\sqrt{2}.$$

■

Übungen zum Kapitel 6

Übung 6.1

Bei einem Produktionsprozess werden zwei Produkte mit den Mengeneinheiten x_1 und x_2 hergestellt. Die Gewinnfunktion ist

$$G(x_1, x_2) = -0,5x_1^2 - 1,5x_2^2 + 300x_1 + 150x_2 - 5.000 \qquad (x_1, x_2 \geq 0).$$

Es sollen insgesamt genau 250 Einheiten produziert werden. Berechnen Sie den Produktionsplan mit maximalem Gewinn.

Übung 6.2

Bestimmen Sie den Gradienten der Funktion

$$f(x_1, x_2) = x_1^2 + x_2^3$$

und die Richtung des größten Anstiegs der Fläche an den Stellen $(1,0)$, $(0,1)$ und $(1,1)$.

Übung 6.3

Gegeben sei die Kostenfunktion

$$K(x_1, x_2, x_3) = 2x_1^2 + 3x_2^2 + 60x_3 \qquad (x_1, x_2, x_3 \geq 0).$$

Es sollen insgesamt 150 ME produziert werden. Berechnen Sie mithilfe der Lagrange-Methode den Produktionsplan mit minimalen Kosten sowie die Höhe dieser Kosten.

Übung 6.4

Berechnen Sie die partiellen Ableitungen erster und zweiter Ordnung der folgenden Funktionen:

1. $f(x, y) = x^3 - 2x^2y^2 + 5xy^3 + y^4 + 4$
2. $f(x, y, z) = (y^2 - z^2)e^{x^2}$
3. $f(x, y, z) = \frac{xe^y}{z}$
4. $f(x_1, x_2, x_3, x_4) = (x_1x_2^2 + x_3x_4^2)e^{x_2 - x_4}$

Übung 6.5

Untersuchen Sie die Funktion

$$f(x, y, z) = x + y + z$$

unter der Nebenbedingung

$$x^2 + y^2 + z^2 = 1$$

(also auf der Oberfläche der Einheitskugel) auf lokale und globale Extrema.

Übung 6.6

Es soll vor einer Werkhalle ein rechteckiger Lagerplatz mit der Größe 450 m^2 angelegt werden. Dieser Platz soll an drei Seiten von einem Zaun minimaler Länge umgeben werden, während die vierte Seite durch die Lagerhalle begrenzt wird. Berechnen Sie die Ausmaße des Zauns.

Übung 6.7

Die Funktion

$$f(x_1, x_2) = x_1^2 + x_2^2 - x_2$$

soll auf lokale Extrema untersucht werden.

1. Untersuchen Sie $f(x_1, x_2)$ zunächst frei (d. h. ohne Nebenbedingungen).
2. Nun sei die Nebenbedingung $x_1^2 + x_2^2 = 1$ gegeben. Stellen Sie die Lagrange-Funktion und das resultierende Gleichungssystem auf. Lösen Sie das Gleichungssystem und ermitteln Sie anhand der geränderten Hesse-Matrix, ob und um welche Art von Extrema es sich bei den stationären Punkten handelt.

Übung 6.8

Ein Unternehmen setzt Facharbeiter und Hilfsarbeiter ein. Der wöchentliche Output x kann bei Einsatz von f Facharbeiterstunden und h Hilfsarbeiterstunden durch die Funktion

$$x(f, h) = 120f + 80h + 20fh - f^2 - 2h^2$$

beschrieben werden. Der Facharbeiterlohn beträgt 6 GE/Stunde, der Hilfsarbeiterlohn 4 GE/Stunde. Zur Entlohnung der Arbeitskräfte stehen der Abteilung pro Woche 284 GE zur Verfügung. Wie müssen die Arbeiter eingesetzt werden, um den Output zu maximieren?

Übung 6.9

Gegeben sei für einen reellen Parameter a die Funktion

$$f(x) = \mathrm{e}^{-2x+3} + ax.$$

1. Für welche Werte von a hat die Funktion ein lokales Minimum?
2. Bestimmen Sie das Minimum von f für den konkreten Wert $a = 2$.

Übung 6.10

Die variablen Kosten bei der Herstellung zweier Produkte (Mengen x_1 und x_2) sind durch

$$K(x_1, x_2) = 0{,}02x_1^2 + 2x_2$$

gegeben. Die Fixkosten betragen 100 €. Es sollen insgesamt genau 120 Einheiten produziert werden. Berechnen Sie mithilfe der Lagrange-Methode das Kostenminimum unter der gegebenen Nebenbedingung.

7 Finanzmathematik

In diesem Kapitel werden wir uns mit den wichtigsten Fragestellungen der Finanzmathematik auseinandersetzen. Diese spielen sowohl volks- als auch betriebswirtschaftlich eine immer größere Rolle in unserem Leben. Neben dem Kapital, ob wir es nun als Startkapital, als Kreditbetrag oder als Investitionseinlage auffassen, sind in der Finanzmathematik die wichtigsten Faktoren die Zeit (Laufzeit, Perioden, Start- und Endtermin von Zahlungsströmen) und natürlich der Zinssatz (nominell, effektiv, stetig). Vom Standpunkt der Mathematik aus betrachtet, lassen sich die Methoden der Finanzmathematik mit Folgen und Reihen, mit denen wir uns zu Beginn dieses Buchs bereits ausführlicher beschäftigt haben (siehe Abschnitt 1.1), beschreiben.

7.1 Grundlagen der Zinsrechnung

Ausgangspunkt der gesamten Finanzmathematik ist die Zinsrechnung. Unter einem *Zins* verstehen wir das Nutzungsentgelt für eine zeitweilige Kapitalüberlassung. Der *Zinssatz* ist dabei der Prozentsatz des Kapitals, der für die Überlassung des Kapitals zu entrichten ist (manchmal auch *Zinsfuß*). Die Zeitpunkte, zu denen die Zinsen anfallen, heißen *Zinszuschlagtermine*. Der Zeitraum zwischen zwei unmittelbar benachbarten Zinszuschlagterminen wird als *Zinsperiode* bezeichnet. Ein typischer Zinszuschlagtermin ist das Jahresende (und damit hat man als Zinsperiode ein Jahr); aber auch andere Zinszuschlagtermine sind denkbar und kommen in der Praxis vor.

Ausgehend von einem kurzen Abschnitt über allgemeine Eigenschaften von Wachstumsfaktoren werden wir die gängigen Methoden der Zinsrechnung vorstellen.

7.1.1 Wachstumsfaktoren

Bevor wir zu den klassischen Eigenschaften der Zinsrechnung kommen, machen wir uns zuerst ein paar Gedanken zu Wachstumsfaktoren. Im Abschnitt über Folgen und Reihen (siehe (1.1), besonders bei den arithmetischen und geometrischen Folgen, haben wir uns mit sehr „gleichmäßigem“ Wachstum beschäftigt. Aber auch über allgemeinere Wachstumsfaktoren sollte man ein wenig Bescheid wissen, und darum geht es in diesem Abschnitt.

Beispiel 7.1

Bei den Oktoberfesten der vergangenen Jahre galten in der Augustiner Festhalle folgende Bierpreise:

Jahr	Preis in €
2006	7,35
2007	7,80
2008	8,20
2009	8,50
2010	8,70

Um den prozentualen Zuwachs p des Preises von 2010 gegenüber 2009 zu berechnen, kann man entweder die absolute Veränderung in Relation zum Ausgangspreis setzen und erhält (gerundet)

$$p = \frac{0,20}{8,50} = 0,02353,$$

was also einen Zuwachs von etwa 2,353 % bedeutet. Man kann natürlich auch die beiden Bierpreise selbst zueinander ins Verhältnis setzen und erhält damit den sogenannten *Wachstumsfaktor*, der (wie schon bei geometrischen Reihen) mit q bezeichnet wird:

$$q = \frac{8,70}{8,50} = 1,02353.$$

Der Zusammenhang zwischen p und q ist natürlich durch

$$q = 1 + p \tag{7.1}$$

gegeben. ■

Beide Größen, der prozentuale Zuwachs p wie auch der Wachstumsfaktor q, spielen eine große Rolle, vor allem in der Finanzmathematik. Beide bergen aber auch Schwierigkeiten in sich. Das beginnt bereits, wenn man den „durchschnittlichen prozentualen Zuwachs" berechnen will – das ist sinnvoll, denn der Zuwachs ist ja eben (im Gegensatz zu geometrischen Folgen) *nicht konstant.*

Betrachten wir *Beispiel 7.1* erneut und berechnen wie oben die prozentualen Zuwächse. Wir erhalten:

Jahr	prozentualer Zuwachs gegenüber dem Vorjahr	Wachstumsfaktor
2007	6,122 %	1,06122
2008	5,128 %	1,05128
2009	3,659 %	1,03659
2010	2,353 %	1,02353

Um wie viel Prozent ist nun der Bierpreis „in den letzten Jahren durchschnittlich" gestiegen? Zur Beantwortung dieser Frage müssen wir uns Folgendes klarmachen: Wir suchen einen konstanten Wachstumsfaktor q, der von 7,35 € im Jahr 2006 auf 8,70 € im Jahr 2010 geführt hätte, für den also gilt:

$$7,35 \cdot q \cdot q \cdot q \cdot q = 8,70. \tag{7.2}$$

Löst man (7.2) nach q auf, so erhält man

$$q^4 = \frac{8,70}{7,35} = 1,18367$$

und schließlich (gerundet):

$$q = \sqrt[4]{\frac{8,70}{7,35}} = 1,04306, \tag{7.3}$$

also einen durchschnittlichen Zuwachs von 4,306 %.

Mithilfe des Wachstumsfaktors q in (7.3) können nun Vergleiche angestellt werden, beispielsweise ob der tatsächliche Bierpreis eines Jahres oberhalb bzw. unterhalb des durchschnittlichen Bierpreises lag.

Dass sich in *Beispiel 7.1* ein Wachstumsfaktor größer als 1 ergibt, überrascht uns nicht weiter, da ja die Bierpreise von Jahr zu Jahr gestiegen sind. Ein Wachstumsfaktor größer als 1 bedeutet, dass die absolute Änderung, gemessen in Geldbeträgen, von Jahr zu Jahr steigt.

Schreiben wir (7.3) etwas umständlicher in der Form

$$q = \sqrt[4]{\frac{8,70}{8,50} \cdot \frac{8,50}{8,20} \cdot \frac{8,20}{7,80} \cdot \frac{7,80}{7,35}} = \sqrt[4]{1,06122 \cdot 1,05128 \cdot 1,03659 \cdot 1,02353} = 1,04306, \tag{7.4}$$

so sehen wir, dass q nichts anderes ist als das *geometrische Mittel* der vier Wachstumsfaktoren aus der Tabelle. Und das Vorgehen, das wir aus (7.4) ablesen, gilt allgemein:

Durchschnittlicher Wachstumsfaktor

Bei einem Wachstumsprozess mit allgemeinen Wachstumsfaktoren $q_1, q_2, \ldots, q_n$ ergibt sich der durchschnittliche Wachstumsfaktor stets mithilfe des geometrischen Mittels:

$$q = \sqrt[n]{q_1 \cdot q_2 \cdot \ldots \cdot q_n}.$$

Man könnte vielleicht auch auf die Idee kommen, einfach das *arithmetische Mittel* der prozentualen Änderungen, also die Summe der Änderungen, dividiert durch die Anzahl der Summanden, als Durchschnittswert zu nehmen. Dies ist jedoch nicht die geeignete Wahl, denn die Wachstumsfaktoren verhalten sich *multiplikativ*. Bei kleinen Änderungen, wie im vorliegenden Beispiel, muss die Abweichung von geometrischem und arithmetischem Mittel nicht sehr groß sein – für das arithmetische Mittel der Prozentzuwächse bei den Bierpreisen ergibt sich etwa 4,316 % – aber die Verwendung des arithmetischen Mittels an sich ist strukturell falsch.

Etwas deutlicher wird dies, wenn man die folgenden Kursänderungen einer Aktie beobachtet:

Datum	Preis in €
01.01.2010	70
01.01.2011	140
01.01.2012	70

Die Wachstumsfaktoren sind hier $q_1 = 2$ und $q_2 = 0{,}5$. Als durchschnittlicher Wachstumsfaktor ergibt sich mit dem geometrischen Mittel

$$q = \sqrt{q_1 \cdot q_2} = 1$$

und somit ein durchschnittlicher prozentualer Zuwachs von 0 % – offensichtlich richtig! Für das arithmetische Mittel der beiden prozentualen Zuwächse $p_1 = 100\,\%$ und $p_2 = -50\,\%$ ergibt sich hingegen 25 %, was offensichtlich falsch ist.

Es soll aber noch erwähnt werden, dass das arithmetische Mittel ebenfalls seine Berechtigung hat, wenn auch nicht bei der Beantwortung der Frage nach einem durchschnittlichen Wachstumsfaktor. In welcher Form könnte das arithmetische Mittel für das vorliegende Beispiel eingesetzt werden, damit eine sinnvolle Interpretation möglich wäre? Statt der prozentualen Änderungen müssten die *absoluten Änderungen* addiert und durch die Anzahl der Änderungen geteilt werden. So ergibt sich die *durchschnittliche Wachstumsdifferenz d*. Für das Beispiel folgt:

$$d = \frac{70 + (-70)}{2} = 0.$$

Wir haben es hier also mit einem durchschnittlichen Wachstum von 0 € zu tun: eine richtige Aussage, denn der Wert der Aktie hat sich, über den Zeitraum von 2 Jahren betrachtet, nicht verändert.

7.1.2 Lineare Verzinsung

Wir benutzen ab sofort für alle Arten von Verzinsung die folgenden Bezeichnungen:

K_0:	Ausgangskapital
n:	Laufzeit (in Zinsperioden)
i:	Zinssatz pro Zinsperiode
Z_n:	Zinsen nach n Zinsperioden
K_n:	Kapital nach n Zinsperioden

Zunächst werden wir als Zinsperiode den Zeitraum eines Jahres nehmen, später allerdings auch allgemeinere Zeiträume zulassen. Wir betrachten außerdem nur *nachschüssige Verzinsungen*, was bedeutet, dass die Zinsen jeweils *am Ende der Zinsperiode* dem bis dahin vorhandenen Kapital zugeschlagen werden. Häufig wird statt von Zinssatz auch von *Rendite* gesprochen. Bei der Verwendung dieses Begriffes sollte man jedoch vorsichtig sein, da er auch in vielen anderen Zusammenhängen üblich ist.

Konstanter Zinsbetrag bei linearer Verzinsung

Bei der *linearen Verzinsung* (auch *einfache Verzinsung* genannt) beziehen sich die Zinsen stets nur auf das Ausgangskapital K_0. Es wird somit dem Kapital stets der gleiche Zinsbetrag am Ende des Jahres zugeschlagen, unabhängig davon, wie das Kapital anwächst. Dieser Zinsbetrag beträgt konstant

$$Z_n = Z = K_0 \cdot i.$$

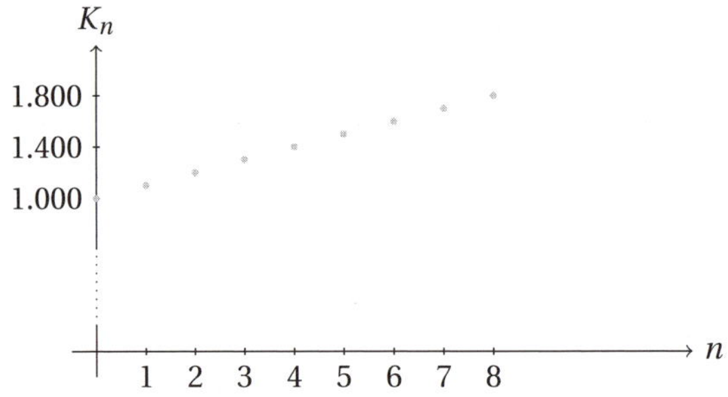

Bild 7.1 Die Guthaben zur linearen Verzinsung. Die Punkte liegen alle auf einer Geraden.

Beispiel 7.2

In *Beispiel 1.1* haben wir die arithmetische Folge (K_n) mit $K_0 = 1.000$ und $d = 100$ betrachtet. Sie entspricht der Folge der Guthaben am Jahresende bei einem Ausgangskapital von $K_0 = 1.000$ € und linearer Verzinsung mit einem Jahreszinssatz von $i = 10$ %. Am Ende jedes Jahres werden dem Kapital konstante Zinsen in Höhe von

$$Z = K_0 \cdot i = 1.000 \text{ €} \cdot 0,1 = 100 \text{ €}$$

zugeschlagen. Dass die Guthaben alle auf einer Geraden liegen, wie man *Bild 7.1* entnehmen kann, rechtfertigt die Bezeichnung *lineare Verzinsung*. Mithilfe von (1.3) lässt sich übrigens schnell die Folgengleichung herleiten, nämlich $K_n = 1.000 + 100n = 1.000 \cdot (1 + 0,1n)$. ■

Genauso wie in *Beispiel 7.2* erhält man die allgemeine Formel:

Lineare Verzinsung mit ganzjähriger Laufzeit

Ein Ausgangskapital K_0 werde bei einem linearen Jahreszinssatz i p. a. für n Jahre angelegt. Dann gilt für das Kapital K_n nach n Jahren:

$$K_n = K_0 \cdot (1 + n \cdot i) \tag{7.5}$$

Natürlich gilt (7.5) nicht nur für Jahre, sondern für beliebige Zinsperioden, die mit dem Index n durchnummeriert sind. Bleiben wir aber vorerst noch bei Jahren, so gilt die Formel (7.5) sogar nicht nur für ganze Jahre, sondern auch für unterjährige Zeiträume. In den seltensten Fällen sind nämlich die Zinszeiträume ganze Jahre, und man muss sich daher einigen, wie etwa im praxisrelevanten Fall nicht-ganzjähriger Laufzeit bei jährlicher Verzinsung verfahren wird. Es soll hier die einfachste der aktuell noch üblichen Zählmethoden verwendet werden, die sogenannte *30/360*-Zählmethode: 1 Monat = 30 Tage und somit 1 Jahr = 360 Tage. Daneben begegnen einem hin und wieder noch die *actual/360*-Methode (Tage kalendergenau, Jahr 360 Tage), die *actual/365*-Methode (Tage kalendergenau, Jahr 365 Tage) oder die *actual/actual*-Methode (Tage und Jahre kalendergenau).

Bei nicht-ganzjähriger Laufzeit muss man in (7.5) lediglich das n durch den entsprechenden Bruchteil $\frac{t}{360}$ ersetzen, wenn t die Tage angibt. In der Regel, und dies nehmen wir auch hier als Konvention, zählt man dabei *den ersten Tag mit und den letzten nicht.*

Will man also beispielsweise den Zeitraum vom 04.09.2012 bis zum 16.03.2015 bestimmen, so überlegt man sich: Die Restzeit im Jahr 2012 beträgt $27+3\cdot 30$, also 117 Tage. Dann folgen zwei ganze Jahre und im Jahr 2015 kommen noch einmal $2\cdot 30+15$ Tage, also 75 Tage hinzu. Damit ergibt sich

$$n=\frac{117}{360}+2+\frac{75}{360}=2\frac{8}{15}.$$

Wird nun für diesen Zeitraum beispielsweise ein Betrag von 20.000 € bei linearer Jahresverzinsung mit 7 % angelegt, so ergibt sich ein Endguthaben von

$$K_n=20.000\cdot\left(1+2\frac{8}{15}\cdot 0,07\right)=23.546,67.$$

Angewendet wird die lineare Verzinsung etwa bei einfachen Sparbüchern. Hier kann sich durch Einzahlungen oder Abhebungen der Wert von K_0 im Lauf eines Jahres ändern. Auf einem Sparbuch mit linearer Jahresverzinsung von $i = 1\%$ sei am 01.01. ein Guthaben von 1.000 € vorhanden. Es werden dann 500 € am 05.02. und 700 € am 17.06. eingezahlt und schließlich 900 € am 09.12. abgehoben. Will man etwa die anfallenden Zinsen am 01.01. des Folgejahres bestimmen, so berechnet man jeweils tagweise genau die Zeiträume, für die das Guthaben konstant ist:

Guthaben	Tage	Zinsen
1.000	34	$1.000\cdot\frac{34}{360}\cdot 0,01=0,94$ €
1.500	132	$1.500\cdot\frac{132}{360}\cdot 0,01=5,50$ €
2.200	172	$2.200\cdot\frac{172}{360}\cdot 0,01=10,51$ €
1.300	22	$1.300\cdot\frac{22}{360}\cdot 0,01=0,79$ €

Wir erhalten somit für die Zinsen nach einem Jahr $0,94+5,50+10,51+0,79=17,74$ €.

7.1.3 Exponentielle und kalenderjährliche Verzinsung

Bekannterweise wird in Deutschland unterjährig so verfahren, wie es im vorangehenden Abschnitt erklärt wurde, nämlich mit linearer Verzinsung. Bei ganzen Jahren hingegen verwendet man die *exponentielle Verzinsung.* Der wesentliche Unterschied zur linearen Verzinsung besteht darin, dass bei der exponentiellen Verzinsung die am Jahresende angefallenen Zinsen wieder mitverzinst werden. Man sagt, die Zinsen werden *kapitalisiert,* also dem Kapital zugeschlagen. Daher nennt man die exponentielle Verzinsung auch häufig *Verzinsung mit Zinseszins.*

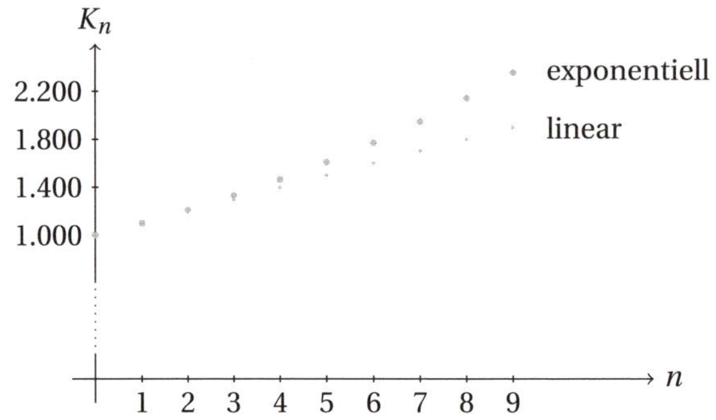

Bild 7.2 Die Guthaben zur exponentiellen Verzinsung (fett). Zum Vergleich die dünnen Punkte der linearen Verzinsung

Bei exponentieller Verzinsung benutzen wir dieselben Bezeichnungen wie zuvor, aber nun kommt noch eine wichtige Größe hinzu: der sogenannte *Aufzinsungsfaktor*

$$q = 1 + i.$$

Entsprechend nennt man q^{-1} den *Abzinsungsfaktor* oder *Diskontierungsfaktor*.

Exponentielle Verzinsung

Bei der *exponentiellen Verzinsung* werden die Zinsen am Jahresende dem Kapital zugeschlagen und am Ende des Folgejahres mitverzinst. Der Zinsbetrag ist also hierbei nicht konstant, sondern es gilt für die Zinsen am Ende des n-ten Jahres

$$Z_n = K_{n-1} \cdot i.$$

Wir greifen die Zahlenwerte aus *Beispiel 7.2* wieder auf, also ein Ausgangskapital von $K_0 = 1.000$ € bei einem Jahreszinssatz von $i = 10$ %, die wir aber diesmal als exponentiellen Zins auffassen. Dann werden am Ende des ersten Jahres dem Kapital Zinsen in Höhe von

$$Z_1 = K_0 \cdot i = 1.000 \cdot 0,1 = 100$$

zugeschlagen; am Ende des zweiten Jahres kommen hingegen Zinsen in Höhe von

$$Z_2 = K_1 \cdot i = 1.100 \cdot 0,1 = 110$$

hinzu etc. *Bild 7.2* entnimmt man, dass exponentielle Verzinsung offensichtlich ein schnelleres Wachstum zur Folge hat; man spricht entsprechend von *exponentiellem Wachstum*. Die Punkte liegen hier auch nicht auf einer Geraden, sondern auf dem Graphen einer Exponentialfunktion (wenn auch einer sehr schwach gekrümmten). Die Funktionsgleichung ist $K(x) = 1.000 \cdot 1,1^x$, und Einsetzen positiver ganzzahliger Werte n für x ergibt die Formel.

Exponentielle Jahresverzinsung (geometrische Folge)

Ein Ausgangskapital K_0 werde bei einem exponentiellen Jahreszinssatz i p. a. für n Jahre angelegt. Dann gilt für das Kapital K_n nach n Jahren:

$$K_n = K_0 \cdot (1+i)^n = K_0 \cdot q^n \tag{7.6}$$

Da sich das Kapital K_{n+1} jeweils durch Multiplikation von K_n mit einer konstanten Zahl (nämlich q) ergibt, ist die Folge (K_n) eine geometrische Folge.

Bei linearer Verzinsung konnte die Formel für ganze Jahre auf beliebige Zeiträume ausgedehnt werden. Bei der exponentiellen Verzinsung geht dies zwar auch, was zu der mathematisch schlüssigen Methode, der sogenannten *stetigen* oder *konformen Verzinsung* führt, die wir in Kürze behandeln werden. In der Bundesrepublik Deutschland hat sich aber im Bankalltag eine Mischform der Verzinsungsarten durchgesetzt, wenn es um nicht-ganzjährige Laufzeiten geht, die sogenannte *kalenderjährliche Verzinsung*, bei der ganze Kalenderjahre exponentiell und unterjährige Zeiträume linear verzinst werden.

Kalenderjährliche Verzinsung

Bei der *kalenderjährlichen Verzinsung* werden volle Kalenderjahre exponentiell und Restzeiten linear verzinst. Schreibt man die Laufzeit in der Form

$$n = \frac{t_1}{360} + N + \frac{t_2}{360},$$

wobei N die vollen Kalenderjahre und t_1 bzw. t_2 die Restphasen in Tagen vor bzw. nach den vollen Kalenderjahren bedeutet, so gilt für das Endkapital:

$$K_n = K_0 \cdot \left(1 + \frac{t_1}{360} \cdot i\right) \cdot (1+i)^N \cdot \left(1 + \frac{t_2}{360} \cdot i\right). \tag{7.7}$$

Beispiel 7.3

Ein Betrag von 2.000 € wird am 23.10.2012 zu einem Jahreszins von 7 % angelegt. Am 12.05.2015 ist das Kapital bei kalenderjährlicher Verzinsung auf

$$K_n = 2.000 \cdot \left(1 + \frac{68}{360} \cdot 0,07\right) \cdot 1,07^3 \cdot \left(1 + \frac{131}{360} \cdot 0,07\right) = 2.545,72$$

angewachsen. ■

7.1.4 Unterperiodische Verzinsung

Wie bereits erwähnt, behalten alle bisherigen Formeln ihre Gültigkeit, wenn man beliebige Zinsperioden betrachtet. In der Regel sind die Zinsperioden ein Jahr oder kürzer, eigentlich niemals länger.

Ein Betrag von 1.000 € werde zwei Jahre lang angelegt. Bei exponentieller Jahresverzinsung mit einem Jahreszins von 4 % ergibt dies

$$K_2 = 1.000 \cdot 1{,}04^2 = 1.081{,}60,$$

bei exponentieller Halbjahresverzinsung mit einem Halbjahreszins von 2 %

$$K_4 = 1.000 \cdot 1{,}02^4 = 1.082{,}43,$$

und bei exponentieller Quartalsverzinsung mit einem Quartalszins von 1 %

$$K_8 = 1.000 \cdot 1{,}01^8 = 1.082{,}86.$$

Es wird jedes Mal die Formel (7.6) verwendet, nur dass der Index n einmal Jahre, einmal Halbjahre und einmal Quartale zählt. Auch die kalenderjährliche Verzinsung kann verallgemeinert werden, so etwa auf „kalenderquartalsweise Verzinsung" wie in folgendem Beispiel.

Beispiel 7.4

Ein Betrag von 1.000 € wird bei quartalsweiser exponentieller Verzinsung am 09.09.2007 bei einem Quartalszins von $i_Q = 2$ % angelegt. Es soll berechnet werden, auf welchen Betrag das Kapital am 21.07.2010 angewachsen ist. Die Laufzeit in Quartalen ausgedrückt beträgt:

$$n = \frac{22}{90} + 11 + \frac{20}{90} = 11\frac{42}{90}.$$

Man erhält dann nach entsprechender Modifizierung der Formel (7.7)

$$K_n = 1.000 \cdot \left(1 + \frac{22}{90} \cdot 0{,}02\right) \cdot 1{,}02^{11} \cdot \left(1 + \frac{20}{90} \cdot 0{,}02\right) = 1.255{,}01.$$

■

Das Rechnen mit beliebigen Zinsperioden bringt allerdings einige Schwierigkeiten mit sich. Nehmen wir etwa an, eine Bank gibt für die Verzinsung eines Kapitals den *nominellen* Jahreszinssatz $i = 6$ %. Der Zinszuschlag erfolgt allerdings nicht jährlich, sondern nach jedem Quartal, und zwar mit dem entsprechenden *relativen* Zinssatz $i_r = 1{,}5$ %. Ein Kapital K_0 wächst dann nach einem Jahr (also nach vier Zinszuschlagterminen) an auf:

$$K_4 = K_0 \cdot 1{,}015^4 = K_0 \cdot 1{,}06136.$$

Damit wird also *effektiv* ein Zins in Höhe von 6,136 % zugeschlagen; dies ist mehr, als der nominelle Zins angibt.

Umgekehrt kann man sich auch fragen, welcher Quartalszins denn *effektiv* auf 6 % führt. Für diesen Quartalszins i_k, den man den *konformen Quartalszinssatz* nennt, gilt:

$$(1 + i_k)^4 = 1{,}06,$$

woraus man $i_k = 1{,}467$ % berechnet. Das Beispiel macht plausibel, dass man vier verschiedene Zinsbegriffe auseinander halten muss.

Unterperiodische Zinssätze

1. Der für eine Zinsperiode geltende Zinssatz i_n heißt *nomineller Zinssatz.*
2. Kommen bei einem Zinsprozess h gleichlange unterperiodische Zinszuschlagtermine hinzu, so heißt $i_r = \frac{i_n}{h}$ der *relative Zinssatz.*
3. Werden zu jedem der h Zinszuschlagtermine die dem relativen Zins entsprechenden Zinsen zugeschlagen, so nennt man den für die gesamte Periode resultierenden Zinssatz den *effektiven Zinssatz.*
4. Denjenigen unterperiodischen Zinssatz, gemäß dem Zinsen zugeschlagen werden müssen, um am Ende den effektiven Zinssatz ($i_e = 6\ \%$) zu erhalten, nennt man *konformen Zinssatz.*

Bei einem *nominellen* Jahreszinssatz von $i_n = 6\ \%$ erhalten wir den *relativen* Quartalszins $i_r = 1{,}5\ \%$. Gleichzeitig ist ein Quartalszins von $1{,}5\ \%$ *konform* zum *effektiven* Jahreszins von $6{,}136\ \%$. Ist umgekehrt der *effektive* Jahreszins $i_e = 6\ \%$ vorgegeben, dann berechnet sich daraus der *konforme* Quartalszins $i_k = 1{,}467\ \%$. Einen Quartalszins von $1{,}467\ \%$ bezeichnen wir als *relativ* zum *nominellen* Jahreszins von $5{,}87\ \%$.

Ein weiteres Beispiel soll die Begriffe konsolidieren.

Beispiel 7.5

Ein Betrag von 1.000 € wird bei einem nominellen Zinssatz $i_n = 8\ \%$ p. a. angelegt. Nach zwei Jahren erhält man somit

$$K_2 = 1.000 \cdot 1{,}08^2 = 1.166{,}40.$$

Werden aber nun etwa über den gleichen Zeitraum jeweils am Quartalsende die relativen Zinsen zugeschlagen, so erhält man

$$K_8 = 1.000 \cdot 1{,}02^8 = 1.171{,}66.$$

Der *effektive Zinssatz* i_e ergibt sich dann aus dem Ansatz

$$1.171{,}66 = 1.000 \cdot (1 + i_e)^2,$$

und man erhält $i_e = 8{,}24\ \%$. Welcher Quartalszinssatz ergibt einen effektiven Jahreszins von 8 %? Dies ist der konforme Zinssatz; mit einem Ansatz wie oben erhalten wir $i_k = 1{,}94\ \%$. ■

Fassen wir noch einmal zusammen:

Nomineller und relativer Zinssatz

Es sei h die Anzahl der Teilperioden einer gegebenen vollen Periode und i_n der nominelle und i_r der relative Zinssatz. Dann gelten folgende Umrechnungen:

$$i_n = i_r \cdot h \quad \Leftrightarrow \quad i_r = \frac{i_n}{h}. \tag{7.8}$$

Effektiver und konformer Zinssatz

Es sei h wieder die Anzahl der Teilperioden einer gegebenen vollen Periode und i_e der effektive und i_k der konforme Zinssatz. Dann gelten folgende Umrechnungen:

$$i_e = (1+i_k)^h - 1 \quad \Leftrightarrow \quad i_k = \sqrt[h]{1+i_e} - 1. \tag{7.9}$$

Man beachte übrigens, dass bei linearer Verzinsung die ganze Unterscheidung hinfällig ist, denn dort sind nomineller und effektiver Zinssatz sowie relativer und konformer Zinssatz stets identisch. Ein nomineller Zinssatz muss sich auch nicht zwangsläufig auf ein Jahr beziehen. Denkbar ist auch ein nomineller Halbjahreszins; wenn das Halbjahr dann etwa in sechs Monate eingeteilt wird, so sind auch hier die Begriffe des relativen, effektiven und konformen Zinssatzes passend.

7.1.5 Stetige Verzinsung als Grenzübergang diskreter Verzinsungen

Im letzten Abschnitt haben wir die unterjährigen Verzinsungen und Begriffe wie Effektivzins kennengelernt. Was passiert nun, wenn man die Anzahl der unterjährigen Perioden immer weiter erhöht? Zunächst einmal ist klar: Bei gegebenem nominellem Jahreszinssatz und einer Einteilung des Jahres in h Abschnitte ist der entsprechende effektive Jahreszinssatz i_e stets größer als i_n, und noch mehr: Je größer h ist, um so größer wird der effektive Zins. Vernünftigerweise sollte es aber nicht möglich sein, dass i_e dabei beliebig groß werden kann. Und dies ist auch nicht der Fall, wie das folgende theoretische Beispiel deutlich macht.

Beispiel 7.6

Ein Guthaben K_0 wird bei einem nominellen Jahreszins von $i_n = 100\ \%$ exponentiell verzinst. Am Ende des Jahres hat sich K_0 dann natürlich verdoppelt. Was passiert aber, wenn man Zwischenverzinsungen betrachtet? Gibt es etwa nach einem halben Jahr einen Zwischenzuschlagstermin, so beträgt das Guthaben am Ende des Jahres

$$K_0 \cdot \left(1 + \frac{1}{2}\right)^2 = K_0 \cdot 2{,}25.$$

Bei quartalsweisen Zwischenverzinsungen ergibt sich

$$K_0 \cdot \left(1 + \frac{1}{4}\right)^4 = K_0 \cdot 2{,}441406.$$

Lässt man nun die Zahl der Zwischenverzinsungen immer weiter wachsen, so wird das Guthaben zwar immer größer, scheint aber eine gewisse Grenze nicht zu übersteigen, wie man an folgender Tabelle sehen kann.

Anzahl h der Zinszuschlagtermine	Kapital am Ende des Jahres
1	$K_0 \cdot (1+1) = K_0 \cdot 2$
2 (Halbjahre)	$K_0 \cdot \left(1+\frac{1}{2}\right)^2 = K_0 \cdot 2,25$
4 (Vierteljahre)	$K_0 \cdot \left(1+\frac{1}{4}\right)^4 = K_0 \cdot 2,441406$
12 (Monate)	$K_0 \cdot \left(1+\frac{1}{12}\right)^{12} = K_0 \cdot 2,613035$
360 (Tage)	$K_0 \cdot \left(1+\frac{1}{360}\right)^{360} = K_0 \cdot 2,714516$
8.640 (Stunden)	$K_0 \cdot \left(1+\frac{1}{8.640}\right)^{8.640} = K_0 \cdot 2,718125$
518.400 (Minuten)	$K_0 \cdot \left(1+\frac{1}{518.400}\right)^{518.400} = K_0 \cdot 2,718279$
31.104.000 (Sekunden)	$K_0 \cdot \left(1+\frac{1}{31.104.000}\right)^{31.104.000} = K_0 \cdot 2,718281298$

■

Man erkennt, dass das Endguthaben nicht über alle Grenzen steigt, sondern sich der Faktor, mit dem K_0 multipliziert wird, einem festen Wert anzunähern scheint – und dieser feste Wert ist die Zahl e. Schauen wir nämlich auf die Faktoren, mit denen K_0 jeweils multipliziert wird, so haben sie alle die Form $\left(1+\frac{1}{h}\right)^h$. Und bekannterweise (siehe (1.21)) gilt

$$\lim_{h\to\infty}\left(1+\frac{1}{h}\right)^h = \mathrm{e}.$$

Ersetzt man in *Beispiel 7.6* den Zinssatz 100 % durch einen beliebigen nominellen Zinssatz i_n, so gilt entsprechend:

$$\lim_{h\to\infty}\left(1+\frac{i_n}{h}\right)^h = \mathrm{e}^{i_n}.$$

Stetige Verzinsung

Bei dem oben beschriebenen Grenzübergang $h \to \infty$ der diskreten Verzinsung mit h Teilperioden spricht man von *stetiger Verzinsung* (auch: *konforme* oder *kontinuierliche Verzinsung*). Den zugehörigen Zinssatz bezeichnet man dann als *stetigen Zinssatz* und schreibt i_s. Es gilt dann bei einem Ausgangskapital K_0 für das Kapital zum Zeitpunkt t:

$$K_t = K_0 \cdot \mathrm{e}^{t\cdot i_s} \qquad (7.10)$$

Auch bei der stetigen Verzinsung gibt es den Begriff des effektiven Zinssatzes i_e, der sich wie schon im diskreten Fall aus der Gleichung $e^{i_s} = 1 + i_e$ ergibt. Der Zusammenhang zwischen stetigem und effektivem Jahreszinssatz ist also:

$$i_e = e^{i_s} - 1 \quad \text{und} \quad i_s = \ln(1 + i_e)$$

bzw. mithilfe des Aufzinsungsfaktors ausgedrückt:

$$q_e = e^{i_s} \quad \text{und} \quad i_s = \ln(q_e)$$

Damit ergibt sich neben (7.10) eine alternative Berechnung des Endguthabens, nämlich

$$K_t = K_0 \cdot q_e^t. \tag{7.11}$$

Die Gleichung (7.11) zeigt, dass die stetige Verzinsung auch als Verallgemeinerung der exponentiellen Verzinsung (Formel (7.6)) auf beliebige Zeitpunkte t gesehen werden kann, wobei der Aufzinsungsfaktor $q_e = e^{i_s}$ zugrunde liegt.

Die stetige Verzinsung ergibt übrigens grundsätzlich ein kleineres Endkapital als die kalenderjährliche Verzinsung. Betrachtet man nämlich dieselben Werte wie in *Beispiel 7.3*, also ein am 23.10.2009 angelegtes Ausgangskapital von 2.000 € sowie einen Jahreszinssatz von $i = 7\ \%$ und verzinsen stetig, so ergibt sich mit (7.11)

$$K_t = 2.000 \cdot 1{,}07^{3\frac{199}{360}} = 2.543{,}45.$$

Dies ist geringfügig weniger als in *Beispiel 7.3*. Das gleiche Ergebnis würde hier natürlich mit dem stetigen Zinssatz $i_s = \ln(1{,}07) = 6{,}76586\ \%$ und der Formel (7.10) erzielt.

Beispiel 7.7

Es werden 100 € mit 10 % p. a. zwei Jahre lang verzinst. Dies ergibt bekannterweise mit diskreter Verzinsung

$$K_2 = 100 \cdot 1{,}1^2 = 121.$$

Was ist, wenn wir den Zinsprozess als einen stetigen betrachten? Der Effektivzins $i_e = 10\ \%$ entspricht dann einem stetigen Zinssatz von

$$i_s = \ln(1{,}1) = 0{,}09531 = 9{,}531\ \%,$$

und mit (7.10) erhalten wir

$$K_2 = 100 \cdot e^{2 \cdot 0{,}09531} = 121,$$

also das gleiche Ergebnis wie bei der diskreten Verzinsung. ■

Dass die beiden Verzinsungen übereinstimmen, merkt man natürlich nur bei hinreichend großer Anzahl von Nachkommastellen; ansonsten verfälschen Rundungsfehler das Bild. Grundsätzlich ist es wegen der Umrechnungen aber gleichgültig, ob mit stetiger oder mit diskreter Verzinsung gerechnet wird. Es hat sich eingebürgert, dass in der „Bankenpraxis" diskret gerechnet wird, während die stetige Verzinsung eher bei theoretischen Modellen der Finanzwirtschaft eingesetzt wird.

7.1.6 Inflation

Unter *Inflation* versteht man die zeitliche Änderungsrate des allgemeinen Preisniveaus (der sogenannten Lebenshaltung). Wir schreiben i_{infl} für die Inflationsrate pro Zeiteinheit. Manchmal unterscheidet man auch zwischen *Inflation* und *Deflation*, wenn man die Richtung der Änderung betonen will (Inflation meint einen Anstieg, Deflation einen Rückgang des Preisniveaus). Kostet der Warenkorb eines durchschnittlichen Konsumenten, der heute 100 € wert ist, in einem Jahr 103 €, so gilt für die Jahres-Inflationsrate $i_{\text{infl}} = 3\,\%$.

Inflationsfaktor

Bezeichnet K_t einen gewissen Geldwert zum Zeitpunkt t – etwa den Wert eines sogenannten *Standardwarenkorbs* – und ist i_{infl} die Inflationsrate pro Zeiteinheit, so gibt

$$K_{t+1} = K_t \cdot (1 + i_{\text{infl}}) = K_t \cdot q_{\text{infl}}$$

den Wert des Warenkorbs zum Zeitpunkt $t+1$ an. (Man nennt q_{infl} den Inflationsfaktor.) Man nennt K_{t+1} auch den gegenüber K_t *inflationsbereinigten* (oder *kaufkraftgleichen*) Wert.

Die *durchschnittliche Inflationsrate* über einen Zeitraum berechnet man mithilfe des geometrischen Mittels der einzelnen Inflationsfaktoren (siehe auch Abschnitt 7.1.1).

Beispiel 7.8

Die folgende Tabelle zeigt für die Jahre 2005 bis 2011 die Inflationsraten in Deutschland (Veränderung des Verbraucherpreisindex gegenüber Vorjahr) (Quelle: Statistisches Bundesamt):

Jahr	i_{infl} in % (Veränderung gegenüber dem Vorjahr)
2005	1,5
2006	1,6
2007	2,3
2008	2,6
2009	0,4
2010	1,1
2011	2,3

(7.12)

Der durchschnittliche Inflationsfaktor etwa des Zeitraums 2005 - 2008 in Deutschland betrug:

$$q_{\text{infl}} = \sqrt[3]{1,016 \cdot 1,023 \cdot 1,026} = 1,021658.$$

Da in der Tabelle 7.12 die prozentualen Änderungen gegenüber dem Vorjahr stehen, müssen die entsprechenden Werte der Jahre 2006 - 2008 verwendet werden. Die durchschnittliche Inflationsrate für diesen Zeitraum betrug also etwa $i_{\text{infl}} = q_{\text{infl}} - 1 = 2,166\,\%$. Ein im Jahre 2008 verfügbarer Betrag von $K_{2008} = 200.000$ € hatte demnach bezogen auf das Jahr 2005 den *Realwert*

$$K_{2005} = \frac{200.000}{1{,}021658^3} = \frac{200.000}{1{,}016 \cdot 1{,}023 \cdot 1{,}026} = 187.548{,}37\ €.$$

■

Ein zu verzinsendes Kapital ist im Zeitverlauf natürlich neben dem Zinsprozess auch einem Inflationsprozess unterworfen. Realistischerweise muss dies mit in die Berechnungen einbezogen werden; Wir unterscheiden dann zwischen *nominellem* und *realem Endkapital.* Wird etwa ein Startkapital von 1.000 € fünf Jahre lang bei einem Jahreszinssatz von $i = 6\ \%$ exponentiell verzinst, so ergibt sich hieraus nach fünf Jahren das sogenannte *nominelle Endkapital*

$$K_5 = 1.000 \cdot 1{,}06^5 = 1.338{,}23.$$

Aufgrund der Änderung des Preisniveaus ist aber der Realwert (die Kaufkraft) dieser 1.338,23 € ein anderer. Nehmen wir etwa über die fünf Jahre eine konstante Inflationsrate von $i_{\text{infl}} = 3\ \%$ an, so beträgt die Kaufkraft des Endwerts K_5 zum Zeitpunkt seiner Fälligkeit (bezogen auf den Anfang) lediglich

$$K_{5,0} = \frac{K_5}{1{,}03^5} = 1.154{,}37.$$

Wir haben im gerade betrachteten Fall bereits eine Schreibweise benutzt, die wir nun allgemein einführen wollen.

Realwert

Berücksichtigen wir bei einem Zinsprozess zusätzlich eine Inflationsrate, so versteht man unter dem *Realwert* $K_{n,t}$ das Guthaben zum Zeitpunkt n, kaufkraftmäßig auf den Zeitpunkt t bezogen.

Beziehen sich bei einem Zinsprozess der Zinssatz i und die Inflationsrate i_{infl} auf die gleiche Periode, dann gilt:

$$K_{n,t} = K_0 \cdot \frac{(1+i)^n}{(1+i_{\text{infl}})^{n-t}} = K_0 \cdot \frac{q^n}{q_{\text{infl}}^{n-t}}.$$

Als spezielle Fälle ergeben sich hier für $t = 0$ und $t = n$:

$$K_{n,0} = K_0 \cdot \left(\frac{1+i}{1+i_{\text{infl}}}\right)^n \quad \text{und} \quad K_{n,n} = K_0 \cdot \frac{(1+i)^n}{(1+i_{\text{infl}})^0} = K_0 \cdot q^n = K_n.$$

Wir nennen

$$q_{\text{real}} = \frac{1+i}{1+i_{\text{infl}}}$$

den *realen Aufzinsungsfaktor* und entsprechend $i_{\text{real}} = q_{\text{real}} - 1$ den *realen Zinssatz.*

Beispiel 7.9

Ein Kapital von 100.000 € wird zu 7 % p. a. angelegt; es wird eine durchschnittliche Inflationsrate von 4 % p. a. angenommen. Über welchen Betrag verfügt der Anleger auf den Anlagetermin bezogen nach einem Jahr bzw. nach neun Jahren jeweils nominell und real? Mit $i = 0,07$ und $i_{\text{infl}} = 0,04$ ergibt sich nominell

$$K_1 = 100.000 \cdot 1,07 = 107.000 \quad \text{und} \quad K_9 = 100.000 \cdot 1,07^9 = 183.845,92.$$

Real auf den Anlagetermin bezogen, bedeutet das

$$K_{1,0} = K_0 \cdot \frac{1,07}{1,04} = 102.884,62$$

bzw.

$$K_{9,0} = K_0 \cdot \left(\frac{1,07}{1,04}\right)^9 = 129.167,71.$$

Dies entspricht einer Realverzinsung von

$$i_{\text{real}} = \frac{1,07}{1,04} - 1 = 2,88\ \%.$$

■

■ 7.2 Zahlungsreihen

7.2.1 Kalkulationszins und Zahlungsreihen

Im vorangehenden Abschnitt war in den Beispielen stets ein Zinssatz gegeben, und wir haben uns auch nicht darum gekümmert, woher dieser Zinssatz kam. Das werden wir auch weiterhin nicht tun, sondern rein deskriptiv vorgehen. Dennoch erweitern wir den Zinsbegriff vom bloßen „Anlagezins“ des ersten Abschnitts 7.1 auf einen „Kalkulationszins“, in den mehrere Faktoren und Überlegungen einfließen. Ansatzweise haben wir dies bereits im Abschnitt über Inflation gemacht.

Nehmen Sie an, ein Bekannter will sich von Ihnen Geld leihen und verspricht, Ihnen in zwei Jahren 1.000 € zurückzuzahlen. Wie viel leihen Sie ihm? Natürlich gibt es auf diese Frage keine eindeutig richtige Antwort, sondern diese hängt davon ab, welchen *Kalkulationszins* Sie zugrunde legen. Falls Sie Ihrem Bekannten 1.000 € leihen, dann kalkulieren Sie mit 0 %, was sicher nett, aber finanzmathematisch ungünstig ist. Der Betrag von 1.000 € nämlich, den Sie heute verleihen, könnte in zwei Jahren mehr wert sein, etwa wenn Sie das Geld selbst zu 6 % anlegen könnten. In diesem Fall wären diese 6 % p. a. Ihr Kalkulationszins, und der Wert von 1.000 € in zwei Jahren wäre

$$1.000 \cdot 1,06^2 = 1.123,60\ €.$$

Umgekehrt ist der zukünftige Betrag von 1.000 € heute weniger wert, nämlich

$$\frac{1.000}{1,06^2} = 890\,€.$$

Diesen Betrag sollten Sie in dem Fall verleihen, da dies in diesem Fall für Sie der gegenwärtige Wert von 1.000 € in zwei Jahren ist. Falls Sie selbst kein Geld haben, aber kreditwürdig sind und sich zu 9 % Geld leihen können, wären diese 9 % p. a. Ihr Kalkulationszins, und Sie würden einen Betrag von

$$\frac{1.000}{1,09^2} = 841,68\,€$$

verleihen. Es sind noch viele weitere Szenarien denkbar; so könnten Sie etwa auch noch die Inflation mit hineinrechnen oder weitere Risiken berücksichtigen. Klar geworden ist jedenfalls, was für uns im Folgenden ein Kalkulationszinssatz ist.

Kalkulationszins

Einen Zinssatz i, der zur Bewertung von Geldbeträgen herangezogen wird, nennt man *Kalkulationszins*. Ensprechend nennt man $q = 1 + i$ den *Kalkulationsaufzinsungsfaktor* oder, wie gehabt, auch einfach kurz *Aufzinsungsfaktor*.

Wir kommen nun zum zentralen Begriff der *Zahlungsreihe*. Obwohl es sich übrigens bei der Zahlungsreihe selber im engeren mathematischen Sinn um eine Folge handelt, werden wir – wie in der meisten Literatur zu diesem Thema – den Begriff *Zahlungsreihe* verwenden.

Zahlungsreihe

Unter einer *Zahlungsreihe* verstehen wir eine endliche Folge

$$Z = (z_0 / z_1 / z_2 / \ldots / z_n)$$

von Geldbeträgen, die nach einer festen Zeiteinheit, *Zahlungsperiode* genannt, indiziert sind, zusammen mit einem Kalkulationszinssatz i (bzw. einem Aufzinsungsfaktor q), der in der Regel genau für diese Zeiteinheit gilt. Der Index n der letzten Zahlung wird *Laufzeit der Zahlungsreihe* genannt. Bei einer Zahlungsreihe ist also jeder Betrag fest an einen Zeitpunkt gebunden; diesen Zeitpunkt nennt man dann auch das *Fälligkeitsdatum* des entsprechenden Betrags.

Stimmen Zahlungs- und Zinsperiode nicht überein, so gibt es gewisse Umrechnungsmethoden, die uns bald begegnen werden. In den meisten praktischen Anwendungen sind solche Zahlungsreihen übrigens tatsächlich endlich, aber auch der Fall unendlicher Jahreszahlungsreihen taucht hin und wieder auf (etwa bei ewigen Renten).

Beispielsweise können die drei Zahlungen 1.000 € (fällig am 01.01.2009), 2.000 € (fällig am 01.01.2010) und 3.000 € (fällig am 01.01.2011) durch die Zahlungsreihe

$$Z = (1.000/2.000/3.000) \tag{7.13}$$

dargestellt werden. Eine andere Möglichkeit der Darstellung ist eine Zeitgerade:

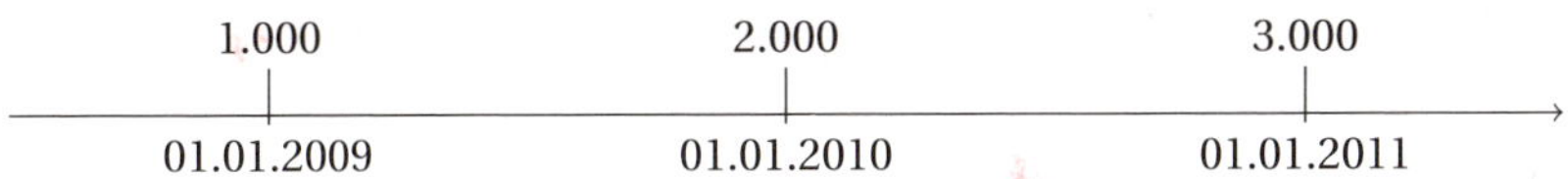

Es ist sorgfältig darauf zu achten, welche zeitlichen Abstände die Zahlungen haben. Eventuell müssen Nullen ergänzt werden, wie im folgenden Beispiel.

Beispiel 7.10

Die drei Zahlungen 2.000 € (fällig am 01.01.2009), 3.000 € (fällig am 01.03.2009) und 4.000 € (fällig am 01.06.2009) können durch die Zahlungsreihe

$Z = (2.000/0/3.000/0/0/4.000).$

dargestellt werden. Da die Indizierung über Monate (als kleinste Zeiteinheit) laufen muss, sind in der Zahlungsreihe entsprechende Nullen zu ergänzen. Für die Zeitgerade ergibt sich hier folgendes Bild:

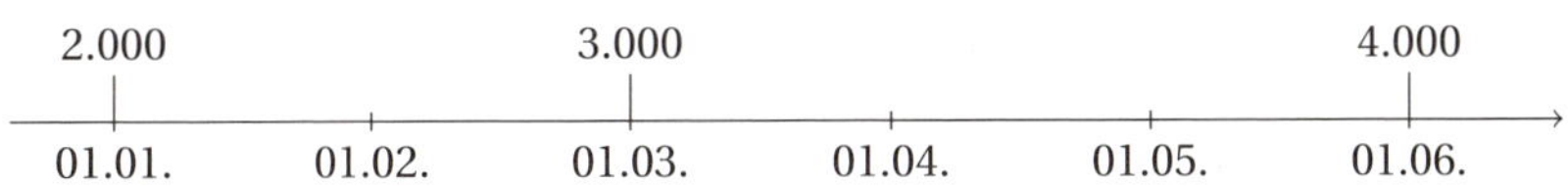

■

Auch ein einfacher Zinsprozess kann als spezieller Fall einer Zahlungsreihe aufgefasst werden: Werden etwa 1.000 € fünf Jahre lang angelegt, so entspricht dies der Zahlungsreihe:

$$(1.000/0/0/0/0/0). \tag{7.14}$$

Das Prinzip der Zahlungsreihe – *mit* der Angabe eines Kalkulationszinses – ermöglicht es, mehrere Zahlungen zu einem bestimmten Zeitpunkt zusammenzufassen und so auch mit anderen Zahlungsreihen zu vergleichen. Darauf basiert die gesamte Renten-, Tilgungs- und Investitionsrechnung. In der Regel ist man besonders an zwei Werten interessiert, dem *Barwert* und dem *Endwert* der Zahlungsreihe.

Barwert und Endwert einer Zahlungsreihe

Es sei $Z = (z_0/z_1/z_2/\ldots/z_n)$ eine Zahlungsreihe mit dem Aufzinsungsfaktor q für eine Periode.

1. Wir nennen

$$Z_0 = \sum_{k=0}^{n} \frac{z_k}{q^k} = z_0 + \frac{z_1}{q} + \frac{z_2}{q^2} + \frac{z_3}{q^3} + \ldots + \frac{z_n}{q^n} \tag{7.15}$$

den *Barwert der Zahlungsreihe* Z (also den Wert von Z zum Zeitpunkt $k = 0$).

2. Wir nennen

$$Z_n = Z_0 \cdot q^n = \sum_{k=0}^{n} z_k \cdot q^{n-k} = z_0 \cdot q^n + z_1 \cdot q^{n-1} + \ldots + z_{n-1} \cdot q + z_n$$

den *Endwert der Zahlungsreihe* Z (also den Wert von Z zum Zeitpunkt $k = n$).

Nimmt man beispielsweise für die Zahlungsreihe (7.13) einen Jahreszins von $i = 4{,}75$ % an, so ergibt sich nach Gleichung (7.15) als Barwert

$$Z_0 = 1.000 + \frac{2.000}{1{,}0475} + \frac{3.000}{1{,}0475^2} = 5.643{,}40$$

und als Endwert

$$Z_2 = Z_0 \cdot q^2 = 5.643{,}40 \cdot 1{,}0475^2 = 6.192{,}26.$$

Bei einem einfachen Zinsprozess, als Zahlungsreihe aufgefasst, ist der Barwert natürlich das Anfangskapital und der Endwert entspricht dem Endguthaben. Setzen wir für die Zahlungsreihe in Gleichung (7.14) etwa einen Kalkulationszins von 3 % an, so gilt $Z_0 = K_0 = 1.000$ € und $Z_5 = K_5 = 1.000 \cdot 1.03^5 = 1.159{,}27$ €.

Natürlich kann man eine Zahlungsreihe in jedem beliebigen Zeitpunkt l konzentrieren, nämlich durch Aufzinsen des Barwertes.

Gesamtwert der Zahlungsreihe

Der *Gesamtwert der Zahlungsreihe* $Z = (z_0 / z_1 / z_2 / \ldots / z_n)$ *zum Zeitpunkt* l ist durch

$$Z_l = Z_0 \cdot q^l = \sum_{k=0}^{l} z_k \cdot q^{l-k}$$

gegeben.

Dabei muss übrigens l nicht notwendigerweise auf die Menge $\{0, \ldots, n\}$ beschränkt sein, sondern kann auch außerhalb des Zahlungszeitraums liegen. Für die Zahlungsreihe (7.13) könnte so etwa auch der Wert am 01.01.1950 bzw. am 01.01.2050 berechnet werden. Wir haben den Barwert (am 01.01.2009) bereits berechnet ($Z_0 = 5.643{,}40$) und bestimmen nun die gesuchten Werte einfach durch Ab- bzw. Aufzinsen von Z_0. Setzen wir wieder den 01.01.2009 auf $k = 0$, so entsprechen die beiden Zeitpunkte $l = -59$ (01.01.1950) und $l = 41$ (01.01.2050). Also:

$$Z_{-59} = 5.643{,}40 \cdot 1{,}0475^{-59} = 365{,}13$$

und

$$Z_{41} = 5.643{,}40 \cdot 1{,}0475^{41} = 37.831{,}72.$$

7.2.2 Anpassung der Perioden

Bei Zahlungsreihen können Schwierigkeiten auftreten, wenn Zinsperioden und Zahlungsperioden nicht übereinstimmen. In diesem Fall müssen die Perioden angeglichen werden. Wir behandeln zunächst den (einfacheren) Fall, in dem mehrere Zinsperioden in einer Zahlungsperiode liegen.

Werden etwa bei monatlicher Verzinsung mit $i_{\text{Monat}} = 1\ \%$ Zahlungen in Quartalsabständen getätigt, beispielweise 200 € am 01.01., 600 € am 01.04., 1.000 € am 01.07. und 1.200 € am 01.10., so kann man die Monatszahlungsreihe

(200/0/0/600/0/0/1.000/0/0/1.200/0/0)

mit dem Barwert

$$Z_0 = 200 + \frac{600}{1{,}01^3} + \frac{1.000}{1{,}01^6} + \frac{1.200}{1{,}01^9}$$

auch gleich auf die Quartalszahlungsreihe

(200/600/1.000/1.200)

„verdichten", deren Kalkulationszins dann offenbar durch den effektiven Quartalszins

$$i_{\text{Quartal}} = 1{,}01^3 - 1 = 3{,}03\ \%$$

gegeben ist. Der Barwert berechnet sich also durch

$$Z_0 = 200 + \frac{600}{1{,}0303} + \frac{1.000}{1{,}0303^2} + \frac{1.200}{1{,}0303^3} = 2.821{,}61\ €.$$

Allgemein gilt demnach:

Effektiver Zinssatz bei Zahlungsreihen

Liegen bei einer Zahlungsreihe in jeder Zahlungsperiode h Zinsperioden mit dem Zinssatz i_p, so gilt für eine Zahlungsperiode der zugehörige *effektive Zinssatz*

$$i_e = (1 + i_p)^h - 1. \tag{7.16}$$

Etwas unangenehmer ist der umgekehrte Fall: Liegen in einer Zinsperiode mehrere Zahlungsperioden, so müssen die Zahlungen unterperiodisch verzinst werden, und dafür gibt es mehrere Möglichkeiten, die wir hier kurz vorstellen. Die mathematisch korrekte und einzige in sich konsistente Methode ist die *ICMA-Methode* (ICMA: International Capital Market Association, früher ISMA-Methode). Bei der Rentenrechnung in Deutschland wird leider üblicherweise mit der *360-Tage-Methode* gerechnet, bei der unterperiodisch linear verzinst wird. Auf diese Methode werden wir uns dann auch in der Rentenrechnung beschränken. Wir stellen hier jedoch an folgendem Beispiel drei verschiedene Methoden vor.

Beispiel 7.11

Bei vierteljährlicher Verzinsung mit $i_v = 5$ % sind folgende monatliche Zahlungen gegeben:

300 €	200 €	900 €	700 €	1.000 €	100 €
01.01.	01.02.	01.03.	01.04.	01.05.	01.06.

Der Endwert dieser Monatszahlungsreihe kann nach einer der folgenden drei Methoden berechnet werden:

1. **ICMA-Methode oder Konforme Methode:**
   Exponentielle Verzinsung mit dem *konformen Zinssatz* $i_k = (1 + i_v)^{\frac{1}{3}} - 1 = 1{,}64$ %:

$$Z_5 = 300 \cdot 1{,}0164^5 + 200 \cdot 1{,}0164^4 + 900 \cdot 1{,}0164^3 + 700 \cdot 1{,}0164^2 + 1.000 \cdot 1{,}0164 + 100 = 3.323{,}42.$$

2. **US-Methode oder Relative Methode:**
   Exponentielle Verzinsung mit dem *relativen Zinssatz* $i_r = \frac{0{,}05}{3} = 1{,}67$ %:

$$Z_5 = 300 \cdot 1{,}0167^5 + 200 \cdot 1{,}0167^4 + 900 \cdot 1{,}0167^3 + 700 \cdot 1{,}0167^2 + 1.000 \cdot 1{,}0167 + 100 = 3.325{,}72.$$

3. **360-Tage-Methode oder Lineare Methode:**
   Lineare Verzinsung mit dem *relativen Zinssatz* $i_r = \frac{0{,}05}{3} = 1{,}67$ %:

$$Z_5 = 300 \cdot (1 + 5 \cdot 0{,}0167) + 200 \cdot (1 + 4 \cdot 0{,}0167) + 900 \cdot (1 + 3 \cdot 0{,}0167) + 700 \cdot (1 + 2 \cdot 0{,}0167) + 1.000 \cdot (1 + 1 \cdot 0{,}0167) + 100 = 3.323{,}58.$$

■

Die 360-Tage-Methode wird bei der unterjährigen Verzinsung in Deutschland angewendet. Bei der Rentenrechnung begegnet sie uns bei den sogenannten *Ersatzrenten* wieder. Wir geben noch ein Anwendungsbeispiel.

Beispiel 7.12

Beim Kauf eines Elektrogeräts haben Sie die Wahl zwischen der Zahlung des Kaufpreises in Höhe von 2.995 € am 01.03. oder der Zahlung in Form von vier Teilraten zu je 795 € am 01.03., 01.06., 01.09. und 01.12. desselben Jahres. Welcher Jahreszinssatz liegt dem Teilratenangebot zugrunde, wenn wir (wie in Deutschland üblich) die lineare Methode benutzen?

Wir veranschaulichen uns die beiden Zahlungsreihen durch die entsprechenden Zeitschienen:

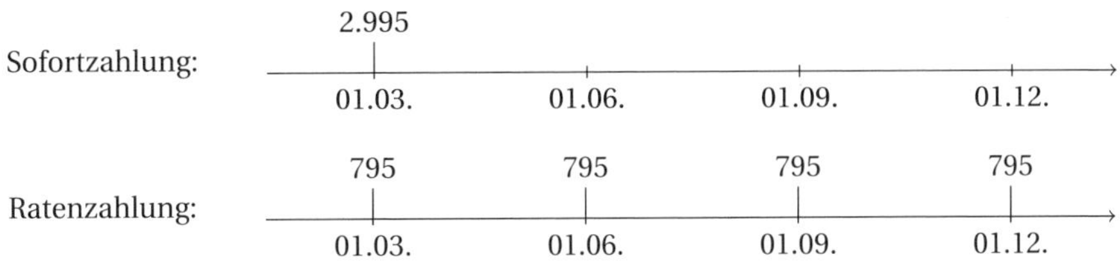

Die entsprechenden Zahlungsreihen müssen nun bez. des gesuchten Kalkulationszinses i den gleichen Endwert haben; es ergibt sich also der Ansatz

$$2.995 \cdot \left(1 + \frac{3}{4} \cdot i\right) = 795 \cdot \left(1 + \frac{3}{4} \cdot i\right) + 795 \cdot \left(1 + \frac{1}{2} \cdot i\right) + 795 \cdot \left(1 + \frac{1}{4} \cdot i\right) + 795,$$

und hieraus folgt $i = 17{,}56\,\%$. ■

7.2.3 Äquivalenz von Zahlungsreihen

Häufig geht es darum, Zahlungsreihen zu vergleichen. Als ausgezeichneter Zeitpunkt hierfür bietet sich $k = 0$ an, also ein Vergleich der Barwerte. Man nennt zwei beliebige Zahlungsreihen Z und Z' *äquivalent*, falls ihre beiden Barwerte übereinstimmen, also

$$Z_0 = Z_0'. \tag{7.17}$$

Das Wort „beliebig" in der Definition bedeutet, dass die beiden Zahlungsreihen durchaus verschieden lang sein sowie für verschiedene Zahlungsperioden und Kalkulationszinssätze gelten dürfen. Es muss natürlich klar sein, was in der Definition das Wort „gleich" bedeutet – denn das ist nur sinnvoll im Rahmen einer gewissen Messgenauigkeit. Wir einigen uns darauf, dass wir zwei Barwerte als gleich (und somit die Zahlungsreihen als äquivalent) ansehen, wenn dies im typischen Rundungsbereich (zwei Dezimalstellen) der Fall ist.

Der Äquivalenzbegriff hat sehr praktische Anwendungen; so können damit etwa Ratenangebote wie in *Beispiel 7.12* miteinander verglichen werden. Haben zwei im Sinne der Definition äquivalente Zahlungsreihen den gleichen Kalkulationszins für gleiche Zahlungsperioden, so stimmen natürlich nicht nur ihre Barwerte, sondern sogar ihre Gesamtwerte zu jedem beliebigen Zeitpunkt l überein. Das liegt daran, dass bei der Umrechnung auf beliebige andere Zeitpunkte mit Potenzen desselben Aufzinsungsfaktors q multipliziert wird.

Zu vergleichen sind etwa bei einem Kalkulationszins von $i = 5\,\%$ die beiden Zahlungsreihen

$$Z = (0/100/200) \quad \text{und} \quad Z' = (0/0/305).$$

Wegen

$$Z_0 = \frac{100}{1{,}05} + \frac{200}{1{,}05^2} = 276{,}64 \qquad \text{und} \qquad Z_0' = \frac{305}{1{,}05^2} = 276{,}64$$

sind die beiden Zahlungsreihen äquivalent. Da beiden Zahlungsreihen derselbe Kalkulationszins zugrunde liegt, stimmen auch die Werte zu sämtlichen anderen Zeitpunkten überein, so etwa ihre beiden Endwerte:

$$Z_2 = Z_0 \cdot 1{,}05^2 = Z_0' \cdot 1{,}05^2 = Z_2'.$$

Dies gilt für beliebige Zahlungsreihen nicht mehr: Die beiden Zahlungsreihen

$$Z = (1/2/3) \qquad \text{(mit Kalkulationszins } i = 5\,\%)$$

und

$$Z = (5{,}63/0/0) \qquad \text{(mit Kalkulationszins } i' = 8\,\%)$$

sind äquivalent, denn es gilt

$$Z_0 = 1 + \frac{2}{1{,}05} + \frac{3}{1{,}05^2} = 5{,}63 \qquad \text{und} \qquad Z_0' = 5{,}63.$$

Die beiden Endwerte aber stimmen nicht überein:

$$Z_2 = 5{,}63 \cdot 1{,}05^2 = 6{,}21 \quad \text{und} \quad Z_2' = 5{,}63 \cdot 1{,}08^2 = 6{,}57,$$

was daran liegt, dass der Kalkulationszins nicht derselbe ist.

7.3 Rentenrechnung

Eine erste konkrete Anwendung des Prinzips der Zahlungsreihen sind Renten. Die Grundlagen der Rentenrechnung werden in diesem Abschnitt vorgestellt. Dabei sind mit Renten keine Pensionszahlungen, sondern schlichtweg regelmäßige, also in festen Zeitabständen erfolgende, konstante Zahlungsbeträge gemeint.

7.3.1 Nachschüssige und vorschüssige Renten

Es werden zehnmal jeweils am Ende eines Jahres, also *nachschüssig*, 1.000 € zu einem Jahreszins von 2 % angelegt. Um den Barwert und den Endwert dieser Zahlungen zu bestimmen, können wir auf das Prinzip der Zahlungsreihe zurückgreifen. Es handelt sich um die Jahreszahlungsreihe

$$Z = (0/1.000/1.000/1.000/1.000/1.000/1.000/1.000/1.000/1.000/1.000),$$

für deren Barwert nach Gleichung (7.15) gilt:

$$Z_0 = \frac{1.000}{1{,}02} + \frac{1.000}{1{,}02^2} + \frac{1.000}{1{,}02^3} + \ldots + \frac{1.000}{1{,}02^{10}} = 8982{,}59\,€.$$

Wir können diesen Barwert natürlich auch sofort mit der geometrischen Summenformel (1.15) berechnen:

$$Z_0 = \sum_{k=1}^{10} \frac{1.000}{1{,}02^k} = 1.000 \cdot \sum_{k=1}^{10} \left(\frac{1}{1{,}02}\right)^k = 1.000 \cdot \frac{\left(\frac{1}{1{,}02}\right)^{11} - \frac{1}{1{,}02}}{\frac{1}{1{,}02} - 1}.$$

Erweitern wir den letzten Bruch mit $1,02^{11}$, so erhalten wir schließlich

$$Z_0 = 1.000 \cdot \frac{1-1,02^{10}}{1,02^{10}-1,02^{11}} = 1.000 \cdot \frac{1,02^{10}-1}{1,02^{10}(1,02-1)}. \tag{7.18}$$

Für den Endwert ergibt sich dann schnell

$$Z_{10} = Z_0 \cdot 1,02^{10} = 1.000 \cdot \frac{1,02^{10}-1}{1,02-1}. \tag{7.19}$$

Wir haben damit übrigens schon die allgemeinen Rentenformeln (7.20) bzw. (7.21) hergeleitet und das grundlegende Prinzip einer *Rente* voll erfasst – so nennen wir nämlich ab sofort Zahlungsreihen, deren Beträge konstant sind.

Nachschüssige und vorschüssige Rente

Eine *nachschüssige Rente* ist eine Zahlungsreihe der Form

$$R = (0/r/r/r/\ldots/r),$$

zusammen mit einem Kalkulationszinssatz i (und zugehörigem Aufzinsungsfaktor $q = 1 + i$). Eine solche Rente besteht also aus immer gleich bleibenden Zahlungen des Betrags r jeweils *am Ende der Periode.*

Eine *vorschüssige Rente* ist eine Zahlungsreihe der Form

$$R' = (r'/r'/r'/r'/\ldots/r'/0),$$

zusammen mit einem Kalkulationszinssatz i (und zugehörigem Aufzinsungsfaktor $q = 1 + i$). Eine solche Rente besteht also aus immer gleich bleibenden Zahlungen des Betrags r' jeweils *zu Beginn der Periode.* Der hochgestellte Strich steht üblicherweise für *vorschüssig.*

In der Regel (außer bei ewigen Renten, siehe Abschnitt 7.3.3) sind solche Jahresrenten endlich, also mit begrenzter Laufzeit n. Den *Barwert* bzw. den *Endwert* einer nachschüssigen Rente haben wir beispielhaft bereits berechnet und greifen nun auf die beiden Ergebnisse (7.18) und (7.19) zurück; bei vorschüssigen Renten kommt als einziger Unterschied jeweils noch ein Faktor q hinzu.

Barwert und Endwert einer nachschüssigen Rente

$$R_0 = r \cdot \frac{q^n - 1}{q^n(q-1)} \quad \text{und} \quad R_n = r \cdot \frac{q^n - 1}{q-1} \tag{7.20}$$

Barwert und Endwert einer vorschüssigen Rente

$$R'_0 = r' \cdot q \cdot \frac{q^n - 1}{q^n(q-1)} \quad \text{und} \quad R'_n = r' \cdot q \cdot \frac{q^n - 1}{q-1} \tag{7.21}$$

Der Wert einer nachschüssigen Jahresrente R bzw. einer vorschüssigen Jahresrente R' mit Aufzinsungsfaktor q und Laufzeit n kann zu jedem beliebigen Zeitpunkt angegeben werden; nach k Jahren beträgt er

$$R_k = r \cdot \frac{q^k - 1}{q - 1} \quad \text{bzw.} \quad R'_k = r' \cdot q \cdot \frac{q^k - 1}{q - 1}. \tag{7.22}$$

Für den speziellen Fall $k = n$ ergeben sich die jeweiligen Rentenendwerte (7.20) bzw. (7.21).

Wie schon bei allgemeinen Zahlungsreihen ist der Zusammenhang zwischen Rentenbarwert und Rentenendwert sehr einfach: $R_n = R_0 \cdot q^n$ bzw. $R'_n = R'_0 \cdot q^n$. Dies kann so interpretiert werden: Die (einmalige) Anlage eines Betrags in der Höhe von R_0 bzw. R'_0 liefert bei gleichem Kalkulationszins nach n Jahren dasselbe wie die jeweilige Rente.

Nun können problemlos Renten berechnet werden. Eine nachschüssige Jahresrente mit Raten in Höhe von 1.200 € ergibt etwa bei einem Jahreszins von 3 % nach fünf Jahren das Guthaben

$$R_5 = 1.200 \cdot \frac{1,03^5 - 1}{1,03 - 1} = 6.370,96\,€.$$

Beispiel 7.13

Sie haben heute 400.000 € zur Verfügung, die Sie zu 6 % p. a. anlegen können und die Sie für einen Zeitraum von vier Jahren als jährliche vorschüssige Rente nutzen wollen. Um die vorschüssige Jahresrate zu berechnen, muss man beachten, dass der Betrag von 400.000 € der *Barwert* der gesuchten Rente ist. Mit der entsprechenden Formel (7.21) ergibt sich dann schnell

$$r' = R'_0 \cdot \frac{q^n \cdot (q-1)}{q \cdot (q^n - 1)} = 400.000 \cdot \frac{1,06^4 \cdot 0,06}{1,06 \cdot (1,06^4 - 1)} = 108.902,45\,€.$$

■

7.3.2 Anpassung der Perioden mit der Ersatzrente

In der Praxis ist es selten so, dass Zahlungs- und Zinsperioden übereinstimmen. Mehrere Zinsperioden innerhalb einer Zahlungsperiode sind wieder kein Problem und werden mit dem Effektivzins abgehandelt. Der umgekehrte Fall ist üblicher: Ratenzahlungen können etwa bei jährlicher Verzinsung in kürzeren, vielleicht monatlichen Abständen erfolgen. Diesen Fall haben wir auch schon bei Zahlungsreihen betrachtet und dort drei Varianten kennengelernt: *ICMA-Methode, US-Methode, lineare Methode.* Bei der in Deutschland üblichen Rentenrechnung wird nur die lineare Methode benutzt. Die unterperiodischen Rentenzahlungen werden dabei mittels linearer Verzinsung zu sogenannten *Ersatzrenten* zusammengefasst. Wir machen die Ersatzrentenformel zunächst an einem Beispiel klar.

Wir betrachten den Fall vierteljährlicher nachschüssiger Rentenzahlungen in Höhe von 100 € bei einem nominellen Jahreszins von 8 % p. a. Für ein Jahr ergibt sich also die Quartalszahlungsreihe

$$Z = (0/100/100/100/100).$$

Nach der linearen Methode (vgl. *Beispiel 7.11* und dort 3.) müssen wir dann den relativen Quartalszinssatz

$$i_r = \frac{8\,\%}{4} = 2\,\%$$

benutzen, um die unterjährigen Zahlungen linear zu verzinsen:

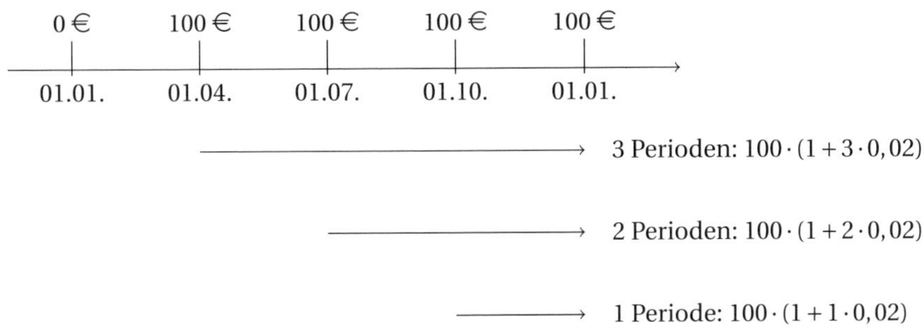

Dies ergibt die Jahresersatzrente

$$r_{\text{Ers}} = 100 \cdot (1 + 3 \cdot 0{,}02) + 100 \cdot (1 + 2 \cdot 0{,}02) + 100 \cdot (1 + 1 \cdot 0{,}02) + 100 = 100 \cdot (4 + 6 \cdot 0{,}02) = 412.$$

Genauso wie im Fall von Vierteljahren gehen wir nun auch bei einer beliebigen anderen Einteilung des Jahres (in h gleiche Teile) vor. Dabei ergibt sich dann ein entsprechender Summenausdruck, der leicht mithilfe der arithmetischen Summenformel (siehe (1.13)) berechnet werden kann:

$$r_{\text{Ers}} = r \cdot (1 + (h-1) \cdot i_r) + r \cdot (1 + (h-2) \cdot i_r) + \ldots + r \cdot (1 + 1 \cdot i_r) + r = r \cdot \left(h + \frac{h(h-1)}{2} \cdot i_r\right) = r \cdot \left(h + \frac{h-1}{2} \cdot i\right).$$

Damit haben wir auch schon die Formel hergeleitet.

Ersatzrente

Erfolgen bei einem Zinssatz i in einer Zinsperiode h nachschüssige Zahlungen in Höhe von r, so werden diese zu der Ersatzrente

$$r_{\text{Ers}} = r \cdot \left(h + \frac{h-1}{2} \cdot i\right) \qquad (7.23)$$

zusammengefasst. Analog ergibt sich die Ersatzrente bei vorschüssigen Zahlungen:

$$r'_{\text{Ers}} = r' \cdot \left(h + \frac{h+1}{2} \cdot i\right). \qquad (7.24)$$

Die Jahresersatzrente ist immer eine nachschüssige Rente – egal ob die Zahlungen, die durch sie ersetzt werden, vor- oder nachschüssig waren. Die Jahresersatzrente ist also als einmalige nachschüssige Rentenzahlung am Ende des Jahres so viel wert wie die einzelnen unterjährigen und aufgezinsten Teilrentenzahlungen.

Es sollen beispielsweise Rentenzahlungen am Quartalsende von jeweils 300 € zu einer jährlichen Ersatzrente zusammengefasst werden, und zwar bei einem Jahreszinssatz von 6 %. Es handelt sich um eine nachschüssige unterjährige Rente mit vier Ratenzahlungen pro Jahr. Also gilt mit (7.23):

$$r_{\text{Ers}} = 300 \cdot \left(4 + \frac{3}{2} \cdot 0{,}06\right) = 1.227.$$

Mit Zahlungsreihen ausgedrückt ist also im vorhergehenden Beispiel die Quartalszahlungsreihe

$$Z_{\text{Quartal}} = (0/300/300/300/300)$$

durch die Jahreszahlungsreihe

$$Z_{\text{Jahr}} = (0/1.227)$$

ersetzt worden. Beide Zahlungsreihen sind übrigens *nicht äquivalent* im Sinne von Gleichung (7.17) – eine Inkonsistenz, die auf der Verwendung der linearen Methode beruht!

Beispiel 7.14

Halbmonatliche Rentenzahlungen zum jeweils 1. und 15. des Monats von jeweils 100 € sollen zu einer jährlichen Ersatzrente zusammengefasst werden. Es gelte ein Jahreszinssatz von 6 %. Mit (7.24) gilt:

$$r'_{\text{Ers}} = 100 \cdot \left(24 + \frac{25}{2} \cdot 0{,}06\right) = 2.475\ €.$$

Mit dieser Ersatzrente muss nun *nachschüssig* weitergerechnet werden. Der Rentenendwert nach drei Jahren ergibt sich etwa durch

$$R_3 = r'_{\text{Ers}} \cdot \frac{q^3 - 1}{q - 1} = 2.475 \cdot \frac{1{,}06^3 - 1}{1{,}06 - 1} = 7.879{,}41\ €.$$

■

Beispiel 7.15

Über acht Jahre sollen gewisse Zahlungen r' zu Quartalsbeginn angespart werden, damit am Ende über einen Betrag von 25.000 € verfügt werden kann. Die Ersatzrente beträgt

$$r'_{\text{Ers}} = R_8 \cdot \frac{q - 1}{q^8 - 1} = 25.000 \cdot \frac{0{,}05}{1{,}05^8 - 1} = 2.618{,}05\ €,$$

und wegen

$$r'_{\text{Ers}} = r' \cdot \left(4 + \frac{5}{2} \cdot 0{,}05\right)$$

folgt hieraus für die Rate

$$r' = \frac{r'_{\text{Ers}}}{(4 + \frac{5}{2} \cdot 0{,}05)} = 634{,}68\ €.$$

■

7.3.3 Ewige Renten

Ewige Renten sind regelmäßig wiederkehrende Zahlungen eines konstanten Betrags, die theoretisch unendlich lange geleistet werden. Der *Endwert* einer solchen Rente existiert natürlich nicht, sehr wohl aber deren *Barwert*. Der Grund dafür ist die Tatsache, dass alle Zahlungen unterhalb einer bestimmten Grenze bleiben (da sie ja konstant sind) und so die entsprechende geometrische Reihe konvergiert.

Wird etwa ein Kapital R_0 von 100.000 € bei einem Jahreszins von $i = 4\ \%$ angelegt und am Jahresende die Zinsen $i \cdot R_0 = 4.000$ € als Rente entnommen, so kann dieser Prozess offensichtlich „ewig" dauern. Das Kapital R_0 ist dann nichts anderes als der Barwert dieser ewigen Rente. Der Zusammenhang zwischen den Größen, die in dem Beispiel auftreten, ist:

$$r = i \cdot R_0 = (q-1) \cdot R_0.$$

Es gilt also:

Ewige Rente

Bei jährlicher Verzinsung mit dem Aufzinsungsfaktor q gilt für den Barwert einer ewigen nachschüssigen bzw. vorschüssigen Rente mit Zahlungen r bzw. r':

$$R_0 = r \cdot \frac{1}{q-1} \quad \text{bzw.} \quad R_0' = r' \cdot \frac{q}{q-1}.$$

Beispiel 7.16

Gesucht ist der Barwert einer ewigen nachschüssigen Monatsrente von 100 € bei einem Monatszins von $j = 0,5\ \%$. Man berechnet:

$$R_0 = 100 \cdot \frac{1}{0,005} = 20.000\ €.$$

Dies bedeutet: Bei einem Monatszins von $j = 0,5\ \%$ können aus einer Anlage von 20.000 € jeweils am Monatsende „ewig" 100 € entnommen werden.

Gegebenenfalls muss man auch bei ewigen Renten mit Ersatzrenten arbeiten, wie folgendes Beispiel zeigt:
Man berechne den Barwert einer ewigen Rente von monatlich vorschüssig 100 € bei vierteljährlicher Verzinsung mit 1,75 %. Hier haben wir nun den Fall *Rentenperiode kürzer als Zinsperiode*, d. h. wir müssen zunächst eine Ersatzrente berechnen. Mit $h = 3$ erhalten wir:

$$r'_{\text{Ers}} = 100 \cdot \left(3 + \frac{3+1}{2} \cdot 0,0175\right) = 303,50\ €.$$

So erhalten wir als Rentenbarwert (nachschüssig zu berechnen!):

$$R_0 = 303,50 \cdot \frac{1}{0,0175} = 17.342,86\ €.$$

Zur Bedeutung dieses Wertes: Werden diese 17.342,86 € als Anfangskapital angelegt, so können „ewig" zu Monatsbeginn 100 € ausgezahlt werden (bei vierteljährlicher Verzinsung mit 1,75 %, d. h. $i_e = 7{,}19$ %). ■

7.4 Tilgungsrechnung

In der Tilgungsrechnung beschäftigen wir uns (zum Teil mithilfe der Rentenrechnung) damit, wie eine Schuld, etwa ein aufgenommener Kredit, ratenweise zurückgezahlt werden kann. Finanzmathematisch unterscheiden sich ein Kredit und eine Geldanlage in keinster Weise: Der Anleger gewährt der Bank einen Kredit oder umgekehrt: Die Bank legt beim Kreditnehmer einen Teil ihres Geldes an. Wir können daher auf das gesamte bekannte Instrumentarium der Zinsrechnung und Rentenrechnung zurückgreifen. Im gesamten Abschnitt betrachten wir nur *jährliche nachschüssige Verzinsung.*

7.4.1 Der Zahlungsstrom eines Kredits

Wir führen die folgenden grundsätzlichen Bezeichungen ein: Bei der Tilgung (Zurückzahlung) eines Kredits verstehen wir unter der *Annuität* A_k die am Ende des k-ten Jahres fällige Zahlung und unter der *Tilgungsrate* T_k den Anteil der Schuld, der am Ende des k-ten Jahres mithilfe der Annuität A_k getilgt wird. Bezeichnet Z_k noch die am Ende des k-ten Jahres anfallenden Zinsen, so gilt der offensichtliche Zusammenhang

$$A_k = T_k + Z_k.$$

Es bezeichne R_0 die *Anfangsschuld* und R_k die *Restschuld am Ende des k-ten Jahres.* Die (endliche) Laufzeit bezeichnen wir in der Regel mit n. Unter dem *Tilgungssatz* i_T schließlich verstehen wir das Verhältnis von *erster Tilgung* zur Anfangsschuld:

$$i_T = \frac{T_1}{R_0}.$$

Im finanzmathematischen Sinne sind lediglich die Kreditsumme (die Anfangsschuld) sowie die Annuitäten *reale (tatsächlich geflossene) Zahlungen* – Tilgung und Zinsen sind, wenn man so will, *virtuelle Zahlungen.* Man kann also die Historie eines Kredits als Jahreszahlungsreihe auffassen, in der die Anfangsschuld und die Annuitäten als Zahlungen auftauchen – mit umgekehrtem Vorzeichen. Diese Zahlungsreihe nennt man in der Tilgungsrechnung meist auch den *Zahlungsstrom eines Kredits.*

Wird etwa ein Kredit in Höhe von 100.000 € durch zwei Zahlungen zu je 60.000 € nach einem bzw. zwei Jahren vollständig getilgt, dann entspricht das aus Sicht des Kreditnehmers dem Zahlungsstrom

$$Z = (100.000 / -60.000 / -60.000). \tag{7.25}$$

Zunächst beschränken wir uns auf den Fall, dass die Anfangsschuld R_0 auch den tatsächlich zur Verfügung gestellten Mitteln entspricht, dass also keinerlei Gebühr erhoben wird. Der Zahlungsstrom eines Kredits enthält alle wichtigen Informationen des gesamten Tilgungsprozesses, und zusammen mit dem Kalkulationszins legt er den Tilgungsprozess eindeutig fest. Bei vollständiger Tilgung kann man sogar aus dem zugehörigen Zahlungsstrom den Zinssatz ersehen, wie dieses Beispiel zeigt.

Beispiel 7.17

Für den Zahlungsstrom (7.25) soll am Ende keine Restschuld bleiben (*vollständige Tilgung*); daher ist der Barwert (und auch der Endwert) dieser Zahlungsreihe gleich 0. Es muss daher für den Kalkulationsaufzinsungsfaktor q gelten:

$$Z_0 = 100.000 - \frac{60.000}{q} - \frac{60.000}{q^2} = 0.$$

Es ergibt sich eine quadratische Gleichung für q; die gerundete Lösung ist

$$q = 1,1306624, \qquad \text{also } i = 13,06624\,\%.$$

■

7.4.2 Tilgungspläne

Etwas genauer als im Zahlungsstrom steckt die Information eines Tilgungsprozesses im sogenannten *Tilgungsplan.* Hier werden nicht nur die tatsächlichen Leistungen und Gegenleistungen (also Anfangsschuld und Annuitäten) aufgeführt, sondern auch die „virtuellen" Größen Zinsen und Tilgung. Es soll nun zu *Beispiel 7.17* ein Tilgungsplan erstellt werden. Hier ist $R_0 = 100.000$ sowie $A_1 = A_2 = 60.000$. Außerdem wurde in Gleichung (7.17) der Jahreszinssatz $i = 13,06624\,\%$ berechnet. Damit ergibt sich nun wiederum für die am Ende des ersten Jahres anfallenden Zinsen:

$$Z_1 = 100.000 \cdot 0,1306624 = 13.066,24\,€.$$

Von den 60.000 € Annuität am Ende des ersten Jahres müssen also 13.066,24 € für Zinsen aufgebracht werden. Daher werden lediglich 46.933,76 € getilgt. Der komplette Tilgungsplan lautet:

Jahr k	Restschuld R_{k-1} am Jahresbeginn	Zinsen Z_k	Tilgungsrate T_k	Annuität A_k	Restschuld R_k am Jahresende
1	100.000	13.066,24	46.933,76	60.000	53.066,24
2	53.066,24	6.933,76	53.066,24	60.000	0

Wir haben beim Tilgungsplan mit einem sehr genauen Näherungswert für i gerechnet; daher „geht der Tilgungsplan am Ende auf", denn es gilt $R_2 = 0$. Meist werden hier aber Rundungsfehler vorkommen.

Beispiel 7.18

Ein Kredit in Höhe von 30.000 € soll in drei Jahren zurückgezahlt werden. Dabei wird ein Kalkulationszins von $i = 12$ % p. a. zugrunde gelegt. Die ersten beiden Annuitäten sollen 15.000 € betragen. Der Tilgungsplan sieht so aus:

k	R_{k-1}	Z_k	T_k	A_k	R_k
1	30.000	3.600	11.400	15.000	18.600
2	18.600	2.232	12.768	15.000	5.832
3	5.832	699,84	5.832	6.531,84	0

■

Bevor wir uns den verschiedenen Tilgungsarten zuwenden, seien hier noch einige allgemeine Eigenschaften von Zahlungsströmen und Tilgungsplänen aufgeführt.

Eigenschaften bei Tilgungsplänen

Für jede Tilgung mit Laufzeit n gilt:

1. Für alle k gilt $A_k = Z_k + T_k$ sowie $R_k = R_{k-1} - T_k$ und $Z_k = i \cdot R_{k-1}$.
2. Die Summe aller Tilgungen entspricht der Anfangsschuld.
3. Der Barwert aller Annuitätenzahlungen entspricht der Anfangsschuld.
4. Der Barwert des zu einer Tilgung gehörenden Zahlungsstroms ist gleich null.

Man beachte, dass der Punkt (4) bei den genannten Eigenschaften nur richtig ist, wenn, wie es hier zunächst der Fall ist, keine Kreditgebühr erhoben wird. Ansonsten unterscheiden sich nämlich Anfangsschuld und Auszahlungssumme.

7.4.3 Ratentilgung

Unter *Ratentilgung* verstehen wir eine Tilgung mit konstanten Tilgungsraten:

$$T_1 = T_2 = \ldots = T_n = T.$$

Für die jährliche Tilgungsrate bei Ratentilgung eines Kredits mit der Anfangsschuld R_0 und mit einer Laufzeit von n Jahren gilt:

$$T = \frac{R_0}{n}.$$

Im zugehörigen Tilgungsplan steht in der Tilgungsspalte immer der gleiche Betrag. Bei Ratentilgung eines Kredits über 10.000 € innerhalb von vier Jahren bei einem Jahreszinssatz von 12 % sieht der Tilgungsplan etwa so aus:

k	R_{k-1}	Z_k	T_k	A_k	R_k
1	10.000	1.200	2.500	3.700	7.500
2	7.500	900	2.500	3.400	5.000
3	5.000	600	2.500	3.100	2.500
4	2.500	300	2.500	2.800	0

Hier sieht man gleich einen Nachteil der Ratentilgung für den Kreditnehmer: In der Anlaufphase des Kredits sind die Annuitäten am höchsten.

Formeln für Ratentilgung

Bei Ratentilgung gilt für alle $k = 1, \dots, n$:

$$T_k = T = \frac{R_0}{n}$$

$$R_k = R_0 \cdot \left(1 - \frac{k}{n}\right)$$

$$Z_k = i \cdot R_{k-1} = i \cdot R_0 \cdot \left(1 - \frac{k-1}{n}\right)$$

$$A_k = T_k + Z_k = \frac{R_0}{n} + i \cdot R_0 \cdot \left(1 - \frac{k-1}{n}\right).$$

7.4.4 Reguläre Annuitätentilgung

Den oben erwähnten Nachteil der Ratentilgung, dass die Annuitäten zu Beginn am höchsten sind, gibt es bei Annuitätentilgungen nicht: Unter einer *regulären Annuitätentilgung* (oft auch nur kurz *Annuitätentilgung*) verstehen wir eine Tilgung mit vorgegebener Laufzeit n und konstanten Annuitäten:

$$A_1 = A_2 = \ldots = A_n = A.$$

Es gibt andere Arten der Annuitätentilgung; allen gemein ist die Tatsache, dass (fast) alle Annuitäten konstant sind. Bei der *regulären Annuitätentilgung*, die wir hier zunächst behandeln, ist die Laufzeit n vorgeschrieben, woraus sich in der Regel für A eine „krumme Summe" ergibt. Deswegen wird in der Praxis häufiger der Fall der *Prozentannuitätentilgung* angewendet, die wir im folgenden Abschnitt behandeln werden.

Bei den allgemeinen Eigenschaften von Tilgungsplänen haben wir gesehen (und auch schon mehrfach in Beispielen bestätigt), dass der Barwert aller Annuitätenzahlungen des Kreditnehmers gerade der Anfangsschuld R_0 entspricht. Die regulären Annuitäten bilden eine jährliche nachschüssige Rente mit Zahlungen A, und wir erhalten sofort aus der Rentenrechnung, dass für die jährliche Annuität bei regulärer Annuitätentilgung eines Kredits in Höhe von R_0 mit einer Laufzeit von n Jahren und Aufzinsungsfaktor q gilt:

$$A = R_0 \cdot \frac{q^n \cdot (q-1)}{q^n - 1}. \tag{7.26}$$

Der Faktor $\frac{q^n \cdot (q-1)}{q^n - 1}$ heißt in der Literatur häufig *Annuitätenfaktor*.

Soll etwa ein Kredit über 10.000 € innerhalb von vier Jahren bei einem Jahreszins von 12 % mit regulärer Annuitätentilgung getilgt werden, so ergibt sich mithilfe von (7.26) die Annuität

$$A = 10.000 \cdot \frac{1{,}12^4 \cdot 0{,}12}{1{,}12^4 - 1} = 3.292{,}34\ €$$

und damit der komplette Tilgungsplan:

k	R_{k-1}	Z_k	T_k	A_k	R_k
1	10.000	1.200	2.092,34	3.292,34	7.907,66
2	7.907,66	948,92	2.343,42	3.292,34	5.564,24
3	5.564,24	667,71	2.624,63	3.292,34	2.939,61
4	2.939,61	352,75	2.939,59	3.292,34	0,02

Wie bei der Ratentilgung können wir auch hier alle Formeln angeben.

Formeln für Annuitätentilgung

Bei regulärer Annuitätentilgung gilt für alle $k = 1, \ldots, n$:

$$A_k = A = \frac{q^n \cdot (q-1)}{q^n - 1} \cdot R_0$$

$$T_k = q^{k-1} \cdot (A - i \cdot R_0)$$

$$Z_k = A - q^{k-1} \cdot (A - i \cdot R_0)$$

$$R_k = q^k \cdot R_0 - \frac{q^k - 1}{q - 1} \cdot A.$$

Beispiel 7.19

Bei regulärer Annuitätentilgung über 30.000 € mit einer Laufzeit von fünf Jahren und einem Jahreszinssatz von 9 % gilt der Tilgungsplan:

k	R_{k-1}	Z_k	T_k	A_k	R_k
1	30.000	2.700	5.012,77	7.712,77	24.987,23
2	24.987,23	2.248,85	5.463,92	7.712,77	19.523,31
3	19.523,31	1.757,10	5.955,67	7.712,77	13.567,64
4	13.567,64	1.221,09	6.491,68	7.712,77	7.075,96
5	7.075,96	636,84	7.075,93	7.712,77	0,03

■

Man kann auch aus Fragmenten eines Tilgungsplans auf die zugrunde liegenden Daten schließen. An der Annuitätenspalte des Tilgungsplans

k	R_{k-1}	Z_k	T_k	A_k	R_k
⋮	⋮	⋮	⋮	⋮	⋮
4	97.831,53	8.315,68	16.510,61	24.826,29	81.320,92
5	81.320,92	6.912,28	17.914,01	24.826,29	63.406,90
⋮	⋮	⋮	⋮	⋮	⋮

sieht man schon, dass es sich um eine Annuitätentilgung handelt. Nach der Berechnung des Zinssatzes i durch

$$i = \frac{Z_4}{R_3} = 0,085$$

kann R_0 bestimmt werden. Für die Restschuld R_5 gilt nämlich:

$$R_5 = q^5 \cdot R_0 - A \cdot \frac{q^5 - 1}{q - 1},$$

also

$$R_0 = \frac{R_5 + A \cdot \frac{q^5-1}{q-1}}{q^5} = 140.000.$$

Aus

$$A = R_0 \cdot \frac{q^n(q-1)}{q^n - 1}$$

erhält man schließlich die Laufzeit:

$$n = \frac{\ln(\frac{A}{A - i \cdot R_0})}{\ln(q)} = 8.$$

7.4.5 Prozentannuitätentilgung

Die Prozentannuitätentilgung ist eine weitere spezielle Annuitätentilgung, bei der (im Gegensatz zur regulären Annuitätentilgung) die Annuität (mehr oder weniger willkürlich) festgesetzt wird, üblicherweise als ein bestimmter Prozentsatz i_A der Anfangsschuld. Damit haben die Annuitätenzahlungen einen „glatten Wert". Den so festgelegten Prozentsatz i_A bezeichnen wir mit *Annuitätensatz*. Zwischen Annuitätensatz i_A und Tilgungssatz i_T besteht dann die Beziehung

$$i_A = i_T + i.$$

Eine Prozentannuitätentilgung wird im allgemeinen Fall „nicht aufgehen", d. h. am Ende der Laufzeit bleibt in der Regel eine *Restzahlung* A' übrig, die wir *irreguläre Annuität* nennen. Es gibt verschiedene Fälle, wie diese zu leisten ist (siehe Formel (7.28) oder *Beispiel 7.21*).

In manchen Kreditverträgen finden sich Formulierungen wie: *Das Darlehen soll mit* 9 % *p. a. verzinst und mit* 2 % *p. a. zuzüglich ersparter Zinsen getilgt werden.* Dies bedeutet, dass i = 9 % p. a. und i_T = 2 % ist, woraus sich dann ein Annuitätensatz von i_A = 11 % ergibt. Die Formulierung *zuzüglich ersparter Zinsen* wird benutzt, da die absoluten Zinsen aufgrund der fortschreitenden Tilgung vermindert (*erspart*) werden.

Beispiel 7.20

Ein Kredit über 10.000 € ist mit 12 % p. a. zu verzinsen; der Annuitätensatz soll 30 % betragen, also 3.000 €. Der Tilgungsplan sieht dann folgendermaßen aus:

k	R_{k-1}	Z_k	T_k	A_k	R_k
1	10.000	1.200	1.800	3.000	8.200
2	8.200	984	2.016	3.000	6.184
3	6.184	742,08	2.257,92	3.000	3.926,08
4	3.926,08	471,13	2.528,87	3.000	1.397,21
5	1.397,21	167,67	1.397,21	1.564,88	0,00

■

Die Restschuld nach vier Jahren beträgt weniger als 3.000 €. Im vorliegenden Fall ist diese Restschuld noch ein weiteres Jahr verzinst worden, und am Ende des 5. Jahres wurde eine irreguläre Annuität in Höhe von 1.564, 88 € gezahlt. Dies muss nicht zwingend so sein (vergleiche (7.29)). Zumindest die Laufzeit bei Prozentannuitätentilgung ist eindeutig festgelegt.

Laufzeit bei Prozentannuitätentilgung

Bei der Prozentannuitätentilgung hängt n nur vom Zinssatz und vom Tilgungssatz ab, nicht aber von der Höhe der Anfangsschuld. Es gilt:

$$n = \frac{\ln\left(\dfrac{A}{A - i \cdot R_0}\right)}{\ln q} = \frac{\ln\left(\dfrac{i_A}{i_T}\right)}{\ln q}. \tag{7.27}$$

Bei der Berechnung der Laufzeit mit (7.27) wird man für n in der Regel keine natürliche Zahl erhalten, sondern irgendeine reelle Zahl, die zwischen $[n]$ und $[n]+1$ liegt. (Hierbei bedeutet die Schreibweise $[n]$ die Gauß-Klammer, also den ganzzahligen Anteil von n.) So ergibt sich etwa im *Beispiel 7.20* für die Laufzeit:

$$n = \frac{\ln\left(\dfrac{3.000}{3.000 - 0,12 \cdot 10.000}\right)}{\ln(1,12)} = \frac{\ln\left(\dfrac{0,3}{0,18}\right)}{\ln(1,12)} = 4,50747.$$

Dies bedeutet, es wird vier Jahre lang die volle reguläre Annuität gezahlt. Die tatsächliche Laufzeit beträgt dann in der Regel fünf Jahre (falls die irreguläre Annuität noch ein weiteres Jahr verzinst wird) oder auch nur vier Jahre (falls der Überschuss gleich am Ende des vierten Jahres beglichen wird). Die Berechnung der Restzahlung, der irregulären Annuität, hängt nun aber gerade davon ab, wann sie zu zahlen ist. Bei Prozentannuitätentilgung mit Laufzeit n gilt für die *irreguläre Annuität* A':

1. $$A' = R_0 \cdot q^{[n]+1} - \frac{q^{[n]} - 1}{q - 1} \cdot q \cdot A, \tag{7.28}$$

falls A' am Ende des $([n]+1)$. Jahres zu zahlen ist, und

$$2. \quad A' = R_{[n]} + A = R_0 \cdot q^{[n]} + \left(1 - \frac{q^{[n]}-1}{q-1}\right) \cdot A, \qquad (7.29)$$

falls A' am Ende des $[n]$. Jahres zu zahlen ist.

In *Beispiel 7.20* gilt $[n] = 4$. Wird A' am Ende des 5. Jahres gezahlt, so folgt mit dem ersten Fall für die irreguläre Annuität (7.28):

$$A' = 10.000 \cdot 1,12^5 - \frac{(1,12^4 - 1) \cdot 1,12}{0,12} \cdot 3.000 = 1.564,87.$$

Beispiel 7.21

Eine weitere in der Praxis gängige Methode besteht in der Zahlung der irregulären Annuität gleich zu Beginn der Laufzeit, zusammen mit der ersten Annuität. Wird beispielsweise ein Kredit in Höhe von 100.000 € mit 10 % p. a. verzinst und mit 20 % zuzüglich verminderter Zinsen getilgt, so gilt mithilfe von (7.27) und (7.28):

$$n = \frac{\ln\left(\frac{30.000}{30.000 - 0,1 \cdot 100.000}\right)}{\ln(1,1)} = 4,25,$$

also $[n] = 4$, und

$$A' = 100.000 \cdot 1,1^5 - \frac{(1,1^4 - 1) \cdot 1,1}{0,1} \cdot 30.000 = 7.898,$$

für den Fall, dass A' am Ende des 5. Jahres zu zahlen wäre. Soll diese irreguläre Annuität nun aber bereits mit der ersten regulären Annuität (in Höhe von 30.000 €) zusammen gezahlt werden, so ist A' natürlich um vier Jahre abzuzinsen:

$$\frac{A'}{1,1^4} = 5.394,44.$$

Diese Summe ist dann A_1 zuzuschlagen. Die Laufzeit verkürzt sich nun auf vier Jahre und der Tilgungsplan sieht dann folgendermaßen aus:

k	R_{k-1}	Z_k	T_k	A_k	R_k
1	100.000	10.000	25.394,44	35.394,44	74.605,56
2	74.605,56	7.460,56	22.539,44	30.000	52.066,12
3	52.066,12	5.206,61	24.793,39	30.000	27272.73
4	27272.73	2.727,27	27.272,73	30.000	0

■

7.4.6 Prozentannuitätentilgung mit Disagio

In der Regel wird bei der Vergabe eines Kredits natürlich eine zu Beginn der Kreditlaufzeit einmalig vom Kreditnehmer zu leistende Gebühr erhoben. Solch eine Gebühr nennt man *Disagio* (auch: *Abgeld*), und häufig wird sie als Prozentsatz i_D von der Kredithöhe angegeben.

Wird bei einem Kredit über 200.000 € ein Disagio von 7 % erhoben, so bekommt der Kreditnehmer lediglich 93 % der Kreditsumme von 200.000 €, also nur 186.000 €, zu Beginn der Laufzeit ausgezahlt. Dennoch wird natürlich dem kompletten Tilgungsplan nach wie vor die Anfangsschuld $R_0 = 200.000$ € zugrunde gelegt.

Für einen Prozentannuitätenkredit mit Verzinsung i, Tilgungssatz i_T und Disagio i_D werden in der Praxis oft die Schreibweisen

$$(i_D / i / i_T) \qquad \text{oder häufiger} \qquad (1 - i_D / i / i_T)$$

benutzt und die Prozentangaben oft weggelassen. Soll der Kredit über 200.000 € etwa mit 9 % p. a. verzinst und mit 2 % p. a. zuzüglich ersparter Zinsen getilgt werden, so handelt es sich etwa um eine Tilgung vom Typ (93/9/2).

Will man einen Kredit über eine gewisse Summe erhalten, so muss dies beim Disagio berücksichtigt werden. Soll etwa durch einen Prozentannuitätenkredit mit den Konditionen (96/8/1) eine Auszahlungssumme von 240.000 € bereit gestellt werden, so muss der Kredit in Höhe von

$$\frac{240.000}{0{,}96} = 250.000 \text{ €}$$

aufgenommen werden: Dann bleiben nach Abzug des Disagio genau 240.000 € als reale Kreditsumme. Der Tilgungsplan beginnt dann so:

k	R_{k-1}	Z_k	T_k	A_k	R_k
1	250.000	20.000	2.500	22.500	247.500
2	247.500	19.800	2.700	22.500	244.800
3	244.800	19.584	2.916	22.500	241.884

Anhand des Zahlungsstroms eines Kredits kann man erkennen, ob ein Disagio erhoben wurde. Durch den Zahlungsstrom

$$Z = (100, -25, -25, -25, -25, -25, -25)$$

werde ein vollständig getilgter Kredit beschrieben, dem ein Kalkulationszins von 10 % p. a. zugrunde liegt. Für den Barwert des Zahlungsstroms ergibt sich

$$Z_0 = 100 - \frac{25}{1{,}1} - \frac{25}{1{,}1^2} - \frac{25}{1{,}1^3} - \frac{25}{1{,}1^4} - \frac{25}{1{,}1^5} - \frac{25}{1{,}1^6} = -8{,}88152, \tag{7.30}$$

also nicht null! Damit ist klar, dass 100 nicht die tatsächliche Kreditsumme, sondern nur der ausgezahlte Betrag ist: Es wurde also ein Disagio erhoben. Die Höhe des Disagios wird berechnet, indem der Barwert der sechs Annuitäten der Auszahlungssumme gegenübergestellt wird. Wegen (7.30) gilt

$$\frac{25}{1{,}1} + \frac{25}{1{,}1^2} + \frac{25}{1{,}1^3} + \frac{25}{1{,}1^4} + \frac{25}{1{,}1^5} + \frac{25}{1{,}1^6} = 108{,}88152,$$

und dies muss dem Barwert der *tatsächlichen Kreditsumme* entsprechen. Das erhobene Disagio beträgt damit

$$1 - \frac{100}{108{,}88152} = 8{,}16\,\%.$$

Man erhält außerdem

$$i_A = \frac{25}{108,88152} = 22,96\,\%,$$

und somit handelt es sich in diesem Beispiel um einen Prozentannuitätenkredit mit Disagio vom Typ

$$(91,84/10/12,96).$$

7.5 Investitionsrechnung

Wir beschränken uns auf den Fall von Investitionen bei jährlicher nachschüssiger Verzinsung. Alle vorkommenden Zahlungsreihen sind daher Jahreszahlungsreihen, auch wenn dies nicht immer explizit erwähnt wird.

7.5.1 Normalinvestitionen und Kapitalwert

Unter einer *Investitionsreihe* versteht man eine Jahreszahlungsreihe

$$I = (z_0 / z_1 / \ldots / z_n)$$

mit $z_0 < 0$. Das bedeutet nichts anderes, als dass zu Beginn aus Sicht des Investors eine Zahlung stattfindet; er *investiert* in ein Vorhaben. Über die Vorzeichen der anderen Beträge ist zunächst nichts ausgesagt. Man spricht von einer *Normalinvestition*, wenn zwei sehr plausible Kriterien erfüllt sind: Werden die Zahlungen irgendwann positiv, dann sollten sie nicht mehr negativ werden; die nominellen positiven Zahlungen sollten die nominellen negativen übersteigen (da man ansonsten sofort sieht, dass sich eine solche Investition nicht lohnen kann).

Normalinvestition

Eine Investitionsreihe I heißt *Normalinvestitionsreihe* oder kurz *Normalinvestition*, falls folgende Kriterien erfüllt sind:

1. I hat nur einen Vorzeichenwechsel.
2. I erfüllt das *Deckungskriterium*: Der *Nominalwert* (die nominelle, also unverzinste Summe aller Zahlungen) ist positiv.

Investitionsreihen sind spezielle Zahlungsreihen, und daher kann auch ihr Barwert berechnet werden. An diesem Barwert, der wie immer die Zahlungen der Investitionsreihe auf den heutigen Zeitpunkt zusammenfasst, kann man ablesen, inwiefern sich die Investition lohnt. Nur positive Barwerte sind vorteilhaft. Im Zusammenhang von Investitionen spricht man übrigens eher von Kapitalwert als von Barwert.

Kapitalwert

Den Barwert einer Investitionsreihe nennt man den *Kapitalwert von I* und bezeichnet ihn mit $C_0(I)$:

$$C_0(I) = \sum_{k=0}^{n} \frac{z_k}{q^k} = z_0 + \frac{z_1}{q} + \frac{z_2}{q^2} + \ldots + \frac{z_n}{q^n}.$$

Auch die Äquivalenz von Investitionsreihen ist nichts anderes als die Äquivalenz allgemeiner Zahlungsreihen: Bei gleichen Kapitalwerten nennt man zwei Investitionen *äquivalent*.

Betrachten wir als kleines Beispiel die Investitionsreihe

$$I = (-10/5/6).$$

Da es nur einen Vorzeichenwechsel gibt und die nominelle Summe der Zahlungen $11 > 0$ ist, handelt es sich um eine Normalinvestition. Bei einem Kalkulationszins von $i = 4\ \%$ beträgt der Kapitalwert beispielsweise

$$C_0(I) = -10 + \frac{5}{1{,}04} + \frac{6}{1{,}04^2} = 0{,}355.$$

Keine Normalinvestitionen sind

$$I = (-200/100/-500) \quad \text{(zwei Vorzeichenwechsel)}$$

und

$$I = (-1000/400/400) \quad \text{(erfüllt das Deckungskriterium nicht)}$$

Beispiel 7.22

Ein Taxiunternehmen plant den Kauf eines neuen Wagens zum Preis von 50.000 €. Für die folgenden vier Jahre werden die Einzahlungsüberschüsse wie folgt geschätzt: 12.000 € im 1. Jahr, 16.000 € im 2. Jahr, 15.000 € im 3. Jahr und 13.000 € im 4. Jahr. Der Wagen soll dann nach vier Jahren für 17.500 € verkauft werden.

1. Was ist Ihr Rat an das Unternehmen bei einem Kalkulationszins von $i = 9\ \%$ p. a.?
2. Wäre es für das Unternehmen lohnender, den Wagen vier Jahre lang zu vermieten und daraus gleich bleibende Überschüsse von 14.000 € pro Jahr zu erzielen?
3. Es werde nun mit Überschüssen kalkuliert, die pro Jahr um 1.000 € höherliegen. Man berechne den erforderlichen Verkaufspreis am Ende so, dass die beiden Zahlungsreihen äquivalent sind.

1. Für den Kapitalwert der Investitionsreihe ergibt sich

$$C_0(I) = -50.000 + \frac{12.000}{1{,}09} + \frac{16.000}{1{,}09^2} + \frac{15.000}{1{,}09^3} + \frac{30.500}{1{,}09^4} = 7.665{,}78.$$

Man beachte, dass der Verkaufspreis des Wagens am Ende des 4. Jahres dem Gewinn zuzuschlagen ist. Die Investition lohnt sich also.

2. Für die alternative Zahlungsreihe berechnet man

$$C_0(I) = -50.000 + \frac{14.000}{1,09} + \frac{14.000}{1,09^2} + \frac{14.000}{1,09^3} + \frac{31.500}{1,09^4} = 7.753,52.$$

Diese Alternative ist also geringfügig lohnender.

3. Der Ansatz für den Preis P ist:

$$7.665,78 = -50.000 + \frac{13.000}{1,09} + \frac{17000}{1,09^2} + \frac{16.000}{1,09^3} + \frac{14.000 + P}{1,09^4},$$

daraus berechnet sich $P = 12.926,88$ €. ■

7.5.2 Annuitäten von Investitionsreihen

Der Annuitätenbegriff ist bereits aus der Tilgungsrechnung bekannt, und auch bei Investitionsreihen hat er eine analoge Bedeutung. Ist durch

$$I = (z_0 / z_1 / \ldots / z_n)$$

eine beliebige Investition gegeben, dann nennt man $A(I)$ die *Annuität von I*, falls I zur Zahlungsreihe

$$(0 / A(I) / A(I) / A(I) / \ldots / A(I))$$

mit der gleichen Länge äquivalent ist. Die Annuität kann interpretiert werden als eine Art „durchschnittlicher Jahresgewinn (oder -verlust)" einer Investition.

Mithilfe der Rentenrechnung erhält man sofort die Höhe von A, denn es handelt sich bei $(0 / A(I) / A(I) / A(I) / \ldots / A(I))$ um eine jährlich nachschüssig zu zahlende Rente mit Rate A.

Annuität einer Investition

Hat eine Zahlungsreihe I mit Kalkulationsaufzinsungsfaktor q den Kapitalwert $C_0(I)$, so gilt für ihre Annuität $A(I)$:

$$A(I) = C_0(I) \cdot \frac{q^n \cdot (q-1)}{q^n - 1}.$$

Weil $C_0(I)$ und $A(I) > 0$ das gleiche Vorzeichen haben, kann man an der Annuität ebenso gut wie am Kapitalwert ablesen, ob sich eine Investition lohnt oder nicht.

Für die Investitionsreihe

$$I = (-25.000 / -10.000 / -10.000 / 30.000 / 60.000)$$

ergibt sich bei einem Kalkulationszinssatz von 10 % der Kapitalwert

$$C_0(I) = -25.000 - \frac{10.000}{1,1} - \frac{10.000}{1,1^2} + \frac{30.000}{1,1^3} + \frac{60.000}{1,1^4} = 21.164,88.$$

Damit lohnt sich die Investition. Die Annuität beträgt:

$$A(I) = C_0(I) \cdot \frac{1,1^4 \cdot 0,1}{1,1^4 - 1} = 6.676,90.$$

Der „durchschnittliche Jahresgewinn“ der Investition beträgt also 6.676,90 €.

Beispiel 7.23

Sie investieren in ein Unternehmen zu Beginn 1.000.000 €, nach einem Jahr 500.000 € und nach einem weiteren Jahr 250.000 €. Eine Alternative bestände darin, die Investitionszeit über fünf Jahre laufen zu lassen und jeweils am Ende der Jahre konstante Summen zu investieren. Wie hoch müssten diese konstanten Investitionen bei einem Kalkulationszins von 12 % sein, damit beide Investitionsreihen äquivalent sind? Dazu berechnet man zunächst den Kapitalwert von

$$I = (-1.000.000 / -500.000 / -250.000),$$

also

$$C_0(I) = -1.000.000 - \frac{500.000}{1,12} - \frac{250.000}{1,12^2} = -1.645.727,04$$

und dann die Annuität für fünf Jahre, also:

$$A(I) = C_0(I) \cdot \frac{1,12^5 \cdot 0,12}{1,12^5 - 1} = -456.540,70.$$

■

7.5.3 Interner Zinsfuß bei Normalinvestitionen

Wir betrachten in diesem Abschnitt zunächst nur Normalinvestitionen. Der Kapitalwert einer solchen Investition hängt neben den Zahlungen selbst natürlich immer vom Kalkulationszinssatz ab, und zwar stetig. Wählt man als Variable den Aufzinsungsfaktor q, so kann der Kapitalwert als gebrochenrationale Funktion in q ausgedrückt werden:

$$C_0 : [1; \infty[\to \mathbb{R}; \quad q \to C_0(q).$$

Da es für verschiedene Kalkulationszinssätze durchaus möglich ist, dass sich ein und dieselbe Investition lohnt oder nicht lohnt, interessiert man sich natürlich für die Bereiche, wo die Kapitalwertfunktion positiv bzw. negativ ist, und damit auch für die Nullstellen von $C_0(q)$.

Interner Zinsfuß

Für eine feste Investition I nennt man einen Zinssatz, für den $C_0(q) = 0$ ist, einen *internen Zinssatz* oder *internen Zinsfuß*. Üblich ist die Bezeichnung i_{int} bzw. q_{int}.

Manchmal werden Sie in der Literatur für den internen Zinssatz auch den Begriff *Rendite* finden, eine eher unglückliche Bezeichnung.

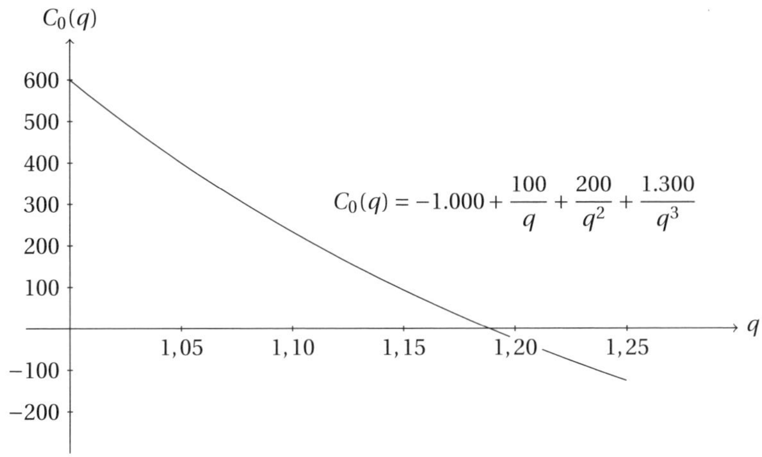

Bild 7.3 Die Kapitalwertfunktion zur Investitionsreihe $I = (-1.000/100/200/1.300)$: Der Funktionsgraph hat genau eine Nullstelle, den internen Zinsfuß.

In der folgenden Tabelle sind die Kapitalwerte der Investition

$$I = (-1.000/100/200/1.300) \tag{7.31}$$

für verschiedene Kalkulationszinssätze angegeben:

Zinssatz	Aufzinsungsfaktor	Kapitalwert
$i = 0$	$q = 1$	$C_0(1) = 600$
$i = 0,05$	$q = 1,05$	$C_0(1,05) = 399,63$
$i = 0,1$	$q = 1,1$	$C_0(1,1) = 232,91$
$i = 0,15$	$q = 1,15$	$C_0(1,15) = 92,96$
$i = 0,2$	$q = 1,2$	$C_0(1,2) = -25,46$
$i = 0,25$	$q = 1,25$	$C_0(1,25) = -126,40$

Man beobachtet, dass mit wachsendem q die Kapitalwerte sinken, und die Vermutung liegt nahe, dass es irgendwo zwischen $i = 15\,\%$ und $i = 20\,\%$ eine Nullstelle gibt. Die entsprechende Kapitalwertfunktion

$$C_0(q) = -1.000 + \frac{100}{q} + \frac{200}{q^2} + \frac{1.300}{q^3},$$

ist eine gebrochenrationale Funktion, deren Graph in *Bild 7.3* zu sehen ist. Hier erkennt man die Nullstelle zwischen $q = 1,15$ und $q = 1,20$. Der interne Zinsfuß liegt also irgendwo zwischen 15 % und 20 %, und danach scheinen die Kapitalwerte weiter zu sinken. In der Tat gilt Folgendes:

Eigenschaften der Kapitalwertfunktion

Bei Normalinvestitionen hat die Funktion $C_0(q)$ folgende Eigenschaften:

1. Es gilt $C_0(1) > 0$ (Nominalwert).
2. $C_0(q)$ ist stetig und streng monoton fallend.
3. Aus den beiden vorhergehenden Aussagen (zusammen mit der Tatsache, dass $z_0 < 0$) folgt: Es gibt genau einen internen Zinsfuß.

Wie kann im Allgemeinen der interne Zinsfuß berechnet werden? Für die exakte Bestimmung des internen Zinsfußes von (7.31) ist die Gleichung

$$-1.000 + \frac{100}{q} + \frac{200}{q^2} + \frac{1.300}{q^3} = 0$$

zu lösen. Durch Erweitern mit q^3 erhält man eine Gleichung dritten Grades, also

$$-1.000q^3 + 100q^2 + 200q + 1.300 = 0.$$

Aus Abschnitt 1.2.3 wissen wir, dass es hierfür keine (einfachen) exakten Formeln gibt, sondern dass hier mit numerischen Näherungsverfahren gearbeitet werden muss, die in vielen Rechnern implementiert sind. Als reelle Lösung ergibt sich in unserem Fall $q_{\text{int}} = 1,1885$. Also beträgt der interne Zinsfuß der Investition $i_{\text{int}} = 18,85\,\%$. Der für Normalinvestitionen eindeutig bestimmte interne Zinsfuß hat stets die folgende wichtige Eigenschaft:

Bedeutung des internen Zinsfußes

Eine Investition lohnt sich nur für Zinssätze, die kleiner als der interne Zinsfuß sind.

Die Nullstellen der Kapitalwertfunktion berechnet man wie gesagt ohnehin mit einer geeigneten Software, aber zwei einfache Spezialfälle sollen an dieser Stelle dennoch kurz betrachtet werden. Handelt es sich etwa um den Fall *einer Einzahlung und einer Auszahlung*, hat also die Investitionsreihe die Form

$$I = (z_0/0/\ldots/0/z_n)$$

mit $z_n > 0$, dann ist die Kapitalwertfunktion

$$C_0(q) = z_0 + \frac{z_n}{q^n},$$

und für den internen Zinsfuß gilt:

$$i_{\text{int}} = \sqrt[n]{-\frac{z_n}{z_0}} - 1. \qquad (7.32)$$

Folgt also beispielsweise auf eine Investition von 10.000 € nach vier Jahren eine Ausschüttung von 15.000 €, so gilt

$$i_{\text{int}} = \sqrt[4]{-\frac{15.000}{-10.000}} - 1 = 0,1067,$$

also ist der interne Zinsfuß $i_{\text{int}} = 10,67\ \%$. Auch der Fall zweijähriger Laufzeit lässt sich mathematisch exakt lösen. Bei einer Investitionsreihe der Form

$$I = (z_0 / z_1 / z_2)$$

gilt nämlich für den Kapitalwert in Abhängigkeit von q:

$$C_0(q) = z_0 + \frac{z_1}{q} + \frac{z_2}{q^2},$$

und die Berechnung des internen Zinsfußes läuft auf eine quadratische Gleichung hinaus, deren Lösung wir direkt angeben:

$$i_{\text{int}} = \frac{-z_1 - \sqrt{z_1^2 - 4 z_0 z_2}}{2 z_0} - 1. \tag{7.33}$$

So berechnet sich beispielsweise für die Investition

$$I = (-1.000/400/960).$$

ein interner Zinsfuß von

$$i_{\text{int}} = \frac{-400 - \sqrt{400^2 - 4 \cdot (-1.000) \cdot 960}}{-2.000} - 1 = \frac{-400 - 2.000}{-2.000} - 1 = 0,2.$$

Abschließend ein Beispiel, das zeigt, dass nur der Kapitalwert wirklich Auskunft über Lohnen oder Nicht-Lohnen einer Investition gibt.

Beispiel 7.24

Gegeben seien bei einem Kalkulationszins von $i = 10\ \%$ die beiden Investitionen

$$I_1 = (-100/80/60/10) \qquad \text{und} \qquad I_2 = (-100/10/70/90).$$

Für die beiden internen Zinssätze ergibt sich (jeweils durch Lösen einer Gleichung dritten Grades):

$$i_{\text{int}}(I_1) = 31,44\ \% \qquad \text{und} \qquad i_{\text{int}}(I_2) = 24,41\ \%.$$

Dass die Investition I_1 den höheren internen Zinssatz hat, bedeutet in keiner Weise, dass I_1 lohnender ist als I_2 (oder umgekehrt). Man muss tatsächlich die beiden Kapitalwerte heranziehen:

$$C_0(I_1) = 29,827 \qquad \text{und} \qquad C_0(I_2) = 34,560,$$

um die Frage zu beantworten. *Bild 7.4* macht deutlich: Die internen Zinsfüße allein sind nicht sehr aussagekräftig; es fließen nämlich zusätzlich der Schnittpunkt der beiden Kapitalwertfunktionen und auch die beiden Nominalwerte ein. ■

Man muss sich also merken, dass man am Zinsfuß allein nicht ablesen kann, ob sich eine Investition mehr lohnt als eine andere. Lediglich die Kapitalwerte sagen verlässlich aus, welche von zwei Investitionen die lohnendere ist.

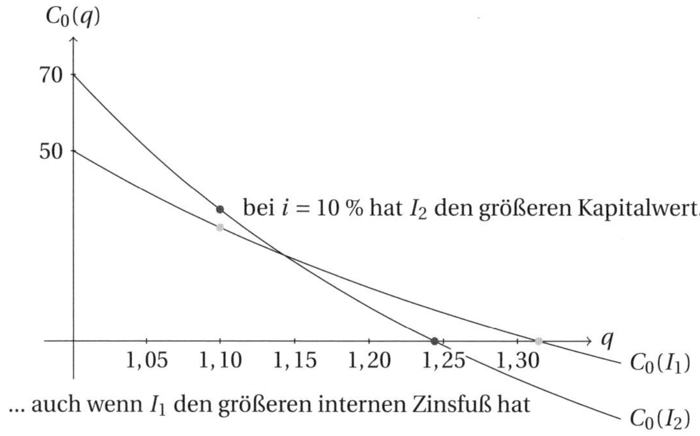

Bild 7.4 Verlauf zweier Kapitalwertfunktionen: Aus dem internen Zinsfuß kann nur für manche Zinssätze geschlossen werden, welche Investition sich mehr lohnt; ausschlaggebend ist zusätzlich der Schnittpunkt der Funktionsgraphen (also der Zinssatz, bei dem beide Investitionen äquivalent sind) sowie die beiden Nominalwerte.

7.5.4 Interner Zinsfuß bei Nicht-Normalinvestitionen

Dieser Abschnitt soll noch kurz illustrieren, warum denn die Einschränkung auf Normalinvestitionen in der Praxis sinnvoll ist. Was kann bei Investitionen passieren, die nicht normal im Sinne von Abschnitt 7.5.1 sind? Wir geben dazu einige Beispiele.

Beispiel 7.25

Die Investition

$$I = (-1.000/2.000/-1.500),$$

ist eine Nicht-Normalinvestition, da es zwei Vorzeichenwechsel gibt. Geht man vor wie in (7.33), so stellt man fest, dass die Diskriminante negativ ist:

$$z_1^2 - 4 \cdot z_0 \cdot z_2 = 2.000^2 - 4 \cdot (-1.000) \cdot (-1.500) = -2.000.000 < 0.$$

Damit existiert kein interner Zinsfuß, und der Kapitalwert ist für jeden Zinssatz negativ: Die Investition lohnt sich nie, was auch der Verlauf des Funktionsgraphen verdeutlicht (*Bild 7.5*). ■

Beispiel 7.26

Bei der Nicht-Normalinvestition

$$I = (-1.000/2.500/-1.540)$$

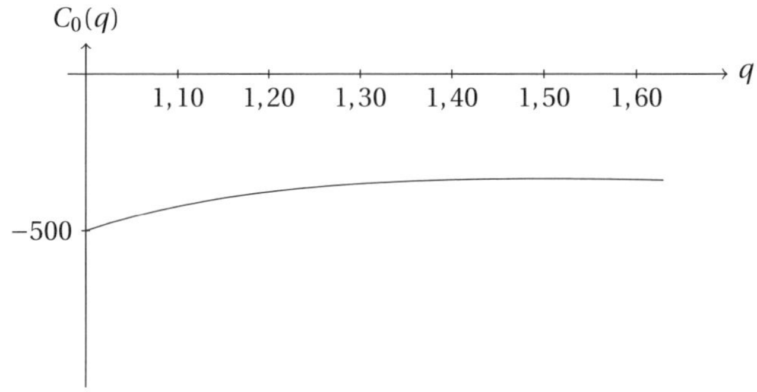

Bild 7.5 Die Kapitalwertfunktion aus *Beispiel 7.25* hat keine Nullstelle; die Investition lohnt sich also nie.

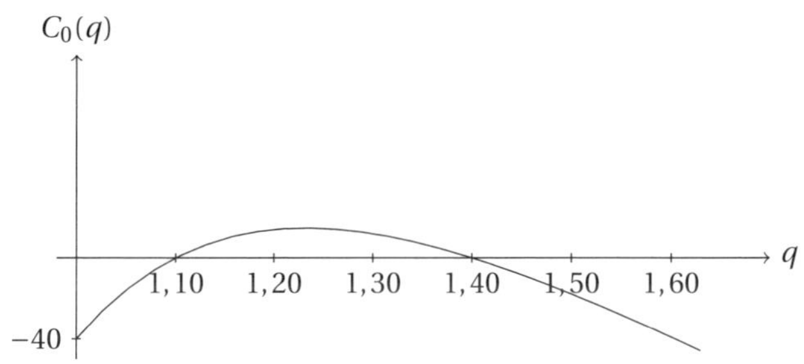

Bild 7.6 Die Kapitalwertfunktion aus *Beispiel 7.26* hat zwei Nullstellen: Diese Investition lohnt sich für Zinssätze zwischen 10 % und 40 %.

sehen wir, dass die entsprechende quadratische Gleichung zwei positive Lösungen liefert, nämlich $q = 1,1$ und $q = 1,4$. Es gibt also zwei interne Zinssätze, nämlich $i_{\text{int}} = 10\,\%$ und $i_{\text{int}} = 40\,\%$. Aufgrund der Orientierung der Parabel erhalten wir zwischen diesen beiden Nullstellen positiven Kapitalwert (siehe *Bild 7.6*). Die Investition lohnt sich also nur für Zinssätze zwischen 10 % und 40 %. ■

Als letztes (zugegeben sehr konstruiertes) Beispiel betrachten wir eine Investition mit noch mehr internen Zinssätzen.

Beispiel 7.27

Gegeben sei die Nicht-Normalinvestition

$$I = (-2.500/13.000/-25.225/21.645/-6.930).$$

Die entsprechende Gleichung vierten Grades lautet

$$-2.500q^4 + 13.000q^3 - 25.225q^2 + 21.645q - 6.930 = 0.$$

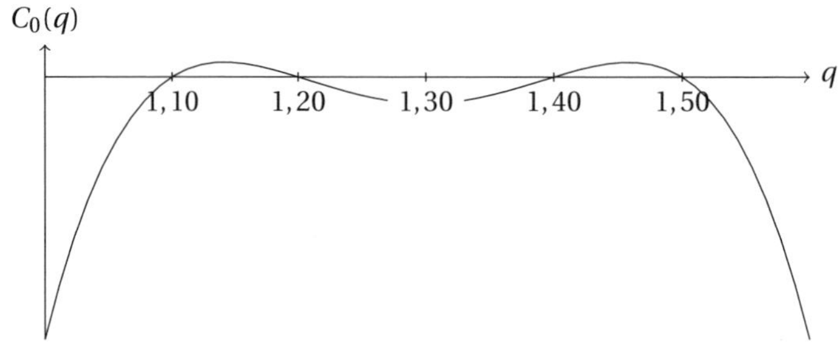

Bild 7.7 Die Kapitalwertfunktion aus *Beispiel 7.27* hat vier Nullstellen und damit zwei Intervalle von Zinssätzen, für die sich die Investition lohnt.

Hier erhalten wir die vier Lösungen

$$q_1 = 1{,}1, \qquad q_2 = 1{,}2, \qquad q_3 = 1{,}4, \qquad q_4 = 1{,}5.$$

Da die Parabel vierten Grades hier nach unten geöffnet ist, impliziert dies positiven Kapitalwert zwischen den ersten beiden und zwischen den letzten beiden Nullstellen (siehe *Bild 7.7*). Es ergibt sich also, dass die Investition sich für Zinssätze zwischen 10 % und 20 % sowie zwischen 40 % und 50 % lohnt. Bei einem Zinssatz von beispielsweise 25 % lohnt sich die Investition dagegen nicht. ■

■ 7.6 Portfolio-Optimierung

In diesem Abschnitt beschäftigen wir uns mit einem klassischen Optimierungsproblem aus der Finanzwelt. Bei der *Portfolio-Optimierung* geht es um eine optimale Zusammenstellung (auch: *Diversifikation*) eines Portfolios zweier oder mehrerer Wertpapiere, von denen einige statistische Eigenschaften bekannt sind, wie etwa die erwartete Rendite oder, in Form der Varianz, das erwartete Risiko.

Einige vereinfachende Annahmen wollen wir für den gesamten Abschnitt machen, damit die Rechenmethoden nicht den Rahmen sprengen. Wir untersuchen eine gewisse Anzahl an Kapitalanlagen oder Investitionsprojekten, deren Renditen *zufallsbehaftet mit bekannten Erwartungswerten und Varianzen* sind. Es soll uns dabei nicht interessieren, *woher* wir diese Daten haben; und es sollen auch die beiden einzigen relevanten Faktoren für uns sein. Außerdem nehmen wir an, dass unser Portfolio durch *jede beliebige Aufteilung* der Einzelanlagen entstehen kann; wir rechnen also mit *stetigen Variablen.* Die Aufteilung selber soll dabei nichts an Erwartungswert oder Varianz der Einzelanlagen ändern. Dies ist der Rahmen, in dem man üblicherweise die sogenannte *Portfolio-Optimierung nach Markowitz* vorstellt, die Harry M. Markowitz im Jahre 1952 entwickelt hat.

7.6.1 Optimierung eines Portfolios zweier Aktien

Beginnen wollen wir mit einem übersichtlichen Beispiel eines aus zwei Wertpapieren bestehenden Portfolios, bei dem wir uns auf zwei Kriterien beschränken wollen: die erwartete Rendite und die durch die erwartete Standardabweichung gegebene *Volatilität* (auch: Schwankungsbreite) der Rendite.

Zunächst machen wir uns Folgendes klar: Stellt man aus zwei Aktien mit bekannten Erwartungswerten μ_1 und μ_2 für die Renditen ein Portfolio P gemäß der Mischung (x_1, x_2) zusammen $(0 \leq x_1, x_2 \leq 1$ und $x_1 + x_2 = 1)$, so resultiert hieraus als erwartete Rendite einfach das gewichtete arithmetische Mittel:

$$\mathrm{E}(P) = \mu = \mu_1 x_1 + \mu_2 x_2.$$

Diese Linearitätseigenschaft des Erwartungswertes ist sehr schön; leider verhält sich die Varianz nicht so. Sind etwa σ_1 und σ_2 die Standardabweichungen der beiden Aktien, so gilt:

$$\mathrm{Var}(P) = \sigma^2 = \sigma_1^2 x_1^2 + \sigma_2^2 x_2^2 + 2\sigma_{12} x_1 x_2, \tag{7.34}$$

wobei σ_{12} die Covarianz der beiden Renditen ist, die auch mithilfe des Korrelationskoeffizienten $\varrho_{1,2}$ ausgedrückt werden kann:

$$\sigma_{12} = \sigma_1 \sigma_2 \varrho_{1,2}.$$

Bekannterweise nimmt $\varrho_{1,2}$ Werte zwischen -1 und 1 an und ist ein Maß dafür, wie stark korreliert zwei Zufallsvariablen sind. Dass bei der Varianz Quadrate auftauchen, liegt letztendlich in ihrer Definition begründet; so fließen ja bekannterweise auch schon im univariaten Fall bei der Varianz die Abstandsquadrate ein.

Nun soll eine „optimale Strategie" dafür entwickelt werden, zu welchen Teilen in die beiden Aktien investiert werden sollte. Was heißt „optimal"? Da natürlich die renditeträchtigen Wertpapiere in der Regel auch stark risikobehaftet sind, ergibt sich klarerweise ein Dilemma: Erhöht man das eine, erhöht sich auch das andere – und umgekehrt. Es ist uns somit augenblicklich klar, dass es eines *nicht* geben kann: ein Portfolio, bei dem wir (global!) die größtmögliche Rendite bei gleichzeitig kleinstmöglichem Risiko erwarten können. Wir können aber beide Größen einzeln untersuchen: Geben wir etwa für eine Größe jeweils eine (Ober- oder Unter-)Grenze an, so lässt sich das Problem folgendermaßen aufspalten:

$$\text{Maximierung der Rendite bei festem Risiko} \tag{7.35}$$

$$\text{Minimierung des Risikos bei fester Rendite} \tag{7.36}$$

Nach Festsetzung eines Mindestwertes für die erwartete Rendite könnten wir also die Varianz der Gesamtrendite minimieren; oder nach Festlegung einer oberen Grenze für die Varianz die erwartete Rendite maximieren. Hier spricht man häufig vom *Erwartungswert-Varianz-Prinzip* nach Markowitz.

Welche Methoden werden wir nutzen können? Das quadratische Verhalten (7.34) der Varianz ist der Grund dafür, dass in diesem Zusammenhang leider die bewährte Methode der Linearen Optimierung nicht greift. Da wir aber (wie eingangs erwähnt) stetige Teilbarkeit des Portfolios voraussetzen, besteht eine gewisse Chance, mit Methoden der Differenzialrechnung weiterzukommen.

Wir wollen die beiden Probleme (7.35) und (7.36) konkret an einem Beispiel behandeln. Von zwei Anlagen seien die erwartete Rendite und die erwartete Varianz bekannt:

	erwartete Rendite	erwartete Varianz
Anlage 1	$\mu_1 = 0,095$	$\sigma_1^2 = 0,0625$
Anlage 2	$\mu_2 = 0,08$	$\sigma_2^2 = 0,04$

Die entsprechenden Werte beruhen etwa auf hinreichend vielen empirischen Beobachtungen. Zu lösen sind nun die beiden Probleme (7.35) und (7.36), wobei wir zunächst den Fall $\varrho_{1,2} = 0$ betrachten. Das bedeutet, dass die Wertentwicklungen der Anlagen vollständig unabhängig voneinander sind.

Maximierung der Rendite bei festem Risiko:

Um die Rendite bei gegebener Varianz zu maximieren, legen wir (willkürlich) eine obere Grenze für die Varianz fest. Sagen wir etwa, wir wollen eine Varianz von höchstens 3 % tolerieren. Unser Optimierungsproblem sieht dann so aus:

$$\begin{aligned} E(x_1, x_2) = 0,095x_1 + 0,08x_2 &\quad\rightarrow\quad \text{max!} \\ 0,0625x_1^2 + 0,04x_2^2 &\quad\leq\quad 0,03 \\ x_1 + x_2 &\quad=\quad 1 \\ x_1, x_2 &\quad\geq\quad 0 \\ x_1, x_2 &\quad\leq\quad 1 \end{aligned} \tag{7.37}$$

Hier liegt die Sache einfach: Da sich die zwei Variablen x_1 und x_2, die Anteile der beiden Wertpapiere, zu 1 addieren, können wir durch die Substitution $x_2 = 1 - x_1$ eine der beiden Variablen loswerden. Ersetzen wir also in (7.37) überall x_2 durch $1 - x_1$ und fassen wieder zusammen, so ergibt sich das folgende schlankere Maximierungsproblem:

$$\begin{aligned} E(x_1) = 0,015x_1 + 0,08 &\quad\rightarrow\quad \text{max!} \\ 0,1025x_1^2 - 0,08x_1 + 0,04 &\quad\leq\quad 0,03 \\ x_1 &\quad\geq\quad 0 \\ x_1 &\quad\leq\quad 1 \end{aligned}$$

Nun ist die Renditefunktion $E(x_1)$ linear mit positiver Steigung, d. h. sie nimmt klarerweise ihr Maximum am rechten Rand des „erlaubten Bereichs" an. Was ist der erlaubte Bereich? Der ist in diesem Fall durch die beiden Lösungen der Gleichung

$$0,1025x_1^2 - 0,08x_1 + 0,04 = 0,03$$

gegeben, also begrenzt durch $x_{1,1} = 0,1563$ und $x_{1,2} = 0,6242$. Damit ergibt sich

$$x_1 = 0,6242 \quad \text{und} \quad x_2 = 0,3758.$$

Die maximierte Rendite, die wir erwarten dürfen, ergibt sich dann durch

$$\mathrm{E}(0,6242) = 0,015 \cdot 0,6242 + 0,08 = 0,0894.$$

Minimierung des Risikos bei fester Rendite:

Wir gehen umgekehrt vor und legen zunächst (willkürlich) eine untere Grenze für die erwartete Rendite fest; sagen wir, wir möchten mit unserem Portfolio mindestens eine Rendite von 8,45 % erreichen. Dann lässt sich unser Optimierungsproblem wie folgt formulieren:

$$\begin{aligned} \mathrm{Var}(x_1, x_2) = 0,0625x_1^2 + 0,04x_2^2 &\quad\rightarrow\quad \text{min!} \\ 0,095x_1 + 0,08x_2 &\quad\geq\quad 0,0845 \\ x_1 + x_2 &\quad=\quad 1 \\ x_1, x_2 &\quad\geq\quad 0 \\ x_1, x_2 &\quad\leq\quad 1 \end{aligned} \tag{7.38}$$

Dies geht, wiederum mit der Substitution $x_2 = 1 - x_1$, über in das Problem:

$$\begin{aligned} \mathrm{Var}(x_1) = 0,1025x_1^2 - 0,08x_1 + 0,04 &\quad\rightarrow\quad \text{min!} \\ x_1 &\quad\geq\quad 0,3 \\ x_1 &\quad\geq\quad 0 \\ x_1 &\quad\leq\quad 1 \end{aligned}$$

Dieses Optimierungsproblem in einer Variablen lösen wir mit herkömmlicher Differenzialrechnung: Minimierung einer quadratischen Funktion über einem Intervall (nämlich zwischen 0,3 und 1). Als Scheitelstelle der Parabel ergibt sich die Nullstelle der ersten Ableitung

$$\mathrm{Var}'(x_1) = 0,205x_1 - 0,08,$$

also

$$x_1 = \frac{0,08}{0,205} = 0,3902.$$

Dieser Wert liegt tatsächlich in dem vorgegebenen Intervall; also wird hier das Minimum der Varianzfunktion angenommen. (Am Rand kann kein kleinerer Wert angenommen werden, da es sich um eine quadratische Funktion handelt.) Damit lösen

$$x_1 = 0,3902 \quad \text{und} \quad x_2 = 0,6098$$

unser Optimierungsproblem (7.38).

Wir stellen noch einen interessanten Effekt fest: Die Varianz des so gegebenen Portfolios beträgt

$$\mathrm{Var}(0,3902) = 0,1025 \cdot 0,3902^2 - 0,08 \cdot 0,3902 + 0,04 = 0,0244.$$

Durch die Aufteilung des Geldes auf die beiden Wertpapiere haben wir also eine *geringere Varianz,* als wenn wir das gesamte Geld nur in ein Wertpapier gesteckt hätten. Dass durch Verteilen des Kapitals auf verschiedene Wertpapiere die Schwankung der Rendite verringert werden kann, nennt man den *Diversifikationseffekt.*

Wir hatten übrigens bisher angenommen, dass die beiden Wertpapiere unkorreliert sind. Der allgemeine Fall ist natürlich nicht komplizierter; es fließt dann nur in die Varianzfunktion (7.34) der entsprechende Korrelationskoeffizient $\varrho_{1,2}$ ein. Einen Blick wollen wir dennoch auf den speziellen Fall $\varrho_{1,2} = 1$ werfen, also auf den Fall „perfekter Korrelation". Was sich im Vergleich mit dem Optimierungsproblem (7.38) ändert, ist die Varianzfunktion:

$$\mathrm{Var}(x_1, x_2) = 0,0625x_1^2 + 0,04x_2^2 + 2 \cdot 0,25 \cdot 0,2 \cdot 1 \cdot x_1 x_2.$$

Diese Varianzfunktion wird für $x_1 = 0$ minimal; das risikominimale Portfolio erhält man also hier, wenn alles in das zweite Wertpapier investiert wird – was uns nicht überrascht.

7.6.2 Optimierung eines Portfolios beliebig vieler Aktien

Im vorangehenden Abschnitt kamen wir mit „herkömmlicher" Differenzialrechnung in einer Variablen aus. Wird die Anzahl der Wertpapiere erhöht, die für das Portfolio infrage kommen, so muss man zu den Optimierungsmethoden für mehrere Variablen übergehen, beispielsweise auf die *Lagrange-Methode.* Die im letzten Abschnitt praktizierte Variablensubstitution ist hier bei hoher Variablenzahl aus den bekannten Gründen nicht geeignet.

Betrachten wir wieder ein konkretes Beispiel: Von drei Anlagen seien die erwartete Rendite und die erwartete Varianz bekannt:

	erwartete Rendite	erwartete Varianz
Anlage 1	$\mu_1 = 0,095$	$\sigma_1^2 = 0,0625$
Anlage 2	$\mu_2 = 0,08$	$\sigma_2^2 = 0,04$
Anlage 3	$\mu_3 = 0,11$	$\sigma_3^2 = 0,09$

Nehmen wir außerdem erneut an, dass die drei Papiere nicht korreliert sind. Gesucht ist eine Mischung (x_1, x_2, x_3) mit $x_1 + x_2 + x_3 = 1$ mit zunächst minimaler Varianz bei einer gegebenen erwarteten Mindest-Rendite von beispielsweise 10 %, also:

$$\begin{aligned} \mathrm{Var}(x_1, x_2, x_3) = 0,0625x_1^2 + 0,04x_2^2 + 0,09x_3^2 &\rightarrow \min \\ 0,095x_1 + 0,08x_2 + 0,11x_3 &\geq 0,1 \\ x_1 + x_2 + x_3 &= 1 \\ x_1, x_2, x_3 &\geq 0 \\ x_1, x_2, x_3 &\leq 1 \end{aligned} \tag{7.39}$$

Die zwei Nebenbedingungen fließen in die Lagrange-Funktion ein:

$$
\begin{aligned}
&L(x_1, x_2, x_3, \lambda_1, \lambda_2) = \\
&\quad 0{,}0625x_1^2 + 0{,}04x_2^2 + 0{,}09x_3^2 + \lambda_1(x_1 + x_2 + x_3 - 1) \\
&\quad + \lambda_2(0{,}095x_1 + 0{,}08x_2 + 0{,}11x_3 - 0{,}1)
\end{aligned}
$$

Das Nullsetzen der fünf ersten partiellen Ableitungen ist bekannterweise die richtige Methode, um potenzielle Extrema zu finden. Es ergibt sich also ein System von fünf Gleichungen, hier sogar ein lineares Gleichungssystem, das in Matrizenform so aussieht:

$$
\left(\begin{array}{ccccc|c}
0{,}125 & 0 & 0 & 1 & 0{,}095 & 0 \\
0 & 0{,}08 & 0 & 1 & 0{,}08 & 0 \\
0 & 0 & 0{,}18 & 1 & 0{,}11 & 0 \\
1 & 1 & 1 & 0 & 0 & 1 \\
0{,}095 & 0{,}08 & 0{,}11 & 0 & 0 & 0{,}1
\end{array}\right).
$$

In der Praxis greift man hier auf ein Programm zurück und erhält

$$
x_1 = 0{,}386, \qquad x_2 = 0{,}140, \qquad x_3 = 0{,}474.
$$

Nachdem wir mithilfe der bekannten Determinanten-Kriterien überprüft haben, dass es sich tatsächlich um ein lokales Minimum handelt und durch Randabgleich verifiziert haben, dass dieses Minimum auch global ist, haben wir unser Problem (7.39) mit dieser Mischung (x_1, x_2, x_3) gelöst. Die zugehörige minimale Varianz beträgt übrigens in diesem Fall

$$
\mathrm{Var}(x_1, x_2, x_3) = 0{,}0193,
$$

erneut der Diversifikationseffekt.

Übungen zum Kapitel 7

Übung 7.1

Wie hoch muss der Jahreszinssatz bei linearer bzw. bei exponentieller Verzinsung sein, damit sich ein Kapital nach 8 Jahren verdoppelt?

Übung 7.2

Ein Anfangskapital von 1.000 € ist bei 2,5 % p. a. einfacher bzw. bei exponentieller Verzinsung auf 1.400 € angewachsen. Wie lange wurde es angelegt?

Übung 7.3

Am 07.03. nimmt ein Unternehmen einen Kredit in Höhe von 72.000 € auf, der am 22.09. mit 78.825 € zurückgezahlt werden muss. Wie hoch ist der entsprechende Jahreszinssatz?

Übung 7.4

Ein Kapital von 10.000 € wird zwei Jahre lang mit 6 %, danach fünf Jahre lang mit 7 % und schließlich noch drei Jahre mit 4 % Jahreszins exponentiell verzinst. Berechnen Sie den Endbetrag und den durchschnittlichen Jahreszinssatz.

Übung 7.5

Wann ist bei stetiger Verzinsung über drei Jahre mit 5 % p. a. ein Viertel, wann die Hälfte und wann drei Viertel der Gesamtzinsen erreicht?

Übung 7.6

Am 15.04.2009 wird zu einem Jahreszins von 5,5 % ein Betrag von 10.000 € angelegt. Wann ist dieser Betrag auf 12.000 € angewachsen, falls

1. komplett linear
2. stetig
3. kalenderjährlich

verzinst wird?

Übung 7.7

Man ermittle den stetigen Jahreszinssatz bei folgenden Verzinsungsmodalitäten:

1. jährlicher Zinszuschlag mit 8,5 % p. a.
2. monatlicher Zinszuschlag mit 0,8 % p. m.

Übung 7.8

Folgende Zielsetzung: Am 01.01.2016 und am 01.01.2023 soll jeweils über einen Betrag verfügt werden, der einem inflationsbereinigten Realwert von 500.000 € (bezogen auf das Preisniveau am 01.01.2009) entspricht. Wir nehmen eine konstante Inflationsrate von 2,3 % p. a. an.
Zum Erreichen dieses Ziels werden am 01.01.2009 und am 01.01.2010 zu einem Zins von 6 % p. a. zwei (nominell) gleich hohe Beträge angelegt. Wie hoch müssen diese beiden Ansparbeträge sein?

Übung 7.9

Sie legen 8 Jahre lang jährlich vorschüssig 500 € an, heben dann in den folgenden 3 Jahren jährlich nachschüssig jeweils 1.000 € ab und zahlen dann wieder 4 Jahre lang jährlich nachschüssig 2.000 € ein. Welches Endkapital besitzen Sie nach 20 Jahren, wenn ein Anlagezinssatz von 6 % p. a. zugrunde gelegt wird?

Übung 7.10

Sie zahlen, beginnend am 01.01.2009, 22 Halbjahresraten zu je 10.000 € bei $i = 4{,}5$ % p. a. ein, um (bei unverändertem Zinssatz) ab dem 01.01.2025 15 Jahre lang eine vorschüssige Monatsrente beziehen zu können. Berechnen Sie die Höhe dieser Monatsrente.

Übung 7.11

Bei einem Preisausschreiben wird zu Beginn jedes Monats ein Hauptgewinn in Höhe von 1.000 € verlost.

1. Berechnen Sie den heutigen Wert sämtlicher zukünftiger Gewinne, falls Sie einen Kalkulationszins von 9 % p. a. zugrunde legen.
2. Nehmen Sie nun an, dass das Preisausschreiben nur die kommenden 20 Jahre läuft und berechnen Sie auf dieser Grundlage den heutigen Wert sämtlicher zukünftiger Gewinne sowie den prozentualen Fehler, d. h. um wie viel Prozent die Rechnung mit der ewigen Rente den Wert für die 20 Jahre übertrifft.

Übung 7.12

Ein Unternehmen stiftet am 1. Januar einen Betrag von 410.000 €, für den eine Jahresverzinsung von 5 % angenommen werden kann. Aus den Zinserträgen soll ab dem 1. April des gleichen Jahres jedes Semester (Stichtage: 1. April und 1. Oktober) ein Preis für die beste Abschlussarbeit verliehen werden.

1. Welcher Geldbetrag kann unter diesen Bedingungen jedes Semester als Preis ausgezahlt werden?
2. Welcher Betrag müsste vom Unternehmen gestiftet werden, damit der Preis jedes Semester 15.000 € betragen kann?

Übung 7.13

Sie haben ein Darlehen über 180.000 € zu 7,25 % Zins p. a. aufgenommen und Ratentilgung innerhalb von 15 Jahren vereinbart.

1. Wie groß ist die Restschuld nach 6 Jahren, wie groß der Zinsbetrag des 7. Jahres? Welche Annuität ist im 8. Jahr zu zahlen?
2. Wie viele Zinsen fallen während der gesamten Laufzeit an?
3. Stellen Sie den Tilgungsplan vom 11. bis zum 13. Jahr auf, wenn sich der Jahreszins nach 10 Jahren um zwei Prozentpunkte erhöht.

Übung 7.14

Sie nehmen zu den Konditionen $(92/4,75/15,25)$ einen Kredit über die Auszahlungssumme 36.800 € auf. Bestimmen Sie R_0, i_A und die Laufzeit n. Geben Sie die vierte und fünfte Zeile des Tilgungsplans an.

Übung 7.15

Es sollen für ein Kapital von 50.000 € zwei Investitionsmöglichkeiten verglichen werden:

1. Nach einem Jahr werden 10.000 €, nach zwei Jahren 20.000 €, nach drei Jahren 30.000 € und nach vier Jahren 40.000 € ausgeschüttet.
2. Nach einem Jahr werden 50.000 €, nach zwei Jahren 30.000 €, nach drei Jahren 10.000 € und nach vier Jahren 5.000 € ausgeschüttet.

Welche Investitionsmöglichkeit sollte bei einem Kalkulationszins von 8 % gewählt werden? Wie ändert sich das Ergebnis, wenn stattdessen ein Kalkulationszins von 2 % gilt?

Übung 7.16

Gegeben seien die Investitionsreihen

$$I_1 = (-4,0,2,0,6) \qquad \text{und} \qquad I_2 = (-3,0,0,0,z_4).$$

1. Bestimmen Sie den internen Zinsfuß zu I_1 und erläutern Sie seine Bedeutung.
2. Berechnen Sie z_4 auf drei Dezimalstellen gerundet so, dass I_2 bei einem Kalkulationszins von $i = 15$ % äquivalent zu I_1 ist.
3. Setzen Sie nun $z_4 = 6$ und berechnen Sie den internen Zinsfuß zu I_2.
4. Es sei weiterhin $z_4 = 6$. Begründen Sie *anhand Ihrer bisherigen Ergebnisse (also ohne Berechnung der Kapitalwerte)*, welche der beiden Investitionen sich bei einem Kalkulationszins von $i = 20$ % mehr lohnt.

Übung 7.17

Aus zwei Wertpapieren A und B soll ein Portfolio zusammengestellt werden. Bei A kann mit einer Rendite von 10 % und einer Varianz von $0,04$ gerechnet werden; bei B sind die entsprechenden Werte 20 % und $0,16$. Bestimmen Sie das varianzminimale Portfolio für den Fall, dass die beiden Wertpapiere unkorreliert sind. Geben Sie auch die erwartete Rendite und Varianz an.

1. Lösen Sie jetzt das gleiche Problem unter der Annahme, dass die beiden Anlagen perfekt positiv korreliert bzw. perfekt negativ korreliert sind.
2. Welche Mischungen ergeben in den vorangehenden Problemstellungen das geringste Risiko, falls jeweils eine Mindestrendite von 15 % erreicht werden soll?

Übung 7.18

Gegeben seien folgende Daten zweier Aktien:

	erwartete Rendite	erwartete Varianz
Anlage 1	$\mu_1 = 0,12$	$\sigma_1^2 = 0,0625$
Anlage 2	$\mu_2 = 0,08$	$\sigma_2^2 = 0,0361$

1. Wir nehmen wieder an, dass es keine Korrelation zwischen den Aktien gibt. Sie möchten eine Volatilität von maximal 20 % in Kauf nehmen. Bei welcher Mischung (x_1, x_2) können Sie eine maximale Rendite erwarten und wie hoch ist diese?
2. Nehmen Sie jetzt an für die Covarianz gelte $\sigma_{12} = 0,02$ und bestimmen Sie erneut die Mischung mit minimaler Varianz bei gegebener Mindestrendite von $8,5$ %.

Sachwortverzeichnis